Das Recht

des

Bürgerlichen Gesetzbuches

in

Einzeldarstellungen.

V.

Stammler, Das Recht der Schuldverhältnisse in seinen allgemeinen Lehren.

Berlin SW.48
Wilhelmstr. 119/120.
J. Guttentag, Verlagsbuchhandlung.
1897.

Das
Recht der Schuldverhältnisse
in seinen allgemeinen Lehren.

Studien

zum

Bürgerlichen Gesetzbuche

für das Deutsche Reich

von

Dr. Rudolf Stammler,
Professor an der Universität Halle a./S.

In omnibus quidem, maxime tamen
in iure, aequitas spectanda sit.
L. 90 D. de R. I. (50, 17).

Berlin SW.48
Wilhelmstr. 119/120.
J. Guttentag, Verlagsbuchhandlung.
1897.

Vorwort.

Dieses Buch ist aus einem Vortrage entstanden, den ich am 7. März 1896 in der Juristischen Gesellschaft zu Berlin über die allgemeinen Lehren des Rechtes der Schuldverhältnisse nach dem Entwurfe eines Bürgerlichen Gesetzbuches gehalten habe. Eine damals beabsichtigte Ausarbeitung und Veröffentlichung mußte ich aus persönlichen Gründen hinausschieben. Der erfreulich schnelle Abschluß des großen Gesetzgebungswerkes hat dann die nächsten Aufgaben, welche der Rechtslehre gesteckt sind, in Einigem besonders gestaltet.

Worauf es mir zur Zeit am meisten anzukommen scheint, das ist: zum gründlichen Studium des Gesetzbuches selbst möglichst anzuregen. Darum darf man in diesen „Studien" nicht eine Paraphrase des Gesetzes erwarten, oder auch nur eine Darstellung, die für das Erste die Kenntnißnahme des Quellentextes entbehrlich machte; — ich wollte nur einem jeden nachdenklichen Versuche, den Jemand zur wissenschaftlichen Durchdringung des neuen bürgerlichen Rechtes für sich anstellen möge, eine Beihülfe gewähren.

In dem Theile des Rechtssystemes, welcher mir zugefallen war, treten die großen Gedanken, in denen das neue Recht den sozialen Verkehr zu formen unternimmt, besonders eindringlich hervor. Auf die Herausschälung und klare Fassung des Prinzipes von Treu und Glauben ist jetzt hauptsächliches Gewicht zu legen, und demnach auf die Darlegung der Einzelfolgen, die der objektivirenden Tendenz des Gesetzbuches entspringen müssen.

Um aber im Einzelnen in das nothgedrungen spröde Gefüge einer neuzeitlichen Kodifikation sicherer eindringen zu können, erschien das Aufwerfen praktischer Fragen von Nutzen, um von ihnen aus zur systematischen Erkenntniß des Gesetzeswerkes hingeführt zu werden. So habe ich aus meinem damaligen Vortrage her die Anknüpfung an leichte Varianten eines Rechtsfalles beibehalten, wobei so ziemlich alle Fragen des allgemeinen Theiles unseres neuen Schuldrechtes aufgenommen werden konnten.

Eine erschöpfende theoretische Darstellung auch nur dieses Abschnittes des bürgerlichen Rechtes ist zur Zeit nicht möglich. Sollte der oben vorangestellte Hauptzweck meiner Ausführungen nicht durch unsicheres Vertagen vereitelt bleiben, so war eine Ungleichmäßigkeit der Behandlung nicht zu vermeiden; neben manchem eingehend Erörterten, dessen Beachtung mir besonders wünschenswerth vorkam, finden sich verschiedene kurze und auf eigenes Sinnen hinführende Andeutungen. Die überall vorhandene Absicht, zu genaueren Untersuchungen über die besprochenen Probleme anzuregen, habe ich zuweilen offen zum Ausdrucke gebracht; falls dieses von Erfolg sein sollte, so würden wir vielfältigen Gewinn haben können. Denn die monographische Bearbeitung des neuen Rechtes ist es, die mehr Noth thut, als kommentirende und kompendiöse Litteratur.

Es sind Stimmen laut geworden, welche der Entwickelung unserer Rechtswissenschaft Geringes weissagen wollten. Einstweilen sicher ohne Grund! — Sie beachten nicht, daß das neue bürgerliche Recht Deutschlands uns dreifach die Einheit bringen soll: Nicht nur die Einheit der Rechtsquelle und diejenige, die im allgemeinen Urtheilen nach Treu nnd Glauben die inneren Gegensätze versöhnend überbrücken mag, — sondern auch, was hier nun wichtig ist, die Einheit des juristischen Standes und Berufes!

Was wollte es bislang helfen, wenn die Scheidung, ja der Gegensatz von Theorie und Praxis in der Jurisprudenz überall beklagt und die Beseitigung jener gefordert wurde! Die Trennung des beiderseits bearbeiteten Stoffes trieb die Interessen mit elementarer Gewalt auseinander, und die Beschäftigung mit verschiedenartigem Rechte machte uns in leidiger Art vielfach einander fremd. Jetzt ist dies Hemmniß gehoben. Die Konzentrirung der rechtswissenschaftlichen Kräfte unserer Nation vermag bedingungslos zur That zu werden; die lange und schmerzlich entbehrte Einheit von Lehre und Anwendung kann nun uns kommen.

Aber freilich werden wir das auch nur haben können, wenn man mit festem Willen und freudigem Muthe die neue Zeit erfaßt. Es ist nicht gut, grollend zur Seite zu stehen, mit dem bloß persönlich geltenden Wunsche, es möchte doch Alles beim Alten geblieben sein; — nach rückwärts zu nur zu schauen: Entschwundenes, Abgestorbenes mit subjektiver Vorliebe zu umschmeicheln, anstatt nach vor uns gelegenem Ziele den Weg kraftvoll zu nehmen. Und unklug muß man jenes nennen — ducunt volentem fata, nolentem trahunt!

Der legitime Einfluß wissenschaftlicher Rechtslehre auf unser soziales Dasein kommt dann in Gefahr; und mit ihm der geistige Hochstand unseres rechtlichen Lebens überhaupt. So ist es Pflicht der dazu Berufenen, auch in Wahrheit damit Ernst zu machen, *unser Recht in den Mittelpunkt* der wissenschaftlichen Rechtslehre zu stellen: — nicht als ein bloßer Anhang zu einer geschichtlichen Entwickelung, die eigentlich die Hauptsache wäre; noch auch als ein mäßig gelungener Kompromiß, an dem im Kleinen nun fortlaufend zu kritteln sein müßte. Vielmehr als ein Werk, das gerade in seiner empirischen Bedingtheit und auch Beschränkung *uns* entstammt, *uns* gehört, und doch hinwiederum nach seinem ganzen Wollen geeignet ist, unser Leben im Sinne *des sozialen Ideales* zu führen und zu fördern.

Also deute ich die feste Grundstimmung und frohe Ueberzeugung an, der die folgenden Ausführungen entstammen. Möchte das, was ich dort erörtert habe, gerade in seiner grundsätzlichen Richtung bald ein selbstverständliches Gemeingut werden, und meine Schrift dann zurücktreten können, des Dienstes quitt, den sie gethan, und überflüssig geworden.

Halle a./S., 23. Mai 1897.

Rudolf Stammler.

Inhaltsverzeichniß.

Erster Abschnitt.

Die Schuldverhältnisse.

Zweiter Abschnitt.

Treu und Glauben.

Dritter Abschnitt.

Auslegungsvorschriften und ergänzende Rechtssätze.

Vierter Abschnitt.

Gegenseitige Verträge.

Fünfter Abschnitt.

Unmöglichkeit der Leistung.

Sechster Abschnitt.

Vom Verzuge.

Siebenter Abschnitt.

Besonders gearteter Leistungsinhalt.

Achter Abschnitt.

Uebertragung der Forderungen und Schuldübernahme.

Neunter Abschnitt.

Endigung von Forderungen und Schulden.

Zehnter Abschnitt.

Gesammtschuldverhältnisse.

Abkürzungen.

Das Bürgerliche Gesetzbuch für das Deutsche Reich (GB.) ist nachstehend in dieser Art der Abkürzungen angeführt:

263, 1 = Paragraph 263 Absatz 1.
265/2 = Paragraph 265 Satz 2.
264, 2/1 = Paragraph 264 Absatz 2 Satz 1.
376, 2 : 3) = Paragraph 376 Absatz 2 Ziffer 3.
Entsprechend das Einführungsgesetz (EG.)

Berichtigungen.

S. 104 Abs. 3 a. E. ist ausgefallen: (274).
S. 110 Zeile 4 ebenso: (279).
S. 110 Zeile 12 ebenso: (280).
S. 112 N. 2 a. E. lies **277**, statt 777.
S. 117 Zeile 11 lies **829**, statt 427.
S. 193 Abs. 3 a. E. ist ausgefallen: (400).

Quellenregister.

(GB. zweites Buch, erster bis sechster Abschnitt, §§ 241—432.)

[Die zu den Paragraphen des GBs. citirten Ziffern beziehen sich auf die Seiten dieses Buches.]

Erster Abschnitt.

Die Schuldverhältnisse.

1.

Wir sind gewohnt, das bürgerliche Recht, — dessen Begriff und Abtheilung von dem öffentlichen Recht hier vorausgesetzt werden muß — in die zwei Theile des Familien- und des Vermögensrechtes zu zerlegen und dem letzteren das Recht der Schuldverhältnisse zuzuweisen. Aber der Begriff der Schuldverhältnisse hat durch diese Zutheilung und enge Anlehnung an das „Vermögensrecht" an sich noch nicht an Deutlichkeit und Sicherheit gewonnen, ist vielmehr zufolge dessen in eine andauernde Streitfrage gezogen worden.

Der Grund hiervon liegt in der Doppeldeutigkeit des Ausdruckes „Vermögen".

Bald nimmt man diesen Begriff derartig auf, daß er der Komplex aller (privaten) Rechtsbeziehungen sei, welche in bestimmten Subjekten sich vereinen, mit Ausnahme der wenigen an Ehe und Blutsverwandtschaft sich anlehnenden Familienverhältnisse. Bald beschränkt man das Vermögen auf den Kreis solcher Rechtsverhältnisse, die in Geld abschätzbar seien, auf „den Inbegriff geldwerther Güter".[1]) Es ist in diesem letzten Sinne, daß man den Obligationen ihr Anwendungsgebiet hat abstecken wollen; also daß ein Schuldverhältniß, bei dem die vorzunehmenden Leistungen keinen in Geld anschlagbaren Werth darstellen, rechtlich unstatthaft wäre, und eine darauf gestützte Klage gerichtlich abgewiesen werden müßte.

Die in der neueren Zeit hiergegen aufgetretene Opposition[2]) hat nicht völlig durchdringen können. Es ist im seitherigen Rechte eine

[1]) Bekannt ist die Definition Savigny's, System des heutigen römischen Rechtes, I. (1840) S. 340: „Das was wir durch jene Rechte [Eigenthum und Obligationen] auszurichten im Stande sind oder vermögen".

[2]) Windscheid, Pandekten 7. Aufl. (1891) § 250 N. 3.

ungelöste Kontroverse geblieben, auf die nach den Besonderheiten dieses jetzt fallenden Rechtes hier nicht näher einzugehen ist.

Aber es ist von verschiedenen Seiten behauptet worden, daß auch nach dem Rechte des neuen Gesetzbuches der Streit nicht entschieden sei, und daß die hiernach offene Frage mit Fug in dem Sinne beantwortet werden müsse, daß ein jedes rechtlich gültige Schuldverhältniß auf eine Leistung von Geldeswerth zu gehen habe, und sich die Privaten zu einem Verhalten, das in Geld nicht angeschlagen werden könne, nicht zu binden vermöchten.[1]) Dabei solle es zwar nicht erforderlich sein, daß das werbende Vermögen des Gläubigers durch die versprochene Leistung vermehrt werde;[2]) wohl aber könne dieses nicht entbehrt werden, daß die Leistung überhaupt im wirthschaftlichen Verkehr um Geld beschaffbar sei.[3])

Die Ansicht verdient keine Billigung; wird jedoch um unnöthigen Streitfragen zuvorzukommen, bei diesem Stande der Sache nicht ohne Nachprüfung bleiben dürfen.

Von vornherein steht fest, daß die Verfasser des Gesetzbuches die nach früheren Rechten behauptete oder feststehende Beschränkung von Obligationsleistungen auf solche von Geldeswerth nicht aufnehmen wollten; die Motive und die Protokolle zu denjenigen Paragraphen der Entwürfe, deren stehengebliebener Sinn in unserem § 241 wiedergegeben ist, läßt hieran keinen Zweifel. Zur Verwirklichung dieser Absicht muß es jedoch völlig genügen, wenn bei der Angabe des Leistungsbegriffes seitens des Gesetzbuches von der fraglichen Beschränkung nicht gesprochen wird. Die Vermuthung aus den allgemeinen Grundsätzen her, von denen unser bürgerliches Recht ausgeht, spricht gegen jene Beschränkung.

Denn der allgemeine Charakter unserer Rechtsordnung ist nach dieser hier interessirenden Seite hin durch das Merkmal der nur mittelbaren Regelung des sozialen Lebens gekennzeichnet. Alle historisch bekannt gewordenen Rechtsordnungen haben, in zwar mehr oder weniger ausgeprägter Weise, aber doch grundsätzlich übereinstimmend, die Rege-

[1]) L. Seuffert, Die allgemeinen Grundsätze des Obligationenrechtes im Entwurfe (1889) S. 4; Laband im Arch. f. civ. Pr. 73 S. 170; Hellwig, Ueber die Grenzen der Vertragsmöglichkeit, Erlanger Rektoratsrede (1895), S. 14.

[2]) Womit sich die meisten Gegengründe Ihering's, Jahrb. f. Dogm. des röm. Rechts XVIII S. 41 ff. erledigen.

[3]) Gleichviel, ob das ganze Rechtsverhältniß als solches gegen Geld veräußerlich ist oder nicht. Vgl. Bekker, Pandekten (1886) I S. 110.

lung des sozialen Zusammenwirkens in der Art vorgenommen, daß sie den einzelnen Rechtsunterworfenen Möglichkeiten zu Einzelverbindungen untereinander gewähren. Neben stets auftretenden direkten Rechtsbefehlen singulären Charakters wird grundsätzlich die Art des auf Bedürfnißbefriedigung gerichteten Zusammenwirkens dem Vorgehen der einzelnen Privaten überlassen. Indem es ihnen für die Regel verbleibt, ihren Beitrag zu dem sozialen Ernährungs- und Ausbildungsprozeß in eigener Ansetzung zu liefern, und nicht einem jeden sein Part in versuchter lückenloser, direkter Anweisung von einem Centralpunkte aus angewiesen wird, so ergeben sich eben die Schuldverhältnisse unseres bürgerlichen Rechtes, das sind die geregelten Wechselbeziehungen, in denen sich die Privaten zu einem Wirken zur Befriedigung irgendwelcher Bedürfnisse verbinden. In ihrer Eingehung, Durchführung, Lösung vollzieht sich vor allem dasjenige, was wir gesellschaftliches Leben, sozialen Verkehr nennen.[1])

Wenn die Rechtsordnung sie aufnehmen und verwirklichen soll, so darf man freilich fordern, daß sie einem jeweils objektiv berechtigten Bedürfnisse dienen, also — juristisch gefaßt — innerhalb der Grenzen der Vertragsfreiheit überhaupt gelegen sind, nicht gegen Rechtsverbot noch gute Sitten verstoßen, — welcher Begrenzung an dieser Stelle nicht weiter nachgegangen wird.[2]) Aber daß dann außerdem noch dieses vorliege, daß man die versprochene Leistung gegen Geld auch sonstwie hätte bekommen können, oder daß eine ziemliche Wahrscheinlichkeit dafür bestehe, daß das zu liefernde Objekt gegen Geldeswerth leicht umzusetzen sei, — das ist eine äußerliche Zufälligkeit, die mit dem Grundgedanken, in welchem unser Recht das soziale Zusammenwirken aufnimmt, nicht wesentlich verbunden ist.

Wer aber das Gegentheil etwa daraus herleiten möchte, daß das Recht doch nur dem „wirthschaftlichen" Leben zu dienen habe, der muß von sozialer Wirthschaft einen wenig abgeklärten Begriff haben, und würde voraussichtlich in dessen Identifizirung mit den auf Gelderwerb gerichteten Thätigkeiten eine fatale petitio principii begangen haben.

---

[1]) Vgl. Stammler, Wirthschaft und Recht nach der materialistischen Geschichtsauffassung (1896) S. 261 ff.

[2]) Nicht genügend ist die von Windscheid a. a. O. versuchte Begrenzung, daß der Forderung nicht „eine bloße Laune zu Grunde liege"; oder die von Reatz, Das gem. deutsche Civilrecht in Form eines Gesetzbuches (1886) § 2 „nach den geläuterten Anschauungen des Rechtsverkehrs".

In der That hat man auch bei dinglichen Rechten jenes beschränkende Erforderniß einer nachzuweisenden Verwerthungsmöglichkeit in Geld wohl niemals aufgestellt. Es ist nicht zu bezweifeln, daß der Eigenthümer von Familienbriefen oder eines auf dem Markte unverkäuflichen und werthlosen Thieres diese Gegenstände von Dritten vindiziren könne; — warum soll ein auf Lieferung solcher Objekte gerichteter Vertrag nothwendig außerhalb des Rechtsgebietes fallen müssen? Weßhalb soll man nach geschehener Tradition rechtlichen Schutz gegen Alle genießen, vor diesem Akte aber gegen Niemanden?[1])

Darum haben diejenigen Gesetzbücher, welche im Allgemeinen auf dem soeben geschilderten Standpunkte sich befanden, aber trotzdem die Beschränkung der Obligationen auf geldeswerthe Leistungen aufstellen wollten, dieses Letztere regelmäßig ausdrücklich auszusprechen für nöthig befunden.[2]) Wenn unser Gesetzbuch dies nicht thut, so erhellt daraus als sein Sinn und Inhalt, daß innerhalb der Grenzen der Vertragsfreiheit alle ernstlich gemeinten Schuldverhältnisse rechtlich möglich seien. Das um so mehr, als bei der Verpflichtung zum Schadensersatz in einer noch näher zu erörternden Weise (unten § 35) die Beschränkung auf Vermögensschaden ausdrücklich fixirt ist und als ein weiterhin einfließendes argumentum a contrario auftritt.

Uebrigens erwähnt das GB. 2373 in besonderem Zusammenhange die rechtliche Möglichkeit des Verkaufes von Familienbildern und Familienpapieren.

Diesem Gesammtergebnisse gegenüber können einzelne landläufige Schreckbeispiele keinen Eindruck machen. Es müßte ja — meinte man — alsdann auch das seiner Frau gegebene Versprechen, einen Spaziergang zu machen, oder dasjenige beim Reiseantritte, keine gefährliche Hochtour zu unternehmen, gerichtlich einklagbar sein, und das Engagement zum Walzer oder die Erklärung, einen gewissen Roman nicht zu lesen, rechtlich erzwungen werden können; ebenso der Vertrag, sich einer Operation zu unterziehen; sowie das Versprechen, nicht zu rauchen u. A. m. Aber die ersten Versprechungen sind ihrem Sinne nach nicht rechtlich bindend und würden es auch nicht durch Benutzung juristischer Formeln bei ihrer Abgabe werden (welche Möglichkeit Hellwig unterstellt). Der zweite Vertrag ist außerhalb der Grenze

[1]) Vgl. auch Bekker, Pandekten I § 42 Beil. II S. 140.

[2]) L. 9 § 2 D. statul. 40, 7; Sächs. GB. § 662: „. . Rechtsverhältnisse, vermöge deren der Gläubiger auf eine einen Vermögenswerth in sich schließende Leistung . . berechtigt ist."

der Vertragsfreiheit; nicht deßhalb, weil das Geldinteresse des Gläubigers fehlt, sondern weil eine rechtliche Verfügung über Leib oder Leben als unsittlich von dem Gesetze nicht gestattet wird. Hinsichtlich des dritten und ähnlicher Fälle ist gar nicht einzusehen, weßhalb es unter Umständen nicht Rechtspflicht sein könnte, das Rauchen zu unterlassen; man denke an Vereinigungen in Musik- und Lesesälen, an gottesdienstliche Versammlungen, an Eisenbahnabtheilungen für Nichtraucher und entsprechende Sachlagen mehr.[1]) Sonach sind die vorgebrachten Exempel nicht nur dafür unbeweisend, daß nach dem GBe. die besprochene Beschränkung für das Gebiet der rechtlichen Schuldverhältnisse gelten müsse — denn der Sinn eines Rechtssatzes kann durch Aufzeigung etwa unerfreulicher Einzelkonsequenzen an sich überhaupt nicht dargethan werden —, sondern sie sind auch keine genügende Unterlage für eine berechtigte Kritik des GBs.

Daß endlich die seither bekannt gewordene Gerichtspraxis gar keine Fälle von schuldnerischen Leistungen aufzuweisen habe, die nicht auch sonst für Geld auf dem Markte zu beschaffen gewesen,[2]) kann nicht zugegeben werden. Es kommen leicht derartige wechselseitige Beredungen vor, bei denen die grundlegende Konstruktion des Verhältnisses auf ein gegenseitiges Schuldverhältniß und nicht etwa auf eine Schenkung hinführt; so im Falle einer Vermögenszuwendung gegen zeitlich bestimmten Vollzug einer Verehelichung, gegen Ergreifung oder Aufgabe eines bestimmten Berufes ꝛc. Hier fragt es sich natürlich in erster Linie, ob nicht eine unzulässige Beschränkung grundsätzlich gewährleisteter Freiheit der Entschließung vorliege und der Vertrag deßhalb nichtig sei; sodann aber, bei Verneinung dieser Vorfrage: ob ein gegenseitiger Austausch von Leistungen im Sinne eines synallagmatischen Vertrages anzunehmen sei, — wobei nicht ersichtlich ist, weßhalb nach Feststellung eines solchen wechselseitigen Auftretens von Recht und Pflicht das Ergebniß sich plötzlich ändern soll, wenn behauptet wird, daß die eine versprochene Handlung nur individuell ist, auf dem Markte gegen Geld aber nicht beschafft werden kann.[3])

Ein Verlagsvertrag ist dem Verleger gegenüber anerkanntermaßen verbindend und klagbar auch in dem Falle, da dem Verfasser keinerlei

---

1) S. auch Entsch. des Reichsgerichts in Civ.S. 10 S. 161.

2) So Hellwig a. a. O. N. 34.

3) Seuff. Arch. 38 Nr. 14.

Honorar oder Freiexemplar zugesagt ist und von Geldinteresse des Autors weder unmittelbar noch mittelbar die Rede sein kann.[1])

Ein Schiedsvertrag ist schon nach seitheriger Praxis als rechtsgültig an und für sich erachtet worden, ohne daß von dem auf Vollzug klagenden Theile die Höhe seines Geldinteresses angegeben wird.[2]) Und es ist in gleichem Sinne gerichtliche Verurtheilung auf Vornahme der Wahl zu einem Familienrathe erfolgt, dessen Thätigkeit mit Vermögensangelegenheiten im besonderen Falle gerade nichts zu schaffen hatte.[3])

Daß Verträge auf Unterlassung von geräuschvollen Hantirungen, Musikaufführungen in der Nähe von Kirchen, Schulen, Krankenhäusern zc. oft nahe liegen und abgeschlossen werden, ist nicht bezweifelt; nun meint Hellwig, daß das Erforderniß einer geldwerthen Leistung alsdann gewahrt sei, weil ja voraussichtlich der Verkaufs- oder Miethswerth des betheiligten Hauses steigen werde. Aber die Frage ist nicht, ob ein Geldwerth einer solchen Leistung ausgerechnet werden kann, sondern ob man als unumgängliches Erforderniß einer jeden Klage aus Schuldverhältnissen erwarten muß, daß eine zahlenmäßige Schätzung der eingeklagten Leistung in sachlich begründeter Weise vom Kläger vorgenommen werde. Fehlt eines dieser beiden Momente, so müßte nach konsequenter Ansicht der Opposition das fragliche Schuldverhältniß außerhalb der Grenzen der den Privaten eingeräumten Autonomie fallen; daher auch beim Ausbleiben des Beklagten im Verhandlungstermin die Klage abgewiesen werden. Die allgemeine Verweisung auf die Möglichkeit des Geldinteresses, das Kläger an der Vornahme der eingeklagten Leistung haben könne, vermag natürlich nicht zu genügen. Er müßte es für diesen seinen besonderen Fall im Einzelnen darlegen, was in anderer Weise, als durch ziffernmäßige Berechnung nicht angeht. Und es wäre zweitens zu fordern, daß er seine Rechnung als objektiv begründet nachwiese, vor allem also dem Richter die Ueberzeugung von der überwiegenden Wahrscheinlichkeit, für das zu Leistende jederzeit einen Käufer, Miether zc. zu finden, mit Einzelgründen verschaffte. Danach wäre nicht nur gleichgültig, was er für seine Person in subjektiver Schätzung einsetzt, sondern

---

[1]) Hartmann, Arch. f. civ. Pr. 73 S. 371. S. auch den Thatbestand in (E. A. Seuffert) Civilrechtsfälle, 1881 bei Oldenbourg in München erschienen, Nr. 16.

[2]) Seuff. Arch. 25 Nr. 239.

[3]) Seuff. Arch. 32 Nr. 214.

an und für sich auch ohne Belang, was die beiden Kontrahenten in solcher Art, vielleicht durch Beifügung einer Vertragsstrafe, aufgestellt haben. Denn das Letztere wäre nur als bedingte Stipulation, als eigene, selbständige Verpflichtung möglich, nicht aber im Rahmen einer accessorischen Vertragsstrafe, welche man für eine Hauptleistung ohne gegenständlichen Geldeswerth, also für ein, nach der Meinung jener, überhaupt ungültiges Schuldverhältniß, ohne inkonsequent zu sein, überhaupt nicht zulassen dürfte.

Nun ist aber die Vertragsstrafe nach dem GB. streng accessorisch; sie theilt das rechtliche Schicksal der Hauptverbindlichkeit sogar dann, wenn die Parteien die Ungültigkeit der letzteren gekannt haben.[1]) Andererseits sagt GB. 343, daß bei der möglichen richterlichen Herabsetzung einer übermäßig hohen Vertragsstrafe jedes berechtigte Interesse des Gläubigers in Betracht zu ziehen sei, nicht nur das vermögensrechtliche. Dann kann auch einmal eine zu erfüllende Schuld nur ein solches Interesse haben, das keinen Vermögenswerth in Geld repräsentirt; die Vertragsstrafe bleibt nach GB. 343 gültig, also ist jene Hauptverbindlichkeit, die bloß anderen berechtigten Interessen, als geldeswerthen, dienen soll (nach GB. 344) auch gültig.

Wenn immer in manchen seitherigen Rechten die Schuldverhältnisse nur mit Beschränkung auf ein gegenständlich nachweisbares, zahlenmäßig anzuschlagendes Geldinteresse zugelassen waren, so ersieht man, daß alsdann unser GB. von einer lästigen Einengung befreit. Daß es dieses bestimmt, sollte mit Fug nicht bezweifelt werden. Und es thut es mit gutem Grunde, weil die erörterte Beschränkung eine äußerliche Zufälligkeit war, welche mit der grundlegenden Auffassung, in der unser bürgerliches Recht die Funktion der privaten Schuldverhältnisse aufnimmt, in nichts wesentlich zusammenhängt.

2.

Alles soziale Leben der Menschen ist ein äußerlich geregeltes Zusammenwirken. Menschliche Gesellschaft — das heißt Verbindung von Menschen, um den Kampf um das Dasein besser führen zu können; es ist Leben und Schaffen und Wirken zur Befriedigung von Bedürfnissen, nach menschlich gesetzten Regeln. Sie sind es, welche von außen an den Einzelnen herantreten, ihn mit Anderen gesellschaftlich zusammenfügen und dadurch den Begriff einer menschlichen Gesellschaft

---

[1]) GB. 344. Ueber die Vertragsstrafe s. unten § 47.

(als logisches, wenngleich nicht zeitliches Prius dem bloßen gleichzeitigen Nebeneinanderleben isolirter Menschen gegenüber) allererst konstituiren.

Die Besinnung auf diese allgemeine Grundlage der sozialen Betrachtung, verbunden mit der Erwägung des Grundcharakters unserer geschichtlichen Rechtsordnung, von dem im vorigen Paragraphen die Rede war, wird es nun ermöglichen, den Begriff der Schuldverhältnisse in rechter Art so zu erfassen, daß mit der theoretischen Klarstellung zugleich solche Einzelfragen des praktischen Rechtslebens zur Auflösung gelangen können, die bei einer bloß formalistischen Auffassung rechtlicher Einrichtungen leicht zu kurz kommen.

Schuldverhältnisse sind rechtliche Sonderverbindungen unter Privaten zu bestimmtem sozialem Zusammenwirken.

Das menschliche Leben besteht in der Befriedigung von Bedürfnissen und geht inhaltlich hierin ohne Rest auf. Hierbei kann individuale und soziale Bedürfnißbefriedigung unterschieden werden, je nachdem der Einzelne vereinzelt sich Genüge thut oder aber (was die Regel ausmacht) eine zusammenwirkende Thätigkeit von Menschen nöthig ist. Die Einzelfälle der letzteren Art führen auf den Rechtsbegriff der Obligation.

Daß unter die genannte Begriffsbestimmung an sich auch die rechtlichen Familienverbindungen fallen, soll nicht bestritten werden. In der That bedeuten auch diese an sich weiter nichts, als Sondervereinigungen Einzelner zur Befriedigung gewisser Bedürfnisse. Wenn man sie von den Schuldverhältnissen durch Verweisung auf ihren „sittlichen Gehalt“ oder ihre „ethische Grundlage“ und dergleichen Ausdrücke mehr hat abtrennen wollen, so muß dem ein nicht klarer Begriff von Ethik zu Grunde gelegen haben. Denn das moralisch Gute geht immer nur auf die Gesinnung, in welcher empirisch erwachsende Bedürfnisse und Ziele aufgenommen und erfüllt werden; es ist nur eine formale Eigenschaft der Art und Weise der Bedürfnißbefriedigung, mit nichten aber irgend ein Theil des in der Erfahrung bedingt auftretenden menschlichen Wollens und Strebens seinem sachlichen Inhalte nach. Hält man sich dieses vor, daß sittlich gutes Wollen ganz und gar identisch ist mit objektiv richtigem, so ist es klar, daß durch die oben citirten Wendungen das Gebiet des Familienrechtes nicht abgetrennt werden kann; denn es bietet auch dieses, nicht anders, wie das Recht der Schuldverhältnisse, gewisse Möglichkeiten rechtlicher Beziehungen, bei deren Benutzung und Ausführung im einzelnen Falle sich jeweils erst sagen läßt, ob sittlich gutes Thun vorliegt oder nicht. Das ist aber wieder bei jedem anderen Rechtsverhältnisse auch der Fall.

Andererseits zeigen die über die Ehe, über das Eltern- und Kindesverhältniß und dessen Surrogat, die Vormundschaft, geltenden Rechtsnormen derartige Eigenthümlichkeiten, daß ihre Ausscheidung und besondere Darstellung technisch unentbehrlich ist; und in diesem Sinne auch so selbstverständlich erscheinen muß, daß der ausdrückliche Vorbehalt dieser ihrer Sonderstellung in obiger Definition der Schuldverhältnisse wohl entbehrt werden darf.

Geht man auf die Eigenthümlichkeit der Schuldverhältnisse nun näher ein, so findet diese ihren juristischen Ausdruck darin, daß die Schuldverhältnisse Verbindungsrechte darstellen, im Gegensatze zu den Ausschließungsrechten.[1])

Bei den letzteren besteht die Regelung der Verhältnisse gesellschaftlich zusammenlebender Menschen in ihrem entscheidenden Theile darin, daß der Eine die Anderen von Etwas ausschließen darf; sei es von der Einwirkung auf eine Person, von der Verfügung über eine „Sache" (im Sinne des GBs. 90) oder von der sozialen Verwerthung eines gewissen Arbeitsproduktes.

Dagegen besteht bei den Schuldverhältnissen das wesentliche Moment darin, daß sich einzelne Rechtsgenossen unter einander verbinden. Es handelt sich nicht um ein in allgemeiner Weise geregeltes Verhältniß des Einzelnen zu der Gesammtheit der mit ihm rechtlich Zusammengeschlossenen, sondern darum, daß in besonderer Lage von Rechtswegen Einzelne sich verbinden, um konkrete Bedürfnisse zu befriedigen, die ohne zusammenstimmende Thätigkeit und gesellschaftlich geregeltes Verhalten zur Befriedigung nicht gelangen würden.

Daß der Begriff der Ausschließung auch nur durch eine Verbindung von Menschen unter sozialen Regeln möglich ist, versteht sich von selbst. Aber der bei ihnen zu Grunde liegende Gedanke der rechtlichen Regelung geht dahin, daß alle Rechtsunterworfenen in Einstimmigkeit gehalten sind, eine besondere Verfügungsmöglichkeit einer durch gewisse juristische Thatsachen bestimmten Person zu achten und nicht durch verletzenden Eingriff zu stören oder zu hindern. In diesem rechtlich bestimmten Verhältnisse des Begünstigten zu der Gesammtheit der Rechtsgenossen ist das Ausschließungsrecht beschlossen.

---

[1]) Diese neuerdings vorgeschlagene Terminologie scheint am meisten zuzutreffen; daß dabei „Recht" gleich „Rechtsverhältniß" gebraucht wird, kann keinen Anstoß geben. Über Ansätze zu Obigem s. Windscheid, Pandekten § 38, bes. N. 3.

Hiernach kann nicht nur eine solche Zusammenfassung der beiden Arten von Rechtsverhältnissen stattfinden, daß auf Grund eines Verbindungsverhältnisses ein Ausschließungsrecht geschaffen wird (wie bei Kaufvertrag und Auflassung des Eigenthums am Grundstücke), oder aus einem letzteren besondere Verbindungsrechte erwachsen (so bei der konkreten Verletzung jenes Rechtes durch einen Fremden): sondern auch eine derartige Vereinigung vorkommen, daß an ein Ausschließungsrecht sich Verbindungsverhältnisse anschließen (wie beim Pfandrecht, dem Nießbrauche 2c.).

Im Besonderen aber ist zu bemerken, daß die Verbindungsverhältnisse, in denen sich zunächst nur einzelne bestimmte Personen zu gewissen Leistungen verknüpfen, im Verhältnisse zu Dritten ihrerseits auch wieder als Ausschließungsrechte von der Rechtsordnung geschützt werden können. Die Vereitelung der Ausführung jenes Verbindungsrechtes durch gewisses Vorgehen Dritter setzt hierbei diese in ein rechtliches Verbindungsverhältniß zu dem im Schuldverhältnisse Berechtigten. Die Voraussetzungen müssen, wie schon angedeutet, der besonderen Gesetzgebung entnommen werden.

Unser Recht kennt zwei Arten hier einschlägiger Möglichkeiten. Zunächst Verletzung durch rechtswidrige Handlung eines Dritten. Die Schädigung eines nur obligatorisch Berechtigten durch schuldhafte Vereitelung der geschuldeten Leistung seitens eines Fremden kann nach den Normen über die Privatdelikte ein Schuldverhältniß auf Schadensersatz begründen.[1])

Außerdem aber ist es möglich, daß der durch das Schuldverhältniß bezweckte Erfolg durch Rechtsgeschäft eines Dritten mit dem in jenem Rechtsverhältniß Verpflichteten durchkreuzt und vereitelt wird, so daß nun der nur obligatorisch Berechtigte gegen den Dritten aufzutreten ein Interesse erhält. Hier kommen im Einzelnen drei Fälle in Betracht: Das Anfechtungsrecht im Sinne der actio Pauliana, jetzt des Reichsgesetzes; das „Recht zur Sache" nach dem ALR., welches vom GB. nicht aufgenommen worden ist;[2]) endlich zwei Besonderheiten des Miethrechtes. Die eine bei der Untermiethe, bei welcher der Vermiether nach Beendigung des Miethverhältnisses die Sache auch von dem Untermiether unmittelbar zurückfordern kann;[3]) die zweite betrifft die bekannte

---

[1]) GB. 826, in Verbindung mit 823.

[2]) Material: Gruchot in seinen Beiträgen VIII (1864) S. 603 ff.; Dernburg, Preußisches Privatrecht, I 5. Aufl. (1894) § 184 fg.; 249 N. 10.

[3]) GB. 556, 3.

Regelung, welche das neue Recht — einer sachlich übertriebenen Agitation folgend — gegenüber dem römischen Satze „Kauf bricht Miethe" jetzt übernommen hat: dem Miether wird an sich kein Ausschließungsrecht zugebilligt, aber es tritt der Erwerber des vermietheten und dem Miether schon überlassenen Grundstückes an Stelle des Vermiethers in die sich während der Dauer seines Eigenthumes aus dem Miethsverhältnisse ergebenden Rechte und Pflichten ein.[1])

Man sieht, daß der ausschließende Schutz eines obligatorischen Verbindungsrechtes gegen Dritte einen ausnahmsweisen Charakter trägt. Aber es war vielleicht gerade deßhalb, daß diese Besonderheiten einer allgemeinen Begriffsbestimmung der Schuldverhältnisse Schwierigkeiten bereiteten. Wenn man die letzteren den sogenannten dinglichen Rechten gegenüber als juristische Verhältnisse nahm, die nur zwischen ganz bestimmten Personen spielten, so hatte man damit unvereinbare Erscheinungen schon in der Möglichkeit der Rechtsnachfolge auf der Seite eines oder beider Betheiligten, und konnte den ausschließenden Schutz, der nun hier und da eintrat, mit jenem gar nicht zusammenreimen. Nach unserer Begriffsbestimmung bestehen diese Schwierigkeiten nicht. Das Schuldverhältniß ist seinem Wesen nach eine rechtliche Sonderverbindung zu gewissem sozialem Zusammenwirken; — damit verträgt es sich ohne weiteres, sowohl, daß neue Personen in Recht und Pflicht, ganz oder theilweise, eintreten; als auch dieses, daß die Durchführung dieser Sonderverbindung in einer ausschließenden Art und Weise gegen Dritte geschützt wird. Und alles Weitere ist nach beiden Richtungen hin eine positive Einzelfrage.

3.

Für die allgemeine Frage nach der Entstehung von Schuldverhältnissen hat das GB. keine besonderen Neuerungen getroffen. Es bleiben die Entstehungsgründe, welche seit der Klassifikation durch die römische Jurisprudenz im Wesentlichen stets gleichmäßig unterschieden wurden: ex contractu, ex delicto, ex variis causarum figuris.

Dabei hat das GB. einige Absonderlichkeiten des seitherigen gemeinen Rechtes, welche dieses in votum und pollicitatio ausgebildet hatte, mit Fug als unnöthig über Bord geworfen. Es stellt an die Spitze des hier fraglichen Abschnittes den Satz, daß zur Begründung eines Schuldverhältnisses durch Rechtsgeschäft (sowie zur Aenderung

---

[1]) GB. 571, 1. — Vgl. Windscheid, Pandekten § 172 N. 24.

seines Inhaltes) regelmäßig ein Vertrag zwischen den Betheiligten erforderlich ist.[1])

Die Grenzen der Vertragsfreiheit sind, wie schon bemerkt wurde, dem allgemeinen Theile des bürgerlichen Rechtes zu entnehmen. Jedoch finden sich in unseren Abschnitten des GBs. einige Einzelfälle, welche zu der allgemeinen Anweisung, daß der Inhalt eines Vertrages nicht gegen Rechtsverbot verstoßen dürfe, die nähere Ausführung geben sollen.[2])

Auch die Frage, wie der Vertrag abzuschließen sei, ist den allgemeinen Lehren des GBs. zugewiesen worden; woselbst sich auch die einzige magere Bestimmung über Versteigerung und Offerte in incertam personam überhaupt findet, die das GB. enthält.[3]) Zu bemerken ist, daß die Auslobung in den besonderen Theil des Rechtes der Schuldverhältnisse verwiesen ist.[4])

Der Vorvertrag wird im GBe. nicht besonders erwähnt; es kennt diesen Ausdruck sogar nicht. Daß aber ein solcher in sich zulässig ist, unterliegt keinem Zweifel. Insbesondere wird da, wo nur eine einseitige Verpflichtung zum Abschlusse eines demnächstigen Hauptvertrages in das Auge gefaßt wird, wie beim Kreditvertrag, die Bedeutung des pactum de contrahendo stets von Wichtigkeit bleiben, und das Vorhandensein dieser eigenen Art, einen Vertrag zu Stande zu bringen, immer leicht erkennbar sein.[5]) Auch bei einer gegenseitigen Verpflichtung wird man nach den Ausführungen Degenkolbs[6]) die Möglichkeit eines Vorvertrages für das heutige Recht nicht in Abrede stellen dürfen; aber freilich verbleibt vielfach für die Frage: ob bereits vollständig abgeschlossener Hauptvertrag oder Vorvertrag mit nachfolgendem eigentlichen Kontrakt anzunehmen sei? — im besonderen Falle große Subsumtionsschwierigkeit.

---

[1]) GB. 305. Ausnahmen: 497; 504; 793 ff.

[2]) GB. 310 (Veräußerung oder Belastung des künftigen Vermögens; — über die des gegenwärtigen: 311); 312 (Vertrag über den Nachlaß eines noch lebenden Dritten). — Die Rechtsfolgen sind nach 309 gleich dem Falle des auf unmögliche Leistung gerichteten Vertrages. Hierüber s. unten § 32.

[3]) GB. 156.

[4]) GB. 657.

[5]) Als Besonderheit ist das pactum de mutuo dando vom GBe. 610 aufgenommen worden. Ueber dessen nähere Behandlung s. unten § 28.

[6]) Degenkolb im Arch. f. civ. Pr. 71 S. 69 ff.

Das GB. regelt im Besonderen die Möglichkeit des Wiederkaufes und des obligatorischen Vorkaufsrechtes.[1]) Aber es normirt dieses anders, als der Auffassung des römischen Rechtes vom pactum de retrovendendo und dem ius protimiseos entsprach. Denn es läßt auf Grund eines jener Rechte nun nicht einen neuen Hauptvertrag eintreten, sondern konstruirt die Sachlage dahin, daß der eigentliche Vertrag schon zu Stande gekommen sei und durch einseitige Erklärung des Wieder- oder Vorkaufsberechtigten dahin ausgeführt werde, daß die Verpflichtung des Gegners nunmehr fällig werde.[2])

Liegt aber zufolge besonderer Parteiberedung ein Vorvertrag vor, so bleibt danach auch künftighin gesetzgeberisch unentschieden, ob jener derjenigen Förmlichkeiten bedarf, welche für diesen Hauptvertrag etwa vorgeschrieben sind? — Man muß dann auf den Sinn zurückgehen, in dem der Gesetzgeber die Befolgung von Formen aufstellt. Ist die Meinung diese, daß nur eine besonders geartete Rechtspflicht aus der Wahrung der Formalität entspringt, während ohne die letztere immer noch eine Verbindlichkeit vorliegt, nur nicht jene qualifizirte, so bedarf der Vorvertrag auf Abschluß eines formalen Hauptvertrages keiner Form.[3]) Ging dagegen die gesetzgeberische Absicht dahin, daß ohne das Vorliegen der bestimmten Form überhaupt keine Rechtsfolge eintreten solle, so kann dieses auch in der Fassung eines Vorvertrages nicht einfach illusorisch gemacht werden. Für die nach dem GBe. zu beurtheilenden Rechtsgeschäfte gilt das letztere ausnahmslos.[4])

Daß aus dem Vorvertrage nach unserem Rechte auf Abschluß des Hauptvertrages geklagt werden kann, dürfte heute mit Recht der allgemein herrschenden Ansicht entsprechen und bedarf hier darum keiner Erörterung. Die Durchführung hat nach CPO. 773 ff. zu erfolgen. Hinsichtlich der sonstigen Rechtsfolgen aber ist einfach auf die im Nachstehenden weiterhin zu entwickelnden Fragen zu verweisen; insbesondere ist die allgemeine Lehre von den gegenseitigen Verträgen (unten Abschn. 4) gegebenen Falls einzusetzen.

---

[1]) GB. 497 ff.; 504 ff.

[2]) Eine nähere Erörterung gehört nicht hierher. Vgl. darüber Schollmeyer, D. Recht d. einzelnen Schuldverh. (1897) S. 22 ff.

[3]) Z. B. pactum de cambiando.

[4]) GB. 125. Von besonderem praktischen Interesse GB. 313. — Dagegen ist zu bemerken, daß für die im Texte vorhin erwähnten Fälle des Wieder- und Vorkaufsrechtes die von dem Berechtigten abzugebende Erklärung der für den Kaufvertrag bestimmten Form nicht bedarf. 497, 1/2; 505, 1/2.

4.

Menger hat den Entwurf unseres GBs. deßhalb getadelt, weil das Recht der Schuldverhältnisse auch die obligationes ex delicto aufgenommen habe.[1]) Er plädirt für die Ausarbeitung eines allgemeinen Gesetzbuches über die unerlaubten Handlungen, welches Strafrecht, Polizei- und Verwaltungsrecht und die Schuldverhältnisse aus Vergehen zu umfassen hätte; wodurch allein, wie er meint, die von dem Schuldigen begangene Interessenverletzung wieder gut gemacht und andererseits der Wiederholung ähnlicher Handlungen wirksam vorgebeugt werden könnte.

Diese Erörterung ist jedoch nicht überzeugend.

Wenngleich es selbstverständlich nicht gelingen konnte, zwischen kriminellem und civilem Unrecht inhaltlich eine a priori feststehende Grenze zu finden, so übersieht Menger, daß durch strafrechtlich bedrohte Vergehen eine besondere Beziehung des Einzelnen zur Gesammtheit hergestellt wird; indessen das Privatdelikt besondere Schuldverhältnisse nur zwischen den einzelnen Betheiligten nach sich zieht. Wo also immer eine Rechtsordnung den Begriff der Privatdelikte verwendet, so gehören diese sachlich mit den sonstigen Schuldverhältnissen des bürgerlichen Rechtes zusammen und nicht mit ganz disparaten Maßnahmen des öffentlichen Rechtes. Die allgemeinen Lehren, welche das bürgerliche Recht für die Leistung und die Ausführung der Schuldverhältnisse, für die Endigung, Abtretung und Schuldübernahme kennt, die es über Gesammtschuldverhältnisse und andere Fragen genereller Bedeutung aufstellt, beziehen sich gleichermaßen auf die Vertragsobligationen, wie auf diejenigen ex delicto. Was soll es denn für verständigen Sinn haben, die letzteren in einem isolirten Kapitel eines anderen Gesetzbuches unterzubringen, in welchem dann doch beständig wieder auf das Bürgerliche Gesetzbuch herüber verwiesen werden müßte.

Nach den Beschlüssen, die in der Kommission zweiter Lesung gefaßt worden sind, und die nun im GBe. Aufnahme gefunden haben, tritt noch ein Weiteres hinzu: Das GB. hat die in mehreren Rechten bereits bestehende Haftung Unzurechnungsfähiger in gewissem Umfange und mit Rechtswohlthat des Nothbedarfes (s. unten § 5) aufgenommen,[2]) so daß der Vorschlag Menger's, der seiner Zeit nur an

[1]) A. Menger, Das bürgerliche Recht und die besitzlosen Volksklassen (1890) S. 96 ff.; vgl. S. 128.

[2]) GB. 829.

zurechnungsfähige Delinquenten gedacht hat und deren Haftung aus dem GBe. hat entfernen wollen, nun wegen nothwendiger Zerreißung zusammengehöriger objektiver Thatbestände ganz unzweckmäßig erscheint.

Soll nun diese jetzt so bedeutsam gewordene Frage der Schadenshaftung Unzurechnungsfähiger in Erörterung gezogen werden, so wird zweierlei zu trennen sein: Einmal die Frage nach dem Kriterium dieser Menschenklasse und damit nach der Grenze der Anwendbarkeit des citirten § 829; sodann die Erwägung, wie diese neue Regelung der Materie durch das GB. inhaltlich zu rechtfertigen sei. Meine Disposition geht dahin, daß ich diese zweite Frage zurückstelle und weiter unten in dem allgemeinen Zusammenhange aufnehme, in welchem die Gründe der Schadensersatzpflicht und der Schadenszurechnung überhaupt nach dem Rechte des GBs. besprochen werden (unten § 33); während an dieser Stelle jetzt die Frage nach dem Begriffe der Zurechnungsfähigkeit zum Austrage zu bringen ist.

Wo läuft die Grenze zwischen Unzurechnungsfähigkeit und zwischen normalem Geisteszustand? Giebt es ein allgemeingültiges Merkmal, nach welchem in jedem besonderen Falle angegeben werden kann, ob ein Mensch geistig gesund oder krank ist?

Bis jetzt ist es so wenig geglückt, die Frage befriedigend aufzulösen, daß die neuere kriminalpolitische Richtung sich nicht mehr mit der Konstatirung eines non liquet begnügt, sondern schon von der wissenschaftlichen Unmöglichkeit einer allgemeingültigen Formel für den Begriff des zurechnungsfähigen Menschen gesprochen hat.[1])

Um die Grenzziehung kommt sie freilich auch nicht herum. Indem sie vermeint, daß der Unterschied von Zuchthaus und Irrenanstalt fallen müsse, so ist es doch nicht auf eine Beseitigung der letzt-

[1]) Liszt, Die strafrechtliche Zurechnungsfähigkeit, in Zeitschr. f. d. ges. Strafr.W. 17 S. 70 ff. (Dagegen Calker in Deutsche Juristen-Ztg. 2 Nr. 2 S. 25 ff.) — Ich halte die Ausführungen Liszt's in der Fragestellung für ganz zutreffend und in der Kritik der seitherigen Versuche für wohl gelungen. Für jene formulirt er: Man theilt die Menschen allgemein in zwei Klassen ein, in Zurechnungsfähige und Abnorme; nach welchem Merkmal denn? Was bis jetzt dafür angegeben worden ist, genügt nicht. Also, sagt Liszt, muß man sich mit dem Gedanken vertraut machen, daß, wenn die Erkenntniß von der Unmöglichkeit einer allgemeingültigen Scheidung erst sich weithin verbreitet hat, die Unterscheidung auch mit allen Konsequenzen fallen muß. — Es ist nicht einzusehen, wie man jener Frage und ihrem Schlusse mit Fug anders entgehen kann, als durch Klarlegung des allgemeinen Kriteriums der Zurechnungsfähigkeit.

genannten Anstalten abgesehen. Fragt man aber, wer denn die geistigen Heilstätten bevölkern solle und wie lange das im einzelnen Falle zu geschehen habe, so bleibt doch nur die Antwort: Diejenigen sind die rechten Insassen, die geistesgestört, psychisch nicht normal sind. Also wer sind nun diese?

Ich glaube, die Antwort allgemein und erschöpfend geben zu können.

Zurechnungsfähigkeit ist die subjektive Möglichkeit, den Inhalt seiner Vorstellungen mit demjenigen von Vorstellungen anderer Menschen zu vergleichen und danach zu richten.

Daß eine solche Fähigkeit bei Menschen vorhanden sein kann, ist eine einfache Thatsache der gewöhnlichsten Erfahrung. Jede menschliche Verständigung beruht darauf; alle Möglichkeit, Sätze und Lehren zu haben und zu kennen, die nicht bloß für dieses Einzelsubjekt gelten, sondern deren Inhalt objektiv ist.

Umgekehrt kündet vielfache Beobachtung die Existenz unglücklicher Menschen, die in geistiger Isolirtheit unweigerlich verharren, denen es nicht möglich ist, aus ihrem logischen Sonderdasein zu einer verständigenden Gemeinschaft mit anderen Menschen sich zu erheben. Es fehlt ihnen die Möglichkeit, den Inhalt ihrer Vorstellung zu objektiviren — sie sind unzurechnungsfähig.

Dieses Merkmal hat nichts zu thun mit einer mystisch vorgestellten Willensfreiheit im indeterministischen Sinne, mit dem unwissenschaftlichen Gedanken einer kausalfreien Willensbildung. Die von uns angegebene menschliche Fähigkeit braucht nach dieser Seite hin nicht anders gefaßt zu werden, als wie diejenige des Apfelbaumes, Blüthen und Früchte zu bekommen. — Es ist auch nicht identisch mit dem beschränkten Versuche, Zurechnungsfähigkeit mit „Einsicht in die Strafbarkeit" einer Handlung wiederzugeben. Die Liszt'sche Forderung, daß die Psyche des Verbrechers als einheitliches Ganzes aufgefaßt werden muß, war jener Meinung gegenüber berechtigt und siegreich; unsere andere Fassung des Merkmales der Zurechnungsfähigkeit wird dadurch nicht getroffen. — Endlich aber vermeiden wir mit unserer Angabe das Unausgedachte, welches in der herrschenden Begriffsbestimmung der Zurechnungsfähigkeit als „der normalen Bestimmbarkeit durch Motive" gelegen ist. Diese letztgenannte Definition läßt in der That die Frage einfach offen; denn was „normal" sei, das wollten wir ja gerade wissen.

Die Berechtigung des von uns gefundenen Merkmales liegt darin begründet, daß mit ihm allein es möglich ist, die Zertheilung der

Menschen in zwei Klassen nach der hier erörterten Richtung allgemeingültig vorzunehmen. Diese Zweitheilung selbst drängt sich zunächst elementar und verworren auf; sie wird geklärt und als möglich nachgewiesen durch unser Kriterium der Fähigkeit zur Objektivirung des Inhaltes unserer Vorstellungen.

Unsere Formel ermöglicht es aber auch, dem Streite um die sogenannte geminderte Zurechnungsfähigkeit befriedigende Lösung zuzuführen. Da das Kriterium der Zurechnungsfähigkeit nur in der subjektiven Möglichkeit besteht, den Inhalt seiner Vorstellungen mit demjenigen der Vorstellungen anderer zu vergleichen und zu richten, so steht nichts im Wege, daß dieses im konkreten Falle in einzelnen Richtungen sehr wohl noch geschehen kann, während in anderer Beziehung jene Fähigkeit verloren gegangen ist.[1])

Vor allem aber zeigt sich, daß unser GB. mit Unrecht wegen angeblicher Verworrenheit und Unsicherheit in dieser Lehre gescholten worden ist. Es ist wahr: Die Fragen nach dem Einflusse des geistigen Befindens eines Menschen auf bürgerliche Rechtsverhältnisse finden sich über das GB. zerstreut und zeigen in ihrer Regelung im einzelnen mannigfache Verschiedenheiten. Es mag auch zugegeben werden, daß die Verfasser der Entwürfe, die Redaktoren der Kommissionen, die Hunderte von Abstimmenden in den gesetzgebenden Körperschaften über diese Fragen nichts weniger als klar gewesen sind. Aber es ist nicht richtig, daß das Werk als solches, daß das Gesetzbuch über unsere Frage keinen einheitlichen Grundgedanken enthielte.

Dieser Grundgedanke liegt in der prinzipiellen Voraussetzung einer allgemeingültigen Scheidung von geistig normalen und krankhaften Zuständen; das GB. nimmt ihn an und vertraut der Wissenschaft, daß sie ihn klar stellen werde, — es selbst giebt nur die besonderen praktischen Anwendungen. Jenes Vertrauen kann gerechtfertigt werden. Es wird es durch die Besinnung darauf, daß eine allgemeine Klassenscheidung nach der Fähigkeit der Objektivirung des Inhaltes seiner Vorstellungen und nach dem Fehlen jener Fähigkeit allerdings möglich ist. Wonach die Einzeldurchführung keineswegs tiefgehende Schwierigkeiten mehr bereitet.

---

[1]) Andererseits ergiebt sich aus obigem von selbst, daß die sogen. Aphasie noch nicht ohne Weiteres hierher gehört, d. i. das Unvermögen, den Gedankeninhalt durch die artikulirte Sprache auszudrücken, ohne daß allgemeine Geistesschwäche zu Grunde läge.

Der nach unserem Merkmale bestimmte Grundbegriff der Zurechnungsfähigkeit oder Handlungsfähigkeit findet nun im GBe. zweierlei Anwendung: als Geschäftsfähigkeit und als Verantwortlichkeit für unerlaubte Handlungen.[1]) Wenn das GB. hierbei, insbesondere in dem zuletzt angeführten Falle, von dem wir hier ausgingen, die Wendung „der Bewußtlosigkeit oder in einem die freie Willensbestimmung ausschließenden Zustande krankhafter Störung der Geistesthätigkeit" gebraucht, so zwingt dieses nach keiner wissenschaftlich unhaltbaren Seite hin: „Freie Willensbestimmung" ist einfach als richtige Zielsetzung zu nehmen, — frei von nur subjektivem Vorstellen; in welchem Sinne der Ausdruck zum rechten Sinne hinleitet.[2])

Alle anderen Einzelanwendungen fügen sich unserer Grenzregulirung zwischen Handlungsfähigkeit und Unzurechnungsfähigkeit ganz ungezwungen. Die Frage, ob Jemand „im Zustande vorübergehender Störung der Geistesthätigkeit" eine Willenserklärung abgegeben hat (105, 2), beantwortet sich nach unserem Maßstabe ebenso leicht, als man an ihm einen sicheren Halt hat, wenn erwogen werden muß, ob Jemand „in Folge von Geisteskrankheit oder von Geistesschwäche seine Angelegenheiten nicht zu besorgen vermag" (6 : 1). Allerdings hat schon jetzt mancher Interpret in halber Verlegenheit über das bei der Entmündigung anzulegende Richtmaß sich den Zusatz „in vernünftiger Art" oder „nach normaler Anschauung" u. dergl. gestattet. Aber das kann die Entscheidung nicht erleichtern, sondern sie nur in das Ungewisse verbringen: die Auskunft geht nicht auf den Grund und bietet nicht den verlässigen Maßstab, der in unserer obigen Formel gelegen ist, und nach welchem die Klassifizirung für eine Persönlichkeit im Ganzen, wie für die Sonderfrage, ob sie „ihre Angelegenheiten noch zu besorgen vermag", in festem Halte in Angriff genommen werden kann.

Hierbei ist selbstverständlich, daß die Feststellung der Klasse, zu welcher im einzelnen Falle ein bestimmter Mensch nun gehört, nur im

---

[1]) GB. 104 : 2; vgl. 105, 2; 1325. — GB. 827.

[2]) Allerdings ist die Fassung des (von Eugen Huber verfaßten) Entwurfes eines Schweizerischen Bundesgesetzes über das Privatrecht (1896) schärfer und besser; § 5: „Handlungsunfähig sind alle Personen, die nicht hinreichend urtheilsfähig sind. — Als nicht hinreichend urtheilsfähig sind alle Personen zu betrachten, die in Folge von Kindesalter, Geisteskrankheit, Geistesschwäche, oder aus anderer Ursache außer Stande sind, die Beweggründe, die Folgen und den sittlichen Charakter ihres Verhaltens richtig zu erkennen und einer richtigen Erkenntniß gemäß zu handeln."

Wege genauer Beobachtung auf Grund reicher ärztlicher Erfahrung geschehen kann. Aber all diese beobachtende Praxis kann immer nur Material liefern. Sie vermag bloß einzelne Aeußerungen des psychischen Lebens des betreffenden Menschen anzugeben. Dieses Material will beurtheilt sein; und es kann nicht anders mit Sicherheit beurtheilt werden, als durch seine Prüfung an der Hand eines allgemeinen Maßstabes, — welchen nun unsere Formel liefert.

Danach geschah es in der That auch seither schon: die urtheilenden Aerzte und Juristen waren sich dessen nur nicht bewußt. So oft man von dieser oder jener Art einer Gestörtheit sprach, von einem besonderen Krankheitsbild des Falles handelte, und man erwog, ob ein Thäter als zurechnungsfähig verantwortlich zu machen sei oder nicht, so legte man einen festen Maßstab in Gedanken an, — aber freilich, worin er bestände, das vermochte man nicht zu sagen. Zu entbehren ist jedoch die Klarheit über diesen Maßstab mit Fug durchaus nicht. Es kann nicht genügen, wenn man diejenigen Geisteserkrankungen aufzählt und beschreibt, die man seither als solche festgestellt hat. Derartige Zusammenstellungen können für den ersten Anlauf in der Praxis ein werthvolles Hülfsmittel sein;[1]) aber einmal geben sie in ihrer Beschreibung der seitherigen Erfahrung niemals die Gewähr einer Vollständigkeit, die nur durch eine systematische Erfassung von einem einheitlichen obersten Gesichtspunkte aus möglich ist; und sodann setzt ja auch jede einzelne Feststellung eines Geisteszustandes als eines krankhaften die allgemeingültige Klassifizirung in gesunde und abnorme psychische Zustände voraus und verlangt also immer wieder Antwort auf die Frage: was heißt geistig normal, — nach welchem Maßstabe wird es bestimmt?

Die Klarlegung und Begründung dieses Maßstabes kann aber auf keinem anderen Wege gewonnen werden, als auf demjenigen der systematischen Zergliederung und Klassifizirung des Inhaltes unserer Vorstellungen. Die physiologische Psychologie vermag nur die genetischen Gründe für das Vorhandensein krankhafter oder normaler Geisteszustände zu liefern; aber weßhalb eine in ihrer Genesis etwa erkannte Vorstellung das Prädikat des Abnormen oder des Gesunden verdient, das setzt das Richtmaß eines systematisch abwägenden

[1]) So die eingehende Darstellung von Endemann, Einführung in das Studium des GBs. 3. Aufl. (1897) §§ 30 ff.

Urtheiles bereits voraus und wird nicht durch die Kenntniß der Entstehungsgründe gegeben.[1])

Es ist eine leidige Gepflogenheit unserer Zeit,[2]) zu viel Vergnügen an der Beobachtung des kausalen Werdens der Erscheinungen zu haben, ja vielfach darauf sich zu beschränken; statt sich dessen bewußt zu sein, daß in erster Linie und dem vornehmsten Range nach es auf eine systematische Würdigung des Inhaltes unserer Vorstellungen ankommt, bei der wir bedingende und bedingte Elemente im logischen Verhältnisse zu einander zu scheiden und festzustellen haben. Jener Gewöhnung war auch unser Problem zum Opfer gefallen. Man suchte nach einer zwiefach verschiedenen Art im kausalen Werdegang der Handlung eines Delinquenten, — ganz vergebens! Bloß mit Rücksicht auf ihren Entstehungsprozeß lassen sich menschliche Vorstellungen und Thaten in zwei der Art nach verschiedene Klassen allgemeingültig garnicht eintheilen. Für die Betrachtung der Entstehung menschlicher Willensvorstellungen und Thaten giebt es nur Einzelanwendungen des Kausalitätsgesetzes, welche sich so lange grundsätzlich in zwei Klassen nicht eintheilen lassen, als man bei der bloß genetischen Erwägung verharrt.

Man muß zwecks systematischer Klasseneintheilung nicht auf die Entstehung, sondern auf den Inhalt der menschlichen Vorstellungen gehen. Dieser zertheilt sich, sowohl beim Wahrnehmen, wie beim Wollen, in zwei allgemein geschiedene Klassen: in nur subjektiv gültigen und in objektiv richtigen Vorstellungsinhalt. Danach war es dann nicht mehr schwer, die Menschen erfolgreich in zwei allgemeingültig geschiedene Klassen zu theilen: je nachdem ihnen die Fähigkeit zu beiderlei Vorstellungsinhalt, oder aber nur zu demjenigen von bloß subjektiver Art innewohnt.

Ich beschließe dieses mit der Vorwegnahme eines Einwurfes, der von der Gewöhnung an eine angeblich kausal nicht bedingte Willens-

---

[1]) Dies gilt auch von den interessanten Ausführungen Flechsig's, Die Grenzen geistiger Gesundheit und Krankheit (1896); vgl. auch desselben Schriften: Gehirn und Seele, und: Die Lokalisation der geistigen Vorgänge (1896).

[2]) Einen flüchtigen Ansatz zu obigen Gedanken finde ich in Kant's Anthropologie § 51. (Dagegen heißt es in Kant's Rechtslehre, Einl. IV a. E. nicht gut: „Zurechnung ist das Urtheil, wodurch Jemand als Urheber einer That angesehen wird. . . . Subjektiv ist der Grad der Zurechnungsfähigkeit der Handlungen nach der Größe der Hindernisse zu schätzen, die dabei haben überwunden werden müssen 2c.")

freiheit sich herleiten könnte; etwa dahin: daß Jemand zwar einzusehen vermöchte, daß etwas verboten ist, er aber doch nicht die Kraft hätte, das Verpönte zu unterlassen, mit der Unterstellung, daß ein solcher nach meiner Begriffsbestimmung zurechnungsfähig sein müßte. Eine solche Folgerung würde falsch sein. — Der Fehlschluß dieses etwaigen Einwandes würde in der Meinung liegen, als ob das Wissen vom Verbotensein mit dem Begriffe der Objektivirung der Willensvorstellungen identisch wäre. Dem ist durchaus nicht so. Wille ist nicht eine magische Kraft, die — selbst indeterminirt — zu unserem Vorstellen von außen her hinzuträte; — er ist selbst nur eine bestimmte, systematisch grundlegend geschiedene Richtung unserer Vorstellungen: Die Vorstellung eines zu bewirkenden Erfolges.[1]) Die Möglichkeit zur Objektivirung dieser Willensvorstellungen giebt die Unterlage für die Zurechnung im Rechtssinne. — Es muß also rücksichtlich dieses Erfolges, z. B. des zu begehenden Mordes, Diebstahles 2c., Demjenigen, der sich als wirken wollend vorstellt, die Fähigkeit zur Objektivirung innewohnen, soll er zurechnungsfähig sein. Sie fehlt, wenn er den Inhalt seines nur subjektiv gültigen Begehrens, wie Tödten oder Stehlen, in einen objektiv richtigen Willensinhalt in dieser Lage zu verwandeln außer Stande ist; das Wissen von nothwendigen Folgen einer bloß subjektiv geltenden Begierde, deren Inhalt der Vorstellende zu objektiviren nicht vermag, ist gerade nach dem von mir festgestellten Merkmale zur Bejahung der Zurechnungsfähigkeit nicht genügend.

5.

Es ist eine heikle gesetzgeberische Frage: Wie weit die Rechtsordnung in der Durchführung rechtlich begründeter Schuldverhältnisse zu gehen habe, — ob schließlich das gesammte Vermögen des Schuldners zur Befriedigung des Gläubigers heranzuziehen oder ob in jedem Falle ein gewisser Theil des Vermögens jenem zu belassen sei?

Gewiß ist es unzulässig, die Frage damit schon entschieden sein zu lassen, daß man darauf besteht, daß die Obligation als „Recht am Vermögen des Schuldners" aufzufassen sei.[2]) Daß dieses nur ein Versuch ist, eine Reihe rechtlich geordneter Verhältnisse einheitlich zusammen-

[1]) Stammler, Wirthschaft und Recht, 4. Buch: Kausalität und Telos §§ 63 ff. bes. S. 353.

[2]) Neuerdings bes. Bekker, Pandekten I § 25: Die Obligation ist Recht an der Person des Schuldners und dessen Vermögen. — Das litterarische Material bei Windscheid, Pand. § 250 N. 2, § 252 N. 1.

zufassen, ist in sich klar, und wird auch von **Bekker** zugegeben. Wenn dieser Schriftsteller aber zur Stütze jener Definition solche Fälle anführt, in denen die Person des Schuldners nebensächlich zu sein scheint -- bei Erbfall, Verschollenheit, Kriegsgefangenschaft bleibt die Schuld rechtlich unverändert bestehen —, so ändert dieses nichts daran, daß es sich um rechtliche Sonderverbindungen zwischen Menschen handelt, wobei die Betheiligten auch wechseln und zeitweilig subjektiv ungewiß sein können. Und da das Vermögen selbst aus weiter gar nichts besteht, denn aus Rechtsverhältnissen eines Menschen zu anderen, so giebt es keinen klaren Gedanken, wenn man das Schuldverhältniß als Rechtsbeziehung zwischen dem Gläubiger und zwischen **dem Inbegriff jener Rechtsverhältnisse** definirt, welche das betreffende Vermögen bilden.

Daß nach römischem Rechte besondere Schulden „des Pekuliums" bestehen konnten, erhebt nicht diesen Sondertheil eines Vermögens zu dem Schuldner, und daß juristische Personen nach Art von Menschen als forderungsberechtigte und schuldende Subjekte behandelt werden, bedeutet immer nur eine besondere zusammenfassende Weise, die rechtlich geordneten Verhältnisse der betheiligten Menschen zu denken und demgemäß durchzuführen.

Soll aber jene Begriffsbestimmung der Schuldverhältnisse nur besagen, daß bei der Obligation das Vermögen des Schuldners als Generalpfand hafte (die Analogie ist gebraucht worden), so kann auch dieses nur irreleiten. Denn für die Durchführung eines Schuldverhältnisses sind an und für sich die für das Pfandrecht geltenden Normen nicht maßgeblich und auch nicht in der Analogie übertragbar. Ob aber wirklich „**alle** Vermögensstücke zur Befriedigung der Gläubiger auch wider Willen des Schuldners herangezogen werden können", wie **Bekker** sagt, das gerade ist die Frage, der wir jetzt näher treten wollen.

Dabei soll zuerst gezeigt werden, was unser Recht und seine Geschichte an positiven Einrichtungen bietet, und der Gedanke möglicher Fortbildung und Ausgestaltung daran geknüpft werden.

Schon in der Einrichtung des Konkursverfahrens liegt eine nicht unwesentliche Beschränkung der Gläubiger. Die Möglichkeit eines geordneten Konkursprozesses bedeutet vielfältig eine Wohlthat für den insolventen Schuldner. Der unbeschränkten und rücksichtslosen Zwangsvollstreckung der einzelnen Gläubiger wird ein Ziel gesetzt; sie werden in einer rechtlichen Gemeinschaft vereinigt und treten in rücksichtsvolle

Wechselbeziehungen zu einander. Für den Schuldner und seine Familie muß angemessen gesorgt werden, selbst wenn Gläubigerrechte dadurch zurückgedrängt werden; die Sorge um die Fortführung des Geschäftsbetriebes, um die Versilberung des Vermögens und die Beschaffung der Barmittel wird dem Kridar genommen und unparteiischen Organen unter richterlicher Aufsicht aufgelegt. Und vor Allem greift der Zwangsvergleich auf das Bedeutsamste in der hier fraglichen Richtung ein.

Es mag gerade die Wahrnehmung gewesen sein, daß die Einrichtung des Konkursverfahrens sehr geeignet ist, eine objektiv befriedigende Regelung schwebender Schuldverhältnisse herbeizuführen, welche das Reichsgericht bestimmt hat, die Eröffnung des Konkurses auch dann für rechtlich möglich zu erklären, falls der überschuldete Schuldner nur einem einzigen Gläubiger gegenübersteht.[1] Der Gerichtshof beruft sich darauf, daß die KO. nirgends ausdrücklich von dem Erfordernisse mehrerer Gläubiger spreche. Ich halte diese Ansicht nicht für richtig; wesentlich deßhalb nicht, weil alle Voraussetzungen eines „concursus creditorum" von der KO. allerdings gemacht werden; kann das aber an dieser Stelle jetzt nicht näher ausführen.

Hier kommt es im Besonderen auf diejenigen Rechtseinrichtungen an, welche darauf abzielen, einem Schuldner unter allen Umständen etwas von seinem Vermögen zu erhalten — sei es auch auf Kosten des Gläubigers. Dabei kommt zweierlei in Betracht:

1. Zunächst Institute, welche die Rechtsordnung den Einzelnen zur Verfügung stellt; von denen sie rechtsgeschäftlich Gebrauch machen können, worauf die angegebene beschränkende Wirkung eintritt. Im Mittelpunkte dieses steht das Familienfideikommiß, das vom GBe. zwar nicht aufgenommen worden ist, als landesgesetzliche Einrichtung jedoch weiter bestehen darf.[2] Aber freilich bedeutet diese doch nur ein Ueberbleibsel vereinzelten Charakters, mit geringer Lebenskraft und aussichtsloser Zukunft.

Es liegt daher die Frage nahe: Ob durch Vertrag, bei der Begründung des Schuldverhältnisses, von der etwa nöthigen Zwangsvollstreckung bestimmte Gegenstände ausgenommen werden können? Ich stehe nicht an, diese Frage unbedingt zu bejahen. Es steht den Kon-

---

[1] Entsch. des Reichsgerichts in Civ.S. 11 Nr. 11 S. 42.

[2] EG. 59 ff.; für unsere Frage von besonderer Bedeutung: 60 und 61; vgl. 57, 58.

trahenten jedenfalls beliebig frei, die Größe der Haftung des Schuldners nach einem künftigen, sichere Auskunft gebenden Umstande zu bestimmen und damit die Haftung auf eine Größe zu beschränken, die des Genaueren sich demnächst erst herausstellt.[1]) Etwas anderes liegt in einem Vertrage, wie dem vorhin gefragten, auch nicht. Es giebt nach dieser Seite hin keinen zwingenden Rechtssatz, der an und für sich (von arglistigem Verhalten ꝛc. abgesehen) hier eingriffe und dem gegenüber jene fragliche Beredung unwirksam sein müßte. Umgekehrt kann freilich der Schuldner auf die gleich zu erwähnenden Rechtswohlthaten der Beschränkung einer gegen ihn eingeleiteten Zwangsvollstreckung nicht verzichten. Sie sind zwingenden Charakters und gehören, nach bekanntem Sprachgebrauche, zu jenem ius publicum quod pactis privatorum mutari non potest.

2. Unter den allgemeinen gesetzlichen Beschränkungen, die der vollen Ausführung eines Schuldverhältnisses hindernd entgegentreten, sind zwei Arten zu unterscheiden: die Rechtswohlthat des Nothbedarfs und die Beschränkungen der Zwangsvollstreckung, wie sie jetzt die CPO. aufgenommen und normirt hat. Die Einrichtung des beneficium competentiae ist aus dem römischen Rechte her bekannt. Das gemeine Recht hatte sie aufrecht erhalten, und sie war richtiger Ansicht nach durch die von der CPO. eingeführten Beschränkungen der Zwangsvollstreckung nicht abgeschafft worden. Denn bei diesen handelt es sich um die Art und Weise der Exekution; sie beziehen sich auf die Frage, durch welche Mittel im Pfändungsverfahren ein in seinem Betrage feststehender Anspruch des Gläubigers durchgesetzt werden soll. Der Sinn des beneficium competentiae ging dagegen dahin, daß gewisse Schulden in ihrem Betrage gekürzt werden konnten; es drehte sich um die Höhe der Forderung des Gläubigers und war mithin materiellen Rechtes.

Ein Grundzug der neuzeitlichen Gesetzgebung war dem in jenen Beschränkungen gelegenen Gedanken nicht günstig.[2]) Der Entw. I hatte die Rechtswohlthat des Nothbedarfes ganz und gar beseitigt. Die Motive suchen es damit zu rechtfertigen, daß sie eine Rechtsinstitution sei, welche „in der Praxis zu großen Weitläufigkeiten und Verwickelungen führe, mit den allgemeinen Grundsätzen sich wenig ver-

---

[1]) Über mögliche Unbestimmtheit der schuldnerischen Leistung s. auch unten § 46.

[2]) Die neueren Kodifikationen kennen das Institut nicht. — Die cessio bonorum ist bekanntlich durch EG. z. KO. § 4 beseitigt.

trage, auch bei der Milde der Vorschriften über die Zwangsvollstreckung ihre Berechtigung verloren habe".[1])

Der Entw. II hat aber in zwei besonderen Fällen die Rechtswohlthat des Nothbedarfes doch wieder aufgenommen. Danach findet sie sich im GBe.: a) Bei dem Schenker;[2]) wie im römischen Rechte kann er es geltend machen „deducto aere alieno". Maßgeblich für die Berechnung der „Kompetenz" ist die Frage, ob „der standesmäßige Unterhalt oder die Erfüllung der ihm kraft Gesetzes obliegenden Unterhaltspflichten gefährdet wird". b) Bei dem unzurechnungsfähigen Delinquenten.[3]) Dieser soll als schadensersatzpflichtig haften, soweit die Billigkeit eine Schadloshaltung erfordert;[4]) und subsidiär hinter Personen, die zu seiner Beaufsichtigung verbunden waren. Die Anrechnung schwebender Schulden des Unzurechnungsfähigen versteht sich danach von selbst; die Berechnung des Nothbedarfes ist die gleiche, wie unter a).

Diese Bestimmungen sind nicht genügend. Der Gedanke, der in diesen zwei Instituten — der Rechtswohlthat des Nothbedarfes und der Beschränkung der Zwangsvollstreckung — in juristisch verschiedener Weise gelegen ist, verdiente, weiter ausgebaut zu werden. Es ist widersinnig und durch Nichts zu rechtfertigen, daß die Rechtsordnung, welche die ihr Unterworfenem zu einem gemeinsamen Kampfe um das Dasein verbinden soll, sich in der Art ausgestaltet, daß ihr zufolge der Eine von dem Andern ganz und gar zu Grunde gerichtet werden kann.[5]) Der geläufige Einwand, daß alsdann Niemand mehr leicht Kredit finden werde, verschlägt nicht. Einmal ist es eine recht unsichere Prophezeihung, für deren Begründetheit bei einer allgemeinen Durchführung des genannten Gedankens nicht viel vorliegt; soweit sie aber zutreffen sollte, so ist es besser, daß Jemand keinen Kredit erhält, als einen solchen, der ihn ruinirt und an den Bettelstab bringt.

Die Widerwilligkeit, mit welcher die Gesetzgebung dem Gedanken gefolgt ist, hat nur dazu geführt, ein zerstückeltes und überall unbefriedigendes System zu schaffen. Nach den mehrfach citirten Sätzen der CPO. ist (entsprechend auch in den angeführten Bestimmungen des

---

[1]) Mot. 2, 298; vgl. 4, 732.

[2]) GB. 519.

[3]) GB. 829.

[4]) Maßstab: unten im Abschnitt Treu und Glauben, § 11.

[5]) Beachtenswerthe neuere Stimmen aus der Praxis im gleichen Sinne: Bruck in Allg. Ztg. Beil. 1897 Nr. 4, Wittelshöfer, ebenda Nr. 68.

GVs.) die Beschränkung der Zwangsvollstreckung nur zu Gunsten gewisser Personen und nur rücksichtlich bestimmter Gegenstände festgesetzt. Da dieses in der Praxis zu oft unerträglichen Ergebnissen führt, so haben jene Sonderverfügungen der CPO. eine sich stets mehrende extensive Auslegung sich gefallen lassen müssen. Die Klavierlehrerin ist zur „Künstlerin" erklärt worden, um die Möglichkeit zu haben, das ihr unentbehrliche Pianino der Pfändung zu entziehen; ein Lumpensammler gesellt sich dem „Handarbeiter" zu, sein Karren und Hund den „zur persönlichen Ausübung des Berufes unentbehrlichen Gegenständen"; der Anbau von Gemüse im Hausgärtchen wird „zum Betriebe der Landwirthschaft", will man nicht dem Bedürftigen die so gezogenen kärglichen Lebensmittel wegnehmen.[1]) Besser jedoch, denn solche Nothbehelfe der Rechtsprechung, wäre die allgemeine Gesetzesbestimmung, die wir nannten: Nothwendige Belassung eines Minimalbetrages seines Vermögens für Jedermann.

6.

Mit einigen Worten sind noch die natürlichen Verbindlichkeiten zu erörtern.

Das GB. kennt diesen Ausdruck allerdings nicht. Aber schon die Motive weisen darauf hin, daß hier und da zerstreut sich Fälle finden, die sie mit dem Namen der „unvollkommenen" Schuldverhältnisse belegen.[2])

---

[1]) Ein Straßenwärter hatte ein kleines Stückchen Land, auf dem er Kartoffeln zog. Für eine Schuld von 40 Mk. wurde die Ernte gepfändet. Das Amtsgericht hob die Pfändung durch einen also begründeten Beschluß auf: „Von dem Standpunkte aus, daß das rechtlich geregelte Zusammenleben der Menschen so geartet sein soll, daß die Existenz des Nebenmenschen nicht in Frage gestellt werden kann, erscheint es zwingend geboten, den § 715, 5 der CPO. möglichst weitgehend auszulegen"; woraus das Gericht folgerte, daß obiger Fall unter die angezogenen Gesetzesbestimmungen falle, da das Gesetz zu einer beschränkteren Auffassung keinen besonderen Anlaß gebe. — Das ist ein trefflicher Standpunkt. Wie weit die Gerichte von ihm ausgehen, läßt sich schwer feststellen. Bekannt ist mir seine Befolgung bei hessischen Gerichten, vereinzelt in Bayern und in der Provinz Sachsen. Gegentheiliger Fall: Der Gerichtsvollzieher pfändete einer Arbeitersfrau einige Mark, mit denen sie für die nächsten Tage die Ernährung der Familie bestreiten sollte; die dagegen erhobene Beschwerde wurde vom Vollstreckungsgericht zurückgewiesen, weil zu den im Sinne des § 715 der RCPO. unentbehrlichen Sachen Geld nicht gehöre; es sei in jedem Betrag pfändbar, gleichviel ob es zum Unterhalt der Familie oder zu anderen Zwecken dienen solle.

[2]) Vgl. ALR. Einl. § 86: „Rechte, welche durch die Gesetze nicht unterstützt werden, heißen unvollkommen und begründen keine gerichtliche Klage oder Einrede".

Der Begriff entspricht demjenigen, was die Römer mit naturalis obligatio bezeichneten: Es sind rechtliche Verpflichtungen, die aber nicht eingeklagt werden können. Wenn die Motive es außerdem allgemein für ausgeschlossen erklären, daß eine naturalis obligatio zur Aufrechnung benutzt werden könnte, so kann dieses Angesichts der unten zu besprechenden Möglichkeit einer Aufrechnung mit verjährten Forderungen so nicht aufrecht erhalten werden.[1]) Man muß also sagen, daß eine natürliche oder unvollkommene Rechtsverbindlichkeit alle Wirkungen zu äußern vermag, welche mit einem rechtlichen Schuldverhältniß sich verbinden können. In positiver Bestimmtheit kann dies aber nur für die einzelnen Fälle im Besonderen entschieden werden, welche die Rechtsordnung jeweils in dieser Mittelstellung einer Naturalobligation anerkennt. Diese Fälle sind nach dem GBe. nur theilweise die gleichen, wie im seitherigen Rechte.

Der Hauptfall, von dem das römische Recht ausgegangen war, die obligatio servi als naturalis obligatio hat seine selbstverständliche Erledigung gefunden. Aber ebenso auch fast alle anderen Einzelfälle. Das S. C. Macedonianum ist dem GBe. fremd, desgleichen die Einrichtung der lex Falcidia; die aus der Pekulienlehre fließenden Naturalobligationen sind ebenso beseitigt, wie die natürliche Verbindlichkeit des impubes, der sine tutoris auctoritate kontrahirt hatte; und nach einem zu Unrecht freisprechenden rechtskräftigen Urtheile bleibt gar nichts von unvollkommener Rechtspflicht übrig.[2]) Nur der Fall eines verjährten Anspruches ist in gleich zu besprechender Weise vom GBe. aufgenommen worden.

Unter den neueren Gesetzgebungen ist hier besonders das ALR. zu erwähnen, welches bei Ermangelung der regelmäßig geforderten schriftlichen Form bei Verträgen über 150 Mark bekanntlich nicht Nichtigkeit des Rechtsgeschäftes eintreten läßt, sondern nur Klaglosigkeit desselben statuirt, dagegen eine natürliche Verbindlichkeit mit verschiedenen Einzelwirkungen aufrecht erhält.[3]) Im übrigen tragen die wenigen Fälle von Naturalobligationen, die sich im preußischen Rechte finden, grundsätzlich den gleichen Charakter, wie diejenigen des römischen Rechtes; sind aber auch bei der Abfassung des GBs. nur wenig von Einfluß gewesen.

[1]) Mot. 2, 106. Anders das seitherige Recht; s. Dernburg, Preuß. Privatr. Bd. 2 § 3 N. 8, 9; § 105 N. 15.

[2]) Mot. 1, 370.

[3]) Vgl. Dernburg, Preuß. Privatr. Bd. 1 § 98.

Nach dem GBe. sind nun folgende Fälle natürlicher oder unvollkommener Verbindlichkeiten zu unterscheiden:

1. Verjährung des Anspruches: Hier bleibt der Schuldner auch nach Vollendung der Verjährung verpflichtet; er ist nur berechtigt, die Leistung zu verweigern. Im übrigen kann die Forderung alle Wirkungen einer rechtswirksamen Forderung noch haben. Danach kann im Besonderen auch eine Verurtheilung des Beklagten trotz eingetretener Verjährung der eingeklagten Forderung erfolgen, wenn jener im Verhandlungstermine ausbleibt (CPO. 296).

Freiwillige Erfüllung ist keine Schenkung,[1]) sie steht weder unter den Rechtssätzen über Abschluß noch über Wirkung einer solchen, unterliegt beispielsweise auch nicht dem Schenkungsstempel. Das zur Befriedigung eines verjährten Anspruches Geleistete kann nicht zurückgefordert werden, auch wenn die Leistung in Unkenntniß der Verjährung bewirkt worden ist. Ein verjährter Anspruch bietet eine genügende Unterlage für ein vertragsmäßiges Anerkenntniß, sowie für eine Sicherheitsleistung des Verpflichteten.[2]) War für die Forderung eine Hypothek, ein Faustpfand, eine Grund- oder Rentenschuld bestellt, so kann der Gläubiger diese dinglichen Sicherungsrechte auch nach eingetretener Verjährung geltend machen; soweit das Gesetz bei jenen Sicherungsrechten den accessorischen Charakter durchzuführen gedenkt, wird diese Besonderheit durch das Weiterbestehen der verjährten Forderung als einer natürlichen Verbindlichkeit genügend gewahrt.[3]) Auch der Bürge wird bei Verjährung der Hauptschuld nicht ohne weiteres frei; er hat die Möglichkeit, die Leistung zu verweigern, wie der Hauptschuldner.[4])

Was die Möglichkeit der Aufrechnung mit verjährten Forderungen anlangt, so kennt das GB. zunächst den allgemeinen Satz, daß, sobald sich zwei kompensable Forderungen einmal gegenüber gestanden haben, und die Betheiligten nach dem System des GBs. durch einseitige Erklärung an den Gegner die Aufrechnung hätten bewirken können, diese Möglichkeit auch dann noch verbleibt, wenn nunmehr die eine Forderung verjährt.[5]) Ja, es kann danach natürlich auch vorkommen, daß jetzt, beim Austrage der Sache, von beiden Seiten verjährte Forderungen zur Aufrechnung eingebracht werden. — Dies erleidet eine Modifikation

---

1) GB. 516.
2) GB. 222, 2.
3) GB. 223; — vgl. Mot. 3, 798.
4) GB. 768. — Vgl. Dernburg, Preuß. Privatr. Bd. 2 § 242 N. 4.
5) GB. 390, 2.

für Schadensersatzansprüche, die gegen einen Verkäufer wegen Mängel der Kaufsache entstanden sind. Ist bei diesen die Verjährung eingetreten, so kann mit ihnen nicht mehr aufgerechnet werden, wenn nicht vor dem Ablaufe der Verjährung der Käufer dem Verkäufer den fraglichen Mangel der Kaufsache angezeigt oder doch die Anzeige abgesandt hatte; eine Vorschrift, welche wieder ihre Unterausnahme für den Fall erfährt, daß der Verkäufer den Mangel arglistig verschwiegen hat, oder daß es sich um Verkauf von Vieh handelt.[1])

2. Mäklergebühr für Heirathsvermittlung war im seitherigen Rechte nach der herrschenden Meinung der Jurisprudenz unbedenklich von rechtlicher Gültigkeit. Die Entwürfe des GBs. folgten dem. In der Kommission des Reichstages wurde aber in dem Abschnitt über den Mäklervertrag ein § 643 c eingeschoben, der als nunmehriger § 656 des GBs. Geltung erlangt hat. Danach ist die erwähnte Gebühr nicht einklagbar, „es wird eine Verbindlichkeit nicht begründet". Aber eine Rückforderung des Geleisteten ist unter allen Umständen ausgeschlossen; und das Anerkenntniß der aus der Heirathsvermittelung beabsichtigten Schuld ist gültig, ebenso wie jede andere Vereinbarung, durch die der andere Theil zum Zwecke der Erfüllung des Versprechens dem Mäkler gegenüber eine Verbindlichkeit eingeht.

3. Die gleiche Bestimmung gilt für Forderungen aus Spiel und Wette, welche hiernach nur unvollkommene Verbindlichkeiten begründen. Der Unterschied von Spiel und Wette ist dabei aufgegeben. — Beim Lotterie- und dem Ausspielvertrag wird unterschieden, ob die betreffende Lotterie oder Ausspielung staatlich genehmigt ist, in welchem Falle sie vollständig gültig ist; verneinendenfalls steht sie dem Spiele gleich. — Differenzgeschäfte stehen dem Spiele gleich, wenn die Absicht von vornherein nur auf Leistung der Differenz ging.[2])

4. Die condictio ob turpem causam ist vom GBe. im Sinne des römischen Rechtes aufgenommen worden. Dieses Rückforderungsrecht besteht

a) voll wirksam nach den Sätzen über condictio sine causa, sobald nur dem Empfänger ein Verstoß gegen Recht oder gute Sitten zur Last fällt, z. B. der Zeuge Geld nimmt, um vom Vorhaben des Meineides abzustehen;

---

[1]) GB. 479; 490, 3.

[2]) GB. 762—764.

b) ganz und gar nicht, sobald beiden Theilen, wie das römische Recht sagte, eine turpitudo vorzuwerfen ist, wie bei der Beamtenbestechung;

c) nur in beschränkter Weise, wenn im Falle b) der Geber durch Begründung einer Verbindlichkeit gegen sich die Vermögenszuwendung gemacht hatte. Die alsdann gegen ihn entstandene Forderung kann zwar nicht eingeklagt, vielmehr von ihm rückgängig gemacht werden; aber sie besteht als unvollkommene Rechtsverbindlichkeit doch insofern, als das zur Erfüllung der eingegangenen Verbindlichkeit Geleistete als Erfüllung einer rechtlichen Schuld angesehen wird und dessen Rückforderung mithin ausgeschlossen ist.[1])

7.

Das GB. schließt die condictio indebiti überall da aus, wo die irrthümlich erfüllte Verbindlichkeit einer sittlichen Pflicht oder einer auf den Anstand zu nehmenden Rücksicht entspricht.[2])

Damit führt es zwei Kriterien für natürliche Verbindlichkeiten ein, die in dieser Ausdehnung seither, wenigstens in voller Uebereinstimmung, nicht anerkannt waren.[3]) Und wenn die Wirkung dieser unvollkommenen Schuldverhältnisse auf die eine genannte beschränkt geblieben ist, so vermag sie doch im täglichen Verkehre eine nicht kleine Bedeutung dadurch zu gewinnen, daß als „Leistung", die wegen jener Gründe nicht rückgängig gemacht werden kann, auch die mittels Vertrag erfolgte Anerkennung des Bestehens oder Nichtbestehens eines Schuldverhältnisses nach dem GBe. zu betrachten ist.[4])

„Die auf den Anstand zu nehmende Rücksicht" ist Befolgung einer Konventionalregel. Hierunter verstehe ich alle diejenigen äußeren Regeln, welche ihrem eigenen Sinne nach nur hypothetischen Geltungsanspruch erheben, also nur gelten wollen, soweit der sie Befolgende selbst es anerkennt und will.[5]) Außer

---

[1]) GB. 817. — Entw. I kannte das im Texte unter c) Angegebene nicht. Im Entw. II 741 und gleichlautend im Entw. III 801 findet es sich. Das GB. hat die Ausdrucksweise der Entwürfe (ohne Noth und schwerlich sehr gelungen) abgeändert; sachlich ist die Bestimmung ganz die gleiche geblieben.

[2]) GB. 814.

[3]) Außerdem verwendet das GB. die beiden genannten Kriterien in folgenden Fällen: 534; 1446, 2; 1641/2; 1804/2; 2113, 2/2; 2330.

[4]) GB. 812, 2; vgl. 781; 782 und 779.

[5]) Des Näheren s. Stammler, Wirthschaft und Recht §§ 22 ff., S. 125 ff.

Normen der Etikette, der Höflichkeit, Sitten und Gebräuche im Verkehre, bei Festlichkeiten und Anderem gehören auch die Satzungen der ritterlichen Ehre und die Regeln über Satisfaktion und Zweikampf hierher.

Wie die rechtlichen Satzungen, so sind alle Konventionalregeln nur äußerlich gebietende Normen. Sie treten einladend von außen her an den Einzelnen heran, und sie wünschen von ihm ein äußerlich korrektes Verhalten; gleichviel aus welcher Gesinnung er sie befolgt. Wenn nun unser GB. aus ihnen den Anstand im Besonderen nennt, so wird dieses in dem gesammten Zusammenhang, in dem der Ausdruck gleichlautend wiederkehrt (s. oben S. 30 N. 3), auf alle diejenigen Fälle zu beziehen sein, in denen man in dem gesellschaftlichen Kreise, dem der Betreffende angehört, freigebige Zuwendungen von gewisser Art erwartet; bei Meidung entweder des Ausschlusses aus jenem Kreise oder doch einer Minderung des äußeren Ansehens in ihm.

Nach diesem Gesichtspunkte fällt daher dem Gerichte in unserer Frage nur eine beobachtende und sammelnde Thätigkeit rücksichtlich der Feststellung des Obersatzes zu. An dem Inhalte einer so festgestellten Konventionalregel hat es dagegen weiter keine Kritik zu üben; und ob sich jener Inhalt in einer überzeugenden Weise deduziren und objektiv rechtfertigen lasse, das bleibt hier außer Betracht. Das folgt aus dem Charakter der Norm des Anstandes, als einer konventionalen, also nur äußeren Regel.

8.

Umgekehrt steht es mit der zweiten Norm, mit der sittlichen Pflicht.

Hier kommt es darauf an, daß der Betreffende in Wirklichkeit richtig will und handelt und nach objektiv festzulegendem Gesetze korrekt verfährt. Was da dem Gerichte von dritter Seite als Meinung und Lehre über die objektive Richtigkeit des Vorgehens mitgetheilt wird, ist in sich nur schätzenswerthes Material, befreit aber den Richter nicht von der Aufgabe der Nachprüfung.

Gehen wir daher dem bemerkten Erforderniß des GBs. nach, so treffen wir die Ansätze zu jener Norm im römischen Recht. Wenn die Ehefrau ihrem Manne eine dos bestellte, in der irrigen Meinung, dazu von Rechtswegen verpflichtet zu sein, so kann sie dies mit condictio indebiti nicht rückgängig machen: sublata enim falsa opinione relinquitur pietatis causa, ex qua solutum repeti non potest.[1]) Und analog wurde die Leistung der vom freigelassenen Sklaven dem Patron gewidmeten operae officiales behandelt.[2]) Aus solchen und einigen weiteren anschließenden Einzelentscheidungen der Quellen gleichen Sinnes hatte man im gemeinen Rechte den eben vorangestellten Satz vielfach als rechtlich begründet gelehrt und auch in der gerichtlichen Praxis öfter zur Anwendung gebracht. Dabei wurde hinsichtlich der rechtlichen Bedeutung einer sittlichen Pflicht zu einer Leistung gemeinhin gelehrt, daß nicht nur die condictio indebiti da ausgeschlossen sei, wo sie sonst begründet gewesen wäre, sondern daß auch eine Bürgschaft oder Pfandbestellung für eine derartige natürliche Rechtsverbindlichkeit gültig und juristisch voll wirksam sein müsse und freiwillige Erfüllung nicht unter den Begriff der Schenkung falle.[3])

Der angeführte Satz ist jedoch bislang niemals zur allgemeinen Anerkennung gelangt. Zwar konnte man nicht wohl in Abrede stellen, daß die angeführten Einzelentscheidungen der Quellen in der That Ausflüsse eines allgemeinen Grundsatzes seien, und daß ihr kasuistisches Auftreten dem gegenüber mehr für zufällig erachtet werden müsse. Aber trotzdem hielt man es für allein angängig, bei dem positiv festgestellten Sonderinhalte jener konkreten Anwendungen stehen zu bleiben, weil man daran verzweifelte, darüber hinaus einen allgemein befriedigenden Satz in objektiver Weise zum Ausdrucke bringen zu können. Selbst Windscheid hat es mehrfach ausgesprochen, daß die Entscheidung über sittliche Pflichten etwas lediglich subjektives sein könne, subjektive Meinungen des Einzelnen, der nur nicht davon ablassen würde, „seine Vernunft für die Vernunft zu halten".

Das ist nun ganz und gar unbegründet. Es beruht auf einem verbreiteten Fehler, die Begriffe „objektiv richtig" und „absolut

---

[1]) L. 32 § 2 D. de cond. indeb. (12, 6).

[2]) L. 26 § 12 eod.

[3]) Der Ausschluß der condictio indebiti war in den genannten Stellen unmittelbar ausgesprochen. Die Möglichkeit von Bürgschaft und Pfandrecht gründete man auf l. 7 D. fidei (46, 1): quod enim solutum repeti non potest, conveniens est, huius naturalis obligationis fideiussorem accipi posse. Die Abweisung des Schenkungsbegriffes konnte freilich nur auf die allgemeine Analogie der naturales obligationes gestützt werden, die man in der früheren Lehre des römischen Rechtes als gleichwerthig in den Wirkungen behandelt hatte, bis namentlich das Buch von Schwanert über die Naturalobligationen den nach dem römischen Rechte begründeten Standpunkt zur Anerkennung brachte, daß jede einzelne Art der naturalis obligatis in ihren Wirkungen für sich zu nehmen sei.

richtig" zu verwechseln oder zu konfundiren. Ich übernehme deßhalb einige von mir an anderer Stelle[1]) gemachte Ausführungen hierüber: zur Klärung von Aufgaben unserer Jurisprudenz und demnächstigen Rechtsprechung, und zugleich zur wissenschaftlichen Rechtfertigung des von unserem GBz. hier eingenommenen Standpunktes.

Alle unsere Vorstellung, all unser Erkennen und unser Wollen, ist ausnahmslos empirisch bedingt. Wir erhalten Wahrnehmungen von Objekten immer nur unter konkreten Bedingungen, und es erstehen uns Wahlmöglichkeiten und denkbar zu verfolgende Ziele stets nur aus besonderer persönlicher Lage des Einzelnen.

Aber in dem Inhalte dieser unvermeidlich und allezeit empirisch bedingten Vorstellungen machen wir einen Unterschied zwischen zwei Klassen in formell unbedingter, allgemeingültiger Weise: Wir unterscheiden zwischen subjektivem Scheine und gegenständlicher Wahrheit, zwischen nur persönlichen Wünschen und objektiv berechtigtem Wollen.

Der unmittelbare Augenschein weist die Drehung der Sonne um die Erde auf, — die wissenschaftliche Erkenntniß lehrt das Entgegengesetzte als wahr; der egoistische Drang nach eigener Selbsterhaltung läßt vielleicht den Soldaten vor der Schlacht desertiren, — das objektiv richtende Urtheil brandmarkt sein Thun als pflichtwidrig und unberechtigt.

Und so ist aller empirische Stoff auf den beiden Gebieten des Erkennens und des Wollens unaufhörlich, sonder Ruh' und Rast jeweils nach zweifacher Richtung zu klassifiziren: als bloß subjektiv gültig — als objektiv richtig.

Es ist also klar, daß die so zu bearbeitende und einzutheilende Materie immerdar empirisch bedingt und wechselvoll ist; daß die zwei formalen Begriffe, unter welche jener Stoff zertheilend eingereiht werden soll, für sich formal feststehen.

Und auch das ist sicher, daß die Frage, wie etwas von empirisch bedingtem Inhalte unserer Vorstellungen nun nach jenen als fest angenommenen Begriffen des nur subjektiv Gültigen und des objektiv Richtigen zu bestimmen sei, die Erwägung also, ob jener bedingte Vorstellungsinhalt in die eine oder aber in die andere Klasse gehöre, von Verschiedenen verschieden gelöst worden ist, wird, werden wird. Jahrtausende haben das Feststehen der Erde im Weltenraume der zweiten Klasse, der objektiv richtigen, zugewiesen; während wir es in die erste,

---

[1]) Stammler, Wirthschaft und Recht, S. 594 ff.

in den subjektiven Schein, versetzen; — und in überlangen Zeiten mag von den Indianern Skalpiren und Martern am Kriegspfahle, das wir in die erste Klasse versetzen, der zweiten zugewiesen worden sein.

Aber was man hier auch an Wechsel in der Art der Klassifizirung, in der Anwendung und Durchführung der beiden Klassen für den Inhalt unserer Vorstellungen anführen mag — die unendlich variirenden, stets streitenden und sich wieder umstoßenden Erkenntnisse der Natur, oder die dem Wechsel und der Veränderung viel weniger, als die Lehren der Naturwissenschaft, ausgesetzten Lehren der Moral; — wir würden die Verschiedenheit der Klassifizirung, die Divergenz in der Bearbeitung des empirischen Stoffes gar nicht beobachten können, wenn wir nicht als unumstößlich feststehend bei dieser Betrachtung die Klasseneintheilung in nur subjektiv Gültiges und objektiv Richtiges formal für sich zu Grunde legten.

Dieser Gedanke der hier möglichen formal allgemeingültigen Klassifizirung des empirisch bedingten Inhaltes unserer Vorstellungen ist absolut.

So ist es eine belachenswerthe Unterstellung des Historismus, als ob man zwischen einem empirisch bedingten Inhalte und zwischen einem absoluten Inhalte unserer Vorstellungen zu unterscheiden hätte, welcher letztere zwar auf besondere Wahrnehmungen und Ziele ginge, sich dann aber doch zu dem Range des Unbedingten zu erheben vermäße. Davon ist gar keine Rede. Der besondere Inhalt unserer Vorstellungen ist natürlich immer empirisch bedingt. Aber innerhalb dieses empirisch bedingten Inhaltes sind die zwei Klassen, die wir wiederholt anführten, allgemeingültig zu unterscheiden; so daß die erwähnte Klasseneintheilung als solche, sie für sich formal betrachtet, absolut besteht.

Darum folgt aus der zweifellosen geschichtlichen Verschiedenheit der Ideale der Menschen und Völker nicht die Unmöglichkeit einer objektiven Bestimmung von empirisch bedingtem Wollen und Streben, so weit und so gut wie menschliche Einsicht reicht; — so wenig, wie aus der Thatsache des steten Wandels der wissenschaftlichen Lehre eine Unmöglichkeit von objektiver Erkenntniß natürlicher Erscheinungen folgt. Es ist allerdings nicht nur der empirische Stoff, der im Erkennen und im Wollen jeweils gerade zu verarbeiten ist, zufällig und wechselvoll, sondern auch die Erwägung, wie derselbe unseren beiden Klassen des Subjektiven und des Objektiven einzureihen ist, oft unsicher und streitig immer revisibel. So weit nach dem jetzigen Maße der Einsicht es gelingt, jenen Stoff in Einheit zu fassen, soweit ist bis auf weiteres eine objektiv richtige Bestimmung derselben gegeben, obschon keine absolut unumstößliche; da absolut nur Gedanke einer möglichen Gesetzmäßigkeit überhaupt, die Idee einer unbedingten Einheit ist.

Wie weit die Menschheit in der gegenständlichen Erkenntniß der Natur und in der Fähigkeit zu objektiv rechtem Wollen und Wählen gelangen werde, steht dahin. Die absolute Wahrheit ist uns verschlossen, wie die unbedingte Verwirklichung des Guten, — die Möglichkeit einer gegenständlich richtigen Erkenntniß, wie des objektiv berechtigten Wollens aber vermag sich in nicht begrenztem Fortschritte zu vollziehen.

Aus diesen Erwägungen ergiebt sich, daß unser GB. in wissenschaftlich wohl begründeter Art verfährt, wenn es die Norm der „sittlichen Pflicht" für die Feststellung einer naturalis obligatio in dem oben angegebenen Umfange einführt. Aber freilich überweist es uns damit für die rechte Lehre und gute Ausführung des Rechtes eine verantwortliche und nicht ganz leicht zu lösende Aufgabe. Denn in welcher Ueberlegung, in was für einem Beweisgange hat der Richter nun festzustellen, wann die Voraussetzungen einer sittlichen Pflicht und danach einer ihr gegenüber stehenden objektiv begründeten Forderung vorhanden sind?

Das führt zu einer weiteren Erörterung, die hiermit gleich verbunden werden soll; in deren allgemeiner Erledigung auch die zuletzt aufgeworfene Frage ihre Beantwortung finden wird.

Zweiter Abschnitt.

Treu und Glauben.

9.

„Der Schuldner ist verpflichtet, die Leistung so zu bewirken, wie Treu und Glauben mit Rücksicht auf die Verkehrssitte es erfordern."

Was ist nun Treu und Glauben? Welche Norm ist hier als maßgeblich für die Beurtheilung bürgerlicher Streitsachen eingeführt; und was für eine Bedeutung kommt ihr gegenüber den besonderen Bestimmungen der Privaten und des Gesetzbuches zu?

Man hat gesagt, daß eine Entscheidung nach Treu und Glauben diejenige wäre, welche „die anständigen Leute" treffen würden; und daß man zuzusehen habe, wie „ein redlich denkender Mann" in einem entsprechenden Falle verfahren sollte. Aber wer sind jene? Und nach welchem Kriterium wird das Prädikat redlicher Gesinnung bei dem Austrage von Rechtshändeln verliehen?

Diese Fragen sind hier zu beantworten.

Dabei kann es sich natürlich nur darum handeln, sie im Sinne unseres Gesetzbuches aufzulösen und zuzusehen, welche Norm in den Bestimmungen, die Treu und Glauben nennen, nothwendigerweise gelegen ist, sollen anders jene Bestimmungen einen verständlichen Sinn haben.

Das GB. macht selbst nicht den geringsten Versuch, die Frage zu erledigen und die nöthige Formel uns fertig schon zu liefern; es überläßt dieses mit Fug der wissenschaftlichen Untersuchung. Indem wir diese hiermit aufnehmen, ist die positivrechtliche Quelle mithin das GB. Wir entwickeln nur den in ihm liegenden Rechtsinhalt und suchen seine sachlich gegebene Anordnung darzuthun.

Nun ist es klar, daß das GB. mit der Verweisung auf Treu und Glauben eine gegenständlich feste und formal einheitliche Art und Weise der Beurtheilung von bürgerlichen Rechtsstreitigkeiten angiebt.

Denn ohne dieses hätte die allgemeine Aufstellung jenes Gesichtspunktes als einer selbständigen Instanz mit eigener Zuständigkeit keinen Sinn.

Und es kann fernerhin keinem begründeten Zweifel unterliegen, daß Treu und Glauben in seiner allgemeinen Bedeutung von positiven Sonderbestimmungen, sei es der Privaten, sei es einzelner Gesetzesregeln, zu unterscheiden ist. Nach der gesammten Art seiner Einführung kann jenes nur eine Norm bedeuten, die auch abgesehen von speziellen Festsetzungen, welche Parteien oder Rechtsnormen im Voraus statuirt hatten, das für diesen Fall objektiv Richtige angiebt. Dieses Letztere muß dann also selbständig gefunden und bewiesen werden; und es kann möglicherweise sogar in sachlichen Gegensatz zu besonderen und positiven Einzelsätzen treten.

Daß dieses Meinung und Sinn unseres GBs. ist, geht auch daraus hervor, daß es in 157 die gleiche Vorschrift der Verwendung von Treu und Glauben für die Auslegung von Verträgen aufgestellt hat, während es andererseits in 133 bestimmt: „Bei der Auslegung einer Willenserklärung ist der wirkliche Wille zu erforschen und nicht an dem buchstäblichen Sinn des Ausdruckes zu haften.“ Geht also die Frage nur darauf, welches der Sinn einer abgegebenen Willenserklärung sei, so ist dieser lediglich festzustellen, wie er da ist, ohne daß noch ein weiteres Urtheil über den Inhalt der Willenserklärung in Aktion zu treten hätte. Steht dagegen die Bedeutung einer gewissen Vertragsberedung zur Erwägung, so ist neben der Feststellung, welches der übereinstimmende, sichere Parteiwille wirklich gewesen ist, noch die zweite Frage möglich, was als Sinn des Vertrages nach Treu und Glauben anzunehmen ist. Dabei ist selbstverständlich, daß die letzte Frage hier nur dann aufzuwerfen und zu beantworten ist, falls die zuerst genannte in concreto kein klares und festes Ergebniß liefert. Aber immer ist auf eine eigene Instanz, auf die von Treu und Glauben Bezug genommen; und es werden vor ihr nicht nur einzelne Thatsachen lediglich festgestellt, sondern ein thatsächlich erörtertes Material an der Hand des Maßstabes von Treu und Glauben abgeurtheilt und gerichtet.

Dieser Maßstab wird nun in 242 für die Feststellung und Bemessung der schuldnerischen Leistung eingesetzt. Es ist derselbe Gedanke, den der Gesetzgeber sogar in den gleichen Ausdruck gekleidet hat, wie in 157. Aber während dort das genannte Richtmaß angewandt werden soll, um den rechten Sinn einer Vertragsberedung darzuthun, so erfolgt seine Verwerthung in unserem Falle ganz allgemein zwecks Feststellung dessen, was der Schuldner richtiger Weise zu leisten hat.

In welcher Art kann nun in überzeugender Weise mit Gründen immer festgestellt werden: was im einzelnen Streitfalle das objektiv Richtige ist?

Man sieht, daß es darauf ankommt, dasjenige feste Merkmal zu finden, nach welchem die von dem einen Streittheile erhobenen Ansprüche in formal einheitlicher Art in zwei Klassen eingetheilt werden können: in solche, die in ihrem Inhalte objektiv richtig sind, und in andere, von denen dieses nicht behauptet werden kann. Dieses Merkmal ist ein und dasselbe mit „Treu und Glauben"; durch die Erfassung jenes wird bestimmt sein, was begründetermaßen unter dem letzteren Ausdrucke verstanden werden kann.

Es war zu erwarten, daß man eine Formulirung des gesuchten Merkmales im Anschlusse an den Sprachgebrauch zu finden hoffte; denn diese Verlegenheitsauskunft pflegt sich da einzustellen, wo der Autor eine Schulung in erkenntnißkritischer Methode nicht besitzt und nicht geübt ist, den Inhalt unserer Vorstellungen systematisch zu zergliedern und die so gefundenen Elemente in ihrem logischen Verhältnisse als bedingende und abhängige zu ordnen.

Der Sprachgebrauch aber, sowohl in seiner heutigen gewöhnlichen Uebung, wie in seiner geschichtlichen Herkunft, ist nur ein Versuch, einen Begriff klar zu bezeichnen. Ob ihm das gelungen ist, muß allezeit offene Frage sein. Das bloße Festhalten an ihm führt unweigerlich zum unfruchtbaren Wortstreit, dessen objektive Lösung ohne Einsetzen der vorhin angedeuteten Methode ganz unmöglich ist.

Hagen, der jene Berufung auf den Sprachgebrauch ausschlaggebend sein läßt, giebt zu, daß die Bedeutung im alten deutschen Recht eine andere gewesen ist, als in der heutigen Zeit, da jenes ein Gelöbniß bei Treu und Glauben, die zweite eine Verpflichtung nach Treu und Glauben kennt;[1]) und er sagt, daß zweifellos „Glauben" in

[1]) „Häufig wurde nur „in, mit, bei, unter Treuen, in guten Treuen" gelobt und der Handschlag gegeben, welcher als Bestätigung des Treugelöbnisses dieses mit einschloß. Am feierlichsten und stärksten war das Gelöbniß „bei Glauben, Ehren und Treuen". Später hat man wahrscheinlich zu größerer Sicherheit deßhalb regelmäßig nicht bloß „bei Treuen", sondern „bei Treu und Glauben" gelobt, weil es zwischen den Juristen streitig geworden war, ob die Verpfändung der fides theologica, d. h. des — christlichen — Glaubens [!] nöthig sei 2c"; Hagen, Die Usanc und Treu und Glauben im Verkehre (1894), S. 15.

unserem Treu und Glauben mit den Gelöbnissen des Mittelalters nichts zu thun habe. Statt nun aber daraus die nothwendige Folgerung zu ziehen, daß der Sprachgebrauch des Mittelalters überhaupt ungeeignet sei, um festzustellen, was das heutige Recht unter „Treu und Glauben“ seinem Inhalte nach verstanden wissen will, so klammert er sich an fünf Verse aus dem „Parcival“ des Wolfram von Eschenbach, in denen derjenige, der „Untreue“ im Herzensgrunde hegt, einem „mit stetigen Gedanken“ gegenüber gestellt wird. Danach definirt Hagen „Treu und Glauben“ dahin, daß es ein Handeln, getreu dem eigenen prinzipiellen, generellen Willen (dem eigenen Geschäftsgrundsatz) sei, an dessen Dasein und Befolgung der Andere geglaubt habe. Das schwebt sachlich ganz in der Luft und ist schon deßhalb unbrauchbar, weil Treu und Glauben zugleich auch eine feste Norm außerhalb der Interpretation von Rechtsgeschäften bedeuten soll, einen Maßstab, der gegenüber ergänzendem Recht gleichfalls in Betracht kommt und auch bei der Bemessung der Leistung aus gesetzlichen, besonders auch Deliktsobligationen.

Der Versuch von Hagen, den Begriff von „Treu und Glauben“ klar zu legen und zu bestimmen, ist, soviel ich sehe, der einzige in Litteratur und Praxis bis jetzt gewesen.[1])

10.

Mit der Beurtheilung einer rechtlich eingeklagten Schuldforderung nach Treu und Glauben wird eine eigenartige Erwägung des gerade fraglichen juristischen Anspruches eingeführt. Es soll die erhobene Forderung nicht sowohl aus positiven Einzelbestimmungen des Rechtsgeschäftes oder des Gesetzes begründet werden und bloß mit diesen in formalem Einklange stehen, sondern sie soll ihrem Inhalte nach an sich begründet, sachlich richtig und berechtigt sein. Da könnte es nun scheinen, als ob neben den Paragraphen unseres GBs. einfach auf die Lehren der Moral verwiesen wäre.

Allein diese geben regelmäßig für solche Streitfragen, wie sie im gemeinen Verkehre unserer sozialen Wirthschaft täglich auftauchen, genügend ausgebaute Einzelanweisungen nicht; sie lauten, von hier aus erwogen, zu allgemein, als daß einfach mit dem Hinzeigen auf sie dem Juristen die Mühewaltung eines eigenen Urtheiles darüber, was im

---

[1]) Eine gründliche Zusammenstellung früherer Aeußerungen, mit denen eine wissenschaftliche Untersuchung und Erörterung nirgends verbunden war, s. bei Hagen, a. a. O. S. 23—35.

besonderen Falle das nach Treu und Glauben Richtige sei, erspart zu werden vermöchte.

Auch wenn sich jedoch aus besonderen Lehren der Moral eine genauere Richtlinie für eine juristische Streitsache entnehmen ließe, als thatsächlich der Fall ist, so darf nicht übersehen werden, daß jene Lehren doch nur Versuche sind, dem vor eine Wahl Gestellten die richtige Anleitung zu objektiv begründetem Wollen und Handeln zu geben. Ihre Autorität liegt lediglich in der Einsicht begründet, daß sie die rechte Lehre bieten. Sie können nicht deßhalb Geltung beanspruchen, weil sie da sind. Mag man daher im Drange überstürzender Geschäfte sich praktisch vielleicht begnügen (immer auf die Gefahr hin, einem zufällig zusammengerafften und bloß persönlichen Empfinden des gerade urtheilenden Richters zu verfallen), — die wissenschaftliche Durchdringung unseres GBs. mit seiner objektivirenden Tendenz würde ihrem Berufe schlecht dienen, wollte sie davon ablassen: dem selbständig denkenden Juristen Weg und Anleitung zu weisen, nach welcher sicheren Methode er solche Sätze finden kann, die für konkrete Zweifelsfragen die objektiv richtige Norm darstellen, das Urtheil nach Treu und Glauben ihm liefern.

Diese Methode ist die folgende.

Man muß in einem konkreten Streitfalle, in dem es sich um ein Urtheil nach Treu und Glauben handelt, auf das oberste Ziel aller Rechtsordnung zurückgehen. Denn von dieser allgemeinen und letzten Aufgabe des rechtlich geordneten Zusammenlebens überhaupt kann die Forderung, in einem besonderen Falle in sich richtig zu handeln, nur eine konkrete Anwendung sein. Es ist das Gleiche, wie bei allen Sätzen und Normen, deren Aufstellung sich als objektiv richtig, als nothwendig und berechtigt giebt. Die Darlegung eines besonderen Naturgesetzes fußt auf dem Gedanken der allgemeinen Gesetzmäßigkeit der Natur, und jedes Urtheil über die objektive Berechtigung eines besonderen Inhaltes von menschlichem Wollen und Streben gründet sich auf die Idee einer Gesetzmäßigkeit menschlicher Zweckverfolgung, nach der dann in allgemeingültiger formaler Art und Weise jedes irgendwelche Wollen von Menschen gerichtet und beurtheilt werden kann.

Daher wird Jemand im besonderen Falle dann nach Treu und Glauben handeln, wenn er in dieser Lage mit Demjenigen im Einklang bleibt, was als letztes Ziel alles rechtlichen Zusammenlebens festzustellen ist.

Dieses unbedingte Ziel kann nun aber nicht in irgendwelchen empirischen Sonderzwecken gegeben werden, die ja selbst immer wieder nur Mittel zu anderen Zwecken sein müssen; es besteht vielmehr in dem Gedanken eines solchen sozialen Zusammenlebens, daß ein jeder Rechtsunterworfene dem andern gegenüber sich in unpersönlich richtiger Weise verhält. Es ist die Idee einer Menschengemeinschaft, in der ein Jeder die Zwecke des Anderen zu den seinigen macht; ein derartiges Dasein und Zusammenwirken rechtlich verbundener Menschen, daß danach ein jeglicher in gegenständlicher Gültigkeit seine Zwecke verfolgt.

Petrazycki ist bei dem Entwurfe einer Disziplin der „Civilpolitik" ganz folgerichtig in ähnliche Gedankengänge und in gleiche Fragestellung gekommen. Er stellt als Maßstab und Ziel für die Rechtsordnung den Zustand der Liebe der Rechtsgenossen zu einander auf.[1]) Mit der Fragestellung nach einem solchen formalen Endziele und unbedingten Richtmaße hat er ganz Recht, und hätte derentwegen nicht verdient, so hart angelassen zu werden, wie es von Sohm geschehen ist.[2]) Denn wenn dieser Gelehrte als Aufgabe des Rechtes jenem gegenüber hinstellt, daß die Rechtsordnung in dieser Hinsicht „lediglich die von der Gerechtigkeit geforderten Schranken der Selbstsucht" hervorzubringen habe, — so ist zu fragen, was er unter Gerechtigkeit als Maßstab für den Inhalt eines Rechtes denn versteht. Und da Sohm dies nirgends angiebt, so bedeuten seine Ausführungen auch keine Verbesserung des in seiner Fragestellung durchaus berechtigten Gedankenganges Petrazycki's.

Andererseits bin ich allerdings der Meinung, daß mit der von Petrazycki aufgestellten Formel eine genügende Unterlage noch nicht gegeben ist. Denn „Liebe" bedeutet an sich nur den einseitigen Trieb der Zuneigung und des Wohlgefallens an dem andern; und dieser subjektive Trieb kann als solcher noch nicht den unbedingten Maßstab und die leitende Idee des sozialen Lebens abgeben. Das gilt doch erst von einer verständigen Liebe:[3]) nicht von jeder persönlichen

---

[1]) Petrazycki, Die Lehre vom Einkommen, 2 Bde. (1893/95). Ich hebe bes. folgende Stellen hervor: Bd. 2 S. 475 ff.; 506 ff.

[2]) Sohm, Ueber den Entwurf eines Bürg. GBs. (1896) S. 25 ff.

[3]) „Drum auch zu lieben soll der Mensch verstehen!" — Ausspruch Leopold Schefer's. Vgl. Wohltmann, Kritische und genetische Begründung der Ethik (1896) S. 30.

Zuneigung an und für sich, sondern von einer vernünftig begründeten Liebe, die auf beiden Seiten wechselseitig angenommen wird. Und es darf die „Liebe“ in diesem Zusammenhange auch nicht als eine wirklich sich einstellende Empfindung der Einzelnen genommen werden,[1]) welchen psychologischen Erfolg der Gesetzgeber gar nicht herbeiführen kann, sondern als die Idee eines harmonischen Zusammenlebens. Der Endzweck des Rechtes und des Staates ist danach eine Gemeinschaft frei wollender Menschen; — „frei“ nicht im Sinne unbedingter Kausalität, nein frei von subjektivem Eigennutze!

Das ist nur eine Idee. Keine Erfahrung hat ein ihr entsprechendes menschliches Zusammenleben je aufgewiesen, noch auch wird es später einmal den Menschen in Wirklichkeit gegeben werden. Doch bildet sie den Leitstern der bedingten Erfahrung.

Den Gedanken einer unbedingt gültigen Art und Weise, in welcher der empirisch bedingte Stoff sozialer Bestrebungen aufzunehmen ist, — den Gedanken einer allgemein geltenden Methode, nach der als einheitlichem Grundgesetze und formalem Richtmaße ein besonderes juristisches Wollen und Fordern gerichtet und bestimmt werden kann, nenne ich das soziale Ideal.[2])

Es kann sein, daß dieses, in freilich nicht geklärter Weise, solchen Schriftstellern vorgeschwebt haben mag, welche in neuerer Zeit die Forderung nach einem „sozialen Rechte“ erhoben haben. Denn wenn sie nur denjenigen Theil der sozialen Ordnung mit dem besonderen Prädikate des „sozialen“ auszeichnen wollen, welcher in einer stärkeren Zwangstendenz die Einzelnen mit einander verbindet und damit ihre Rechte und Pflichten regelt, so hat das (soweit sich dabei eine relative Grenze von Fall zu Fall überhaupt ziehen läßt) doch nur Sinn, wenn es geschieht, um eine objektive Rücksichtnahme der Rechtsgenossen auf einander, eben als das Richtige, durchzuführen. Eine Zwangstendenz als solche kann nicht a priori begründet werden; sie ist nur gerechtfertigt, wenn sie in dieser besonderen geschichtlichen Lage das objektiv Richtige darstellt; — was nun wieder nur gemessen und bewiesen werden kann, wenn sie als nothwendiges Mittel dargethan wird, um konkrete, historisch bedingte soziale Zustände im Einklange mit dem Endzwecke der Rechtsordnung überhaupt zu erhalten; womit wir auf unseren oben entwickelten Gedankengang zurückkommen.

[1]) So allerdings Petrazycki. Bes. bezeichnend die Ausführungen in Bd. 2 S. 545.

[2]) Stammler, Wirthschaft und Recht §§ 99, 102.

11.

Der Gedanke vom sozialen Ideal hat darin seine Berechtigung, daß durch ihn die Scheidung im Wollen und Wählen rechtlich verbundener Menschen in die zwei Klassen des objektiv richtigen und des nur subjektiv gültigen Wollens ermöglicht wird. Danach ist nun auch der Begriff von Treu und Glauben festzustellen.

„Treu und Glauben“ ist die Norm zur Entscheidung eines rechtlichen Streites, welche in einer besonderen Sachlage im Sinne des sozialen Ideales das Richtige angiebt.

Zwei widerstreitende Interessen von Privatpersonen stehen einander gegenüber; ein feindselig verschiedenes Begehren und Erbitten ist vorgetragen; — so soll der Richter fragen: Wie ist die Entscheidung unter ihnen zu treffen, wenn ein sozial-ideales Verhalten hier stattfände; wenn Jeder von ihnen nicht nur subjektives Wünschen hegte und nicht bloß persönlichen Zwecken nachginge, sondern zugleich die Zwecke des Andern als die seinigen auch aufnähme? Was ergiebt sich in dem vorliegenden Streitfalle, wenn Keiner nach dem zu fällenden Spruche des Rechtes bloß als Mittel zu Zwecken des Andern, sondern zugleich als Selbstzweck geachtet werden soll; wo läuft danach die objektiv zu bestimmende Grenze zwischen ihren nur subjektiven Forderungen, in denen sie einander verklagen und gegenüberstehen?

Das mag zu finden oft sehr schwierig sein. Aber in keinem Falle ist es unmöglich; in manchem wird es auch ohne Weiterungen sich einfach ergeben. Ganz besonders nahe hat unsere Erwägung zu allen Zeiten bei Mieth- und Pachtstreitigkeiten gelegen. Einmal bei der Auslegung dahin einschlagender Verträge, welche von Betheiligten, wie von urtheilenden Laien oft allzu gern streng buchstäblich und darum sachlich unrichtig aufgefaßt werden. Ein Pächter hat dem Gutsherrn vertragsmäßig das Recht zugestanden, ihm wegen nicht pünktlicher Erfüllung der Pachtverbindlichkeiten ohne Weiteres kündigen zu können, dabei mit sofortiger Auszugspflicht. Hat sich dieses auch auf das Ausbleiben jeder, auch der kleinsten Naturallieferung zu beziehen; und ist für den bejahenden Fall die Zeit nicht doch unter Umständen dem Pächter zu erstrecken?[1])

---

[1]) Vgl. Seuff. Arch. 14 Nr. 194. Novellistisch interessant (aus Zuständen der russischen Ostseeprovinzen) von Pantenius in der Erzählung „Um ein Ei“ behandelt. — S. zu obiger Frage parallel auch GB. 320, 2 und unten § 29.

Die Gerichte haben hier oftmals Mühe gehabt, zu einem objektiv befriedigenden Ergebnisse, das ist einem solchen nach Treu und Glauben, zu gelangen. Häufig waren sie auf Interpretationsversuche und Aufstellung eines angeblich bei dem Kontrahiren vorhanden gewesenen Vertragswillens angewiesen gewesen, wobei die Behauptung, daß die Frage in concreto durch Parteibestimmung erledigt sei, nicht gerade immer überzeugend war; bald auch haben sie Analogien gewisser positiver Ergänzungssätze unseres Rechtes heranziehen müssen, wobei geschichtlich am meisten Anhalt das kanonische Recht zu bieten pflegte, wenngleich auch hier die daran gemachten Anlehnungen vor einer scharfen juristischen Deduktion keineswegs durchgängig Stich hielten.[1])

Ganz unleidlich waren seither die Fälle, in denen eine Räumung der Miethswohnung auch gegen objektiv berechtigte Interessen des Miethers ganz einseitig und ohne Rücksicht durchgesetzt wurde. Wenn der Miether oder ein Angehöriger so schwer erkrankt ist, daß die Wegbringung gesundheitsgefährlich erscheint, wenn ein unbeerdigter Leichnam im Hause liegt, oder wenn es dem Miether, etwa auf dem Lande, ganz und gar unmöglich ist, ein anderweitiges Unterkommen zu finden, so mußte seither der Jurist achselzuckend erklären: „Die Interessen des Schuldners sind in solchen Fällen sehr beachtenswerth, aber soviel wir sehen, vom positiven Rechte nicht geschützt".[2]) Künftighin ist anders zu entscheiden. GB. 556 bestimmt nur, daß der Miether verpflichtet ist, die gemiethete Sache nach Beendigung des Miethverhältnisses zurückzugeben; und nun hat er dieser Verpflichtung nach Treu und Glauben Genüge zu thun. Danach hat bei der Räumungsklage das zuständige Amtsgericht (GVG. 23, 2) ein Vorbringen des Miethers von objektiv gerechtfertigtem Inhalte seinerseits anzunehmen und dahin zu berücksichtigen, daß der Räumungsklage (mit vorläufiger Vollstreckbarkeit: CPO. 649, 1) nicht einfach stattgegeben, sondern deren Vollzug in angemessener Weise hinausgeschoben werde.

Dabei ist natürlich zu beachten, daß bei solcher Art des Urtheilens die Interessen eines jeden der beiden Betheiligten heranzuziehen und zu beachten sind. Nichts wäre hier verkehrter, als sich von einer in sich nicht begründeten einseitigen Vorliebe für den Leistungspflichtigen

---

[1]) Das citirte Urtheil des OAG. zu Lübeck verwendet l. 3 u. 4 X. de locato et conducto (3, 18).

[2]) Tuhr, Der Nothstand im Civilrecht (1888) S. 34. Vgl. Lehmann in Jahrb. f. Dogm. 13 S. 235 fg.

leiten zu lassen und den säumigen Schuldner, etwa im Stile der byzantinischen civilistischen Gesetzgebung, überall thunlichst zu begünstigen.[1])

Es war vielleicht gerade diese subjektive Einseitigkeit, welche lange Zeiten hindurch den Gegendruck zu Gunsten schneidender Erledigung von übernommenen Vertragspflichten hervorgerufen hat.

Statt alles dessen ist das rechte Ziel: Die Objektivität. Abwägung und Beurtheilung der widerstreitenden subjektiven Interessen und Wünsche im Sinne des sozialen Ideales.

Einen einzelnen Fingerzeig enthält für die zuletzt besprochenen und, wie jeder Praktiker weiß, durchaus nicht seltenen Fälle GB. 557. Danach hat der Miether für das Behalten der Miethsache nach Beendigung der Miethzeit den vereinbarten Miethzins zu bezahlen; wogegen sich etwaige weitere Schadensersatzpflicht nach allgemeinen Grundsätzen normirt. Jenes wird nun aber in sehr vielen Fällen eine objektive Ausgleichung zwischen gegebenen Interessen des Miethers und des Vermiethers ermöglichen. Das Nähere hierüber ist dann freilich Einzelfrage. Und die gesammte methodische Art der Erwägung und die grundsätzliche Stütze des Urtheiles ist nicht in jenen Einzelsätzen des GBs. zu suchen, sondern in dessen Prinzip von Treu und Glauben.

---

[1]) Einen starken Anlauf hatte im rechten Sinne das ältere englische Recht genommen, nach welchem sogar besondere courts of equity bestanden (Rüttimann, Engl. Civilprozeß S. 4 ff., S. 234 ff.) Ein Beispiel für die Thätigkeit jener liefert das sogenannte mortuum vadium, mortgage (s. Blackstone, Engl. R. II. K. 10), wobei Jemandem für ein Darlehn, dessen Rückgabe auf einen gewissen Tag bestimmt ist, ein Stück Land als Pfand übergeben wird. Erfolgt die Zahlung an dem festgesetzten Tage nicht, so ist das Pfand ohne alle Rücksicht auf seinen Werth dem Gläubiger verfallen. Das ist common law. Hier tritt nun die Billigkeit des Kanzleihofes ein und gewährt nach den Umständen bis auf 20 Jahre nach Verfall dem Schuldner die Wiedereinlösung, equity of redemption. Dies ist aber wieder unbillig für den das Pfand innehabenden Gläubiger. Macht er bedeutende Verbesserungen an dem Grundstücke, so sieht der Schuldner mit Vergnügen zu, und wenn sie vollendet sind, gebraucht er sein Einlösungsrecht, wobei die Verbesserungen nicht ersetzt werden. Da hilft nun wieder die Billigkeit aus. Der Gläubiger kann bei der Kanzlei auf Ausschließung der Einlösung antragen. Das Land wird dann abgeschätzt und zur Versteigerung gebracht. Den Ueberschuß über die Forderung (hyperocha) erhält der Schuldner; reicht der Erlös des Pfandes nicht zu, so hat der Gläubiger für das Fehlende persönliche Schuldklage. Beschorner, Ueber die Billigkeit und deren Einfluß auf Gesetzgebung, Staatsverwaltung und Rechtspflege (1858) S. 19.

12.

Aus dem Gesagten ergiebt sich, daß Treu und Glauben nicht ein selbständiges und an sich schon bestehendes Urtheil ist, das irgendwie a priori zu entdecken wäre, um dann von außen her erst an die rechtliche Frage herangetragen zu werden. Sondern es ist eine besondere Art und Weise der Beurtheilung einer Rechtsfrage; es bedeutet, für sich genommen, nur eine eigene formale Methode, eine juristische Streitsache aufzufassen und zu richten. Seinen Inhalt kann dieses Urtheil nach Treu und Glauben aber nur als geschichtlich bedingtes, auf Grund konkreten Rechtsmateriales erhalten; und bloß unter der Voraussetzung dieses letzteren und aus ihm heraus erwachsen hat es Sinn und Bedeutung.

Es ist also ganz unmöglich, auch nur in einer einzigen Hinsicht von vorn herein anzugeben, was in einem demnächstigen Streitfalle nach Treu und Glauben Rechtens zu sein habe. Man muß immer erst die besonderen Umstände gerade dieser Sachlage abwarten und das gesammte konkrete Material vor Augen haben, ehe sich ein Urtheil in jenem Sinne begründetermaßen fällen läßt. Zu diesen konkreten Voraussetzungen und dem besonderen empirischen Materiale des jeweiligen Falles gehören aber vor allem auch schon wieder gewisse rechtliche Einrichtungen in ihrem besonderen geschichtlichen Inhalte. Es handelt sich nicht etwa um ethische Sätze, die an und für sich für irgendwelche Menschen Geltung hätten, und es dreht sich nicht um ein moralisches Urtheil für isolirt gedachte menschliche Lebewesen, sondern um eine Beurtheilung rechtlicher Ansprüche, die aus einem gegebenen sozialen Leben heraus, also unter einer bestimmten äußeren Regelung des menschlichen Zusammenwirkens entstanden sind und nur unter diesen Voraussetzungen überhaupt erscheinen und vorliegen.

So wird das ganze Material eines Rechtsfalles von dem Urtheiler als gegeben erwartet: „Treu und Glauben" liefert ihm nicht die Voraussetzungen und den Stoff, sondern giebt die Richtung an, in der jenes dann zu beurtheilen ist. Deßhalb ist die Ausdrucksweise des GBs., durch die es eine Beurtheilung „nach Treu und Glauben mit Rücksicht auf die Verkehrssitte" vorschreibt, nicht völlig unangreifbar. Denn der letzte Zusatz ist selbstverständlich; aber auch um so mehr überflüssig, als er ohne Noth ein einzelnes Moment von sehr vielen möglichen hervorhebt, durch welches die thatsächlichen Voraussetzungen und der zu beurtheilende Stoff des Rechtsfalles geliefert wird. Verabredung der Parteien, Herkommen und Uebung im Verkehre, technische Einrichtungen und Neuerfindungen, Einwirkungen Dritter, elementare Unglücksfälle und unberechenbare Sonderereignisse verschiedenster Art, — sie alle gruppiren sich zu derjenigen Erscheinung, welche den vom Juristen zu richtenden und zu beurtheilenden Stoff darstellt. Dann erst ergiebt sich für sich die Frage nach dem anzulegenden Maßstab. Und dieser ist entweder eine für solchen Fall im Voraus festgesetzte rechtliche Einzelnorm, unter die nun unser Fall subsumirt wird, und zu der er freilich dann oft genug im Verhältniß zu dem Bett des Prokrustes sich befindet, — oder aber es ist Treu und Glauben, das ist die für diesen besonderen Thatbestand, der mit allen seinen faktischen Einzelheiten dabei zu berücksichtigen ist, aufstellbare Norm im Sinne eines idealen sozialen Zusammenlebens. So bedeutet „Treu und Glauben“ die formale Richtung, in der das Urtheil sich bewegen soll, — „die Verkehrssitte“ dagegen ist eines von vielen Momenten, das uns den zu beurtheilenden Stoff dieses Falles mit liefern hilft, das in dieser Hinsicht selbstverständlich „zu berücksichtigen“ ist, keineswegs aber das methodische Richtmaß zur endgültigen Erledigung dieser jeweiligen Rechtsfrage uns liefert.

Und es soll endlich der empirisch bedingte Stoff juristischer Streitigkeiten und Zweifelsfragen nicht an der erträumten Utopie eines Idealstaates gemessen werden. Der Gedanke vom sozialen Ideal bedeutet nicht die sinnreiche Erdichtung der inhaltlich ausgeführten Rechtsordnung eines paradiesischen Gemeinwesens; er besagt vielmehr eine allgemeingültige formale Methode, empirisch auftretenden Rechtsstoff zu messen und zu behandeln, zu beurtheilen und zu richten. Er ist eine Formel für die einheitliche Art und Weise, prozessualisches Parteivorbringen zu erfassen und zu klassifiziren. Das soziale Ideal ist ein formales Richtmaß, aber keine inhaltlich vollkommene Rechtsordnung.

Da man nun in jedem einzelnen Falle das besondere Material gerade dieser Sachlage kennen muß, um es dann an den genannten formalen Maßstab anzulegen, so steht es von vornherein fest, daß alle Versuche des juridischen Gesetzgebers, die objektiv richtigen Normen für künftige Streitigkeiten einstweilen zu formuliren und zur Anwendung bereit zu stellen, nur unvollkommen sein können und regelmäßig bloß annähernd zuzutreffen vermögen. Windscheid gebraucht einmal den Ausdruck, daß die für die locatio conductio vom römischen Rechte aufgestellten ergänzenden Rechtssätze nur „Auslegung der den Miethvertrag beherrschenden bona fides“ seien, und er hat damit für die Genesis dieser ergänzenden Normen unseres Rechtes wohl das Richtige getroffen. Aber er verbessert es nicht durch den Zusatz „sie sind nicht positiver Natur". Das sind sie allerdings. Wie immer sie entstanden sein mögen, jetzt hat unsere Rechtsordnung sie in allgemeiner Weise als ergänzende Regeln aufgenommen, die hinter erlaubten Parteiberedungen als positive Satzungen einzutreten haben.

Gerade diesen ergänzenden Rechtssätzen gegenüber, die in allgemeiner Bereitschaft zur Anwendung dastehen, kommt nun das Prinzip von Treu und Glauben nach unserem GBe. in durchgreifende Bethätigung. Nach dieser Grundauffassung des neuen Rechtes hat ein jeder ergänzende Rechtssatz die kritische Nachprüfung zu bestehen, ob er in dem besonderen Falle, der gerade zur Entscheidung steht, auch wirklich ein Ergebniß liefert, das mit Treu und Glauben vereinbar, das im Sinne des sozialen Ideales objektiv richtig ist. Und geschieht das nicht, so ist der Versuch des Gesetzgebers, dem Richter eine genügende Anleitung über Dasjenige zu geben, was nach objektiver Erwägung hier das Richtige sei, für diesmal nicht gelungen: jener ergänzende Rechtssatz hat zurückzutreten, die besondere zutreffende Entscheidung der konkreten Streitsache ist in selbständiger Weise nach Treu und Glauben vorzunehmen.

Dieser Gegensatz von positiv-rechtlich und objektiv-richtig kann niemals aufgehoben werden. Er liegt in der konkreten Bedingtheit aller besonderen Rechtsfragen in sich nothwendig begründet. Da nur unter voller Würdigung aller besonderen Thatumstände eines Einzelfalles das für diese Sachlage objektiv Richtige festgestellt werden kann, diese empirisch bedingten Thatumstände in unbedingter Vollständigkeit im Voraus nie übersehen und erfaßt werden können, so können die bereit zu stellenden ergänzenden Rechtssätze niemals absolute Gewißheit dafür bieten, daß mit ihrer Anwendung in dem betreffenden Rechtsfalle gerade das getroffen werde, was objektiv das Rechte ist.

Aber andererseits sind sie der Niederschlag einer weiten und umfassenden Rechtserfahrung, und sie haben zwar nicht in systematisch erwägender Weise, aber doch unter der Wucht eines nahe liegenden Gesammtdruckes in der sozialen Entwickelung nach dem für Rechtsfragen dieser Art objektiv Begründeten gestrebt. So werden sie in der Regel völlig ausreichen, um als rechte Norm für eine Streitfrage ohne weitere Nachprüfung eingesetzt zu werden. Der Vorbehalt, daß sie einer Revision im oben entwickelten Sinne unterzogen werden können, bleibt in thesi immer; für den regelmäßigen Gebrauch des Tages, in relativer Allgemeinheit kann man sich mit ihnen, in ihrem Dasein, begnügen: an Ausnahmefällen — vom statistischen Standpunkte der Praxis aus geredet —, da man ihnen die vornehmere Norm von Treu und Glauben entgegensetzt und die dieser widerstreitenden ergänzenden Sätze zurückdrängt, wird es freilich in keiner Zeit ganz fehlen.

So muß man zugeben, daß in der Sache es genügen würde, an Stelle der vielen ergänzenden Rechtssätze, welche die Leistungen in besonderen Schuldverhältnissen regeln, den einen Satz zu haben, wie das GB. ihn in 242 aufstellt. Für die praktische Anwendung des Rechtes wird das Bereithalten genauer Einzelsätze, die in relativer Gewißheit das objektiv Richtige enthalten, schwer zu entbehren sein; es hätte wenig Sinn, in jedem Falle von vorne anfangen zu müssen.

Schließlich erhebt sich die Frage nach dem Verhältniß von Treu und Glauben zu etwa widerstreitenden Einzelbestimmungen in Rechtsgeschäften. Es ist zu sagen, daß die erste Norm einen zwingenden Charakter besitzt.

Das GB. stellt sie in allgemeiner Fassung an die Spitze des Rechtes der Schuldverhältnisse, und obgleich nicht ausdrücklich hinzugefügt ist, daß der Satz zwingenden Rechtes sein solle, so muß dies doch aus der ganzen Art der Aufstellung geschlossen werden, die einen durchaus anderen Charakter trägt, als die vielfältigen ergänzenden Rechtssätze bei den besonderen Schuldverhältnissen. Man denke auch das Gegentheil einmal aus und vergegenwärtige sich eine Fassung des GBs. dahin: Der Schuldner hat im Zweifel nach Treu und Glauben zu erfüllen, oder: Treu und Glauben ist für die Vollführung der schuldnerischen Leistung zu beobachten, wenn nicht das Gegentheil ausgemacht ist, — und man wird sehen, daß damit der Sinn des Gesetzes unmöglich getroffen sein kann.

Dies wird um so gewisser angenommen werden, wenn man sich erinnert, daß „Treu und Glauben" und „gute Sitten" in der Sache ganz auf dasselbe zurückgehen. Beides sind Beurtheilungen konkreter Rechtsfragen unter dem Gesichtspunkte des sozialen Ideales. Widerstreitet ein Rechtsgeschäft im Ganzen demjenigen, was in dieser besonderen Lage nach den „guten Sitten" das objektiv Richtige ist, so ist es im Ganzen nichtig; — ist es als Ganzes nicht in dieser Lage, würde aber eine einzelne seiner Klauseln gegen Dasjenige verstoßen, was in concreto nach „Treu und Glauben" als objektiv richtig erachtet werden muß, so kann man, ohne eine schwer erträgliche Disharmonie in das GB. zu bringen, hinsichtlich dieser besonderen

Bestimmung nicht etwas anderes annehmen. Vielmehr kann es nur darauf ankommen, ob eine besondere lex contractus, die in ihrem Inhalte die genannte Grenze des Zulässigen überschreitet, von so großer Bedeutung für das Ganze des Geschäftes ist, daß dieses damit in sich einen bestimmt qualifizirten Charakter erhält: dann ist das Rechtsgeschäft als Ganzes nichtig; oder aber darauf, ob die Sonderverfügung nicht derartig bedeutend ist, daß sie die gesammte rechtliche Verfügung zu alteriren vermag, sondern etwa wie ein eingeflossener Verzicht auf die Einrede der Arglist zu behandeln ist: dann ist diese einzelne Bestimmung nichtig.

Die „guten Sitten" bilden eine Grenze der Vertragsfreiheit und gestatten kein Rechtsgeschäft, das diese überschreitet; „Treu und Glauben" liefert die einzuhaltende Richtlinie für die besonderen Bestimmungen des Rechtsgeschäftes und lassen bei einer im Ganzen noch gültigen Willenserklärung doch keine einzelne Klausel zu, die von jener Linie sich widersprechend ablöst.

13.

In der geschilderten allgemeinen und grundsätzlichen Durchführung des Urtheils nach Treu und Glauben hat unser Gesetzbuch keinen gleichwerthigen Vorgänger. Sein Auftreten bedeutet einen selbständigen und großen Fortschritt, und man kann geradezu sagen, daß dadurch der Rechtsprechung eine neue Bahn und veränderte Richtung gegenüber unseren seitherigen Zuständen zugewiesen sein wird.

Das römische Recht hatte in der ihm eigenen Entwickelung stets einen Gegensatz von actiones bonae fidei und stricti iudicii, und bis zum Abschlusse seiner Geschichte muß man die letzteren als die Unterlage betrachten, von denen jene ersteren nur als hinzugefügte Ausnahmen sich abheben. Es ist in der That recht bescheiden, wenn man diese Ausnahmen von den nur zu oft ganz unqualifizirbaren Konsequenzen des ius strictum als eine Leistung ersten Ranges auf dem Rechtsgebiete nicht selten gepriesen hat. In Wirklichkeit ist das römische Recht niemals dazu gekommen, von dem schönen Citate: In omnibus quidem, maxime tamen in iure, aequitas spectanda sit[1]) eine durchgreifende Anwendung darzustellen. Es ist in den ersten Ansätzen stecken geblieben. Und daß es in anderen Zeiten und Völkern damit noch schlimmer bestellt gewesen ist, das verbrieft den unvollkommen gebliebenen

---

[1]) L. 90 D. de R. J. (50, 17). Cf. l. 8 C de iudiciis (3, 1); l. 183 D. de R. J. (50, 17).

Verwendungen der bona fides durch die römischen Juristen an sich noch nicht den Rang eines musterhaften und nachahmenswerthen Zieles.

Soweit aber das römische Recht Ausnahmen von dem Entscheide des strictum ius zuließ und im Sinne der aequitas zu urtheilen erlaubte, so fehlte bei den römischen Juristen jede klare Besinnung darauf, welche allgemeingültige Beschaffenheit aus der Anweisung zum Urtheilen ex fide bona dem Richterspruche eigentlich zukäme.[1]) Sehen wir nun auf die besonderen praktischen Anwendungen, die uns in den Quellen überliefert sind, so tritt entschieden die Tendenz in den Vordergrund, dem Kläger nicht nur dasjenige zuzubilligen, was aus dem strengen Worte des Gesetzes und des Geschäftes folgt, sondern seinen Anspruch zu erweitern „quantum aequius melius sit". Für den verklagten Schuldner kam wesentlich nur in Betracht, daß bei den bonae fidei iudicia auch solche exceptiones im Endurtheile zu berücksichtigen waren, die in der formula keine Aufnahme gefunden hatten.[2])

Von dieser Grundlage und Unterscheidung ist das gemeine Recht in Deutschland nicht abgekommen. Noch Windscheid findet es für richtig, die Erörterung der Verpflichtungen im besonderen Theile des Obligationenrechtes in verschiedener Weise dahin einzuleiten, daß in dem einen Falle die Verbindlichkeiten aus dem betreffenden Vertrage „unter freiem richterlichen Ermessen" ständen, während er andere Kontrakte, z. B. das Darlehen, nicht für Geschäfte erklärt, „bei denen es erst nothwendig wäre, im einzelnen Falle mit Rücksicht auf die besonderen Umstände dieses Falles zu bestimmen, was dem Sinne und der Absicht des Geschäftes gemäß ist"; so daß „der Gegensatz zwischen der Darlehnsobligation und der Obligation z. B. aus Kauf oder Miethe für uns noch besteht, wie er für die Römer bestand.[3]) Wenngleich diese Auffassung von anderen Pandektisten bekämpft worden und ihr die Meinung gegenüber gestellt worden ist, daß im heutigen Rechte alle

[1]) L. 7 i. f. D. de rescindenda venditione etc. (18, 5) ist gelegentlich als Begriffsbestimmung für den Maßstab, der in der Berufung auf bona fides herangezogen wird, von Romanisten angeführt worden. Die Stelle sagt aber: „vix bonae fidei convenire, eo pacto stari, quod alteri captiosum sit"; hiernach ist klar, daß es sich auch nur um eine Einzelanwendung des Richtmaßes von bona fides auf einen besonderen Fall handelt; nicht aber um eine grundsätzliche und korrekte Angabe, was denn die letztere überhaupt ist.

[2]) Die Nachweise s. bei Savigny, System 5. Bd. Beil. XIV.

[3]) Windscheid, Pandekten § 371 N. 2; dagegen § 389 N. 1; 400 N. 1; 406 N. 1; 410 N. 1. Vgl. auch das. § 46; 254; — 375 N. 2; 378 N. 1; 302 N. 1.

Rechtsgeschäfte (außer dem Wechsel) im Sinne der negotia bonae fidei des römischen Rechtes aufzufassen seien,[1]) so ist damit allein weder eine genügende Klarheit über die Besonderheit einer Entscheidung „ex fide bona“ gewonnen, noch auch nur der Gegensatz von positivrechtlichen Sondernormen und von Urtheil nach Treu und Glauben deutlich hervorgekehrt.

Von den neueren Kodifikationen enthalten nur das französische und das sächsische Gesetzbuch eine besondere Bestimmung über unsere Frage. Jenes sagt lakonisch: „Elles [sc. les conventions] doivent être executées de bonne foi“; und fügt bezeichnend hinzu: „Les conventions obligent non seulement à ce qui est exprimé, mais encore à toutes les suites que l'égalité, l'usage ou la loi donnent à l'obligation d'après sa nature“.[2]) Das sächsische GB. sagt entsprechend:[3]) „Die Erfüllung eines Vertrages hat dasjenige zu umfassen, was nach der besonderen Verabredung der Betheiligten, nach den gesetzlichen Vorschriften über den in Frage stehenden Vertrag und (!) überhaupt nach Treu und Glauben und nach der Handlungsweise eines redlichen Mannes zu leisten ist.“ Es ist in sich deutlich, daß damit ein grundsätzlicher Fortschritt über den Standpunkt des römischen Rechtes hinaus nicht erzielt ist. Die angeführten Satzungen geben sogar schon in ihrem Wortlaute einer Art von Warnung Ausdruck, daß dem Gläubiger doch ja nicht zu wenig zugebilligt werden möge; sie wollen vorzugsweise sagen, daß der Schuldner auch über die buchstäbliche Grenze seiner Verpflichtung hinaus auf Nebenleistungen und Zuwachs zu haften habe.

Ganz anders unser bürgerliches Gesetzbuch.

Sein Grundzug läßt sich überall dahin kennzeichnen: Objektivirung des Rechtslebens!

Weit entfernt von dem anzüglichen Satze des „vigilantibus iura sunt scripta“[4]) und nicht in Harmonie mit einer Grundstimmung, nach der „in pretio emptionis et venditionis naturaliter licere contrahentibus se circumvenire“,[5]) so sucht es vielmehr den Entscheid in rechtlichen Streitfällen und Zweifelsfragen möglichst dahin zu lenken, daß die Auseinandersetzung der Privatpersonen als objektiv richtig bestehen kann.

---

[1]) Dernburg, Pandekten I § 124.

[2]) C. C. 1134; 1135.

[3]) Sächs. GB. 858.

[4]) L. 24 D. quae in fraudem credit. (42, 8.)

[5]) L. 16 § 4 D. minor. (4, 4.)

In diesem Sinne gründet das GB. den Einfluß des Irrthums für eine abgegebene Willenserklärung auf eine „verständige Würdigung des Falles".[1]) Die Endigung von Schuldverhältnissen wird erlaubt, sobald „ein wichtiger Grund" vorliegt.[2]) Die Erfüllung einer „sittlichen Pflicht" wird als diejenige einer natürlichen Rechtsverbindlichkeit allgemein aufgestellt.[3]) Das „billige Ermessen" wird in weitgehender Weise für maßgeblich erklärt; und umgekehrt ein Vorgehen verworfen, wenn es offenbar der Billigkeit widerspricht.[4]) Und es wird nicht nur, wie wir wissen, die Auslegung von Verträgen und die Erfüllung von Schuldverhältnissen allgemein auf „Treu und Glauben" gestellt, sondern diese Richtung der Erwägung und Beurtheilung auch in sonstigen besonderen Thatbeständen ausdrücklich noch eingeführt.[5])

Ich betone aber nochmals, daß es sich nicht nur um Fortführung unabgeschlossener Gedanken in einer größeren quantitativen Vollständigkeit handelt. Der Schwerpunkt unserer Frage liegt darin, daß alle Einzelbestimmungen an sich erlaubter und gültiger Geschäfte und ebenso alle ergänzenden Rechtssätze, die das GB. zur Anwendung bereit gestellt hat, nur unter der Einschränkung gelten sollen, daß sie im besonderen Falle nach Treu und Glauben das richtige Ergebniß liefern.

Und das hat in solcher Allgemeinheit noch kein Gesetzbuch der Welt für den Austrag bürgerlicher Rechtsstreitigkeiten einzusetzen den Muth gehabt.

Freilich werden damit sehr gesteigerte Anforderungen an unseren Richter- und Anwaltstand gestellt. Mehr denn bislang werden wir gute Juristen gebrauchen.

---

[1]) GB. 119, 1.

[2]) „Wichtiger Grund": 549, 1; 626; 627, 2; 671, 3; 696; 712; 723; 749, 2; 811, 1; 843, 3; 1298, 3; 1299; 1580, 2; 1889; 2227, 1. „Ausreichender Grund": 1402; 1451. „Besondere Gründe": 1612; 1635, 1/2; 1775; 1836, 1/2 (eigenthümlich!) Entsprechend wird auch „unthunlich" verwendet: s. 303/2; 374, 2/2; 384, 3.

[3]) S. die oben am Ende des § 8 angegebene Frage, deren Lösung mithin immer in der gleichen Methode unserer §§ 10 u. 11 zu erfolgen hat.

[4]) „Billiges Ermessen; offenbare Unbilligkeit u. dergl.": 315—319; 660, 1; 745, 2; 829; 920, 2; 971, 1; 1246; 1361, 2; 2156. (Gegensatz: „freies Ermessen" z. B. 1430, 1). Vgl. auch unten § 46.

[5]) GB. 162, 1 u. 2; 320, 2; 815.

Schon jetzt war es freilich verfehlt, wenn man als höchstes Ziel und Maßstab für solche eine Erkenntniß des geschichtlichen Werdens unseres Rechtes aufstellen zu dürfen vermeinte: während dieses doch nur ein besonderes Hülfsmittel für die eigentliche Aufgabe der wissenschaftlichen Rechtslehre zu sein vermag, und die Möglichkeit der Jurisprudenz als Wissenschaft vielmehr auf dem systematisch auszuführenden Gedanken eines unbedingt einheitlichen Zusammenhanges aller nur jemals denkbaren Rechtsnormen beruht. Aber es wird künftighin auch nicht genügen, diesen Grundgedanken im Besonderen technisch auszuführen und eine darauf fußende Erkenntniß und Durchdringung unseres Rechtes zu haben und in sicherer Subsumtionskunst auszuüben; sondern es wird neben dieser nächstliegenden Aufgabe des Juristen die weiterhin zu lösende hinzutreten, daß er in jeder strittigen Rechtslage, da es um die Feststellung der rechten schuldnerischen Leistung sich handelt, objektiv richtig zu urtheilen versteht, Treu und Glauben als Ausübung des Prinzips vom sozialen Ideal in concreto anzuwenden in der Lage ist.

Erst mit der Lösung dieser hohen Anforderungen, die nun uns Juristen gestellt sind, wird der gewaltige Fortschritt sich vollziehen, den das Gesetzbuch nur ermöglichen, nicht selbst bereits erfüllen kann. Heute hindert nichts, die Erfüllung jener Aufgabe als das Wahrscheinlichere anzunehmen und sicher zu erhoffen, daß von den nun kommenden Tagen man künftighin als von einer Zeit sprechen werde, in der das Rechtsleben unseres Volkes energisch vorgeschritten sei im Sinne „einer allgemein das Recht verwaltenden bürgerlichen Gesellschaft".[1])

---

[1]) Kant, Idee zu einer allgemeinen Geschichte in weltbürgerlicher Absicht (1784), 5. Satz.

Dritter Abschnitt.

Auslegungsvorschriften und ergänzende Rechtssätze.

14.

Unser Recht der Schuldverhältnisse ruht auf dem Grundgedanken, daß über die Sonderverbindungen, in deren Eingehung, Durchführung und Lösung der soziale Verkehr sich vollzieht, die jeweilige Parteibestimmung maßgebend ist. Contractus legem ex conventione accipiunt.[1]) Daß die Privatverfügungen sich dabei von vornherein in den allgemeinen Grenzen der Vertragsfreiheit halten müssen, ist hier vorausgesetzt.

Sind diese Grenzen gewahrt, so kommen bekanntlich zunächst gewisse Einzelfolgen zwingend zu Tage. Es stand den Privaten frei, das Geschäft abzuschließen oder zu unterlassen; entschließen sie sich aber zu dem ersteren, so sind bestimmte Konsequenzen unvermeidlich. So die Haftung für Arglist; das Verkaufsrecht des Pfandgläubigers nach römischem Rechte; die Verbote für Eisenbahnen, gewisse Beschränkungen ihrer Haftung den Verfrachtern gegenüber zu stipuliren u. a. m; — nach dem GBe. alle Einzelfolgen, die gegen Treu und Glauben verstoßen würden.

Wir lassen dies nun bei Seite und beschäftigen uns mit den Folgen von Rechtsgeschäften, die nicht zwingend vom Gesetze vorgeschrieben sind. Nach dem im Eingange in Erinnerung gebrachten Grundsatze ist es da in erster Linie Sache der Auslegung, den Willen der Privaten festzustellen. Aber in jedem Falle wird an irgend einem Punkte dieses versagen; und dann treten solche Rechtssätze ein, welche der Gesetzgeber für diese Frage ergänzend bereit gestellt hat. Die zur Beurtheilung eines hier einschlägigen Falles auftretenden Normen kann man daher kurz so nebeneinander stellen:

---

[1]) L. 1 § 6 D. depos. (16, 3).

1. Zwingende Rechtssätze;
2. Privatverfügungen;
3. Ergänzende Rechtssätze.

Die unter 1. und 3. sind allgemein im Voraus von der Rechtsordnung aufgestellt; für den Fall 2. ist vom Gesetze eine Art von Blankett [1]) gegeben worden, dessen Einzelinhalt von den Parteien auszufüllen ist, dessen Charakter als nunmehrige Sondernorm der Rechtsordnung es aber in eine gleichwerthige Reihe mit den beiden anderen Klassen bringt.[2])

Nun aber schiebt sich, so zu sagen, zwischen 2. und 3. eine weitere Gruppe von Rechtssätzen ein, die sachlich zu der zweiten Klasse gehören, aber auch allgemein vom Gesetzgeber bereit gestellt sind: Die gesetzlichen Auslegungsregeln oder — wie das GB. besser sagt — die Auslegungsvorschriften.[3])

Sie geben an, was in zweifelhaften Fällen als Inhalt einer Willenserklärung anzunehmen ist. Daher setzen sie ein, wo die konkrete Auslegung im besonderen Falle das Ergebniß liefert, daß der Sinn des Rechtsgeschäftes nicht sicher festzustellen ist; und sie sagen hülfreich aus, wie dieser Zweifel nun zu beseitigen ist. Ihre Aufgabe ist also Klarstellung des Sinnes einer zweifelhaften Willenserklärung; ihr Ziel ist Beschaffung von maßgeblichem Inhalte einer Privatverfügung.

Es ist darum nöthig, die Auslegungsvorschrift von dem ergänzenden Rechtssatze zu scheiden. In der juristischen Litteratur ist das seither wenig geschehen. Von Thibaut rührt der Ausspruch her, daß fast alle Gesetze über die einzelnen Verträge, Servituten und Legate nur Regeln für Auslegung von Rechtsgeschäften genannt zu werden verdienten.[4]) Das hat man regelmäßig bis jetzt festgehalten. „Das ergänzende Recht, sagt Wächter,[5]) hat ganz wesentlich die Bestimmung, in Allem, was der Privatwille unbestimmt ließ, denselben zu ergänzen, näher zu bestimmen, wie der im Geschäfte

[1]) Bülow, Arch. f. civ. Pr. 64 S. 73.

[2]) Sehr treffend hat dieses Verhältniß von Parteiverfügung und ergänzendem Rechte neuestens das Reichsgericht gegen das OLG. Kiel ausgeführt: Seuff., Arch. 48 Nr. 11. — Aus der Litteratur: Stammler, Der Garantievertrag, im Arch. f. civ. Pr. 69 S. 13 ff.; Niemeyer, Depositum irregulare (1888) S. 18 fg.

[3]) Entw. I 147; II 154; — dagegen III 182, GB. 194.

[4]) Thibaut, Pandekten § 82.

[5]) Wächter, Pandekten § 20, I. Beil.; Württemberg. Privatr. II § 1 bes. S. 6

ausgesprochene Wille aufzufassen sei." Und in demselben Sinne werden die ergänzenden Rechtssätze als „Auslegungen des unvollständig gebliebenen Willens"[1]) als „ein vermutheter Wille"[2]) aufgefaßt, oder von ihnen gesagt, daß sie „wenn auch nicht den wirklichen (bewußten), doch den eigentlichen Willen der Parteien zur Geltung bringen, nur aussprechen, was die Parteien selbst ausgesprochen haben würden, wenn sie gerade diesen Fall in den Bereich ihrer Festsetzung gezogen hätten.[3])

Als allgemeiner Sinn dieser herrschenden Lehre[4]) läßt sich danach dieses festhalten: Die subsidiären Rechtssätze ergänzen den jeweiligen konkreten, aber unvollkommen geäußerten Privatwillen, so daß sie mit diesem zusammen ein einiges Ganzes bilden, das der Klasse der zwingenden Rechtssätze gegenüber steht und in Gemäßheit des Parteiwillens wirkt. Soweit dieser irgendwie erkennbar ist, kommt er in seiner Aufstellung in Betracht, soweit es nicht der Fall ist, wird der betreffende ergänzende Rechtssatz als Wille des Urhebers der unvollständigen Willensäußerung „vermuthet".

Nun ist jedoch sofort ersichtlich, daß diese Auffassung in keiner Weise hinsichtlich derjenigen subsidiären Rechtssätze zutreffen kann, welche bei der gesetzlichen Entstehung von Rechtsverhältnissen in unserem Rechte sich vorfinden. Die Sätze des Intestaterbrechtes kommen nicht deßhalb zur Anwendung, weil sie bei dem Fehlen eines gültigen Testamentes als Wille des Erblassers zu vermuthen wären.

Aber ganz derselbe selbständige Charakter kommt auch den ergänzenden Normen zu, welche die verschiedenen Folgen eines vom Gesetze im Allgemeinen für gültig erachteten Rechtsgeschäftes hinter zwingendem und dispositivem Rechte regeln wollen. Und darum ist es erforderlich, sie von den zu dem dispositiven Rechte gehörigen Auslegungsvorschriften zu trennen.

---

[1]) Savigny, System S. 58.

[2]) Thöl, Einleitung in das deutsche Privatr. § 44, II (freilich verwahrt er sich gegen die Konsequenzen). — Auch Brinz, Pandekten 3. Aufl. § 24 zu N. 9.

[3]) Windscheid, Pandekten § 85 N. 1 (bei Gelegenheit der Besprechung der sog. naturalia negotii).

[4]) Gegen diese Stammler a. a. O. S. 22 ff. Vgl. Dernburg, Pandekten § 32 a. E. (aber auch dess. preuß. Privatr. II § 59 N. 9). Ganz gut auch Mot. 1, 14 fg.; vgl. 5, 40. — In diesen Tagen: Danz, Die Auslegung der Rechtsgeschäfte (1897) S. 85 ff.; Planck, Kommentar z. GB. I S. 21.

Die letzteren haben zur Bedingung, daß von den Privaten besondere Verfügungen, die nun gedeutet werden sollen, wirklich vorliegen. Das ergänzende Recht setzt gerade voraus, daß keine einschlägige Bestimmung getroffen ist, auch nicht eine solche, die durch konkrete Auslegung oder durch Auslegungsvorschrift zu einem sicheren Inhalte gebracht werden kann.

Die Eine tritt bei Willensbethätigungen ein, die in ihrem Ausdrucke und ihrer Bedeutung nicht sicher sind; sie bringt einen gewissen Sinn in eine zweifelhafte Willenserklärung hinein. Das Andere gilt für solche Dispositionen, die über eine jetzt streitige Frage gar nichts enthalten und fügt eine bestimmte Folge zu einem klaren, aber inhaltlich nicht erschöpfenden Rechtsgeschäfte hinzu.

Durch die Auslegungsvorschrift wird festgestellt, was als subjektiver Wille in diesem konkreten Thatbestande einzusetzen ist; seitens des ergänzenden Rechtes will versucht werden, die objektiv richtige Folge im Voraus für diesen Thatbestand anzugeben.

Ehe ich dieses weiter entwickele und die praktischen Folgen des gedachten Unterschiedes genauer darlege, schalte ich zuvor noch ein, daß die gleiche Betrachtung auch mit Rücksicht auf alle übrigen rechtlich bedeutsamen Willenserklärungen vorgenommen werden kann, und Auslegung wie Auslegungsvorschriften ihre wichtige Rolle bei der Feststellung des Sinnes von Rechtssätzen, vor allem von Gesetzen und von autoritativen Aeußerungen sonstiger rechtlicher Organe zu übernehmen haben. Der Satz, daß Reichsgesetze 14 Tage nach der Ausgabe des Reichs-Gesetzblattes in Kraft treten sollen, ist ein ergänzender Rechtssatz und keine Auslegungsvorschrift. Er kommt auch dann zur Anwendung, wenn man als übereinstimmende Absicht der gesetzgebenden Faktoren, die jedoch zu einem formellen Beschlusse nicht erhoben worden ist, einen anderen Termin herausbringen könnte; er legt also nicht sowohl einen zweifelhaften Willen aus, sondern er ergänzt eine hierüber nichts enthaltende Erklärung (vgl. unten § 18). Umgekehrt ist der Satz, daß „Gesetz" eine jede Rechtsnorm bedeuten solle, eine Auslegungsvorschrift; ebenso wie die für Auslegung von gesetzlichen Zeitbestimmungen aufgestellten Normen.[1])

Wir beschränken uns in unseren jetzigen Ausführungen auf die Untersuchung der für Rechtsgeschäfte geltenden Auslegungsvorschriften. Ihre Darlegung ist für die allgemeinen Lehren des Rechtes der Schuld-

[1]) EG. 2. — GB. 186.

verhältnisse von besonderem Interesse; wenngleich wir dabei auch in das Studium mancher anderer Theile des neuen Rechtes hineingezogen werden.

15.

Die Auslegungsvorschriften lassen sich in zwei Klassen zertheilen: in allgemeine, die für alle Willenserklärungen und besonders bedeutsam für alle obligatorischen Verfügungen in Anwendung zu bringen sind; und in besondere, welche nur beim Gegebensein eines speziellen Thatbestandes eintreten können.

Allgemeine Auslegungsvorschriften giebt es in unserem Rechte nur zwei, die sich im GBe. 133 und 157 finden. Ueber ihre Auffassung und rechte Anwendung ergiebt sich das Nähere aus den Ausführungen des vorigen Abschnittes (im Bes. das. § 9).

Freilich ist es in seitherigen Rechten wohl versucht worden, mehrere allgemeine, den Richter bindende Anweisungen zur Auslegung für alle Rechtsgeschäfte oder doch für große Gruppen derselben aufzustellen. Soweit derartige Sätze aus dem römischen Rechte abgeleitet werden sollen, verdient jedoch von vornherein Beachtung, daß die allgemeiner redenden Stellen der römischen Quellen oft (zum Theil schon von den Kompilatoren) aus ihrem Zusammenhange genommen sind; sie stellen sich großentheils als Sätze der Entscheidungsgründe in dem betreffenden Responsum dar oder beziehen sich auf die Interpretation von stipulationes,[1]) und bei manchen von ihnen ist es überhaupt zweifelhaft und bestritten, welcher allgemeine Sinn mit ihnen zu verbinden sein dürfte. Soweit aber solche Mängel nicht vorhanden oder durch die Formulirung neuerer Gesetzbücher bestätigt sind, gewähren sie nur ein kümmerliches Ergebniß und lauten vag, zweideutig und unbestimmt.[2]) Das GB. that recht daran, solche Versuche zu meiden.[3])

Aber nicht nur als gesetzliche Auslegungsvorschriften, sondern auch als lehrende Auslegungsregeln wird man solche Sätze, wie die eben in das Auge gefaßten, ablehnen müssen.

---

[1]) Cf. l. 99 D. de verb. obl (45, 1) „. . ac fere secundum promissorem interpretamur: quia stipulatori liberum fuit, verba late concipere“.

[2]) „Im Zweifel für das weniger Lästige.“ „Gegen Denjenigen, der sich zweideutiger Ausdrücke bedient hat.“ „So, daß die Willenserklärung nicht wirkungslos wird (Beispiel: Seuff., Arch. 15 Nr. 271).“ U. s. f. Besonders bezeichnend ist die Darstellung von Förster-Eccius, Preuß. Privatr. I § 43.

[3]) Mot. 1, 154 fg. — Sehr treffend: Kierulff, Theorie d. gem. Civilr. S. 35.

Wohl giebt es für dieses oder jenes Rechtsverhältniß oder auch für größere zusammengefaßte Gruppen ihre besonderen Hülfsmittel, um im einzelnen Falle besser feststellen zu können, was wohl der Wille der Partei gewesen sein mag. Beispiele von Musterinterpretationen begutachtender Juristen oder urtheilender Gerichte, verfassungsmäßige Satzungen, Geschäftsbedingungen, häufig wiederkehrende Bestimmungen in gleichen oder ähnlichen Fällen, örtliche oder ständische Gebräuche und eigenartige Lebensanschauungen und manches Andere mehr kann hier unterstützend eintreten und ist zweifellos von der Rechtslehre zu sammeln und weiter zu geben, soweit es nur irgendwie thunlich ist.[1]) Aber wirklich allgemein geltende Regeln sind hier mit Sicherheit bis jetzt nicht zu erhalten gewesen, und man wird den in vielen rechtlichen Erörterungen genannten „allgemeinen Auslegungsgrundsätzen", soweit sie als spezifische Sätze der Rechtslehre auftreten, skeptisch gegenüberstehen müssen.

Wie immer es sich jedoch mit diesen Regeln als Lehre und unverbindliche Anweisung verhalte: hier kam es nur darauf an, sie von den Vorschriften der Auslegung, als einer Art von Rechtssätzen, abzugrenzen. Wir beschränken danach unsere Erwägungen auf die letzteren, und wollen die genannte Grenze auch bei den nun zu betrachtenden besonderen Auslegungsvorschriften voraussetzen und innehalten.

16.

Die besonderen Auslegungsvorschriften zerfallen ihrerseits wieder in drei Gruppen:

1. Gesetzliche Auslegungsregeln bestimmter Ausdrücke in rechtsgeschäftlichen Dispositionen.

2. Auslegungsvorschriften, die sich auf das Ganze eines Rechtsverhältnisses, sei es in Entstehung oder Endigung desselben, beziehen.

3. Eine Reihe von Sätzen, welche für gewisse Einzelfragen eines im Ganzen feststehenden Rechtsverhältnisses die Sonderfolgen durch gesetzliche Auslegung von zweifelhaften Privatverfügungen stattfinden lassen.

Am einfachsten gestaltet sich die praktische Behandlung der ersten Gruppe.

---

[1]) Vgl. z. B. unten § 26 a. E.

Hier liegt immer ein bestimmter Ausdruck vor, sei es ein besonderes Wort oder eine gewisse Wendung der Sprache; und die Rechtsordnung setzt nun fest, was darunter im Zweifel zu verstehen ist.

Die Verfügenden können dieses durch abweichende Anordnung abwenden, aber sie müssen diese entgegenstehende Deutung auch vornehmen, wenn sie dieser Ausdrücke oder Redewendungen sich bedienen wollen. Unterlassen sie jenes, so wird ihr zweifelhaft erklärter Wille authentisch gedeutet. Dagegen entfällt die ganze Auslegungsvorschrift, sobald die Disponenten gerade diese fraglichen Ausdrücke nicht gewählt haben: Sinn der rechtlichen Norm ist hier nur die Klarlegung eines wirklich vorliegenden, leicht falsch zu verstehenden Willens, keineswegs aber die sachliche Ergänzung desselben, sobald eine Erklärung über diesen Punkt überhaupt völlig fehlt.

Dahin gehören die zahlreichen Auslegungsvorschriften des römischen Rechtes für letztwillige Verfügungen, besonders die der Justinianischen Gesetzgebung.[1]) Ebenso die authentische Erklärung in Partikularrechten, z. B. dem preußischen Gesetze vom 30. Juni 1834 über die Bedeutung der Ausdrücke „Michaelis", „Johannis" 2c. Ueberhaupt die gesetzlichen Auslegungsregeln für Fristen und Termine, wie im HGB. 327 ff., GB. 186 ff.[2])

17.

Bei den zwei anderen Gruppen von Auslegungsvorschriften ist, bei beliebiger Ausdrucksweise, der inhaltliche Sinn einer Erklärung festzustellen. Dabei tritt als erste Möglichkeit die Frage auf: Welches Rechtsverhältniß bei einer in sich nicht ganz deutlichen Parteiverfügung anzunehmen ist, und ob ein solches in diesem Falle als Ganzes eintreten oder erlöschen solle.

Im corpus iuris wird der Fall besprochen, daß eine geschiedene Ehefrau späterhin mit ihrem früheren Gatten eine neue Ehe eingeht, ohne die dos der früheren Ehe zurückgefordert zu haben. Es wird angenommen, daß sie die dos auch für die neue Ehe habe bestellen wollen.[3])

---

[1]) Beispielsweise die bei Windscheid, Pandekten § 625 aufgeführten. Vgl. GB. 722, 2; 2097; — s. auch 2073.

[2]) Vgl. ferner GB. 269, 3; 332; 336, 2; 360 (interessant, aber nicht zweifellos, ob hierher gehörig); 370; 494; 658, 2/2; — 2071; 2072.

[3]) L. 40 D. de J. D. (23, 3): „. . non dubitabit, secundum voluntatem mulieris, quae utique non indotata redire in matrimonium voluit, par-

Ebenso würde der gemeinrechtlich zweifelhafte, partikulargesetzlich vielfach besonders aufgestellte Satz ein Beispiel bieten, wonach Frauenvermögen, das vorbehaltlos in die Hand des Mannes gegeben wird, im Zweifel als dos und nicht als Paraphernalgut gelten soll.[1])

Ich erinnere ferner an die Kontroverse über den animus novandi;[2]) an den Satz der gemeinrechtlichen Praxis, daß Verzichte nicht vermuthet werden und bei zweifelhaftem Sinne einer Erklärung beispielsweise eher eine Stundung, als eine gänzliche Verzichtleistung als Absicht der Kontrahenten anzunehmen sei,[3]) und verweise einstweilen auf GB. 329 s. unten § 49); 364, 2 (s. unten § 60); 415, 3 (unten § 56).

Fernerhin kennt das GB. verschiedene Fälle, bei deren besonderem Thatbestande eine Vergütung den Umständen nach als stillschweigend vereinbart anzunehmen ist und danach ein bestimmtes Rechtsverhältniß der Entscheidung zu Grunde zu legen ist; so 612; 632; 653; 689.[4]) Und umgekehrt solche Fälle, in denen das Fehlen eines Willens, demnächst von einem Vertretenen und Versorgten Ersatz zu verlangen, vermuthet wird: 685, 2; 1429; 1618.

Aus dem Erbrechte führe ich an: 2084; eine Bestimmung, die wohl richtiger hierher gehört, als unter die allgemeinen Auslegungsvorschriften des vorigen Paragraphen, weil sie nicht bloß formal eine gesetzliche Anweisung zur rechten Art und Weise der Auslegung bietet, sondern vermuthungsweise bestimmt, welches erbrechtliche Verhältniß bei zweifelhaftem Ergebnisse der konkreten Auslegung anzunehmen ist.[5]) — Entsprechend: 2102, 2; 2103. Ferner: 2304 (Zuwendung des Pflichttheiles im Zweifel nicht als Erbeseinsetzung, sondern beschränkt auszulegen). — Endlich auch 2255, 2 und 2256, 1.

---

tibus suis fungi, quasi renovata dote"; — l. 30 eod.: „Dotem, quae in prius matrimonium data est, non aliter converti in posterius matrimonium dicendum est, quam quum hoc agitur, dum hoc agi semper interpretamur, nisi probetur aliud convenisse. Cf. l. 65; 13 eod.; l. 66 § 5 D. soluto matrimonio etc. (24, 3).

[1]) Glück, Kommentar 25, 220 fg.; Windscheid, Pandekten § 494 N. 13; 507 N. 3.

[2]) Windscheid, Pandekten § 354 N. 13 ff.

[3]) Besonderes Beispiel: Seuff. Arch. 34 Nr. 296. Vgl. Seuff. Arch. 18 Nr. 193.

[4]) Woselbst eine besondere Art des Depositums begründet wird, für welche nun z. B. das ergänzende Recht von 699 Anwendung zu finden hat.

[5]) Dagegen ist 2086 zweifellos ein ergänzender Rechtssatz und nicht Auslegungsvorschrift.

Auch diese Gruppe von Auslegungsvorschriften dürfte der wissenschaftlichen Erfassung und praktischen Anwendung kaum Schwierigkeiten bereiten. Ihre Heranziehung und Verwendung setzt voraus, daß eine private Willenserklärung wirklich vorliegt, deren Sinn aber in der Richtung einer Alternative zweifelhaft ist: Sie geht auf Begründung entweder dieses oder jenes Rechtsverhältnisses, — sie will eine bestehende Rechtsbeziehung entweder aufgeben oder in bestimmter Art weiter bestehen lassen oder vielleicht sie durch ein anderes Schuldverhältniß ersetzen. Daß also eine Willenserklärung vorliegt, die auf die eine oder die andere jener Möglichkeiten abzielt, ist sicher; welche Möglichkeit jedoch richtiger Weise auszuwählen sei, das kann aus der Erklärung selbst nicht mit Unzweideutigkeit entnommen werden: Auch hier ist die Aufgabe der besprochenen gesetzlichen Vorschriften die Klärung eines zweifelhaften, nicht aber die Ergänzung eines fehlenden Willens der Privatpersonen.

18.

Bemerkenswerthe Schwierigkeiten erstehen der juristischen Behandlung erst bei der dritten Gruppe von besonderen Auslegungsvorschriften. Es soll daher diese Abtheilung der gesetzlichen Auslegungsregeln hier etwas ausführlicher behandelt werden, und bemerke ich, daß im Folgenden bei dem einfachen Gebrauche des Ausdruckes „Auslegungsvorschriften" immer die jetzt hier eingeführten Sätze gemeint sind.

Bei ihnen handelt es sich um einzelne Rechtsfolgen, die aus einem im Ganzen feststehenden Rechtsverhältnisse fließen. In ihrer Besonderheit hätten diese Einzelfolgen durch Verfügung der Privaten festgesetzt werden können und sind auch im Sinne dieser Willenserklärung geregelt, — aber es ist der wirkliche Wille der Parteien zweifelhaft. Da setzt die Auslegungsvorschrift ein und bringt in die erwähnte unsichere Lage Klarheit und Bestimmtheit: Sie giebt an, was als rechter Inhalt der an sich zwar vorhandenen, aber ihrem Sinne nach von vornherein undeutlichen Willenserklärung anzunehmen ist.

Diese Gruppe der Auslegungsvorschriften nähert sich der Klasse der ergänzenden Rechtssätze außerordentlich. Wir werden sehen, daß auch unsere Gesetzgebung — ob sie gleich den Gegensatz an sich kennt und beobachtet wissen will — nicht immer verschiedene Ausdrücke wählt, um einen Rechtssatz entweder als eine ergänzende Rechtsnorm oder als eine gesetzliche Interpretationsregel zu kennzeichnen, sondern sich vielfach der gleichen Wendungen bedient (bes. „im Zweifel", s. unten § 23).

In der That ist es nach dem Gesagten klar, daß derartige rechtliche Satzungen in beiden Fällen einem nicht genügenden Parteiwillen zu Hülfe kommen. Allein ihre Funktion ist jedesmal eine verschiedene. In dem einen Falle sollen sie eine konkret vorliegende, in ihrem Sinne aber undeutlich gebliebene Privatverfügung klären und inhaltlich sicher bestimmen; wogegen die ergänzenden Rechtssätze da einzutreten haben, wo eine rechtlich bedeutsame Willenserklärung gar nicht vorliegt und überhaupt keine durch Auslegung oder mit Hülfe von Interpretationsvorschriften klar zu legende Disposition gegeben ist.

Sehr deutlich tritt der Einfluß dieser Unterscheidung bei den formellen Geschäften hervor. Bei ihnen hat der von den Parteien erklärte Wille nur dann rechtliche Bedeutung, wenn er in der gesetzlich vorgeschriebenen Form zum Ausdrucke gelangt ist. Sobald das nicht der Fall ist, so treten nöthigenfalls die jeweiligen ergänzenden Rechtssätze unserer Rechtsordnung ein. Hat dagegen die letztere zunächst noch Auslegungsvorschriften für solche Fälle aufgestellt, Normen für die Ermittelung des wahren Sinnes der Disponenten, so müssen diese weichen und ganz zurücktreten, sobald man sonstwie als die wirkliche Meinung der Verfügenden darthun kann, daß sie über diesen jetzt fraglichen Punkt in der That nichts bestimmt haben.

So ist es ein in der Praxis wohl allenthalben anerkannter Satz, daß bei Verträgen, welche nach gesetzlicher Anordnung schriftlich errichtet werden müssen, mündliche Nebenberedungen als Erläuterungen des schriftlichen Kontraktes und als Mittel zur Feststellung des rechten Sinnes dieses benutzt werden können.[1]) Ist der Satz, daß die vertragsmäßige Verpflichtung zur Veräußerung einer Sache sich in Zweifel auf ihr Zubehör erstrecke (314) nur als Auslegungsvorschrift zu fassen, so würde sie im Falle einer Grundstücksveräußerung im besonderen Falle nicht Platz greifen, sobald aus formlosen Nebenberedungen oder etwa aus der dem Vertragsschlusse vorausgehenden Korrespondenz sich ergiebt, daß die Kontrahenten diesen Punkt zwar besprochen haben, dann aber dahin übereingekommen sind, über ihn keine Vertragsregelung eintreten zu lassen. Würde er dagegen vom Gesetzbuche als ergänzender Rechtssatz aufgestellt sein,[2]) so könnte im Falle des hinterher getäuschten Vertrauens auf eine streitlose Austragung des betreffenden

---

[1]) Seuff., Arch. 13 Nr. 216; 15 Nr. 12 a. E.; 31 Nr. 214, 215; u. a. m.

[2]) Was nach dem GBe. nicht anzunehmen ist; s. unten § 24.

Handels der Erwerber das Zubehör fordern, da über diesen Punkt im Vertrage eben **nichts** bestimmt ist.

Wenn mehrere Erben die Erbschaft antreten und ihnen zusammen in namentlicher Aufführung, aber ohne weitere Erklärung ein Vermächtniß auferlegt ist, so kann es zweifelhaft sein, ob sie zu gleichen Theilen oder nach Verhältniß ihrer Erbtheile leisten müssen? Die Römer stritten über diese Frage; sie ist auch im Rechte des corpus iuris nicht ausgetragen.[1]) Im gemeinen Rechte half man sich hier, wie fast in allen Kontroversen der Pandektenlehre, durch „konstante Praxis" der partikularen Gebiete. Wo nach dieser die Frage gewohnheitsrechtlich im Sinne der an letzter Stelle genannten Alternative entschieden ist, kann dieses aber zunächst nur als **Auslegungsvorschrift** aufgefaßt werden; darum entfällt solche, sobald aus anderen Materialien, etwa aus formlosen Aufzeichnungen oder aus einem Briefwechsel des jetzt verstorbenen Erblassers deutlich hervorgeht, daß er über diese Frage nichts zu bestimmen gedachte, da ja — wie es in einem solchen Falle hieß — „er zu seinen Anverwandten das Vertrauen habe, daß sie hierfür schon das Rechte treffen würden". Hier blieb nichts übrig, als den gewöhnlichen **ergänzenden Rechtssatz** einzufügen, daß die mehreren Belasteten zu gleichen Theilen haften: für die Anwendung des besonderen Inhaltes der genannten **Auslegungsvorschrift** war kein Raum, weil überhaupt nichts da war, was **auszulegen** gewesen wäre. Falls dagegen der besprochene Satz als ein **ergänzender Rechtssatz** gewohnheitsmäßig sich gebildet hätte, so hätte er beim Mangel einer Disposition des Erblassers gerade in dem erzählten Falle zur Durchführung gebracht werden müssen.

Im Falle der letztwilligen Bestellung eines dinglichen Gebrauchsrechtes (usus sine fructu) lassen die römischen Juristen zu Gunsten des Berechtigten eine gewisse Fruchtziehung doch eintreten, oder behandeln das Verhältniß unter Umständen geradezu nach Art eines Nießbrauchs.[2]) Aber diese also aufgestellten Normen sind nur Auslegungsregeln und keine ergänzenden Rechtssätze. Sie treten nur ein, wenn **der Sinn der Bestellung** jener Servitut zweifelhaft ist, und geben an, was man bei einem **hierüber** eingetretenen Zweifel als Absicht des Testators annehmen muß. Tritt ein solcher Zweifel gar nicht auf, hat der Disponirende irgendwann einmal deutlich, aber formlos, erklärt, daß er

[1]) Das Material bei **Windscheid**, Pandekten § 626 N. 11.
[2]) Cf. bes. l. 2 § 1–8; 10 § 4–12, § 4; 22 pr. D. de usu (7, 8).

über die Grenzen des von ihm hinterlassenen Gebrauchsrechtes sich keine Gedanken gemacht habe und er seinerseits darüber nichts zu bestimmen gedenke, so verbleibt es für eine etwa nöthige Ergänzung seines hier fehlenden Willens bei dem Gebrauche als solchem, ohne Recht auf die Früchte.

Bei den formlos gültigen Geschäften mag die Feststellung des Fehlens jeder Parteibestimmung über den nun streitig gewordenen Punkt im besonderen Falle vielleicht stärkere Schwierigkeit verursachen, als in den zuletzt erörterten Beispielen; im Grundsatze ändert sich jedoch bei ihnen nichts.

Es bleibt immer feststehen, daß eine Auslegungsvorschrift zu ihrem Gegenstande eine inhaltlich zweifelhafte Willenserklärung hat, und daß sie gänzlich bei Seite bleiben muß, sobald sich beweisen läßt, daß über den Streitpunkt jede rechtsgeschäftliche Verfügung fehlt. Ein Wille, der nicht vorhanden ist, kann nicht ausgelegt, sondern nur ergänzt werden.

Als Hülfsmittel für die zweifellose Feststellung des Sinnes eines Geschäftes und zwar hier dafür, daß über diese besondere Frage, die gerade zur Erwägung steht, von den Parteien sicherlich nichts bestimmt worden ist, können auch bei formlosen Rechtsgeschäften außerkontraktliche Aeußerungen und überhaupt Mittheilungen von nicht rechtsgeschäftlicher Art herangezogen werden.

Es kommt nicht selten vor, daß bei brieflichen Verhandlungen der eine Kontrahirende ein gewisses Einzelbedenken äußert, der andere dagegen ihm beschwichtigend zuredet, diesen Punkt doch fallen zu lassen und ihn keiner besonderen Klausel noch Privatregelung zu unterstellen, worauf jener Erste sich wirklich beruhigt. Kommen die Betheiligten späterhin, nach dem Geschäftsschlusse, doch über diesen Punkt in Streit, so können nur Rechtssätze zur Anwendung kommen, die als ergänzende vom Gesetze aufgestellt sind, Auslegungsvorschriften aber nicht.[1])

Das Reichsgericht hat mit Recht betont,[2]) daß der Ausspruch eines Kontrahenten einem Dritten gegenüber für die Feststellung des In-

[1]) Beispiel: GB. 453, eine Auslegungsregel; sagen also die Parteien beim Vertragschlusse, daß bei späterer Verschiedenheit der Marktpreise das Nähere „sich noch finden werde", so ist nicht einfach 453 einzusetzen, sondern das ergänzende Recht in 316 ff. (das im besonderen Falle aus konkreten Gründen dieses Thatbestandes natürlich zu einem gleichen Ergebnisse führen kann, wie es 453 gethan hätte).

[2]) Entsch. in Civ.S. 20 Nr. 23 S. 111.

haltes eines Vertragswillens, der sonstwie formulirt worden war, von maßgeblicher Bedeutung sein kann. Durch eine solche Aeußerung zu einem am Geschäfte nicht Betheiligten kann selbstverständlich nichts an dem feststehenden Vertrage geändert, auch nichts zu demselben hinzugethan werden; aber es vermag je nach den besonderen Umständen dieses Falles der Sinn, in welchem der Vertragswille erklärt und aufgefaßt worden ist, dadurch außer Zweifel gerückt zu werden. Entsprechend sind auch Handlungen von Vertretern einer juristischen Person in unserer Rechtsprechung mit Fug als Auslegungsmittel für Verträge der betreffenden Korporationen derartig benutzt worden, daß der wahre Sinn eines solchen Kontraktes nun völlig geklärt werde und ein gegründetes Bedenken über den wirklichen Inhalt des Vertrages nicht mehr bestehen bleibt.[1]) Geschieht dieses nun dahin, daß über einen später streitig gewordenen Punkt zweifellos damals Nichts im Besonderen hat bestimmt werden sollen, so ist lediglich für das allgemeine ergänzende Recht Platz; nicht mehr aber für besondere Auslegungsvorschriften, welche eine zweifelhaft gebliebene Disposition zu deuten haben.

Eine interessante Anwendung würde dieses bei den häufig auf Parteivertrag beruhenden Abarten der stillen Gesellschaft finden können. Wie jeder Jurist weiß, stellt das HGB. eine Reihe ergänzender Normen für die erwähnte Handelsgesellschaft auf,[2]) die vorhanden ist, wenn sich Jemand an dem Betriebe des Handelsgewerbes eines Andern mit einer Vermögenseinlage gegen Antheil an Gewinn und Verlust betheiligt. Ein Gesellschaftsvertrag, nach welchem der stille Gesellschafter nur am Gewinn theilnehmen soll, ist hiernach weder unzuläßig, noch auch mit der gesetzlichen Regelung der stillen Gesellschaft unverträglich; aber es können die für die letztere geltenden ergänzenden Rechtssätze nur als Auslegungsregeln in Betracht kommen. Darum würden z. B. die Auflösungsgründe der stillen Gesellschaft nur Anwendung finden, wenn feststeht, daß der im obigen Sinne modifizirte Gesellschaftsvertrag über diesen Punkt sich besonders auslassen wollte, sich darüber jedoch nicht ganz deutlich erklärt hat, während er im Uebrigen die Rechtssatzungen des HGBs. über das Gesellschaftsverhältniß aufnahm. Stand aber fest, daß über die Auflösung einer nur auf Gewinnbetheiligung gerichteten stillen Gesellschaft vertragsmäßig

[1]) Seuff. Arch. 46 Nr. 3.

[2]) HGB. 3. Buch 250—270, neue Fassung 2. Buch 5. Abschn. 335—342.

Nichts bestimmt worden ist, so würden nicht die im HGB. 261 ff. [neue Fassung: 339[4])] vorgesehenen Sätze in Betracht kommen, da diese in unserem Falle nur als Auslegungsvorschriften erachtet werden könnten und deßhalb beim gänzlichen Fehlen eines auszulegenden Willens kein Feld ihrer Thätigkeit finden; es wären vielmehr die sonst für derartige Verhältnisse allgemein geltenden ergänzenden Rechtssätze heranzuführen.[5])

Schließlich mache ich noch auf den Fall aufmerksam, da eine gewisse, die Folgen eines Rechtsverhältnisses im Einzelnen besonders bestimmende Willenserklärung innerhalb bestimmter Frist abgegeben sein soll, widrigenfalls ihr rechtliche Wirkung nicht zukommen kann; gleichgiltig ist, ob dies auf Grund gesetzlicher Vorschrift oder rechtsgeschäftlicher Anordnung beruht. Wird sie hier verspätet abgegeben, so kann für den fraglichen Fall nur ein Rechtssatz in Betracht kommen, der den Charakter einer ergänzenden Norm besitzt; wogegen eine nur auslegende Vorschrift nicht zur Anwendung gelangt, da ja eine rechtlich bedeutsame Willenserklärung, deren Inhalt mit Hülfe der gesetzlichen Auslegungsregel klar zu stellen wäre, gerade nicht gegeben ist.

19.

Auslegungsvorschrift und ergänzender Rechtssatz stehen beide hinter denjenigen rechtlichen Satzungen zurück, die mit zwingendem Charakter auftreten. Sie weichen aber auch weiterhin in Uebereinstimmung den hinter jenen Satzungen maßgeblichen besonderen und gewissen Parteiverfügungen. Und in ihrer Anwendung auf unsichere Privatbestimmungen geht wiederum die Auslegungsvorschrift dem ergänzenden Rechtssatze vor, indem sie bei einer zweifelhaften Disposition eingreift und dieser zu einem sicheren Inhalte verhilft, wodurch nun die, eine fehlende Privatverfügung ergänzende Rechtsnorm zurückgeschoben wird.

---

[4]) Vgl. als besonderes Beispiel 339, 2, im Zusammenhalt mit GB. 727, 1.

[5]) Vgl. Entsch. des Reichsgerichts in Civ.S 3 Nr. 5 S. 8 ff. Dort ist der Gegensatz dahin gefaßt, daß für eine stille Gesellschaft nur mit Gewinnbetheiligung die Sätze des HGBs. „nicht unmittelbar" anwendbar sein sollten, sondern nur, soweit nach dem Inhalte des Vertrages „eine Unterwerfung unter die Vorschriften des HGBs. als vereinbart angesehen werden darf". Das steht mit unserer Fassung und Erläuterung nicht im Widerspruch, dürfte aber den maßgeblichen Gegensatz doch nicht so genau bezeichnen, wie diese. — Vgl. noch Entsch. d. ROHGs. 12 S. 100; d. Reichsger. 20 S. 165.

Aber andererseits wird ein ergänzender Rechtssatz schwerer beseitigt, als eine Auslegungsvorschrift. Denn diese fällt schon ganz dahin und ermangelt jeder Anwendbarkeit, sobald im besonderen Falle es feststeht, daß der gerade zur Erwägung stehende Punkt von den Disponenten mit Schweigen übergangen worden ist. Man kann auch sagen: Die besondere Auslegungsvorschrift, die auf einzelne Sonderfolgen eines Rechtsgeschäftes geht, wird schon dadurch ausgeschlossen, daß die Willenserklärung über diese besondere Frage nichts enthält; ein entsprechender ergänzender Rechtssatz erfährt seine Ausschließung nicht durch bloßes Schweigen und durch eine Lücke im Geschäfte — das ist vielmehr die Voraussetzung seiner Anwendbarkeit —, sondern erst durch besondere Bestimmung seines Gegentheiles seitens der verfügenden Privatleute.

Es giebt jedoch auch Fälle, in denen eine Auslegungsvorschrift durch eine besondere Erklärung eines Disponenten ausgeschlossen wird, während diese Aeußerung zum Ausschlusse eines korrespondirenden ergänzenden Rechtssatzes nicht ausreichen würde.

Dies ist dann der Fall, wenn zur rechtlichen Wirksamkeit einer Willenserklärung vom Gesetze das Vorhandensein eines anderen, jenes an sich fremden Thatbestandes gefordert wird. So nach römischem Rechte zum Eigenthumserwerbe des Käufers die Zahlung oder Stundung des Preises,[1]) — woran sich noch heute bekanntlich eine Streitfrage anknüpft, die besonders da zum Austrage kommt, wo der Käufer mit falschem Geld bezahlt hat.[2])

Nimmt man jenen Satz als eine Auslegungsvorschrift, so muß in dem zuletzt genannten Falle das Eigenthum auf den Käufer übergehen; denn die Annahme, daß es deßhalb beim tradirenden Verkäufer verbleibe, weil bei vorausgesetzter, aber unterbliebener Bezahlung es seine Absicht sei, daß die Tradition noch gar kein Eigenthum übertragen solle, wird durch seine gegentheilige Erklärung nun widerlegt. Ist dagegen der Sinn des Satzes nicht eine Auslegungsvorschrift, welche lediglich einen in der Erklärung nicht deutlich herausgekommenen Willen des Tradenten herausschälen helfen will, sondern muß man ihn als ergänzenden Rechtssatz auffassen, der seine Folgen beim Fehlen besonderer Parteidisposition einsetzt, weil das einer objektiv richtigen Auseinander-

---

[1]) L. 19 D. de contr. emt. (18, 1).

[2]) Material bei Windscheid, Pandekten § 172 N. 19a (der es als ergänzenden Rechtssatz nimmt) und bei Dernburg, Pandekten I § 215.

setzung unter den Kaufparteien entspricht, — so hilft die Erklärung der Eigenthumsübertragung als solche nicht, wenn nicht erhellt, daß der objektiv ergänzende Rechtssatz in diesem Falle besonders ausgeschlossen sein soll, was nun bei dem irrigen Glauben an das Vorliegen der Zahlung gerade nicht gegeben ist.

Entsprechend würde es sich verhalten, wenn ein Gesetz nicht nur (wie das römische Recht es thut) die thatsächliche Ausübung des Nießbrauches von der Kautionsbestellung des Nießbrauchers abhängig macht, sondern die Entstehung des Nießbrauchsrechtes selbst.

20.

Die Charakterisirung einer rechtlichen Norm entweder als einer Auslegungsvorschrift oder als eines ergänzenden Rechtssatzes kann auch weiterhin noch von mannigfacher juristischer Bedeutung sein.

Dem Reichsgericht lag folgender Rechtsfall vor:[1])

Ein sächsischer Kaufmann hatte einem Geschäftsfreunde gegenüber Bürgschaft für eine Schuld seines Sohnes übernommen, dabei aber ausdrücklich hinzugefügt, daß er sich hinsichtlich der Zahlung der Bürgschaftsschuld an gar keine Zeit binde. Die beiden unteren Instanzen stellten fest, daß nach dem vorgelegten Thatsachenmaterial hierdurch die Zeit der Leistung dem freien Belieben des Verpflichteten anheimgegeben sei; sie wandten deßhalb Sächs. GB. 715 an, wonach in solchem Falle die Erfüllung sofort nach dem Tode des Schuldners von dessen Erben gefordert werden kann, und wiesen die Klage, die auf sofortige Rückzahlung oder auf solche in Fristen nach richterlicher Bestimmung ging, durch Urtheil zurück. Das Reichsgericht hob dieses Urtheil auf und gab die Sache zur anderweiten Verhandlung und Entscheidung an das Berufungsgericht zurück.

Es nahm dabei an, daß Sächs. GB. 715 eine „Auslegungsvorschrift" sei, mit welcher man den Willen der Kontrahenten im Einzelfalle zu ermitteln habe. Sofern nun diese angebliche gesetzliche Auslegungsregel im kaufmännischen Verkehr ein anderes Ergebniß liefere, als die Auslegungsvorschriften von HGB. 278, so sei erstere aufgehoben und müsse als Landesgesetz dem Reichsrechte weichen. Dieses liege im erzählten Falle vor, weil man im Handelsverkehre eine Folge, wie die des Sächs. GBs. 715 als die im Zweifelsfalle von Kaufleuten gewollte nicht annehmen könne.

---

[1]) Entsch. in CivS. 34 Nr. 4 S. 15 ff.

Die Entscheidung dürfte nicht richtig sein.

Sächs. GB. 715 enthält nicht eine Auslegungsvorschrift, sondern einen ergänzenden Rechtssatz.

Die Bestimmung ist zweifellos der l. 9 D. qui sine manumissione etc. (40, 8) nachgebildet.

Ein gewisser Latinus Largus hatte eine Sklavin unter der Auflage ihrer Freilassung verkauft, ohne daß dem Verpflichteten eine Zeit für die Erfüllung der Auflage bestimmt worden war. Paulus entscheidet: In erster Linie ist die besondere Absicht der Vertragschließenden klar zu stellen, wobei zweierlei möglich ist — entweder ganz freies Belieben des Käufers oder aber Freilassung, sobald es ihm nach objektiv richtendem billigen Ermessen möglich sei. Bleibt nun die Absicht der Kontrahenten hinsichtlich dieser Alternative zweifelhaft, so soll im Zweifel hierüber das Letztere als Willensmeinung der Parteien angenommen werden; eine sachgemäße Regel, welche durch ihre Aufnahme in das corpus iuris zu einer Auslegungsvorschrift erhoben ist. Steht dagegen als wirklicher Wille der Disponenten im besonderen Falle fest, daß die Zeit der Erfüllung in das freie Belieben der Verpflichteten gestellt sein soll, so tritt der ergänzende Rechtssatz ein, daß spätestens bei dem Tode des Schuldners die rechte Zeit der Erfüllung gegeben ist.

Dem entsprechend hatte das Reichsgericht im obigen Falle zweierlei in Wahl.

Entweder stellte es als Absicht der Vertragschließenden hin, daß der Bürgschaftsvertrag mit seiner Klausel doch nur eine Bestimmung des Leistungstermines nach objektiv urtheilendem richterlichen Ermessen gemeint habe; und es konnte dieses nöthigenfalls, wenn in diesem besonderen Thatbestande der Sinn des gewählten Vertragsausdruckes zweifelhaft war, mit Hülfe der Auslegungsvorschrift des HGBs. 278 erreichen. Dann erledigte sich Sächs. GB. 715, weil dessen Satzung als eine ergänzende Rechtsnorm bei der konkreten Sachlage durch besondere — sei es auch mittels Auslegungsvorschrift gefundene — Parteiverfügung ausgeschlossen war.

Oder es beharrte dabei, daß in diesem Rechtsfalle die Zahlungszeit thatsächlich in das Belieben des Bürgen gestellt war. Wenn dieses der wirkliche Wille der Parteien war (wie die Revisionsinstanz es zugab), so kann diese in ihrem Sinne klar feststehende Willenserklärung nicht „durch Auslegung" und nicht „durch Auslegungsvorschrift" auf einen anderen Inhalt gebracht werden. Das ist aber in dem erwähnten Urtheile der dritten Instanz geschehen, da sie zuerst feststellt, daß nach dem Sinne des abgeschlossenen Bürgschaftsvertrages „der Beklagte die Zeit der Zahlung in sein Belieben gestellt habe", und dann doch hinterher gegen das OLG. einen Vorwurf erhebt, weil dieses den Willen des Beklagten „vom Gesichtspunkte der Anforderungen des Handelsverkehrs nicht ermittelt habe". In der That hätte aber die Auslegungsvorschrift vom HGBe. 278 nur Anwendung finden können, wenn der Sinn der eingegangenen Verpflichtung — ob Zahlungszeit nach richterlichem Ermessen oder nach freiem Belieben des Schuldners — zweifelhaft gewesen wäre: Von dem Augenblicke an, wo das Gericht zu der Ueberzeugung gelangt, daß der Inhalt des Vertrages nach dieser Richtung hin außer Zweifel steht, so war die Aufgabe der Auslegung beendet und die Anwendbarkeit einer Auslegungsvorschrift erlegt.

Wohl aber haben nun für die Durchführung unseres Thatbestandes die ergänzenden Rechtssätze einzutreten, welche das geltende Recht da zur Verfügung stellt, wo die Parteiverfügung keine Auskunft mehr liefert; — im vorliegenden Falle also die (übrigens ganz sachgemäße) Bestimmung des Sächs. GBs. 715. — Nach unserem GBe. würde es sich damit also verhalten:[1]) Wenn die Verpflichtung als solche feststeht und nur die Zeit der Leistung in das freie Belieben des Schuldners gestellt ist, so giebt das GB. keinen besonderen ergänzenden Rechtssatz;[2]) nur für Vermächtnisse gilt 2181.[3]) Also ist ein solcher nach 242 jeweils festzustellen.[4])

21.

Wenn man zwecks Durchführung der besprochenen allgemeinen Lehre für ein besonderes Schuldverhältniß unser GB. nachschlägt, so findet sich, daß dieses der Zertheilung der Rechtsnormen in zwingende

---

[1]) Vgl. ALR. I, 5 §§ 238 ff., Oest. GB. 904.

[2]) Wie Mot. 2, 39 mittheilen, ist dieses mit bewußter Absicht unterlassen worden.

[3]) Im Uebrigen s. über die rechte Zeit der Leistung unten § 40.

[4]) Unmittelbar auf 315 kann man sich nicht stützen. Denn 315, 1 giebt nur eine Auslegungsvorschrift (dazu dann in Abs. 2 u. 3 ergänzende Rechtssätze), während es sich hier um zweifellos feststehenden Geschäftsinhalt handelt und ein ergänzender Rechtssatz gefordert wird; und er gilt außerdem nur für den Fall, daß die Leistung als solche unbestimmt geblieben ist, nicht nur die Zeit im Besonderen. S. hierüber unten § 46.

Satzungen, in Auslegungsvorschriften und ergänzende Rechtssätze durch eine bestimmte Ausdrucksweise nur theilweise Rechnung trägt. Die einzelnen Paragraphen stehen meistens ohne Rücksicht auf die Verschiedenheit ihres Geltungsanspruches neben- und durcheinander. Die Motive sagen — halb entschuldigend —, daß schon bei der Hervorhebung derjenigen Sätze, welche einen nicht zwingenden Charakter besitzen, eine allzu schleppende Fassung in das GB. gekommen sein würde. Aber hierbei scheint übersehen, daß man ja zunächst nicht der großen Masse der nicht zwingenden Sätze, sondern nur der viel kleineren Zahl der in zwingendem Sinne erlassenen Normen eine entsprechende Bezeichnung durchgängig zu Theil werden lassen kann, ohne in allzu große Ausdrucksschwierigkeiten gerathen zu müssen. In der That sind denn auch die meisten Rechtssätze, welche zwingende Einzelfolgen zulässiger Geschäfte statuiren, in diesem ihrem besonderen Charakter ausdrücklich vom GBe. gekennzeichnet worden, ohne daß dies freilich gleichmäßig durchgeführt wäre.

Die vom GBe. verwandten Ausdrücke sind diese:

a) Es fügt einer inhaltlich zusammengehörigen Gruppe von Satzungen die besondere Bestimmung hinzu, daß Anordnungen, die mit jenen in Widerspruch stehen, durch Rechtsgeschäft nicht getroffen werden können: 1518; oder es erklärt die Privatverfügung nur für zulässig, soweit nicht durch Gesetz Besonderes angegeben ist: 15.

b) Zuweilen findet sich ein Paragraph, der einen bestimmten Vorbehalt einer Willenserklärung für „nichtig" erachtet: 248, 1; — 1136; 1229; 2263; oder für „unwirksam", sei es allgemein: 1253, 1/2, oder nur bestimmten Personen gegenüber: 506.

c) Gewisse Rechtsfolgen sollen durch Rechtsgeschäfte „nicht ausgeschlossen" oder „weder aufgehoben noch beschränkt (erschwert) werden": 137; 225; 247, 1/2; 419; 723, 3; 749, 3; 1023, 2; 2382, 2; — 716. Wohin auch der gelegentliche Ausschluß der Uebertragbarkeit eines Rechtsverhältnisses oder Anspruches gehört:[1]) 1427, 2/3; vgl. 337; 2065. Auch 701.

d) Oftmals ist eine im Voraus getroffene Verfügung in dieser ihrer Eigenschaft für unzulässig und rechtsunwirksam erklärt; besonders der im Voraus getroffene Erlaß der Haftung für Arglist oder sonstige

[1]) Ueber die nur ergänzend geltenden Normen von Unübertragbarkeit und Unvererblichkeit s. unten § 23, f).

gleich behandelte Verzichtsfälle: 276, 2 (vgl. 278/2); 443; 476; 540; 637; — 533; — 544 a. E.; — 619; — 1614, 1.

In den nun noch verbleibenden Fällen zwingend festgesetzter Einzelfolgen ist die Absicht des Gesetzes aus dem Sinne des betreffenden Satzes zu schließen; was sich im Allgemeinen wohl mit Sicherheit vollziehen läßt. Sollte es aber hier und da einmal zweifelhaft bleiben, welchen Charakter ein Rechtssatz sich beigelegt wissen will, so ist im Zweifel für die nicht zwingende Eigenschaft sich zu entscheiden. Es folgt dieses aus dem Grundsatze der Vertragsfreiheit, dem zufolge jedes an sich zulässige Geschäft auch seine einzelnen Konsequenzen in eigener Entschließung festzulegen ermächtigt ist. Die Sonderfolgen, welche nach dem eben Mitgetheilten zwingend eintreten sollen, sind entweder nur ein besonderer Ausbau des schon die Grenzen der Vertragsfreiheit mitziehenden Prinzips der „guten Sitten", oder sie tragen, sobald sie in das mehr technische Gebiet sich verlieren, einen Ausnahmecharakter, der ohne wesentliche andere Argumente auf sonstige Rechtsnormen nicht ohne Weiteres ausgedehnt werden darf.

So lag zuweilen wohl eine Gefahr vor, daß bei der Rechtsanwendung solche Normen, die vom Gesetze nicht als zwingend gemeint waren, nun doch als solche behandelt und einer sonst eingreifenden rechtsgeschäftlichen Verfügung vorgezogen werden. Anstatt nun dem dadurch auszuweichen, daß auch diese Zweifelsfälle, und am besten alle hier einschlägigen Sätze, vom GBe. in ihrem zwingenden Charakter ausdrücklich gekennzeichnet wurden, hat das GB. in einer größeren Zahl von Fällen, als es für das zwingende Recht geschehen ist, den nicht zwingenden Charakter der einschlägigen Sätze besonders festgestellt, ohne freilich damit die Gesammtzahl der nicht zwingenden Normen angeben zu wollen. Hierauf ist nun zunächst einzugehen.

22.

Bei der Exegese eines Gesetzbuches kann man für die hier vorliegende Aufgabe einen doppelten Weg einschlagen. Entweder nimmt man die vom Gesetzgeber authentisch angewandten Ausdrücke zum Gegenstande einer, zunächst mehr lexikographischen Betrachtung,[1]) oder es wird zugesehen, durch welche verschiedenen sprachlichen Wendungen die Fassung des Gesetzes einen allgemeinen, in verschiedenen Rechts-

[1]) Etwa das im GBe. gern gebrauchte und doch verschieden verwandte „es gilt"; — vgl. z. B. seine verschiedene Bedeutung in 149 und in 150.

instituten immer wiederkehrenden Gedanken zum Ausdrucke gebracht hat. Wir wählen in unserem Falle das letztere Verfahren.

Dabei zeigt sich, daß das GB. eine große Fülle von immer neuen Wendungen für die Kennzeichnung von nicht zwingender Eigenschaft seiner Sätze aufzuweisen hat; eine Mannigfaltigkeit, die vielleicht entbehrlich gewesen wäre.

Es kommen folgende Wendungen in Betracht:[1])

a) Es kann durch Vertrag (letztwillige Verfügung, Satzung) etwas anderes bestimmt werden —: 30; 39; — 45, 2 (. . vorgeschrieben werden); — 26; 27, 2 (. . beschränkt werden); — 486; 638, 2 (Gewährfristen können verlängert oder verkürzt werden); — 658, 2 (. . kann verzichtet werden); — 1030, 2 (. . kann beschränkt werden).

b) Vertragsfrist tritt an die Stelle der gesetzlichen Frist: 503; 510, 2.

c) Die Ehegatten können durch Vertrag regeln, . . aufheben, abändern: 1432. — Der Vater kann . . ausschließen, . . entbinden rc.: 1852 ff.; vgl. 1858; 2044; 2048; 2094. — 1937 (Testament); — 2346 (Erbverzicht). — Vgl. 1638, 1 und 1639.

d) Zuweilen findet sich dieses mittelbar ausgedrückt. 1092: Eine beschränkte persönliche Dienstbarkeit ist nicht übertragbar (zwingend). Die Ausübung kann . . . nur überlassen werden . . (ergänzend). Vgl. die entsprechende Ausdrucksweise in etwas anderer Wendung: 331, 2; 464; 1557.

e) Abweichende Bestimmungen sind zulässig (. . können getroffen werden): 1193, 2; 1214, 3. — 1430/2; — 1619, 1 a. E.; — 1919, 1/2; — 2224, 1/3. — Vgl. 1433, 2.

---

[1]) Nicht hierher gehört die mehrfache Wendung, daß etwas „vermuthet wird". Sie findet sich in 16; 484; 891; 921; 938; 1006; 1117, 3; 1362, 1; 1527; 1591, 2; 1720, 2; 2365; hat aber keine von dem bekannten Begriffe der Rechtsvermuthung abweichende Bedeutung. (Wo nur zu Gunsten bestimmter Personen eine Vermuthung aufgestellt wird, bedient sich das GB. des „es gilt"; z. B. 1058; 1141, 1/2; 1248; 1362, 2.) Soviel ich sehe, wird nur an einer einzigen Stelle des GBs. der erwähnte Ausdruck im Sinne einer Auslegungsvorschrift verwendet (von dem „wirklichen oder muthmaßlichen Willen" spricht in anderem Zusammenhange GB. 677 bei der Geschäftsführung ohne Auftrag); nämlich da, wo aus der Vernichtung oder Veränderung der Testamentsurkunde im Zweifel auf den Willen des Widerrufes gesetzlich geschlossen wird: 2255, 2. — Umgekehrt findet sich der Ausdruck „im Zweifel ist anzunehmen" (unten § 23, b) einmal für eine Rechtsvermuthung in GB. 742.

f) Die Vorschriften finden keine Anwendung, soweit ... ein Anderes vereinbaren: 1284.

g) In Ermangelung einer Bestimmung (einer anderen Vereinbarung); — oder: Fehlt es an einer Bestimmung; — oder: Ist nicht bestimmt: 37; 45, 3; 269; 271; 329; 360; 564; 604, 2 u. 3; 609; 612, 2; 620, 2; 632, 2; 653, 2; 696; 706, 1; — vgl. 1688. 2104; 2105; 2106 (. . ohne zu bestimmen . .).

h) Wenn (sofern, soweit) nicht ein Anderes bestimmt (vereinbart) ist[1]): 24; 40; 41; — 101; 103; 152; 184, 1; 246; 276; 426, 1; 430; 514, 1; 1022; 1108; 1172, 2; 1194; 1202, 1/2; 1296; 2147/2; 2221.

i) Es sei denn, daß ausdrücklich bedungen ist (die Gebundenheit ausgeschlossen ist, es anders angeordnet ist): 244; vgl. 2169, 1; — 145; — 2053, 1; — 568 (sofern er nicht seinen entgegengesetzten Willen erklärt); — 1381; 1646, 1 (es sei denn, daß er nicht erwerben will).

k) Sofern (soweit) nicht aus dem Geschäfte (Vertrage; Versprechen; Rechtsverhältnisse) ein Anderes (ein anderer Wille) sich ergiebt: 82; 86 (aus der Verfassung der Stiftung); 273, 1; 292, 1 a. E.; 369, 1; 425, 1; 520; 699, 2 (aus der Vereinbarung); 713; 727, 1; 730, 2/2; 1436.

l) Sofern nicht ein anderer Wille der Vertragschließenden (des Erblassers) anzunehmen ist: 127, 2; — 355; — 2108, 2; 2161/1; 2188; 2208, 2; 2299, 2. — 153 (es sei denn, daß ein anderer Wille anzunehmen ist). — Vgl. 2085; 2086 (wenn anzunehmen ist, daß er ... diese Verfügung nicht getroffen haben würde).

23.

Prüft man die im vorigen Paragraphen enthaltenen Ausdrücke unseres Gesetzes nach, so erscheint als ihr allgemeiner Sinn, daß sie ergänzende Rechtssätze bezeichnen wollen: Denn es ist überall dieses gemeinsam, daß das Gesetz da eintreten will, wo die Parteien in der gerade aufgeworfenen Frage nichts bestimmt haben.

Anders verhält es sich mit dem beliebtesten Ausdrucke des GBs. zur Hervorhebung des nicht zwingenden Charakters verschiedener Rechtssätze: „im Zweifel".

[1]) Diese Wendung umfaßt natürlich auch etwaige Sonderbestimmungen des Gesetzes selbst.

Die Klausel wird in etwa hundert Paragraphen des GBs. in verschiedenen Wendungen gebraucht. Ihre Verwerthung ist nicht einheitlich. Ich stelle die gedachten Gesetzesbestimmungen zusammen und verstatte mir die Wiederholung, daß auch in den folgenden Zeilen nur die besondere Art von nicht zwingenden Rechtsnormen in das Auge gefaßt ist, welche besondere Einzelfolgen rechtlicher Verfügungen betrifft (oben § 18 i. A.).

a) Es ist über eine bestimmte Frage eine Verfügung der Parteien getroffen worden; der Sinn jener steht aber nicht außer Zweifel. Hier wird der Inhalt der Parteidisposition dadurch in das Klare gebracht, daß das Gesetz sagt, was „im Zweifel als vereinbart (vermacht 2c.) gilt“.

453;[1]) (497, 2 dürfte gleich zu behandeln sein). — 2169, 2 u. 3; 2172, 2/1; 2173/2. — 2277, 1/2.

Entsprechend: 336, 2 (Draufgabe gilt im Zweifel nicht als Reugeld.) — 709, 2 (Gesetzliche Auslegung des Gesellschaftsvertrages). — Vgl. auch 658, 2; der erste Theil läßt den Abs. 1 als ergänzenden Rechtssatz erscheinen, der zweite Theil enthält eine Auslegungsvorschrift.

In zwei Fällen heißt es „gilt als angeordnet (2137, 1), als vermacht (2149, 1)“, ohne den Zusatz „im Zweifel“, aber sicherlich im gleichen Sinne, als wenn er eingesetzt wäre.

b) Der gleiche Gedanke wird (namentlich im Erbrechte) häufig durch die Wendung ausgedrückt „(bei bestimmter Privatverfügung) ist im Zweifel anzunehmen, daß . . . (in gewisser Art angeordnet) sein soll“:

271, 2. — 315; 317, 1. — 330; 361; 391. — 455 (danach auch 495, 1/2 zu behandeln: Es ist eine Auslegungsvorschrift, sodaß, wenn in einem besonderen Falle es sicher feststehen sollte, daß über diese Einzelfrage Nichts bestimmt worden ist, alsdann der Kaufvertrag als solcher perfekt geworden wäre). — 706, 2 (vgl. den präziseren Ausdruck im Entw. I 631). — 1625/1. — 2049, 1; 2051, 2; 2052; 2066/2;[2]) 2067; 2069; 2070;[3]) 2098; 2101. — 2074; 2075. — 2137, 2. — 2173/1. — 2269, 1 u. 2. Vgl. 2270, 2. — 2350, 1 u. 2.

---

[1]) Vgl. oben S. 66 N. 1.

[2]) Dagegen ist 2066/1 ergänzender Rechtssatz.

[3]) Ueber 2071 und 2072 s. oben § 16 a. E.

c) In einer engeren Anwendung kommt die besprochene Terminologie zur Bedeutung: wenn eine gewisse Verfügung im Allgemeinen sicher ist, ihre Tragweite aber nicht außer Zweifel steht und dieses nun dadurch gehoben wird, daß das Gesetz den Inhalt der Willenserklärung sicher stellt. Gewöhnlich geschieht dies vom GBe. mit den Worten „erstreckt sich im Zweifel“ und ähnlichem; zuweilen wird auch hier der unter b) erwähnte Ausdruck, daß „im Zweifel anzunehmen ist, daß sich erstrecken soll“ verwendet:

113, 4 (Ermächtigung). — 30 (Vollmacht); 714; vgl. 2209/2. — 314 (Erstreckung auf das Zubehör); 1031; 1062; 1096; — 1120; 1121; 1122, 2; — 1135; — 1265; vgl. 1268; — 2164; ebenso (dem Sinne nach) 2165. — 1949, 2 (Ausschlagung). — 2102, 1 (Einsetzung enthält im Zweifel; — wenn aber sicher ist, daß nur eines darin enthalten sein soll, so wird in 2102, 2 ausgelegt, welches von ihnen); — 2110 (Einsetzung des Nacherben erstreckt sich . .). — 2167 (Verpflichtung des Vermächtnißnehmers beschränkt sich . .). — Vgl. 438 (. . . ist im Zweifel nur zu beziehen). Auch 610 (kann im Zweifel widerrufen, s. unten § 28).

d) Das Gesetz bestimmt einzelne Berechtigungen und Verpflichtungen in rechtlichen Verhältnissen, konstatirt aber ihren nicht zwingenden Charakter durch den besonderen Zusatz „im Zweifel“. Dies geschieht besonders häufig bei der Frage nach Ort und Zeit der Leistung:

270, 1;[1]) 331, 1; 700, 1; 721, 2; 2181. — 415, 3; 420; 613, 1; 619 (vgl. 664, 1); 759; 1109, 1/3; 2148; 2151, 3/3; 2166, 1 u. 2; 2168; 2182, 3. — 511; 514, 2; 1091. — 337, 1; 338.

e) Das Gleiche gilt bei anderen Folgen, als der unmittelbaren Angabe der einzufordernden und vorzunehmenden Leistungen; auch wieder, sofern jene Folgen nicht durch sichere Parteiverfügungen erledigt sind:

154, 1 u. 2; 262; 316; 317, 2; 2076 (anders 162, wo es zwingender Rechtssatz ist).

f) Eine hierzu zu bemerkende Besonderheit ist die nicht zwingende Festsetzung von Unübertragbarkeit und Unvererblichkeit:

514/2; — 613/2; 664. — 672; 673; 750.

g) Den Schluß bilden diejenigen nicht zwingenden Gesetzesvorschriften, die sich dadurch charakterisiren, daß sie sonst geltende Sätze auf ein anderes, jetzt in Frage stehendes Rechtsverhältniß übertragen:

---

[1]) Will zweifellos in gleichem Sinne gelten, wie der ergänzende Satz in 269.

entweder derartig, daß sie Rechtsfolgen für gesetzliche juristische Thatbestände „im Zweifel“ auch für entsprechende Rechtsgeschäfte nehmen (127/1, vgl. 125/2), zuweilen auch sie für die private Willenserklärung jenen gesetzlichen Thatsachen gegenüber modifiziren (427 gegenüber 420); — oder in der Weise, daß sie Konsequenzen eines anderen Rechtsverhältnisses auf ein rechtsähnliches in Anwendung setzen (2182, bes. Abs. 2; 2320), vielleicht auch sie unter Rücksichtnahme auf eine vorausgehende Normirung in abweichender Art regeln (2373 gegenüber dem ergänzenden Rechtssatze in 2372; dagegen anders 2098, 2, ein Zusatz zu der im Abs. 1 aufgestellten Auslegungsvorschrift).

24.

In einer der angeführten Gesetzesstellen ist es ausdrücklich ausgesprochen, daß die dort gegebene Norm nur eine Auslegungsvorschrift sein soll. Es ist 2101: „Ist eine zur Zeit des Erbfalles noch nicht erzeugte Person als Erbe eingesetzt, so ist im Zweifel anzunehmen, daß sie als Nacherbe eingesetzt ist. Entspricht es nicht dem Willen des Erblassers, daß der Eingesetzte Nacherbe werden soll, so ist die Einsetzung unwirksam.“

Wie man sieht, wird hier eine besondere Parteiverfügung vorausgesetzt; und zwar eine Bestimmung, gegen die an sich nichts einzuwenden ist, sofern nur der eingesetzte Erbe zur Zeit des Erbfalles — mindestens als nasciturus — schon lebt (1923). Nun kann zweifelhaft sein, wie eine derartige Einsetzung aufzufassen ist; alsdann wird vom Gesetze authentisch ausgelegt und von ihm festgestellt, was als Wille des Erblassers der weiteren Behandlung des Falles zu Grunde zu legen ist. Geht diese Klärung nicht an, läßt sich vielmehr in einem besonderen Falle darthun, daß die Auslegungsvorschrift von 2101, 1/1 dem Willen des Erblassers nicht richtig Rechnung trägt, daß er darüber vielleicht gar nichts gewollt hat, so entfällt die in dem citirten Satze angeordnete Rechtsfolge. Sie will nur gelten, soweit sie dem wirklichen Willen des Erblassers entspricht.

In dieser Weise werden von dem GB. die Auslegungsvorschriften sonst nicht herausgehoben. Der Gesetzgeber hat es der Wissenschaft überlassen, solches nun im Einzelnen darzulegen. Aber es scheint, daß sich nach der in den beiden letzten Paragraphen gegebenen Scheidung eine Lösung in allgemeiner Uebersicht wird erreichen lassen.

Danach sind Auslegungsvorschriften, die als besondere auftreten und nur für Einzelfolgen eines Rechtsgeschäftes gelten wollen (oben § 18 i. A.), die in unserem § 23 unter a) bis c) angeführten Regeln. Sie kommen, wie ausgeführt, nicht nur dann nicht zur Anwendung, sobald ein ihnen entgegengesetzter Wille des Verfügenden deutlich erklärt ist, sondern bleiben auch außer Ansatz, wenn bewiesen werden kann, daß der Erklärende über diesen Punkt gar nichts gewollt hat.

Aber diese beschränkte Bedeutung einer Gesetzesvorschrift bildet nur die kleine Minderheit unserer nicht zwingenden Rechtsnormen. Bei dem Grundsatze der freien Beweiswürdigung, der unser Prozeßverfahren beherrscht, wird der Gesetzgeber sich scheuen, einen allzu reichlichen Gebrauch von gesetzlichen Auslegungsregeln zu machen, die mit jenem oftmals nicht ganz stimmen werden, dann nur widerwillig zurückzutreten pflegen und schon in ihrem Bestehen zuweilen den Eindruck erwecken können, als sei es dem Gesetzgeber leid geworden, jenen erstgenannten Grundsatz aufgestellt zu haben.

Da jedoch, wo diese Betrachtung nicht zutrifft, wo vielmehr aus langer rechtlicher Erfahrung her eine Sonderfolge des Geschäftes als die objektiv richtige ihm erscheint, indessen eine zwingende Festsetzung derselben nicht veranlaßt oder gefährlich wäre, da wird der Gesetzgeber seinen Satz auch formal in objektiver Art aufstellen und ihn als ergänzenden Rechtssatz einführen.

Dies geschieht nun in unserem GBe. in dreierlei Art, wie sich aus den seitherigen Ausführungen ergiebt und jetzt nur übersichtlich zusammenzustellen ist.

1) Es gehören alle Sätze hierher, die ihren nicht zwingenden Charakter durch diejenigen Wendungen zum Ausdrucke bringen, welche wir oben im § 22. zusammengestellt haben. (Vgl. auch § 23 i. A.)

2) Wir würden sodann alle übrigen Rechtssätze hierher stellen, welche ihrem Sinne nach die Einzelfolgen einer zulässigen Willenserklärung nicht als ius cogens einführen, dieses aber nicht selbst und nicht ausdrücklich formuliren. Der Leser wird sich erinnern, daß dieses oben als Regel angegeben wurde, für welche überall die Vermuthung spricht, solange nicht aus besonderen Einzelgründen der im Ausdrucke hierüber schweigende Satz als ein zwingender dargethan werden kann (§ 21); und es wurde ebenso schon betont, daß man bloße Aus-

legungsvorschriften unter ihnen nicht leicht wird suchen dürfen[1]) (§ 23 Abs. 5).

3) Ich zähle schließlich auch die vier letzten Gruppen unseres § 23 (lit. d) bis g)), also diejenigen Gesetzesstellen hierher, die sich selbst als nur im Zweifel geltende einführen. Ihr „im Zweifel" deckt nicht solche Fälle, denen wegen undeutlicher und nicht sicherer Erklärung eines wirklich vorhandenen Willens Bedenken anhaftet, sondern es geht auf derartige Thatbestände, da eine gegentheilige Willenserklärung fehlt, eine Bestimmung über den betreffenden Punkt überhaupt nicht gegeben ist.

Diese letzte Voraussetzung ist selbstredend auch da gegeben, wo man zwar weiß, daß eine besondere Verfügung des Disponenten vorgelegen hat, es aber unbekannt geblieben ist, wie sie gelautet. Wenn die Errichtung eines Testamentes bewiesen werden kann, es ist aber nicht aufzufinden, wenn die Vertragschließenden, ohne Zeugen und Vertrauensgenossen zu haben, weggestorben sind und die von ihnen über einen bestimmten Punkt getroffene Verfügung nicht ermittelt werden kann, so tritt natürlich das ergänzende Recht ein.

Geht man nun die vorhin vorgeführten Paragraphen mit ihrem „im Zweifel" durch, so mag es sich freilich ereignen, daß man über die rechte Klasseneintheilung im Sinne von Auslegungsvorschriften und von ergänzenden Rechtssätzen bei einzelnen Bedenken haben kann.[2]) Und es ist auch möglich, daß der Inhalt einer Gesetzesvorschrift beides deckt und dieselbe Norm sowohl als Auslegungsvorschrift, wie auch als ergänzender Rechtssatz im Sinne des GBs. zu nehmen ist. Alsdann ist sie ebensowohl in den Fällen anzuwenden, in welchen ein inhaltlich zweifelhafter Wille auszulegen ist, als

[1]) Eine Ausnahme wurde in § 23 zu a) in der Note erwähnt.

[2]) Dies war im seitherigen Rechte noch mehr der Fall; da es sich dort nicht bloß, wie jetzt nach dem GBe., an einen bestimmten Ausdruck („im Zweifel") anhaftet, sondern überall aus dem Sinne der nicht zwingenden Normen geschlossen werden mußte. Ich erinnere an einige wichtige Beispiele aus dem römischen Rechte: Verpfändung von Sachgesammtheiten, l. 34 D. de pignor. (20, 1); Dernburg, Pfandrecht S. 458 ff., Sintenis, Pfandrecht S. 467 ff. — Gesetzliche Zinsen des Käufers; Windscheid, Pandekten § 389 N. 18; Mot. 2, 329; vgl. Seuff. Arch. 4 Nr. 117; 13 Nr. 10; 33 Nr. 122; auch 34 Nr. 296. — Tragung der Gefahr beim Aversionalkauf; Windscheid, Pandekten § 390 N. 14, von den dort Citirten bes. Bekker S. 395, welcher die Entscheidung auf einen „stillschweigenden Vertrag" stellt, und Regelsberger S. 108 fg., auf den „muthmaßlichen Parteiwillen". Die Quellen geben kein ganz reines Resultat.

bei solchen Thatbeständen, bei denen über die betreffende Frage eine Verfügung gänzlich fehlt.

Gesetzesstellen, in denen das anzunehmen ist, sind besonders: 2068; 2069; 2070 (s. oben § 23 unter b)). Sehr bedeutend dürfte jedoch ihre Zahl nicht sein.[1])

Die praktische Behandlung von Rechtsfragen ist bei diesen, beide Möglichkeiten deckenden Normen für den Richter natürlich von größerer Sicherheit.[2]) Aber der sachliche Gegensatz bleibt unverändert bestehen; und das Gericht hat bei seiner Entschließung und der Begründung des Urtheils jedesmal darauf Acht zu haben, ob es die Folge des nicht zwingenden Satzes nur annimmt, weil sie in diesem Falle als gesetzlich ausgelegter Parteiwille anzunehmen ist, oder weil sie an die Stelle eines fehlenden Willens zu treten hat.

Auch kann man mit Fug nicht etwa fordern, daß die Gesetzgebung ihre nicht zwingenden Sätze thunlichst derartig aufstellen möge, daß beides — die Auslegung eines zweifelhaften und die Ergänzung eines fehlenden Willens — dadurch gedeckt würde. Denn die beiden Arten von Normen, Auslegungsvorschriften und ergänzende Rechtssätze, haben nicht nur formal verschiedene Funktion, sondern sachlich getrennte Aufgaben. Die Auslegungsvorschrift soll in ihrem Inhalte derartig beschaffen sein, daß sie dem vorhandenen Willen der Parteien, soweit nur thunlich, entspricht; der ergänzende Rechtssatz hat das in dieser Sachlage objektiv Richtige möglichst zu treffen. Die zuerst genannten Regeln basiren auf ausgedehnter Erfahrung von demjenigen, was bei dergleichen Willenserklärungen zumeist thatsächlich geschieht, sie sollen helfen, das wirklich Gewollte zu klären und zu sichern; der an zweiter Stelle stehende Satz stellt sich die Zweifelsfrage vor, wie sie beim Ausbleiben des Parteientscheides sich gestaltet und sucht sie für sich gegenständlich zu lösen.

---

[1]) Im Besonderen fasse ich GB. 314 nur als Auslegungsvorschrift auf. Denn die Stelle spricht nur von Rechtsgeschäften, nicht von gesetzlichen Schulden, und „Verpflichtung" wird daher heißen müssen: Folge der Beredung, als Sinn derselben. Dafür spricht auch die Analogie von 1062. Die übrigen Stellen über das Zubehör s. oben § 23 unter c). S. auch Mot. 3, 65.

[2]) Es ähnelt dies, — um einen abliegenden Vergleich zu gebrauchen — den Fällen, da Zweifel darüber obwalten, ob eine gesetzgeberische Maßnahme zur Zuständigkeit des Reiches gehöre, man sich darüber aber einfach beruhigt, weil im Bundesrathe jedenfalls nicht 14 Stimmen dagegen sich erklärt haben.

Was dann mit dem Ergebnisse jeweils anzufangen ist und ob dieses mit den zwingenden Grenzen der Vertragsfreiheit und den nothwendigen Folgen nach Treu und Glauben im besonderen Falle gehalten werden kann, ist eine Frage für sich, welche die Verschiedenheit der Aufgaben, die dem Gesetzgeber beim Aufstellen von Auslegungsvorschriften einerseits und dem Bereithalten ergänzender Rechtssätze zum anderen Theile erwachsen müssen, zunächst unberührt läßt.

Vierter Abschnitt.

Gegenseitige Verträge.

25.

Rechtsfall.

Durch Vertrag vom 13. Januar hatte V. sein Herrengarderobegeschäft in der Stadt H., Haus mit Werkstatt, Waarenlager und gesammtem Schneiderinventar, sowie allen Aktivis und Passivis für 30000 Mark an den K. verkauft. Im Oktober desselben Jahres erhebt er Klage auf Zahlung einer am 13. Oktober fällig gewordenen Kaufgeldrate von 2500 Mark nebst Zinsen.

Der Beklagte beantragt Abweisung der Klage. Im § 8 des Kaufvertrages habe sich nämlich der Kläger verpflichtet, in der unmittelbaren Nachbarschaft des verkauften Geschäftes ein Herrengarderobegeschäft weder selbständig zu unternehmen noch unter irgendwelcher anderen Firma zu betreiben. Dieser Vertragsbestimmung habe Kläger zuwider gehandelt, indem er noch jetzt an einem, nach dem Vertragsschlusse in H. gegründeten Konkurrenzgeschäfte, nur zwei Häuser von dem Käufer entfernt, betheiligt sei.

Kläger hält dieses Vorbringen nicht für rechtserheblich.

26.

Im vorstehenden Falle handelt es sich um einen Kaufvertrag,[1]) und zwar um rechtliche Zweifel, welche nicht aus besonderen Normen für diese Vertragsart ihre Erledigung zu finden haben, sondern aus den allgemeinen Lehren des Rechtes der Schuldverhältnisse: im Besonderen aus derjenigen von den gegenseitigen Verträgen.[2])

---

[1]) Den Versuch des ALRs. I, 11 §§ 981 ff., in dem „Lieferungsvertrag" einen contractus sui generis zu konstituiren, hat das GB. nicht aufgenommen.

[2]) GB. 440 verweist für besondere Fragen ausdrücklich auf die hier zu besprechenden Lehren.

Das GB. übernimmt damit einen Begriff des seitherigen Rechtes, dessen Klarstellung in Einhelligkeit der Jurisprudenz noch nicht völlig geglückt war. Indem es in die theoretischen Streitfragen der rechten Formulirung des gegenseitigen Vertrages mit eigenem Versuche richtiger Weise nicht eingreift, so hat es doch in glücklicher Art eine derartige Regelung dieser nicht ganz einfachen Materie vorgenommen, daß auf dieser Grundlage eine endgültige Erledigung der genannten Kontroverse erhofft werden darf. Ich stelle dies einstweilen zurück (unten § 29), um einige Sonderfragen einzuschalten.

Als allgemeines und unbestrittenes Merkmal des gegenseitigen Vertrages darf dieses vorweg genommen werden, daß in ihm zwei Verpflichtungen in der Weise gegenüberstehen, daß jede das Aequivalent der andern bildet, und Versprechen und Gegenversprechen sich gegenseitig hervorrufen und bedingen.

Er scheidet sich elementar von dem Vertrage mit einseitiger Verpflichtung, wie dem reinen Schenkungsversprechen (518) oder dem Bürgschaftsvertrage (765). Er trennt sich auch von solchen einseitigen Verträgen, bei denen ein möglicher Gegenanspruch (actio contraria) des Schuldners in Betracht kommen kann, wie bei dem Auftrage (662; 669 u. 670; vgl. 677 ff.); — dagegen jetzt nicht mehr bei dem Leihvertrage, der vom GBe. 598 als gegenseitiger Vertrag behandelt wird.

Vor Allem verbleibt die wichtige und im besonderen Falle oft schwierige Unterscheidung von gegenseitigem Vertrag und Schenkung unter einer Auflage;[1]) worüber namentlich bei den häufigen „Schenkungs- und Verpflegungsverträgen", insbesondere den Gutsübergaben mit Vorbehalt des Altentheils für den Uebergeber und gewisser Leistungen an jüngere Geschwister ꝛc. Zweifel auftauchen können.

Das GB. regelt die Schenkung unter einer Auflage in 525 bis 527.[2]) Danach unterliegt das Schenkungsversprechen sub modo der Formvorschrift einer gerichtlichen oder notariellen Beurkundung (518). Die Vollziehung der Auflage kann erst gefordert werden, wenn der Schenker seinerseits geleistet hat; dann freilich auch von der zuständigen Behörde, wenn die Vollziehung der Auflage im öffentlichen

---

[1]) Ueber „Auflagen", die einem Erben oder Vermächtnißnehmer gemacht werden, s. GB. 1940; 2192—2196.

[2]) Ueber das gemeine Recht s. Windscheid, Pandekten § 368 zu N. 12 ff. Ueber das Verhältniß des preußischen Rechtes zum römischen: Gruchot, Beiträge 13 S. 810 ff. Ueber das Recht des GBs.: Schollmeyer, einz. Schuldverh. S. 31 ff.

Interesse liegt (525). Sie kann von dem Beschenkten in gewisser Art verweigert werden, wenn ihr Betrag den der Schenkung übersteigt (526).

So wird dem Praktiker manchmal eine schwierige Subsumtionsfrage des Inhaltes entgegentreten: Liegt gegenseitiger Vertrag oder Schenkung unter einer Auflage vor? Und wie seither wird er es nur danach zu entscheiden vermögen, daß bei Schenkungen, bei denen dem Beschenkten gewisse Leistungen auferlegt werden, keine Auswechselung gegenseitiger Versprechungrn stattfindet, und ebensowenig dabei ein Austausch gegenseitiger Leistungen in der Weise beabsichtigt wird, daß Jeder für das, was er seinerseits leistet, in der Leistung des Andern seinen Ersatz sucht: Das Geschäft wird hier vielmehr von Seiten des Schenkers mit einer freigebigen Zuwendung (in sofortiger Ausführung oder durch Abgabe eines vertragsmäßigen Schuldversprechens — GB. 516, 518) eröffnet, welcher im Augenblicke des Vollzugs noch kein Anspruch gegen den Empfänger gegenübersteht. Ich erwähne noch, daß ein oft durchschlagendes Interpretationsmittel in der gebräuchlichen Klausel solcher Vermögens- und Gutsübergabeverträge liegt, daß der Beschenkte für das Erhaltene dies und jenes „unentgeltlich" zu gewähren habe.

27.

Wenn wir uns hiernach in unserem Rechtsfalle dafür entscheiden müssen, daß ein gegenseitiger Vertrag obliegt, so verbleibt noch die Frage: wie der Zusatz, dem zufolge dem einen Kontrahenten die Konkurrenz in gewissem Umfange verboten wird, rechtlich aufzufassen sei?[1]) Es fragt sich, ob der ganze Vertrag einheitlich zu behandeln ist oder ob wir in dem erwähnten Zusatze ein pactum adiectum zu sehen haben?

Die Entscheidung wird in jedem Falle davon abhängig zu machen sein: ob die dem einen Theile auferlegten Leistungen als das Ganze der Gegenleistung erscheinen oder ob neben einen abgeschlossenen Austausch von Leistungen eine weitere Nebenberedung hinzutritt. Das Gericht hat zu prüfen, ob beispielsweise der Kaufpreis gerade auch mit Rücksicht auf die Besonderheit dieser einen, als Theil der gesammten Hauptleistung auftretenden Verpflichtung das von der anderen Seite zu zahlende Aequivalent besonders bemessen worden ist; der Käufer etwa

---

1) Die Gültigkeit der Beredung dürfte in unserem Thatbestande außer Zweifel stehen. Vgl. Entsch. des Reichsgerichts in Civ.S. 1 Nr. 11. HGB. v. 1897 § 74.

mehr zahlte, weil der Verkäufer außer der rechten Ueberlieferung des Kaufgegenstandes auch weiterhin als integrirenden Theil seiner Verbindlichkeiten das Unterlassen der Konkurrenz in näherem Umfange versprach.

In unserem Rechtsfalle ist nach dem mitgetheilten Thatbestande bis zum Beibringen anderweitigen Materiales Einheitlichkeit des ganzen Geschäftes anzunehmen. Der Vertrag war in ein und derselben Urkunde errichtet, in welcher hinter einander die verschiedenen gegenseitigen Rechte und Pflichten aufgezählt waren; und in einem dieser paragraphenmäßig abgetheilten Abschnitte fand sich unter den anderen Einzelpflichten auch die im Thatbestande angeführte Klausel, auf die der Beklagte sich berief und die hier gerade zum Streite führte.

Die Unterscheidung hat für das heutige Recht an Bedeutung verloren, da die Besonderheit des römischen Rechtes weggefallen ist, wonach pacta adiecta nur bei bonae fidei actiones mit der Kontraktsklage einklagbar waren. Sie bleibt von Interesse für die gleich zu besprechende Einrede des nicht erfüllten Vertrages: Wenn die Hauptleistung eingeklagt ist und der Beklagte das Fehlen einer Sonderleistung des Klägers rügt, so kann diese Einrede nur dann zur ferneren Erwägung genommen werden, wenn diese Sonderleistung einen wesentlichen Bestandtheil der klägerischen Leistung überhaupt ausmacht; dagegen nicht, sofern letztere an sich erledigt war und die Sonderleistung als Erfüllung eines selbständigen Nebenvertrages sich darstellt.

Bei solchen einheitlich zu behandelnden größeren Geschäften, wie demjenigen unseres Falles, kommen leicht einige besondere Leistungsmöglichkeiten in Betracht, deren Durchführung im seitherigen Rechte, wie in dessen Lehre, wohl nicht genügend in das Auge gefaßt war: Ich meine die Verpflichtung zur Errichtung eines Inventars und allgemein diejenige zur Rechnungslegung.[1]) Die Voraussetzungen hierzu werden entweder durch besonderen Vertrag gegeben oder liegen als gesetzliche Thatsachen über das ganze Gebiet des bürgerlichen Rechtes zerstreut. In diesen Fällen soll die Art und Weise der Rechnungslegung (259), der Errichtung eines Bestandverzeichnisses (260) und die Leistung eines etwa erforderlichen Offenbarungseides (261) in der

---

[1]) Litteratur: **Bähr**, Ueber die Verpflichtung zur Rechnungslegung, im Jahrb. f. Dogm. 13 S. 250 ff.; **Dernburg**, Preuß. Privatr. 2. Bd. § 44. Vgl. Entsch. des Reichsgerichts in Civ.S. 18 Nr. 60. Die Lehre dürfte bes. nach dem Rechte des GBs. eine monographische Bearbeitung verdienen. — Vgl. auch RGes. v. 10. Juni 1893 (Wucher) § 4.

Regel[1]) gleichmäßig geschehen. Die Bestimmungen des GBs. bedeuten eine dankenswerthe klare Unterlage für den weiteren Ausbau dieser Lehre.

Noch schalte ich ein, daß die Gegenseitigkeit der Vertragsleistungen aus einem einheitlich zu behandelnden Geschäfte doch nicht die Bedeutung hat, daß nun für Ort und Zeit der Erfüllung nothwendiger Weise auf beiden Seiten ganz übereinstimmende Modalitäten der Leistungen gegeben sein müssen. Die rechte Zeit der Erfüllung wird sich bei der Lehre vom Verzuge passend einschalten (unten § 40). Für den Leistungsort gelten die allgemeinen Bestimmungen des GBs. 269, mit seinen fünf hinter einander zu ordnenden Möglichkeiten; — für Geldzahlungen: GB. 270.[2])

28.

Für die besondere Durchführung unseres Thatbestandes, als eines Falles gegenseitiger Verträge, kommt es nun vor Allem darauf an: ob eine Reihenfolge für die Leistungen der beiden Parteien vertragsmäßig bestimmt ist oder nicht; — es ist zu fragen, wie das GB. sich ausdrückt: Wer hat vorzuleisten?

Im Sinne derartiger Verträge, wie dem hier vorliegenden, wird bis auf Weiteres, bei Ermangelung irgend welcher besonderen Angabe, die Vorleistung des Verkäufers anzunehmen sein. Ihn hätte der Käufer auf die vertragsmäßige Leistung einfach verklagen können, — eine einfache Sache, die man kaum besonders zu erwähnen Anlaß hätte, wenn nicht eine oftmalige Komplikation hier möglich wäre: Es kann sich die Vermögenslage des Käufers zwischen dem Geschäftsabschlusse und dem Tage der Lieferung derartig verschlechtern, daß die von ihm geschuldete Gegenleistung kaum noch ordnungsmäßig erwartet werden darf.

Wir nehmen an, daß der Käufer des Kleidermagazins in unserem Falle bereits früher in einer anderen Stadt ein gleiches Geschäft betrieben hatte, dann den oben angegebenen Kaufvertrag in H. eingegangen war, darauf aber über ihn Konkurs eröffnet und durchgeführt worden oder wegen mangelnder Masse eingestellt worden war; — kann

[1]) Besonderheiten namentlich im Vormundschaftsrechte: GB. 1840 ff., und bei der Inventarserrichtung des Erben: 1993 ff.; 2006; 2028.

[2]) Die Parallelstellen sind schon jetzt in den gewöhnlichen Handausgaben des GBs. zu diesen Paragraphen zu finden. Vgl. auch Entsch. des Reichsgerichts in Civ.S. 13 S. 412.

er, der zur Zeit notorisch mittellos ist, doch ohne Weiteres Ueberlieferung des von ihm gekauften Garderobengeschäftes gerichtlich verlangen und durchsetzen?

Indem das GB. diese Möglichkeit in ausdrücklicher Regelung in das Auge faßt, hat es eine Frage angegriffen und m. E. zu äußerst glücklicher Lösung geführt, die im praktischen Geschäftsverkehr von größter Bedeutsamkeit sein muß, in der tonangebenden gemeinrechtlichen Litteratur der neueren Zeit jedoch wohl allzu summarisch abgethan worden ist: die Frage nach den vor der rechten Vertragserfüllung eingetretenen veränderten Umständen, die alte Kontroverse nach der clausula rebus sic stantibus.

Es wird von Niemandem bezweifelt werden, daß in vielen Fällen das bedingungslose Durchführen eines früher geschlossenen Vertrages ein Unding sein muß, wenn in nicht vorher zu sehender Weise der thatsächliche Unterbau des Vertragsverhältnisses weggefallen und eine ganz veränderte Sachlage geschaffen worden ist. Und keine Gesetzgebung, die hier interessiren kann, hat in derartigen Fällen dem Schuldner es vollständig versagt, einseitig zurückzutreten und die von ihm geforderte Erfüllung zu verweigern oder das seinerseits Geleistete wieder zurückzufordern.

Das römische Recht gab ein Recht des Widerrufes und einseitigen Rücktrittsrechtes aus einzelnen veränderten Umständen dem Miether und dem Vermiether;[1]) ein Schiedsrichter hat das Recht, wegen wichtiger Gründe zurückzutreten.[2]) In anderen Stellen wird in besonderen Einzelanwendungen einem Verpflichteten das Recht verliehen, die Erfüllung zu verweigern, wenn der Berechtigte an der Ausführung kein Interesse mehr zu haben vermag.[3]) Bekannt ist das Rücktrittsrecht des Schenkers wegen Undankbarkeit des Beschenkten.[4]) Und wenn das corpus iuris dem Käufer bei drohender Eviktion nur ein Zurückbehaltungsrecht des Kaufpreises zubilligte,[5]) so wandte der usus modernus pandectarum dies dahin an, daß der Käufer von dem ganzen Geschäfte abgehen kann, wenn bei der vom Verkäufer angebotenen Vollziehung des Vertrages die Unvermeidlichkeit der Entwehrung sofort klar ist.[6])

[1]) L. 15 § 1; 27; 33; 34; 35 D. loc. (19, 2); — l. 3 C. loc. (4, 65).
[2]) L. 15; 16; 17 D. de receptis, qui arbitrium receperunt etc. (4, 8).
[3]) Cf. l. 38 § 15 D. de V. O. (45, 1). Auch l. 71 pr. D. de condic. etc. (35, 1).
[4]) L. 7; 10 C. de revocandis donationibus (8, 55 [56]).
[5]) L. 18 § 1 D. de periculo et commodo etc. (18, 6).
[6]) Vgl. Thibaut, System des Pandektenrechtes § 186 a. E.

Aber sind dies nicht nur besondere Anwendungen eines allgemeineren Rechtssatzes? Soll das einseitige Rücktrittsrecht von einem geschlossenen Vertrage nicht vielleicht allgemein gelten, wenn unerwartet und schuldlos die Vermögensverhältnisse des Gegners sich verschlechtern oder in der Rechtslage der Betheiligten sonstige wesentliche Veränderungen vor sich gehen?

Kann nicht ein Werkmeister vor Ablauf der vertragsmäßig bestimmten Zeit entlassen werden, wenn der Dienstherr zur gänzlichen Aufhebung der Fabrik genöthigt ist; muß der Verkäufer bedingungslos zum angesetzten Preise liefern, obschon eine unvorhergesehene beträchtliche Steuer inzwischen auf die versprochene Waare gelegt worden? Hat der Erwerber einer Restauration den von ihm versprochenen Kaufpreis zu zahlen, auch wenn ihm die behördliche Konzession zum Wirthschaftsbetriebe versagt wird; wird nicht der Vertrag eines Schriftstellers mit dem Verleger hinfällig, so daß eine etwa verabredete Vertragsstrafe sich erledigt, wenn Krankheit oder sonstige besondere spätere Umstände den Versprechenden an der Vollendung des Werkes hindern; und kann eine Schauspielerin wegen Kontraktbruches verklagt werden, wenn sie aus später gewonnener religiöser Ueberzeugung vom Theater sich ganz zurückziehen will?

Es hat maßgebliche Ansichten in der deutschen Jurisprudenz gegeben, welche auf das Liberalste in allen derartigen Fällen wegen wichtiger „veränderter Umstände" den einseitigen Rücktritt zuließen. Mit verschiedener Motivirung.

Theils gab man — die obige einführende Frage bejahend — es für einen ergänzenden Rechtssatz aus, der das erwähnte Rücktrittsrecht überall gestatte, wo es nicht ausdrücklich ausgeschlossen worden sei. Man stützte sich auf einige allgemeinere Wendungen des corpus iuris, die in besonderen Anwendungsfällen eines hier einschlägigen Rücktrittsrechtes gefallen waren: „. . ita demum recte Titio solvi dicendum sit, s i in eodem statu maneat, quo fuit, quum stipulatio interponeretur;" —[1]) „etiam ea, quae recte constiterunt, resolvi, quum in eum casum reciderunt, a quo non potuissent consistere.[2])

---

[1]) L. 38 pr. D. de solut. (46, 3).

[2]) L. 98 pr. D. de V. O. (45, 1). Cf. l. 3 § 2 D. de his quae pro non scriptis etc. (34, 8). — Hauptvertreter dieser Richtung war Leyser, medit. ad pand. sp. 40 m. 4: Pactum obligatorium esse desinit, si facies rerum prorsus immutetur.

Zumeist aber ließ man diese, auf die Quellen doch allzu schwach gestützte[1]) Argumentation fallen und begründete das gleiche Ergebniß mit einem angeblich überall durchgreifenden Vertragsinhalt: der viel genannten clausula rebus sic stantibus. Jeder Vertrag, so lehrte man, sei mit dem stillschweigenden Vorbehalte abgeschlossen: daß nicht in den Thatumständen, aus denen heraus der Kontrakt erwachsen war und auf welchen er sich danach aufbaute, eine wesentliche Veränderung eintrete; widrigenfalls jeder Kontrahent einseitig zurückzutreten befugt sein müsse.[2])

Diese Theorie hat im Bayrischen Landrecht gesetzliche Aufnahme gefunden.[3]) Die heutige bayrische Praxis befolgt sie mit der Angabe, daß sie auch nach geltendem gemeinen Rechte die richtige sei.[4])

Vor Allen hat Suarez die Frage gründlich erwogen. In der revisio monitorum bespricht er die hier einander entgegengesetzten Gesichtspunkte von der Heilighaltung der Verträge einestheils und ihrer Eigenschaft als bedingter Mittel zu späteren Zwecken auf der anderen Seite und zeigt die Nothwendigkeit einer Vermittelung zwischen diesen und den nach ihnen auftretenden, sich bekämpfenden Interessen der betheiligten Privatpersonen. Das Ergebniß war die Zulassung eines einseitigen Rücktrittsrechtes in einer Reihe besonderer Fälle[5]) und allgemein ALR. 1, 5 § 377: „Außer dem Fall einer wirklichen Unmöglichkeit kann, wegen veränderter Umstände, die Erfüllung eines Vertrages in der Regel nicht verweigert werden"; 378: „Wird jedoch durch eine

[1]) Leyser führt l. c. die Autorität des Seneca an: Omnia esse debent eadem, quae fuerunt, quum promitterem, ut promittentis fidem teneas.

[2]) Citate bei Leyser l. c. und Weber, Lehre von der natürlichen Verbindlichkeit § 90 (dieser selbst als Gegner).

[3]) Codex Maximilianeus Bavaricus civilis, IV. Theil 15. Kapitel § 12: „. . und da alle Verbindungen die clausulam rebus sic stantibus stillschweigend in sich halten, so werden solche auch durch die Veränderung der in obligationem gebrachten Sache, jedoch andergestalt nicht, als unter folgenden drei requisitis aufgehoben, wenn nämlich erstens sothane Veränderung weder mora noch culpa aut facto debitoris veranlaßt worden, selbe auch zweitens nicht leicht vorauszusehen gewesen, und endlich drittens von solcher Beschaffenheit ist, daß, wenn debitor solche voraus gewußt hätte, er sich nach unparteiischem und reblichem Gutachten verständiger Leute nimmermehr hierauf eingelassen haben würde . ." Material findet sich weiterhin bei Kreittmayr, Anmerkungen zu dieser Stelle.

[4]) Seuffert, Blätter für Rechtsanwendung, Ergänzungsband 9 S. 11.

[5]) Eine vollständige Zusammenstellung findet sich u. A. bei Koch, Kommentar, Rehbein u. Reincke, Ausgabe des ALRs. zu 1, 5 § 377.

solche unvorhergesehene Veränderung die Erreichung des ausdrücklich erklärten, oder aus der Natur des Geschäftes sich ergebenden Endzweckes beider Theile unmöglich gemacht, so kann jeder derselben von dem noch nicht erfüllten Vertrage wieder abgehen." [1])

Der CC. übergeht die besprochene allgemeine Frage mit Schweigen. Das Oesterr. GB. hat allgemein für Vorverträge die „veränderten Umstände" in näherer Angabe als bedeutsam erklärt.[2])

Inzwischen war die herrschende Lehre des gemeinen Rechtes seit dem Ende des 18. Jahrhunderts[3]) zu der Ansicht übergegangen, daß die allgemeine Annahme von der clausula rebus sic stantibus unbegründet sei.[4]) Die gemeinrechtliche Praxis hat sich dem angeschlossen.[5]) Das Sächs. GB. ist dem gleichfalls gefolgt.[6]) In den neueren Lehrbüchern des Pandektenrechtes wird die Frage kaum erwähnt.[7])

In diesen, mit historischen Zufälligkeiten stark durchsetzten Rechtszustand galt es eine richtig abwägende Einhelligkeit und Sicherheit zu bringen. Alles drängte auf eine Vermittelung hin; und es war sicherlich eine allzu kühle Stellung, wenn Entw. I einer nach einem Vertragsabschlusse eingetretenen wesentlichen Veränderung, besonders einer solchen in den Vermögensverhältnissen des einen Theiles, für den Regelfall gar keine Bedeutung beimessen, sondern die andere Partei regelmäßig zur unbeschränkten Erfüllung ihrerseits anhalten wollte.[8])

Daß Verträge und Schuldverhältnisse nur bedingte Mittel zur Erzielung eines rechten sozialen Zusammenwirkens sein können, war

---

[1]) Gut erörtert in Entsch. des Reichsgerichts in CivS. 1 Nr. 46. Vgl. auch 18 Nr. 57.

[2]) Oesterr. GB. 936.

[3]) An Dissidenten hatte es nie gefehlt. So Grotius, de iure belli ac pacis 2, 16 § 25.

[4]) Thibaut, Pandektenrecht § 201; Seuffert, prakt. Pandektenrecht § 279 N. 9 u. 10; Wening-Ingenheim, Civilrecht § 145; Wächter, Pandekten § 84, III S. 439.

[5]) Citate bei Windscheid, Pandekten § 98 N. 5.

[6]) Sächs. GB. 864: „Man kann nicht einseitig von einem Vertrage zurücktreten und dessen Erfüllung verweigern, weil . . . die Umstände, unter welchen der Vertrag geschlossen worden ist, sich geändert haben . . , ausgenommen wenn eine besondere Verabredung oder gesetzliche Bestimmung dazu berechtigt."

[7]) Für die alte Lehre ist in der neueren Zeit wieder Ahrens, Naturrecht, 6. Aufl. (1870, 71) § 84, 2. Bd. S. 205 eingetreten.

[8]) Mot. 2, 199; vgl. 843.

hierbei ganz übersehen. Niemand wird ein konkretes Mittel zur Erreichung eines feststehenden Zieles ohne alle Einschränkung und Abänderung mit Fug festhalten dürfen, wenn die Thatumstände, unter denen jenes Ziel zu verfolgen ist, sich inzwischen wesentlich geändert haben: Wie sollte der Gesetzgeber für den Regelfall dieser nothwendigen und einfachen Maxime sich entziehen können?

In der 2. Lesung wurde jener Mangel ausgeglichen.[1]) Die dort getroffene Neuerung ist in das GB. übergegangen.[2])

Hiernach ist bei veränderten Umständen, die nach einem Vertragschlusse eingetreten sind, zweierlei zu unterscheiden: Einmal zwei Arten allgemeiner Bestimmungen für alle gegenseitigen Verträge, sodann eine Reihe von Sondersätzen für einzelne Rechtsverhältnisse.

1. Für die gegenseitigen Verträge, so für den Thatbestand unseres Rechtsfalles, ist als eine rechtlich bedeutsame Aenderung eine wesentliche Vermögensverschlechterung derjenigen Partei hervorgehoben, welche die Vorleistung zu fordern berechtigt ist. Alsdann soll der andere Theil jedoch nicht ein einseitiges Rücktrittsrecht, sondern nur ein einstweiliges Zurückbehaltungsrecht haben, das er so lange ausüben kann, bis der Gegner entweder seinerseits vorgeleistet oder für die von ihm später zu bewirkende Leistung Sicherheit gegeben hat. Mit diesem einfachen Gedanken von trefflicher Brauchbarkeit dürften in der That die hauptsächlichsten Schwierigkeiten, die in der alten Streitfrage gelegen waren, aufgelöst und beseitigt sein.

2. Andererseits hat das GB., besonders dem römischen Rechte gegenüber einem neuzeitlichen Zuge folgend, ein Rücktrittsrecht dann zugebilligt, falls in einem gegenseitigen Vertragsverhältniß nach dessen Eingehung dem einen Theile die Erfüllung unmöglich wird.[3]) Da diese Lehre nicht ohne bemerkenswerthe Schwierigkeit ist, stellen wir sie zur besonderen Erörterung unten im 5. Abschn. §§ 31 ff.

3. In besonderen Schuldverhältnissen ist ein wegen nachträglich veränderter Umstände zugebilligtes Rücktrittsrecht in folgender Anwendung hervorzuheben:

a) Beim Dienstvertrag, sobald „ein wichtiger Grund“ vorliegt.[4])

---

[1]) Bericht in Conrad's Jahrb. f. Nat. Oek. 1892 S. 435.

[2]) E. II, 272; III, 315; GB. 321.

[3]) Dazu tritt die Auslegungsvorschrift im GB. 361.

[4]) GB. 626; ohne jenes Erforderniß: 627. Vgl. 623; 624. Rücktritt ohne Grund auch beim Werkvertrag: 649; vgl. 643.

b) Bei der Miethe und Pacht, zu Gunsten beider Theile, aus ganz besonderen jeweiligen Gründen, die das Gesetz in wesentlicher Anlehnung an das seitherige Recht genau darlegt.[1])

c) GB. 610 (E. I, 458; II, 550; III, 603).[2])

Die Beschränkungen des Paragraphen liegen auf der Hand. Ein Vorvertrag auf Leihe einer Spezies fällt nicht hierunter; so wenig, wie das Versprechen, die Schuld eines Andern zu übernehmen oder für ihn Bürgschaft leisten zu wollen. Und er bezieht sich nur auf Vermögensverschlechterung. War der Versprechensempfänger ein Beamter oder Offizier und wird er nun entlassen, so ist Verschlechterung der Vermögenslage klar, besonders wegen Verlustes des etwaigen Pensionsanspruches; zweifelhafter bei einem Kaufmann, der inzwischen seine Stelle verloren hat;[3]) schwerlich anzunehmen bei Jemandem, der im juristischen oder sonstigen Vorbereitungsdienst sich befindet.

Seiner rechtlichen Bedeutung nach enthält 610 nur eine **Auslegungsvorschrift, keinen ergänzenden Rechtssatz.**[4]) Er kommt also nur in Betracht, sobald der Inhalt des Darlehnsversprechens in der genannten Richtung *zweifelhaft* ist, nicht aber dann, wenn für die Annahme einer auflösenden Bedingung, als Sinn des Versprechens, gar kein Grund ersichtlich ist. Das zweifellos ohne Bedingung erfolgte Versprechen wird nicht durch das Gesetz *ergänzt*. Dagegen kann alsdann immer noch 321 in Betracht kommen, da dieser Paragraph einen ergänzenden Rechtssatz darstellt und seine Anwendung nur durch eine besondere Ausschlußerklärung entfällt, wobei allerdings die endgültige Entscheidung über dessen Anwendbarkeit von der hier nicht zum Austrage zu bringenden Erwägung abhängt, ob das in 610 genannte Versprechen nur die eine Seite eines *gegenseitigen* Vertrages darstellt und die rechtliche Behandlung des Darlehns nicht mehr als Realkontrakt im römischen Sinne zu geschehen hat.[5])

---

[1]) Rücktrittsrecht des Miethers: GB. 542—544; des Vermiethers: 554; 555. Pacht: 581. — Dazu oben S. 53 N. 2.

[2]) Vgl. dazu *Seuffert*, Pandektenrecht § 320, N. 1 a. E. — Entsch. des ROHGs. 23 S. 137 ff. *Seuff.* Arch. 26 Nr. 212.

[3]) S. dazu GB. 1298, 1/2: „. . Vermögen *oder seine Erwerbsstellung*".

[4]) Siehe oben § 23 unter c) a. E. — Uebereinstimmend Mot. 2, 315.

[5]) Mit dem letztbesprochenen Falle kann noch GB. 775: 1) verglichen werden. — Verschlechterung der Vermögensverhältnisse des Verpflichteten selbst (nicht des Gegners) kann bei der Schenkung von Einfluß sein: GB. 519; vgl. 528 529.

29.

In der letzten Erörterung wurde angenommen, daß der Käufer des Garderobegeschäftes den Verkäufer, der nach dem Vertrage vorzuleisten hatte, verklagt haben würde. Ich kehre jetzt zu dem thatsächlich stattgehabten Falle zurück, in welchem der Käufer auf Zahlung von Kaufgeld verklagt worden war. Die Möglichkeit, daß nach der besonderen Lage des Falles er seine Leistung erst vornehmen soll, um alsdann die des Gegners hindern zu dürfen, interessirt hier natürlich nicht, sondern nur die beiden anderen denkbaren Fälle, in denen entweder (wie wir für unseren Thatbestand annahmen) der Kläger seinerseits erst zu leisten gehabt hätte oder über die Reihenfolge der Leistungen Nichts bestimmt war.

Hier kann überall der Beklagte verlangen, daß ihm zuerst geleistet werde, ehe er seine Leistung vornehme. Dieses Verlangen ist jedoch nach dem GBe., dessen allgemeiner Tendenz entsprechend, dann ausgeschlossen, wenn sein Vorbringen gegen Treu und Glauben ist.[1]) Ich kann für diesen Maßstab nun auf unsere früheren Erörterungen verweisen. Das GB. giebt für die praktische Handhabung einen einzelnen Fingerzeig durch den Hinweis darauf, daß die noch ausstehende klägerische Theilleistung von ganz geringem Umfange sei;[2]) will dieses aber ausdrücklich nur als ein Beispiel jener allgemeinen Norm betrachtet wissen. Die von anderer Seite im Vorbeigehen vorgeschlagene Fassung, daß gegen die exceptio non adimpleti contractus die replicatio doli statthaft sei, dürfte zur Klärung und sicheren Anwendung unserer neuen Gesetzesbestimmung schwerlich beitragen. Es ist nach dem Gesetze eine besondere Bemängelung jenes beklaglichen Vorbringens durch den Kläger gar nicht erforderlich. Steht vielmehr nach dem Ergebniß der Verhandlung überhaupt fest, daß die vorgeschützte Einrede des nicht erfüllten Vertrages gegen Treu und Glauben ist, so hat Verurtheilung des Beklagten zu erfolgen, und bleibt es ihm überlassen, durch Klage (oder Widerklage) den Rest der ihm geschuldeten Leistung zu verlangen.

In unserem Rechtsfalle wird man nicht annehmen dürfen, daß die eben besprochene Besonderheit bei dem vom Beklagten vorgeschützten Einwande zutreffe. Und es erheben sich daher bei dem beklagtischen Vorbringen, daß er zur Zeit noch nicht zu leisten brauche, drei Fragen:

1. Wie ist dieser Einwand juristisch aufzufassen?

---

[1]) GB. 320, 2.

[2]) Wodurch sich also auch GB. 266 etwas einschränkt.

2. Wer hat bezüglich des Fehlens der klägerischen Leistung die Beweislast?

3. Wie hat das Urtheil zu lauten, wenn jenes Fehlen wirklich im Beweisverfahren sich herausstellt?

Zu 1. Hinsichtlich dieses Punktes stehen sich gemeinrechtlich bekanntlich zwei Ansichten gegenüber, von denen die eine jenen Einwand für eine Klagleugnung, die zweite für eine Einrede des Beklagten erklärt.[1]) Nach dem preußischen Rechte ist nur das Erste anzunehmen.[2]) Die richtige Entscheidung kann nach dem GB. natürlich nur unter Beachtung der sachlichen Besonderheiten in den hier einschlägigen Bestimmungen gegeben werden. Ich meine es näher dahin, daß nicht durch ein Wort des Gesetzes die Frage an sich schon für entschieden erachtet werden kann; bestimmte Ausdrücke des GBs. können auch hier immer nur als Material für die rechte Beurtheilung des ganzen Verhältnisses in Betracht kommen. Es ist also auf die sachliche Regelung dieser Schuldverhältnisse abzustellen, auf die Frage: In welcher Art haften die beiden Betheiligten einander? Hierüber konnte man nach römischem Rechte in der That zweifelhaft sein, nach dem GB. aber mit Fug nicht.

Prüft man die hier maßgeblichen Satzungen,[3]) so kann nach Eingehung des gegenseitigen Vertrages der Beklagte nicht behaupten, daß seine Verpflichtung noch gar nicht besteht, so daß — nach dem Ausdrucke Bechmann's — „das Synallagma wesentlich in den Vollzug verlegt sei".[4]) Der Beklagte muß vielmehr zugeben, daß er an sich verpflichtet sei, daß ihm aber ein besonderes gegentheiliges Recht zustehe,[5]) welches bei der richterlichen Feststellung seiner Verpflichtung Berücksichtigung verdiene.

Mit der Durchführung dieses Gegenrechtes nöthigt der Beklagte den Kläger allerdings, auch seinerseits zu leisten, wenn er die beklagtische Leistung haben will; die Verurtheilung des Beklagten geht nach GB. 322 nur auf Erfüllung Zug um Zug. Aber andererseits soll doch eine Verurtheilung des Beklagten stattfinden: Es besteht also eine von der Vorleistung des Klägers unabhängige Verpflichtung des Beklagten.

---

[1]) S. Windscheid, Pandekten § 321 N. 2.

[2]) ALR. 1,5 § 271. Dernburg, Preuß. Privatr. II § 46.

[3]) GB. 320; 322; 363.

[4]) Bechmann, Der Kauf I S. 565 ff., II S. 180 fg.

[5]) „Er kann die ihm obliegende Leistung verweigern . ." (320).

Darum ist die, schon für das gemeine Recht zweifelhafte Ansicht Keller's [1]) von der rechten Auffassung und danach Durchführung der gegenseitigen Verträge nach dem Rechte des GBs. zweifellos nicht zu halten. Die Klage hat in ihrem Antrage nicht auf Erfüllung Zug um Zug zu gehen, sondern kann einfach auf Leistung des Beklagten gerichtet werden. Und es ist dabei nicht erforderlich, daß Kläger die seinerseits bereits geschehene Erfüllung zur stützenden Unterlage seines Petitums vorführe. Das Urtheil aber hat, wenn der Beklagte von seinem Gegenrechte Gebrauch macht, zwar auf Erfüllung Zug um Zug zu geschehen, würde jedoch auch hier im Civilrechte nur unpassend als eine „bedingte Verurtheilung" charakterisirt werden, da die besprochene Modalität des gerichtlichen Erkenntnisses nicht die Verpflichtung des Beklagten an sich im Zweifel stehen läßt, sondern sich nur auf die Art und Weise der Zwangsvollstreckung bezieht.

Sucht man nach einer Formel, die das Wesen der gegenseitigen Verträge in ihrer Eigenart knapp zusammenfaßt, so dürfte die von Thon für das gemeine Recht schon gefundene [2]) für das Recht des GBs. vollständig zutreffen: Jeder Vertragschließende ist zur Leistung verpflichtet — jedoch falls er es verlangt, nur gegen Gegenleistung.

Diese beiden Eigenthümlichkeiten der gegenseitigen Schuldverhältnisse — die des Bestehens der Verpflichtungen und zugleich die ihrer gegenseitigen Verkettung — machen sich nun in der Einzeldurchführung überall bemerklich. So ist der Umstand gegenseitiger Abhängigkeit vom Augenblicke der Entstehung an darin von Bedeutung, daß beim Nichteintritte der einen Verbindlichkeit, besonders wegen ursprünglicher Unmöglichkeit (s. unten § 32), eine Verbindlichkeit des anderen Theils auch nicht entsteht. [3]) Umgekehrt beginnt die Verjährung beider Ansprüche sofort mit dem Vertragschlusse, [4]) und ist die Berechtigung und Verpflichtung eines jeden Theiles überall, wo es von Interesse sein kann,

---

[1]) Keller, Jahrb. des gem. Rechts 4 S. 338 ff.

[2]) Thon, Die rechtsverfolgende Einrede, im Jahrb. f. Dogm. 28, 53. — Vgl. damit Windscheid, Pandekten § 321 N. 2. „Die richtige Formel ist nicht: Jeder Kontrahent ist nur verpflichtet zur Leistung gegen Gegenleistung, sondern die richtige Formel ist: Jeder Kontrahent ist nur dann verpflichtet, seine Verbindlichkeit aus dem Vertrage zu erfüllen, wenn auch der andere Kontrahent sie erfüllt."

[3]) Ueber GB. 437 s. unten § 32; — über „hinkende" Verträge: § 29 a. E.

[4]) Nach gemeinem Rechte allerdings nicht unbestritten; vgl. Windscheid, Pandekten § 109 N. 3. Nach dem GBe. zweifellos: s. 202, 2.

zunächst als eine eigene und selbständige Forderung und Schuld zu behandeln.

Von besonderem Interesse ist die Durchführung des also konstruirten gegenseitigen Schuldverhältnisses im Versäumnißverfahren. Hier hat beim Ausbleiben des Beklagten dessen Verurtheilung zu erfolgen,[1]) auch wenn die Möglichkeit einer Einrede des nicht erfüllten Vertrages aus dem eigenen Vorbringen des Klägers sicher hervorging.[2])

Endlich ist zur Geltendmachung des besprochenen Gegenrechtes des Beklagten zu bemerken, daß es vom GB. für den Fall besonders ausgestaltet worden ist, daß mehrere Gläubiger dem Schuldner gegenüber stehen: Der von dem einen Gläubiger belangte Schuldner hat die Einrede bedingungslos;[3]) also auch dann, wenn die geschuldete Leistung theilbar ist. Würde in unserem Rechtsfalle der Verkäufer versterben und von mehreren Verwandten beerbt werden, so würde Jedem unter ihnen ein Bruchtheil der Forderung auf Kaufgeld zustehen,[4]) aber einem Jeden die Einrede des nicht erfüllten Vertrages entgegenstehen, auch wenn er für seine Person an dem Konkurrenzgeschäfte gar nicht Theil nähme, sondern nur sein Miterbe.

Zu 2. Ohne Bedeutung ist die genannte Streitfrage für die Feststellung der Beweislast. Hier steht außer Frage und war, so viel ich sehe, überall anerkannt, daß der Kläger den Beweis der von ihm vorgenommenen Erfüllung zu führen habe.[5]) Denn da der Beklagte das Recht hat, seine Leistung bis zur Bewirkung der klägerischen Leistung zurückzuhalten, so muß die von ihm dahin vorgeschützte Ein-

---

[1]) Und zwar einfache Verurtheilung, nicht solche „Zug um Zug". Dies geht aus GB. 322, 1 hervor.

[2]) So auch Mot. 2, 204. Vgl. dazu den Kommentar zur CPO. von Gaupp-Stein, 3. Aufl. (1897) zu § 296, II, Bd. 1 S. 661. — In der Handausgabe des GBs. v. Fischer-Henle findet sich zu GB. 322 die Bemerkung, daß die Eigenschaft der exceptio non adimpleti contractus als Einrede auch für den Urkundenprozeß von Bedeutung sei. Es ist wohl CPO. 561 gemeint, wonach Einwendungen des Beklagten mit den im Urkundenprozesse zulässigen Beweismitteln zu führen sind, dabei aber übersehen, daß dieses Einwendungen sein müssen, deren Beweis dem Beklagten obliegt. Das ist bei der Einrede des nicht erfüllten Vertrages gerade nicht der Fall (s. den Text zu 2).

[3]) GB. 320, 1/2.

[4]) GB. 420.

[5]) E. I 366 hatte das ausdrücklich bestimmt. Es ist gestrichen worden, weil die Bestimmung selbstverständlich sei. — Vgl. Mot. 2, 204. — Aus der reichhaltigen Praxis bemerkenswerth: Seuff. Arch. 11 Nr. 138.

rede von dem Kläger durch die Replik der von seiner Seite geschehenen Erfüllung erst wieder entkräftet werden. Der Beweis ist derjenige einer replicatio solutionis.

Dies gilt auch für die in der Praxis in ihrer Besonderheit am meisten auftretende exceptio non rite adimpleti contractus. Eine nicht ordentliche Erfüllung ist gleich keiner Erfüllung.[1]) Allein bei schrankenloser Durchführung dieses Satzes stößt man auf Unebenheiten. Insbesondere will er sich bei Bauverträgen und daraus entstehenden Rechtshändeln schwer durchführen lassen. Es kommt nur zu häufig vor, daß ein in Generalentreprise gegebener Bau abgeliefert und dann das Honorar eingeklagt wird, daraufhin von dem Bauherrn jedoch eine Fülle von oft recht kleinen Ausständen vorgebracht wird, die erst alle noch vom Architekten zu beseitigen seien. Die Doktrin des gemeinen Rechtes blieb hier im Allgemeinen bei der Beweispflicht des Klägers von der Unbegründetheit der Bemängelungen des Beklagten stehen; die Praxis schwankte und neigte vielfach dazu, hier dem Beklagten den Beweis des Vorhandenseins der Mängel aufzubürden.[2]) Das GB. hat sich der letzteren Ansicht angeschlossen: Wenn der Beklagte die ihm vom Kläger als Erfüllung angebotene Leistung als Erfüllung angenommen hatte, so hat nunmehr Jener zu beweisen, wenn er Ungehörigkeit oder Unvollständigkeit der Leistung der jetzigen Klage einredeweise entgegensetzt.[3])

Zu 3. Wenn das Beweisverfahren das Ergebniß liefert, daß die Einrede des nicht erfüllten Vertrages begründet ist, so sind zwei Fälle zu unterscheiden:

a) Es war über die Reihenfolge der Leistungen in dem Vertrage nichts bestimmt. Dann hat verurtheilendes Erkenntniß zu erfolgen, aber auf Leistung Zug um Zug. Die Entscheidung über

---

[1]) Auch bei einem Kaufe nach Probe ändert sich hieran zunächst nichts; selbst wenn der Käufer die in seinen Händen befindlichen Proben verloren hat. CPO. 409 (böswillige Beseitigung einer Urkunde) kann auf Proben von Waaren nicht angewandt werden.

[2]) Windscheid, Pandekten § 321 N. 3a ff. Entsch. d. RGer. in CivS. 4 Nr. 57.

[3]) GB. 363. (Der Satz steht in der Lehre von der Erfüllung, weil er auch bei anderen als gegenseitigen Verträgen in Betracht kommen kann.) — Selbstverständlich kann auch hier die Vorfrage gestellt werden, ob nicht das ganze Vorbringen des Beklagten gegen GB. 320, 2 verstoße.

die Kosten richtet sich nach den gewöhnlichen Regeln.[1]) Ebenso die Art und Weise der Zwangsvollstreckung.[2])

b) Nach dem Sinne des Vertrages hat der Kläger vorzuleisten. Hier ist durch Urtheil die Klage abzuweisen. Es geht dies aus GB. 322, 2 hervor. Hier ist der Fall geregelt, daß der zur Vorleistung verpflichtete Kläger die Erfüllung richtig angeboten hatte, sein Gegner aber in Annahmeverzug gerathen war; alsdann kann Jener „auf Leistung nach Empfang der Gegenleistung“ klagen. Es wäre sinnlos, wenn in solchen Fällen, in denen der Beklagte nicht im Annahmeverzug ist, er „auf Leistung Zug um Zug“ verurtheilt, also ungünstiger behandelt werden sollte, als wenn ihm eine Mora zur Last fiele. Andererseits ist die zuerst genannte Art der Verurtheilung ausdrücklich auf den Fall des Annahmeverzuges auf Seiten des Beklagten beschränkt.[3]) Mithin verbleibt für unseren Rechtsfall nur die Abweisung der Klage, die in der Sache nicht endgültig, sondern wie angebracht (als verfrüht ꝛc.) zu erfolgen hat.

Noch mache ich darauf aufmerksam, daß die Einrede des nicht und des nicht ordentlich erfüllten Vertrages für alle gegenseitigen Verträge gilt; daß aber außerdem im besonderen Theile des Rechtes der Schuldverhältnisse zuweilen etwas minutiös noch weitere Rechte der Parteien gegen einander bestimmt sind. So vor allem bei Kauf und Tausch im Falle mangelhafter Beschaffenheit der gelieferten Gegenstände, oder bei dem Werkvertrage, wenn das herzustellende Werk Fehler aufweist. Demnach ist für die richtige Anwendung des GBs. darauf Acht zu haben, daß die scheinbar vollständige Abwägung von Recht und Pflicht in den besonderen Abschnitten über die einzelnen Vertragsarten in den Fällen der gegenseitigen Verträge durch die hier entwickelte allgemeine Lehre des GBs. stets zu ergänzen ist.

Wenn das GB. dabei nur eine Lehre der „gegenseitigen Verträge“ entwickelt, so versteht es sich von selbst, daß diese bei gesetz-

---

[1]) CPO. 89.

[2]) CPO. 664; 676a u. 684; vgl. auch 769 u. 779. — Danach ist auch folgende typische Rechtsfrage zu entscheiden: A. hatte von B. eine Sache gekauft, sie aber nicht erhalten, als er sie gegen baare Erlegung des Preises abholen wollte. Er stellt Klage an, und B. wird verurtheilt, gegen Zahlung des Kaufpreises Zug um Zug den fraglichen Gegenstand zu liefern. A. fragt bei seinem Anwalte an, welche gesetzlichen Schritte zu thun seien, um möglichst bald Eigenthümer jener Sache zu werden? Vgl. hierzu Kipp, die Verurtheilung zur Abgabe von Willenserklärungen u. zu Rechtshandlungen (1889) S. 78 fg.

[3]) So schon in E. I, 365, 1/2.

lichen gegenseitigen Schuldverhältnissen gleichfalls Anwendung zu finden hat; so besonders in dem Falle der Gemeinschaft (GB. 741 ff.). Das GB. stellt diese und andere „gesetzlich" entstehenden Schuldverhältnisse im 7. Abschnitte des 2. Buches stets mit denjenigen Vertragsverhältnissen in engen Zusammenhang, an welche jene sich „quasi ex contractu" anlehnen; und reiht sie überhaupt so ununterschieden den die Vertragspflichten behandelnden Titeln ein, daß daraus als allgemeine Absicht des Gesetzgebers die geschlossen werden muß, daß, soweit gerade nicht besondere Satzungen entgegenstehen, die Auseinandersetzung von Recht und Pflicht in gesetzlichen Schuldverhältnissen nach der Lehre von den Verträgen, also auch nach den hierfür geltenden allgemeinen Lehren behandelt werden sollen.[1])

Endlich ist es zweifellos, daß auch nach dem Rechte des GBs. der Begriff der „hinkenden" Verträge weiterhin Anwendung zu finden vermag, obgleich der Ausdruck selbst sich im GBe. nicht findet. Aber es ist kein Grund ersichtlich, weßhalb etwaige, im Sinne jener Verträge abgeschlossene Geschäfte an und für sich unzulässig sein sollten. Allerdings würde der genannte Begriff jetzt nur noch auf Grund besonderer Vertragsberedung Anwendung erhalten können; die besonderen Fälle von negotia claudicantia, die nach römischem Rechte gesetzlich eintraten,[2]) sind vom GBe. nicht aufgenommen worden. — Zur klaren Erfassung und Durchführung solcher Verträge genügt völlig die von Windscheid vertretene Formel: Es ist nur der eine Vertragschließende verpflichtet, der andere nicht; aber wenn auch der andere nicht verpflichtet ist, so handelt er doch gegen die Absicht des Vertrages, der ihm seine Forderung gegeben hat, wenn er diese geltend macht, ohne zu leisten, was er versprochen hat.[3])

[1]) Die Darstellung des GBs. von den gegenseitigen Verträgen geht auch nur auf solche, die ein Schuldverhältniß begründen wollen. Der gegenseitige Erlaßvertrag ist nicht ausdrücklich erwähnt (auch im corpus iuris nur ein einziger zweifelloser Fall in § 4 J. quib. mod. obl. toll. 3, 29). Der Grundgedanke der Gegenseitigkeit ist bei dem liberatorischen Vertrage aber entsprechend durchzuführen; besonders kommt er bei der vertragsmäßigen Aufrechnung zur Bedeutung. S. darüber unten § 62. — Ueber das gegenseitige Schuldverhältniß beim Rücktrittsrechte s. u. § 36.

[2]) Zusammenstellung bei Windscheid, Pandekten § 321 N. 22.

[3]) Für die Anwendung der in der gemeinrechtlichen Litteratur gelegentlich verwendeten Kategorie der „relativen" Nichtigkeit ist nach dem GBe. um so weniger Anlaß, als dieses auch die erzwungene Eheschließung (die Quelle jenes Begriffes nach canonischem Rechte — s. Windscheid, Pandekten § 82 N 8) nur als anfechtbar behandelt (1335).

30.

Die Einrede des nicht erfüllten Vertrages bedeutet nur eine besondere Verwendung des allgemeineren Begriffes vom Zurückbehaltungsrechte. Hierüber ist zu bemerken:

1. Das GB. verleiht dieses unter zwei Voraussetzungen:

a) Wenn der Schuldner aus demselben rechtlichen Verhältniß, auf dem seine Verpflichtung beruht, einen fälligen Anspruch gegen den Gläubiger hat.[1]) — Das römische Recht hatte auch diese Einrichtung von Fall zu Fall ausgebildet. Ob in diesen, vom corpus iuris festgehaltenen Einzelbestimmungen ein sicherer allgemeiner Gedanke gelegen sei, der auch in nicht ausdrücklich erwähnten Fällen Anwendung zu finden habe, war allezeit äußerst streitig. Die verneinende Ansicht hat schließlich den Sieg um so sicherer davongetragen, als es ihren Gegnern nicht gelungen war, die als allgemein behaupteten Voraussetzungen des Retentionsrechtes in klarem Begriffe zu fassen.[2]) Wenn man sagte, daß exceptio retentionis überall da gegeben sei, wo zwei Ansprüche auf ungleichartige Leistungen sich gegenüber ständen, die in „Konnexität" sich befänden, so war dieses in der That ein niemals zweifelsfreier Begriff.[3])

Das GB. umgrenzt diese allgemeine Voraussetzung, wie bemerkt, jetzt dahin, daß die beiden Ansprüche „aus demselben rechtlichen Verhältnisse" entstanden sein müssen. Aber es wäre eine Selbsttäuschung, wenn man vermeinen wollte, daß damit das Ende einer möglichen Zweifelsfrage unbedingt schon erreicht sei. Für den praktischen Gebrauch wird man sich an die übliche Darstellung, namentlich des Vertragsrechtes halten können, und beispielsweise die aus einem Auftragsverhältnisse, einem Leihvertrage 2c. sich möglicherweise gegenüber getretenen Ansprüche nach jener Norm einfach behandeln dürfen. Für die wissenschaftliche Durchdringung des neuen Rechtes wird die Frage nach dem Begriffe des „rechtlichen Verhältnisses" nun erst recht bestimmt und eindringlich aufzunehmen sein. Wonach wird die begriffliche Zusammenziehung des Inhaltes rechtlicher Ordnung zu bestimmten Rechtsverhältnissen vorgenommen?

---

[1]) GB. 273, 1.

[2]) S. aber auch Entsch. d. Reichsgerichts in CivS. 14 Nr. 57, bes. S. 233 fg.

[3]) Der aber bekanntlich trotzdem in CPO. 33 wieder Verwendung gefunden hat.

b) Bei Verwendungen. Das GB. hat hier den Weg eingeschlagen, daß es die Frage: unter welchen Voraussetzungen Jemand für Verwendungen, die er im Interesse eines Anderen, besonders auf eine bestimmte Sache gemacht hat, einen Gegenanspruch erheben kann — in den besonderen Theil der Schuldverhältnisse und die dann folgenden Bücher verweist;[1]) dagegen zur Durchführung jenes Gegenanspruches in den allgemeinen Lehren des Rechtes der Schuldverhältnisse nähere Regelung giebt. Es kommen in Betracht: 256; 257; 273, 2. Danach ist der regelmäßige Satz des römischen Rechtes verlassen worden, wonach Impensen nur im Wege der exceptio retentionis und nicht mit selbständiger actio geltend gemacht werden konnten; es steht jetzt Beides zur Wahl. Für den letztgenannten Weg kommen noch die angezogenen Paragraphen näher normirter Bestimmungen über Zinspflicht des Schuldners in Betracht.

Dem Anspruche wegen Verwendungen auf eine Sache ist derjenige wegen Beschädigung durch eine fremde Sache gleichgestellt (273, 2; — vgl. z. B. 694).

In keinem Falle soll Derjenige ein Zurückbehaltungsrecht haben, der den Gegenstand, auf den er Verwendungen gemacht hat, durch eine vorsätzlich begangene unerlaubte Handlung erlangt hat (273, 2 a. E.).

Zu trennen ist das ius tollendi, dessen Voraussetzungen gleichfalls bei besonderen Lehren angegeben sind,[2]) während die Art seiner Ausübung im GBe. 258 jetzt sachentsprechend geregelt erscheint.

2. Die Wirkung des Zurückbehaltungsrechtes bedeutet eine Einrede des Verpflichteten, allgemein im Sinne der oben besprochenen Einrede des nicht erfüllten Vertrages. Daß sie auf Zurückbehaltung jeder möglichen geschuldeten Leistung geht, ist selbstverständlich. Eine besondere Bestimmung des GBs. ist diese, daß die genannte Einrede den Lauf der Verjährung nicht hemmt.[3])

Nicht zu verwechseln ist die in manchen Fällen einem Verpflichteten zugetheilte Befugniß, von einem herauszugebenden Vermögensinbegriff etwas (für sich oder seine Kinder) zurückzubehalten; nach der Art der

---

[1]) Eine Zusammenstellung findet sich in jeder mit Register versehenen Handausgabe des GBs. unter dem Stichworte der „Aufwendungen" oder „Verwendungen". Auf den Begriff der Verwendungen des Näheren einzugehen, würde zu sehr außerhalb unseres Rahmens liegen; vgl. einstweilen Mot. 3, 31 u. 411.

[2]) S. vor Allem GB. 997.

[3]) GB. 202.

vorjustinianischen Retentionsberechtigung bei der Verpflichtung des Ehemannes auf Restitution der dos. So GB. 1428, 1; 1579.[1])

3. Der Gläubiger kann die Einrede der Zurückbehaltung dadurch entkräften, daß er dem Schuldner wegen dessen Gegenanspruches Sicherheit leistet: auszuführen nach den allgemeinen Normen des GBs. 232 ff., mit allgemeinem Ausschlusse von Bürgen. Für unseren besonders besprochenen Fall der Einrede des nicht erfüllten Vertrages ist die Möglichkeit der Sicherheitsleistung nicht zugelassen (320, 2).

4. Für das Urtheil gilt beim Zurückbehaltungsrechte allgemein der Satz, den wir oben für denjenigen Fall der gegenseitigen Verträge in Anwendung brachten, in welchem über die Reihenfolge der Leistungen Nichts bestimmt ist. Es erfolgt alsdann Verurtheilung zur Leistung Zug um Zug, mit allen weiteren dort angegebenen Folgen.[2])

5. In einigen besonderen Fällen ist ein Zurückbehaltungsrecht, das nach den angegebenen Normen sonst begründet gewesen wäre, besonders ausgeschlossen. Nach dem GBe. für die Verpflichtung des Stellvertreters auf Rückgabe der ihm ertheilten Vollmachtsurkunde (175); sodann bei der Miethe eines Grundstückes, wobei dem Anspruche auf Rückgabe der Wohnung oder sonstigen hierher gehörigen Miethsache von dem Miether kein Zurückbehaltungsrecht entgegengesetzt werden soll.[3]) — Dagegen gilt nicht mehr der Ausschluß der exceptio retentionis der actio depositi directa gegenüber,[4]) für den in unseren Verhältnissen in der That kein Grund ersichtlich war.

6. Besondere Fälle des Zurückbehaltungsrechtes, die durch die allgemeinen Voraussetzungen — oben unter 1. — nicht schon gedeckt wären, kennt das GB. nicht. Insbesondere ist die lex Gordiana nicht aufgenommen worden.[5])

Um so befremdlicher erscheint ein plötzliches Auftauchen jenes bei der Regelung der rei vindicatio: „Der Besitzer kann die Herausgabe

---

[1]) Vgl. Mot. 4, 324.

[2]) Eine Besonderheit für die Einrede der Vorausklage des Bürgen: GB. 772, 2.

[3]) GB. 556, 2, neu eingesetzt in E. II: gegen E. I, s. Mot. 2, 402. — Warum nur bei Grundstücken? Wohl nur deßhalb, weil dort die Gefahr nahe liegen wird, daß das Zurückbehaltungsrecht unverhältnißmäßig stark gegenüber dem fälligen Voranspruche wirken kann.

[4]) Vgl. GB. 693 fg. — Mot. 2, 579.

[5]) E. I, 1194: „Das Pfand kann von dem Pfandgläubiger wegen einer anderen Forderung, als derjenigen, für welche das Pfand begründet ist, nicht zurückbehalten werden." Mot. 3, 842. In den folgenden En. und dem BGBe. einfach übergangen.

der Sache verweigern, bis er wegen der ihm zu ersetzenden Verwendungen befriedigt wird. Das Zurückbehaltungsrecht steht ihm nicht zu, wenn er die Sache durch eine vorsätzlich begangene unerlaubte Handlung erlangt hat".[1]) Da diese Bestimmung so zu sagen wörtlich mit der allgemeinen Statuirung eines Zurückbehaltungsrechtes in 273 übereinstimmt, so ist nicht einzusehen, weßhalb sie bei der besonderen Möglichkeit der Anwendung des letztgenannten Paragraphen nun in der Eigenthumslehre noch einmal vorkommt. Die Motive sagen,[2]) daß „die Beseitigung eines jeden möglichen Zweifels zweckmäßig erscheine"; — aber es fehlt jede Andeutung dafür, wodurch eigentlich ein Zweifel über diese in sich ganz klare Sache leicht verursacht werden könnte. Gerade umgekehrt könnten jetzt erst Zweifel geschaffen werden: da ja das GB. eine Wiederholung von 273 nur für den besonderen Fall der Eigenthumsklage, sowie für Verwendungen des Finders, einer Sache vornimmt, in anderen parallel gehenden Möglichkeiten, wie bei Pfandklage, Dienstbarkeiten, Vorkaufsrecht 2c. eine bloße Rekapitulation allgemeiner Lehren im besonderen Theile ganz mit Recht vermeidet.

---

[1]) GB. 1000, überhaupt 994—1003; Mot. 3, 411. Ebenso steht es beim Finder: GB. 972; Mot. 3, 381.

[2]) Mot. 3, 416.

Fünfter Abschnitt.

Unmöglichkeit der Leistung.

31.

Erste Veränderung des Rechtsfalles.

Zwei Tage nach abgeschlossenem Kaufe, vor dem vertragsmäßig bestimmten Uebergabetermine, bricht in dem verkauften Magazin Feuer aus und zerstört einen Theil der dort befindlichen und zu den veräußerten Gegenständen gehörigen Kleider, Wäsche, Möbel.

Da im Vertrage dieser Fall nicht vorgesehen war, so fragt es sich: Wer diesen Schaden zu tragen habe? Und welche Bedeutung der eingetretene schädigende Umstand auf die gegenseitigen Rechte und Pflichten unserer Parteien besitze?

32.

Etwas abstrakter kann man die Frage auch dahin fassen: Welchen Einfluß übt eine nachträglich eintretende Unmöglichkeit der Leistung auf die Rechte des Gläubigers und die Pflichten des Schuldners aus?

Das GB. hat diese wichtige Frage an verschiedenen Stellen behandelt. Besondere Beachtung müssen dabei diejenigen Sätze finden, welche die aufgeworfene Frage für einen gegenseitigen Vertrag, wie denjenigen unseres Falles, beantworten, — da sie zwar m. E. sehr sachgemäß und den neuzeitlichen sozialen Phänomenen durchaus angepaßt erachtet werden müssen, vielleicht aber gerade deßhalb etwas schwierig und verwickelt ausgestaltet worden sind und sowohl für die wissenschaftliche Uebersicht wie zwecks praktischer Anwendung keineswegs ganz leicht zu überschauen sind.

Der Gegensatz der ursprünglichen und der nachfolgenden Unmöglichkeit dürfte keine besonderen Schwierigkeiten veranlassen.

Während es aber bei der ursprünglichen Unmöglichkeit nach der herrschenden Ansicht des gemeinen Rechtes[1]) nur auf den Gegensatz der objektiven (absoluten) und der subjektiven (relativen) Unmöglichkeit ankommt, hat das GB. hier eine Aenderung dahin getroffen, daß bei einer Unmöglichkeit der Leistung, die „gehoben werden kann", Gültigkeit des Vertrages doch nur dann eintritt, wenn entweder ein suspensiv bedingtes oder befristetes Geschäft vorlag und während des Schwebens der condicio oder des dies die Unmöglichkeit wirklich gehoben wird,[2]) oder aber wenn der Vertrag für den Fall der eintretenden Möglichkeit von vornherein geschlossen worden ist.[3]) In allen anderen Fällen einer nur subjektiven Unmöglichkeit der Leistung ist der darauf gerichtete Vertrag nichtig; was das GB. um so leichter durchzuführen in der Lage war, als es in jedem Falle einer auf solchem Grunde beruhenden Nichtigkeit den Anspruch des Geschädigten auf das negative Vertragsinteresse anerkannt hat.[4])

Umgekehrt gilt für einen besonderen Fall einer ursprünglichen objektiven Unmöglichkeit Gültigkeit des Vertrages: Verkauf einer Forderung oder eines anderen Rechtes, insbesondere auch eines Werthpapieres.[5]) Aeußerlich scheint sich das GB. an das römische Recht anzulehnen;[6]) in der Sache dürfte ein nicht gleichgültiger Unterschied bestehen. Ich wähle zur Erläuterung den Fall, daß ein wegen Formmangels nichtiger Wechsel übertragen wird.

Die Meinungen der Juristen waren seither hierüber getheilt.[7]) Es kommt auf den Sinn der Ausnahmefälle an, in denen eine Haftung für veritas nominis statuirt ist. Da mochte man nach römischem Rechte es halten können, daß das Versprechen, Jemandem seine, des Cedenten, Rechtsstellung zu verschaffen, beim Nichtbestehen der veräußerten Forderung doch nicht genügend den Charakter der objektiven Unmöglichkeit besitze, um das ganze Versprechen, sofern es überhaupt

---

[1]) Unter den Dissidenten bes. zu beachten Hartmann, Die Obligation (1875) S. 117 ff. und im Jahrb. f. Dogm. 22 S. 417 ff.

[2]) Diese Möglichkeit führt zu Verwickelungen in der Frage nach der juristischen Konstruktion der durch die erwähnte Gesetzesbestimmung geschaffenen Sachlage. Die Lösung hat aus der Lehre von den bedingten Geschäften her zu erfolgen.

[3]) GB. 306; 308.

[4]) GB. 307.

[5]) GB. 437.

[6]) L. 4, 5 D. de hered. vel act. vend. (18, 4); l. 74 § 3 D. de evict. (24, 2).

[7]) Seuff. Arch. 30 Nr. 238 (mit weiteren Nachweisen).

schärfere Haftung im Gefolge haben soll (z. B. nicht bei der Schenkung der Forderung) als nichtig erscheinen zu lassen; und dann mußte man fortfahren und sagen, daß dies bei einem Wechsel der vorhin genannten Art anders liege. Da sollen dem Empfänger die Rechte verschafft werden, welche jedem formal legitimirten Inhaber des Wechsels zustehen; und dieses ist allerdings bei einem wegen Formmangels nichtigen Wechsel objektiv unmöglich.

Nach unserem GBe. kann dieser Gang der Erwägung nicht mehr eingeschlagen werden. Da dieses zur Ungültigkeit eines Vertrages in der hier fraglichen Richtung gar nicht mehr die objektive Unmöglichkeit als solche fordert, so wäre nach den in 306 und 308 niedergelegten Regeln der Verkauf einer Forderung unter allen Umständen nichtig gewesen, ohne Unterschied, ob es sich um eine gewöhnliche Forderung oder eine solche, die in einem Werthpapiere gegeben ist, handelt. Nun läßt GB. 437 aber ganz allgemein den Verkauf[1]) von Forderungen gültig sein und den Verkäufer von Werthpapieren auch dafür haften, daß sie nicht zum Zwecke der Kraftloserklärung aufgeboten seien. Dem gegenüber wird man darauf verzichten müssen, den Inhalt des GBs. in dieser Richtung in einer kurzen und allgemein umfassenden Formel wiederzugeben: Es ist in unserem eben besprochenen Falle vielmehr eine positive Unterausnahme gegeben, bei der es sich nur fragen kann, ob durch sachliche Gründe die Störung der formalen Kürze und Gleichmäßigkeit genügend sich rechtfertigt. Dies dürfte aber allerdings der Fall sein. Denn es ist zu beachten, daß in einem Verkehr mit Rechten der Käufer durchgängig viel weniger leicht in der Lage einer sicheren Ueberschau über die Möglichkeit der ihm versprochenen Leistung sein wird, als beim Handel über Sachen; und daß es darum in der That im Sinne richtiger Vertheilung von Licht und Schatten im sozialen Verkehre gelegen sein muß, wenn der Verkäufer von Rechten, der sich nichts Anderes ausbedingt, einem der Sachlage unkundigen Käufer gegenüber auf das positive Vertragsinteresse haftet. Die Ueberwälzung der besprochenen Gefahr auf den Veräußerer ist hier genügend begründet, um die Richtung der Diagonale, mich so auszudrücken, zwischen den auseinander gehenden subjektiven Interessen der Verhandelnden und den Vertrag Eingehenden für den Regelfall zu erhalten.

---

[1]) Ebenso alle anderen Verträge, die auf Veräußerung gegen Entgelt gerichtet sind: 445; Tausch: 515.

Wenn die Leistung von vorn herein nur zum Theil unmöglich war, so fragten die römischen Juristen in erster Linie zwar, „qua contemplatione“ der Vertrag geschlossen wäre, um aus dem wirklich gegebenen Sinn des Geschäftes in concreto die Entscheidung möglichst herauszufinden; gelang dieses nicht, so suchten sie ergänzend in einem mehr quantitativen Sinn zu helfen: Wenn die Leistung nur noch bis zur Hälfte ausschließlich möglich sein würde, so sollte Nichtigkeit eintreten, andernfalls das Geschäft vollständig gültig sein. Das paßt auf eine Menge von Leistungen, besonders Arbeitsverrichtungen, Unterlassungen 2c. gar nicht; und wo man es anwenden könnte, ist die Bestimmung äußerlich und mechanisch. Das GB. hat die Frage in seinem allgemeinen Theil, in 139 aufgenommen: Es soll darauf ankommen, ob das Rechtsgeschäft auch ohne den nichtigen Theil vorgenommen sein würde. Während sich die Folgen nach dem oben Gesagten danach einfach richten und entsprechend lediglich zu übertragen sind,[1]) so kann man fragen, wonach es sich bestimmen läßt, ob das Rechtsgeschäft „auch ohne den nichtigen Theil vorgenommen sein würde?“ Es ist zu sagen, daß auch dieses im objektiven Sinne vom Gerichte zu entscheiden ist. Wir haben die gleiche Instanz einzusetzen, die 119 für Irrthumsfälle als „die verständige Würdigung des Falles“ bestimmt. Sofern also die Auslegung des betreffenden Geschäftes für unsere jetzige Frage nichts liefert, so hat der Richter den nun nöthigen ergänzenden Rechtssatz im Sinne der Methode von Treu und Glauben für den gerade streitigen Fall sich zu schaffen; selbstredend wiederum unter Heranziehung und Würdigung aller begleitenden Thatumstände, und nicht nur die noch mögliche Theilleistung gegenüber der unmöglich gewordenen der Größe und Zahl nach messend.

33.

In der im § 31 angegebenen Variante unseres Rechtsfalles hat es sich um eine nachfolgende Unmöglichkeit für den Schuldner gehandelt. Auch hierbei geht das GB. zunächst von dem Gegensatze der objektiven und der nur subjektiven Unmöglichkeit aus. Bei der letzteren, der nur in der Person des Schuldners vorhandenen Unmöglichkeit, die an und für sich, für Dritte gar nicht so vorhanden ist, wählt es den Ausdruck „nachträglich eintretendes Unvermögen des Schuld-

[1]) GB. 307.

ners“. Und hier wird weiterhin zwischen einer Speziesschuld und einer Gattungsschuld unterschieden, in folgender Weise: Das in der Person des Schuldners eintretende Unvermögen, eine Gattungsschuld zu erfüllen, ändert an seinen Verpflichtungen sachlich gar nichts. Bei der nachfolgenden objektiven Unmöglichkeit dagegen und bei dem subjektiven Unvermögen des Schuldners, eine Speziesschuld zu erfüllen, kommt es darauf an, ob Unmöglichkeit und Unvermögen in Folge eines Umstandes eingetreten sind, den der Schuldner zu vertreten hat oder nicht. Im letzteren Falle wird er frei; unter der ersten Voraussetzung, daß er den schädigenden Umstand „zu vertreten hat“, kommen verschiedene Rechtsfolgen zu Gunsten des Gläubigers wahlweise in Betracht.

Unser Rechtsfall subsumirt sich danach einfach in der Art, daß eine nachfolgende objektive Unmöglichkeit der Erfüllung auf Seiten des Schuldners anzunehmen ist. Daß das theilweise zerstörte Magazin wieder hergestellt werden kann, darf natürlich nicht irre machen; es fragt sich ja gerade, wem diese Wiederherstellung zur Last zu setzen ist. Und nur dieses füge ich einstweilen hinzu, daß es sich bei uns um eine Unmöglichkeit innerhalb eines gegenseitigen Schuldverhältnisses handelt, wodurch sich die eintretenden Rechtsfolgen einigermaßen kompliziren. Der Umstand, daß eine nur theilweise eingetretene Unmöglichkeit in unserem Falle vorliegt, wird bei der Besprechung dieser Rechtsfolgen (§ 34) genauer berücksichtigt werden.

Nach dieser Disposition werden wir zunächst die Frage zu erörtern haben, wann ein Schuldner einen Umstand zu vertreten hat, durch den eine nachträgliche Unmöglichkeit der Leistung herbeigeführt worden ist. In dem hierauf folgenden Paragraphen sollen dann die Rechtsfolgen dargestellt werden, welche zu Gunsten des Gläubigers eintreten, falls dem Schuldner die Vertretung des schädigenden Umstandes obliegt.

Die erste jener Fragen wird jetzt vielfach auch als diejenige nach den Gründen der Schadenszurechnung ganz passend bezeichnet. Es ist eine der interessantesten der neuzeitlichen Rechtsbildung.[1]) In ihrer Bedeutung geht sie über die bloße Erwägung nach der Haftung eines in einem Schuldverhältniß Verpflichteten für später eintretende

[1]) Wenn wir sie im Folgenden einer tiefer gehenden theoretischen Erörterung unterziehen können, so verdanken wir dieses vor allem der gediegenen Schrift von Max Rümelin, Die Gründe der Schadenszurechnung (1896). Diese Monographie wird für lange Zeit die Grundlage für alle hier einschlägigen Erörterungen bilden.

Unmöglichkeit der Leistung hinaus; sie betrifft auch die Lehre nach der Entstehung neuer Schuldverhältnisse. In dieser weiteren Bedeutung soll sie zunächst auch hier erörtert werden.

Das römische Recht stand grundsätzlich bei der Regel, daß ein Schaden nur von Demjenigen zu ersetzen, dem bei dem Eintritt jenes eine culpa zur Last fiele. Es finden sich nur vereinzelte Fälle, in denen ein Privater außerhalb einer ihm vorzuwerfenden Verschuldung haftbar gemacht wurde. Die wichtigsten dieser Ausnahmen traten bei der vertheilenden lex Rhodia de iactu hervor; bei dem receptum cauponum nautarum stabulariorum; in der Einrichtung der cautio damni infecti wegen vitia operis; bei den Noxalklagen, und der Haftung für das Verschulden von institores und quasi institores.[1])

Dieses kasuistische Material ist durch Gerichtspraxis, Spezialgesetzgebung und theilweise in den partikularen Kodifikationen in verschiedenen Punkten erweitert worden. So nimmt die überwiegende Meinung der gemeinrechtlichen Praxis, allerdings gegen die wohl zumeist noch vertretene Pandektendoktrin, Haftung des conductor operis für seine Angestellten auch außerhalb der culpa in eligendo aut custodiendo an; und ebenso eine Haftung des falsus procurator für seine Vollmacht.[2]) Bei der zweiten Art der eben genannten Rechtsquellen fällt sofort das Reichs-Haftpflichtgesetz ein, neben mancherlei Gesetzen, welche beim Betriebe des Bergbaues und in verwandten Gebieten eine Ersatzpflicht konstituiren oder gewisse Interessenten zu gemeinsamer Gefahrtragung vereinigen, wie in Deich- und Sielgenossenschaften u. A. m. In einer Reihe deutscher und außerdeutscher Gesetzgebungen ist endlich die Haftung des Schuldners für seine Gehülfen und die Ersatzpflicht beschädigender Unzurechnungsfähiger anerkannt worden.[3])

Auf dieser hier nur flüchtig skizzirten Unterlage hat das GB. weiter gebaut.

Es stellt zuvörderst den allgemeinen Grundsatz hin, daß der Schuldner Vorsatz und Fahrlässigkeit zu vertreten hat, — sofern nicht ein Anderes bestimmt ist.[4]) Wir überlassen die Ausfeilung der hier verwendeten Schuldbegriffe für jetzt dem allgemeinen Theile des bürger-

---

[1]) Rümelin, a. a. O. S. 4—18.

[2]) Windscheid, Pandekten § 401 zu N. 3a ff.; Dernburg, Pandekten II, § 38. — Entsch. d. Reichsgerichts in CivS. 6 Nr. 60. — Andere Fälle noch bei Rümelin, a. a. O. S. 20 fg.

[3]) Citate bei Rümelin, a. a. O. S. 73.

[4]) GB. 276.

lichen Rechtes überhaupt,[1]) und erörtern danach selbstredend nur die Fälle, in denen durch Gesetz ein Anderes bestimmt ist. Unter diesen aber interessiren wiederum in der heutigen Betrachtung zumeist diejenigen Möglichkeiten, bei welchen eine Ausdehnung der Haftung aufgestellt ist.[2])

Es sind folgende:[3])

1. Fall der Selbsthülfe (229—231); sowie der besonderen Nothbehelfe nach 904 (anders beim Nothstand im Allgemeinen: 228).[4])

2. Haftung für den durch Jemandes Thiere verursachten Schaden (833), sowie für Wildschaden (835).

3. Ersatzpflicht des negativen Vertragsinteresses bei fehlgehenden Willenserklärungen (122); und des Stellvertreters, der keine Vollmacht hatte, ohne es zu wissen (179).

---

[1]) Gehört zum „Vorsatz" das Bewußtsein der Rechtswidrigkeit? Das GB. sagt Nichts hierüber. Aller Voraussicht nach werden wir die bei den Kriminalisten noch unentschiedene Streitfrage herüber bekommen. — (Zum Sprachgebrauch des GBs.: Außer „Vorsatz" kommt sehr vielfach „Arglist" vor. Dazu tritt „böswillig", 324, 1/2; 2333: 4; — im HGB. auch „böslich", 180a; 190b; 213 a u. b; 222a; 223; 396; 427; 610; ebenso im Börsengesetz v. 22. 6. 96 § 43; im GB. nur 1567. Vgl. Entsch. d. RGer. 1 Nr. 10.)

[2]) Beschränkung auf grobe Fahrlässigkeit beim Schenker (522), Verleiher (599), Geschäftsführer ohne Auftrag (680), Finder (968); auch allgemein beim Verzug der Annahme (300, — s. unten § 44). Beschränkung auf diligentia quam suis für den Gesellschafter (708), Ehegatten gegen einander (1359), den Vater bei Ausübung der elterlichen Gewalt dem Kinde gegenüber (1664), den Vorerben dem Nacherben gegenüber (2131); — alle haften aber jedenfalls für grobe Fahrlässigkeit (777).

[3]) Verschiedene hier einschlägige Fälle des früheren Rechtes sind gefallen. So die Möglichkeit, nach den Regeln des interdictum quod vi aut clam Schadensersatz zu verlangen (Rümelin, a. a. O. N. 173). Geblieben ist besonders das Reichshaftpflichtgesetz (s. EG. 42; auch EG. 105). Ferner kommt die Novelle zur CPO. 655 in Betracht, wonach wegen objektiv ungerechtfertigten Arrestes und einer ebensolchen einstweiligen Verfügung der Antragsteller ersatzpflichtig sein soll.

[4]) Ueber die Nothstandshandlungen s. Rümelin, a. a. O. S. 89 ff. Ich kann mich mit GB. 904 nicht befreunden. In E. II findet er sich noch nicht, wohl aber in der (nicht veröffentlichten) Schlußredaktion dieses Es.; soviel man erfahren hat, auf Grund eines Beschlusses mit Stimmengleichheit und Stichentscheid des Vorsitzenden. Die Bestimmung wird nicht nur technische Schwierigkeiten in der Handhabung und besonders der Abgrenzung gegen 228 bieten, sondern erscheint deßhalb höchst ungeeignet, weil sie dem die Einwirkung hindernden Eigenthümer die Nothwehr versagt („Der Eigenthümer darf nicht . . . hindern"), während dieser die Sachlage doch unmöglich immer schon klar übersehen kann.

4. Haftung für Gehülfen nach 278 (anders: 831); 31.[1])

5. Verpflichtung der Unzurechnungsfähigen wegen eines von ihnen verursachten Deliktsthatbestandes, nach GB. 829.

Lassen sich nun alle diese Fälle, in denen Jemand einen Schaden, ganz unabhängig von seiner Verschuldung desselben, tragen soll, in ihrem Inhalte unter einem gemeinsamen Begriffe erfassen? Giebt es für die Fälle nicht schuldhafter Ersatzpflicht, so hat man vielfach gefragt, allgemeine „Prinzipien"?

Die Frage erscheint an sich nicht unberechtigt.

„Es ist ein alter Wunsch, der, wer weiß wie spät, vielleicht einmal in Erfüllung gehen wird: daß man doch einmal, statt der endlosen Mannigfaltigkeit bürgerlicher Gesetze, ihre Prinzipien aufsuchen möge; denn darin kann allein das Geheimniß bestehen, die Gesetzgebung, wie man sagt, zu simplifiziren."[2])

Leider ist es jedoch den diesem Worte, in der Sache, folgenden neueren Schriftstellern nicht geglückt, ein derartiges Prinzip für die sogenannte objektive Schadensersatzpflicht zu einfacher Fassung und weiterer Anerkennung zu bringen. Die dahin angestellten Versuche gehen ziemlich auseinander.[3])

Am weitesten geht das „Kausalitäts- oder Veranlassungsprinzip", wonach ein Jeder verantwortlich sein soll, sobald in der Kette der Verursachungen eines schädigenden Erfolges sein Verhalten angetroffen wird; — anders das Prinzip von Adolf Merkel: „Jeder hat die Kosten der Geltendmachung seiner Interessen zu tragen", oder von Unger: „Eigenes Interesse, eigene Gefahr, fremdes Interesse, fremde Gefahr." Rudolf Merkel sucht das näher zu beschreiben als Prinzip des „aktiven Interesses": Es habe ein Jeder denjenigen Schaden zu vertreten, den er einem Dritten dadurch zufügt, daß er in bewußtem Handeln oder Sichverhalten seine Interessen wahrnimmt; näher genommen: einen Schaden, der durch die generell voraussehbare Verletzung fremder Interessen entsteht. Max Rümelin verwendet danach in interessanter Weise den Begriff der „Gefährdungshaftung": Jedermann soll für einen Schaden aufkommen müssen, der auf ein von ihm betriebenes gefährliches Gewerbe oder überhaupt gefährdendes Verhalten zurückführt, wobei allerdings nur ein Verhalten nicht ge-

[1]) Zu vergleichen 549, 2 (Haftung des Miethers für den durch den Aftermiether angerichteten Schaden).

[2]) Kant, Kritik der reinen Vernunft, 1. Aufl. S. 301, 2. Aufl. S. 358.

[3]) Eine genauere Würdigung bei Rümelin, a. a. O. S. 21 ff.

wöhnlichen Charakters bedeutungsvoll wäre, dessen nähere Grenzen wiederum bloß durch positive Einzelsätze des modernen Rechtes bestimmt werden muß.

Den meisten dieser Versuche steht jedoch bis auf Weiteres ein methodisches Bedenken entgegen.

Sie geben sich als Aufstellung von Sätzen, welche besonderen neuen Rechtsbildungen zu Grunde liegen, so daß sie zugleich als leitende Gesichtspunkte für die Auslegung und etwaige analoge Anwendung ausgesprochener Rechtsregeln, wie auch als sachliche Begründung und Rechtfertigung jener Satzungen funktionirten. So würde beispielsweise in dem Satze „cuius commodum, eius periculum" einmal eine Formulirung für die oben aufgeführten Fälle von Schadenshaftung ohne culpa liegen sollen, und auch ein Postulat für den Gesetzgeber und ein Maßstab der kritischen Beurtheilung von dessen Leistungen;[1]) durch das Prinzip des „aktiven Interesses", das wir oben nannten, soll nach dem jüngeren Merkel eine „Zusammenfassung" der Fälle stattfinden, in denen Jemand in Wahrnehmung seiner Interessen in bewußtem Auftreten vorgegangen ist; und dabei soll eine Haftung seiner „angezeigt sein", sobald er in fremde rechtmäßige Interessen eingegriffen hat; dieses „entspräche" einer grundsätzlichen Tendenz des modernen Rechtes, wobei es nicht ausgeschlossen sei, daß „noch andere Bedürfnisse" eine objektive Schadensersatzpflicht „mit Fug fordern würden". Und von seinen Kritikern wird dem genannten Schriftsteller das zugegeben, daß „die treibende Kraft" des aufgestellten Prinzips nicht zu verkennen sei, weil man eine Ersatzpflicht da am wenigsten für unbillig halten werde, wo der Ersatzpflichtige frei gehandelt habe.[2])

Aus diesen leicht vermehrbaren Proben ersieht man also, daß jene „Prinzipien" in der That zweierlei Funktionen gleichzeitig haben müßten: Erstens sollen sie eine formale Zusammenfassung von geschichtlich gegebenem Rechtsinhalte liefern, und zum Andern eine sachliche Begründung des also Zusammengefaßten ermöglichen.

Das aber ist in sich nicht möglich.

Es wäre dieses allenfalls vom Standpunkte der Romantik aus angegangen, nach welcher der Volksgeist mit gespenstischer Kraft in wissenschaftlich unerforschbarem Walten gewisse Ueberzeugungen von dem, was Recht wäre, im Volksbewußtsein hervorriefe, und es Sache

---

[1]) Vgl. z. B. Rümelin, a. a. O. S. 33 zu N. 75.

[2]) S. Rümelin, a. a. O. S. 36.

des Gesetzgebers nur sein könnte, dieses schon bestehende Recht möglichst gut zu formuliren. Dann hätte man sagen können: Der Volksgeist hat das Prinzip des aktiven Interesses als Recht geschaffen, der Gesetzgeber hat es in einigen Sätzen zu erfassen gesucht, es ist ihm aber nur unvollkommen in der und der Weise gelungen.

Wir aber glauben an dieses Unding eines unerforschbaren Volksgeistes, der, wie andere Geister, mit uns sein wissenschaftlich nicht einzusehendes Spiel triebe, grundsätzlich nicht mehr.

Ich stelle dem hinsichtlich der genetischen Frage nach den Aenderungen des Rechtes die Lehre von dem Kreislaufe des sozialen Lebens gegenüber: In der Ausführung des rechtlich geordneten Zusammenlebens und Zusammenwirkens der Menschen (und einen anderen Zustand kennen wir geschichtlich überhaupt nicht) bilden sich gleichheitliche Massenerscheinungen, welche wir als soziale Phänomene fassen; aus ihnen entwickeln sich Bestrebungen auf Abänderung der überlieferten Rechtsordnung, die mit anderen, auf Erhaltung derselben gerichteten, in Streit treten; gelingt es jenen, sich durchzusetzen, so erstehen auf dem Grunde der neuen Rechtsordnung wiederum soziale Erscheinungen mit gleicher Bedeutung, wie die vorhin erwähnten. Die wissenschaftliche Durchführung der Rechtsgeschichte besteht in dem Begreifen der Wandlungen des Rechtes aus vorausgegangenen sozialen Phänomenen her.[1])

Aber bloß deßhalb, weil Ansichten, Lehren, Bestrebungen über sachliche Reformen des überlieferten Rechtes da sind, sind sie noch nicht inhaltlich richtig. Vielmehr muß man, um solche Meinungen und Postulate — in ihrer bedingten geschichtlichen Lage — als objektiv begründet (wenngleich nicht an und für sich als absolut wahr) darzuthun, im Sinne der oben bei „Treu und Glauben" entwickelten Methode (§ 10 fg.) den geschichtlich bedingten Stoff rechtlicher Bestrebungen und Regelungen bestimmen und richten. Die Rechtfertigung oder kritische Verwerfung einer rechtlichen Einrichtung wird daher dann eine feste und klare Basis haben, wenn bewiesen wird, daß die unter ihr sich nothwendig herausstellenden sozialen Erscheinungen angegebenen Sinnes unter ihren besonderen Verhältnissen im Sinne der Idee einer Gemeinschaft frei wollender Menschen sich ausweisen können oder dazu nicht im Stande sind; so daß gerade auf Grund der beson-

[1]) Stammler, Wirthschaft und Recht §§ 53 ff., bes. S. 324; vgl. auch S. 589 ff.

deren Lage dieses Falles, die sich auf konkreten Rechtsnormen erst aufbaut, der Eine weniger in einseitiger Weise als Mittel zu Zwecken des Andern behandelt erscheint, als es zufolge des alten Rechtes unter den konkreten geschichtlichen Erscheinungen, die in jener Durchführung nothwendig erwuchsen, der Fall gewesen ist.

In diesem Beweisgange sind auch die hier in Besprechung genommenen Gründe objektiver Schadensersatzpflicht aufzunehmen und zu prüfen; auf Einzelheiten, die hierbei von besonderem Interesse sein können, komme ich noch zurück.

Ganz verschieden aber von dieser Frage ist die technische Erfassung der lex lata als solcher. Hier wird alles geschichtlich auftretende Recht in einem formal einheitlichen Zusammenhange gedacht und in gleichmäßigem Verfahren bearbeitet und dargestellt, bloß so, wie es da ist, ohne alle Rücksicht und Frage nach der objektiven Richtigkeit seines Inhaltes. Hier mag es von Nutzen sein, den geschichtlich im Einzelnen entstandenen Inhalt rechtlicher Regeln in allgemeineren Sätzen wiederzugeben und dadurch in der Formulirung und Darstellung zu kürzen. Aber das geht nur in beschränktem Umfange und hat seine sehr bestimmten Grenzen, bei deren Ueberschreitung die generalisirte Ausdrucksweise aufhört, mit dem unterliegenden Rechtsstoffe wirklich noch übereinzustimmen.

Soweit nun die allgemeinen Lehren des objektiven Schadensersatzrechtes in dieser Richtung vorgehen, so sind sie überall vag geblieben und bedeuten nur verschwimmende Tendenzen, bezüglich deren näherer Ausführung dann doch immer wieder nur auf die besonderen Sätze verwiesen werden muß, wie sie im neueren Rechte positiv festgestellt worden sind.[1])

Wie immer jedoch derartige verallgemeinernde Formulirungen einzelner Rechtsregeln glücken oder mißlingen mögen, stets gehören diese „Prinzipien" zu dem geschichtlichen Stoffe und suchen nur, diesen in gewisser Art wiederzugeben. Mit dem unvermeidlichen Wechsel des empirisch bedingten Inhaltes der Rechtsordnungen im Laufe der Geschichte müssen daher jene allgemeinen Sätze nothwendig auch sich wandeln. Und deßhalb kann man sie als solche in keinem Falle zur Beurtheilung von vorhandenem Rechte je nach der Richtigkeit oder Unbegründetheit seines Inhaltes verwenden.

[1]) So auch Rümelin, a. a. O., bes. S. 70 fg.

Ich gelange darum auch zu einer von den angeführten Schriftstellern abweichenden Behandlung der Rechtsbestimmung über die Haftung Unzurechnungsfähiger (829). Rümelin meint, daß hierbei das Prinzip vorliege: „Haftung für die eigene, von einem bestimmten Normaltypus abweichende Individualität." Aber es scheint, als ob dieses Prinzip auch wieder die zwei Seiten decken soll, die ich vorhin für die rechtswissenschaftliche Erwägung auseinander gehalten habe; und daß es deßhalb Keiner ganz Genüge thut. Denn zum Ersten würde es sich fragen, worin das Kriterium des Normalen und des Abnormen liegt, durch welches Merkmal also der Begriff derjenigen Personen bestimmt wird, welche in GB. 429 genannt sind? — Das wird jetzt beantwortet durch die oben (§ 4) von uns gegebene Grenze und begriffliche Feststellung der Zurechnungsfähigkeit. Zweitens käme es darauf an, wodurch sich diese, für Deutschland zum großen Theile neue Bestimmung inhaltlich rechtfertige?

Rümelin lehnt sich hier an ein Wort Strohal's an, das allerdings in der Litteratur nicht unangefochten geblieben ist: „Es ist ein Grundgesetz des menschlichen Daseins, daß Jeder das Individuum ist, das er ist, und eine Grundbedingung des menschlichen Zusammenlebens, daß Jeder für das einstehen muß, was Ausfluß seiner Individualität ist." — Die Deduktion zeigt deutlich das Bestreben, einen bestimmten Rechtssatz dadurch zu rechtfertigen, daß man auf das oberste Prinzip des sozialen Lebens zurückgeht. Aber dieses oberste Prinzip ist mit der dortigen Formel nicht richtig wiedergegeben. Das im citirten Passus Angeführte ist nicht Grundgesetz des sozialen Lebens. Denn soweit in jenem Satze nicht nur eine Tautologie liegt, so bezieht er sich ja garnicht auf dasjenige, was in unserer Erwägung allein in Frage stehen kann: auf menschliches Wollen und Ziele verfolgenden Zusammenlebens. Und wenn Strohal das Einstehen für den Ausfluß der Individualität als „Grundbedingung" des menschlichen Zusammenlebens bezeichnet, so ist doch niemals zu beweisen, daß eine von anderen Gesichtspunkten ausgehende Rechtsordnung das menschliche Zusammenleben unbedingt unmöglich mache, thatsächlich vernichten müsse; es kann sich hier immer nur um eine teleologische Betrachtung handeln, also um die Frage nach dem Richtmaße, das in einem obersten Zielpunkte für das gesellschaftliche Leben der Menschen gelegen ist. Das führt auf unser früheres Ergebniß zurück.

Das Grundgesetz der menschlichen Gesellschaft, das heißt der oberste, unbedingt einheitliche Gesichtspunkt für alles geschichtliche

Menschendasein, ist das soziale Ideal, — der nur als Idee bestehende Gedanke einer Gemeinschaft richtig wollender Menschen.

Aus diesem Gedanken heraus gewinnt denn auch GB. 829 seine sachliche Rechtfertigung. Danach haftet der Unzurechnungsfähige nur subsidiär; in erster Linie kommen die zu seiner Aufsicht verpflichteten Personen in Betracht. Sodann steht ihm das früher (§ 5) besprochene beneficium competentiae zur Seite. Und seine Ersatzpflicht geht soweit, „als die Billigkeit nach den Umständen, insbesondere nach den Verhältnissen der Betheiligten, eine Schadloshaltung erfordert". Die Bestimmung ist vortrefflich. Die Instanz, auf welche hier verwiesen wird, ist die gleiche, wie bei dem Urtheil nach „Treu und Glauben"; die Methode des richtigen Verfahrens im einzelnen Rechtsfalle dieselbe, die wir oben (§ 10 fg.) beschrieben haben. Und wenn Adolf Merkel rücksichtlich der Bestrafung von Unzurechnungsfähigen mit Recht betont hat, daß es keinen Sinn habe, durch Normen des Strafrechtes Jemanden bestimmen zu wollen, der die Normen gar nicht zu verstehen in der Lage ist,[1] so entfällt dieses Bedenken für die Schadensersatzpflicht aus dem Vermögen des Unzurechnungsfähigen von selbst. Fragt man also, wie die gesetzlich nun statuirte Haftung Unzurechnungsfähiger „zu erklären", will sagen: inhaltlich zu begründen sei, — so genügt zu solcher Rechtfertigung die Erwägung, daß die Schadensersatzpflicht darum und soweit angemessen ist, als sie der Unzurechnungsfähige anerkennen würde, wenn er objektiv richtig die Sachlage überschaute und beurtheilte; oder auch, ganz kurz ausgedrückt: soweit sie im Sinne des sozialen Ideales objektiv richtig ist.

Daraus ist schließlich schon zu entnehmen, daß ich mich der Zahl derjenigen anschließe, welche es bedauern, daß der vom E. II. 752 aufgestellte Satz späterhin wieder fallen gelassen worden ist. „Wer für einen von ihm verursachten Schaden deßhalb nicht verantwortlich ist, weil ihm Vorsatz oder Fahrlässigkeit nicht zur Last fällt, hat gleichwohl den Schaden insoweit zu ersetzen, als die Billigkeit nach den Umständen des Falles, insbesondere nach den Verhältnissen der Betheiligten, eine Schadloshaltung erfordert. . ."[2] Hier trat vielleicht am Weitesten

---

[1] A. Merkel, Kriminalistische Abhandlungen I S. 43.

[2] Zur Erläuterung rekapitulire ich einige Beispiele, die in den Verhandlungen über den im Texte citirten Paragraphen erörtert worden sind: Verletzung eines Dritten durch unglücklichen Zufall, obgleich z. B. der verwundende Schütze alle Vorsichtsmaßregeln beobachtet hatte; Beschädigung von Menschen oder Sachen durch einen Reiter, dessen ihm wohl vertrautes Pferd unvorhergesehen scheut u. s. w.

die objektivirende Tendenz des neuen Rechtes gerade auch auf dem Gebiete der Schadenszurechnung zu Tage.[1]) Das Hauptmoment, das gegen die in Aussicht genommene Rechtsregel vorgebracht worden ist, ging dahin, daß die von ihr gegebenen Voraussetzungen der Schadensersatzpflicht zu unbestimmt gewesen wären. Das gebe ich zu, solange man nicht die Methode anwendet, die hier unter „Treu und Glauben" ausgeführt worden ist. Geschieht aber letzteres, so macht eine sicher deduzirbare Entscheidung nicht größere Schwierigkeiten, als sie überall bei dem Urtheile nach bona fides, im Sinne des objektiv Richtigen, auftauchen. Daß solche Subsumtionsschwierigkeiten bestehen können, ist selbstverständlich und wird nicht geläugnet; wo wären innerhalb der Rechtsanwendung keine solchen Fährlichkeiten für gute Subsumtion!

34.

Von den jetzt näher erörterten Gründen der Schadenshaftung kommt in unserem Rechtsfalle (§ 31) nur Schuld des Verkäufers in Betracht. Wir wollen ihr Vorhandensein unterstellen; müssen aber doch die besonderen Rechtsfolgen nebenher betrachten, die im Falle schuldloser Unmöglichkeit vom GB. eingesetzt worden sind.[2])

Nun handelt es sich im angenommenen Thatbestande um eine nur theilweise Unmöglichkeit, die nachträglich eingetreten ist. Hier unterscheidet das GB. zwei Fälle nach dem Merkmale, ob die noch mögliche theilweise Erfüllung für den Gläubiger ein Interesse hat oder nicht. Das GB. sagt nicht ausdrücklich, wie beschaffen dieses „Interesse" sein müsse, und nach welchen Kriterien sein Dasein zu bejahen oder zu verwerfen sei; — aber es kann keinem Zweifel unterliegen, daß es sich nur um ein objektiv berechtigtes Interesse handeln kann.

Dieses entspricht der gesammten objektivirenden Tendenz des GBs., die wir schon mehrmals hervorzuheben Anlaß hatten. Allerdings fügt vereinzelt das GB. ausdrücklich an, daß ein „berechtigtes"

[1]) Auch der in der Litteratur häufig hervorgehobene Gedanke einer „gerechten" Schadensvertheilung auf Mehrere — wie wir sagen würden: nach der Idee einer Gemeinschaft frei wollender Menschen — kann hier im Vorübergehen erwähnt werden. Seine Hauptausgestaltung hat er im modernen, sog. sozialpolitischen Versicherungswesen erfahren.

[2]) Den dritten denkbaren Fall, da nämlich die Unmöglichkeit in Folge eines Umstandes eintritt, den der Gläubiger zu verantworten hat, s. am Ende dieses Paragraphen.

Interesse vorliegen müsse[1]) (einmal[2]) auch mit dem Zusatze, „jedes berechtigte" Interesse, nicht bloß ein Vermögensinteresse), während es an den meisten Stellen ohne solche Prädizirung vorgeht. Aber der grundsätzliche Sinn, in welchem die Bezugnahme auf das „Interesse" einer betheiligten Privatperson erfolgt, erscheint durchgängig als der gleiche. Und ich vermag im GBe. nur eine einzige Stelle zu finden, in welcher ein zu berücksichtigendes Privatinteresse zweifellos nur als subjektives Interesse gemeint ist.[3]) Im Allgemeinen aber wird nicht darauf gesehen und dieses als maßgeblich erachtet, was der Betheiligte als sein Interesse angiebt, sondern nur dasjenige, was er mit Gründen als objektiv berechtigt zu erweisen vermag: — also daß von allen bloß subjektiven Motiven und Wünschen seinerseits abgesehen wird, und nur ein Interesse, das für jeden in solcher Lage befindlichen Menschen zutrifft, vom Gerichte festzuhalten ist.

Hat nun in diesem Sinne im gegenseitigen Vertrage der Gläubiger an der Restleistung kein Interesse, so wird dieses für denjenigen Fall gleich einer vollständigen Unmöglichkeit behandelt, in dem die Unmöglichkeit in Folge eines durch den Schuldner zu vertretenden Umstandes eingetreten ist. Bei dem nachher zu erörternden Falle, daß die Leistung durch Zufall unmöglich wurde, bleibt die nachfolgende theilweise Unmöglichkeit einheitlich zusammen.

In unserem Thatbestande der nachträglichen Unmöglichkeit durch Schuld des Verkäufers ergeben sich also zwei Klassen von Fällen: 1. Vollständige Unmöglichkeit, oder theilweise ohne Interesse des Käufers an der Restlieferung; 2. theilweise Unmöglichkeit mit dem genannten Interesse des Käufers.

In jeder dieser Klassen werden dem Käufer nicht weniger als vier Berechtigungen wahlweise zur Verfügung gestellt, welche sich jeweils klassenweise entsprechen:

a) Anspruch auf Schadensersatz.

b) Ein Rücktrittsrecht.

---

[1]) „Interesse" (ohne Zusatz): 12; 468, 2; 542, 1/3; 809; 905; 922; 1020, vgl. 1019; 1857, auch 1846. „Berechtigtes Interesse": 824, 2. „Interesse nach billigem Ermessen": 1246. „Rechtliches Interesse": 368; 810; 1256, 2; 1953; 2010; 2081, 2; 2264; 2384, 2. „Oeffentliches Interesse": 525, 2; 2194. „Eheliche Interessen": 1358, 1.

[2]) GB. 343, 1.

[3]) GB. 1874, 3. Es ist die Ausschließung nicht davon abhängig, daß objektiv berechtigte Interessen in Gegensatz kommen, während sie zu unterbleiben hätte, wenn sie nur subjektiv kollidirten.

c) Weigerung den Vertrag zu erfüllen; bei theilweiser Unmöglichkeit entsprechende Minderung seiner Leistung.

d) Stehenbleiben beim Vertrage und Verlangen des von dem Schuldner durch die eingetretene Unmöglichkeit erlangten stellvertretenden Kommodums.

Wäre die Unmöglichkeit durch Zufall eingetreten gewesen, so hätte der Käufer in unserem Falle nur die unter c) und d) angeführten Wahlmöglichkeiten gehabt. Und dabei würde, wie oben bemerkt, der Fall theilweiser Unmöglichkeit unter allen Umständen nur zu der Befugniß der Minderung der Gegenleistung führen, ohne daß die Frage nach dem Interesse des Käufers an der Restlieferung aufgeworfen würde. Diese letzte Unterscheidung hat nur Bedeutung für das Rücktrittsrecht; dieses aber findet bei kasueller Unmöglichkeit der Erfüllung des einen Theiles nicht statt.

Ich ersuche nun den geneigten Leser, GB. 325 und 323 nachzusehen und danach folgende Tabelle zu vergleichen, aus der sich die Entscheidung der jetzigen Variante unseres Rechtsfalles ergiebt.

Unmöglichkeit der Erfüllung:

Eintritt der Unmöglichkeit.	vollständig		theilweise; an der noch möglichen Theilleistung hat der Käufer					
			kein Interesse		Interesse			
durch Schuld des Verkäufers	a) Anspruch auf Schadensersatz wegen Nichterfüllung	b) Rücktrittsrecht	c) Verlust des Gegenanspruches	d) Anspruch auf das stellvertretende Kommodum	e) Schadensersatz wegen theilweiser Nichterfüllung	f) Theilweises Rücktrittsrecht	g) Minderungsklage	h) Anspruch auf das stellvertretende Kommodum
durch Zufall	die Folgen unter c) und d)		die Folgen unter g) und h)					

Verschieden von diesen beiden Klassen von Fällen liegt der Thatbestand, da die dem einen Theile obliegende Leistung in Folge eines Umstandes unmöglich wird, den der andere Theil zu vertreten hat.

Bei Veräußerungsverträgen wird dies seltener vorkommen; leicht aber kann es bei der Miethe und bei Arbeitsverträgen in Frage treten.

Setzen wir den Fall, daß in einer handwerksmäßig betriebenen Schmiede ein Geselle dadurch Schaden erleidet, daß ihm während der Arbeit ein glühendes Stück Eisen gegen das eine Auge springt und ihn arbeitsunfähig macht, so wird sachverständige Begutachtung im Zweifel zu dem Ergebniß führen, daß durch geeignete Schutzvorrichtungen, insbesondere hier durch Schutzbrillen, das hätte vermieden werden können; und dann lag auf der Seite des Schmiedemeisters Fahrlässigkeit vor, wenn er nicht für Anschaffung und mögliche Benutzung solcher schützender Brillen oder Masken gesorgt hat.[1]) Diese Fahrlässigkeit bedeutet in unserem Falle einen Umstand, den der Schmiedemeister zu vertreten hat.[2])

Danach entscheidet sich die angezogene Frage[3]) nach GB. 324 dahin: Der Verletzte kann Schadensersatz verlangen, der unmittelbar auf Geld geht (249/2) und nach 842 bis 847 des Näheren anzusetzen ist.[4]) Außerdem behält er nach 324 seinen Anspruch auf den Arbeitslohn.[5]) Allerdings ist diese letzte Zubilligung nicht von sehr großer Bedeutung, da die kurzen Kündigungsfristen des GBs. und der GO. den Handwerksmeister von dem betreffenden Rechtsverhältniß bald befreien können.[6])

35.

Ueber die Art der Leistung des **Schadensersatzes** bestimmt GB. 249 ff.

---

[1]) S. Entsch. des RGer. in CivS. 11 Nr. 6; — nach GO. 120a.

[2]) GO. 120, 3; vgl. GB. 618. — Anders wäre es, wenn ein Fabrikbetrieb in Frage stände, der zur Unfallversicherung verpflichtet wäre. Hier haftet nach Ges. v. 6. Juli 1884 § 95 der Unternehmer nur, wenn durch strafgerichtliches Urtheil festgestellt worden ist, daß er den Unfall vorsätzlich herbeigeführt hat. Gilt nach EG. 32 weiterhin.

[3]) War die Verletzung durch Zufall herbeigeführt worden, so kommt wieder GB. 323 in Anwendung: Der Geselle hat keinen Anspruch auf Lohn; vorausbezahlter Lohn kann wegen ungerechtfertigter Bereicherung zurückgefordert werden (323, 3). Von dem ersten Satze gilt aber eine Ausnahme nach 616.

[4]) Weßhalb GB. 618, 3 nur 842 bis 846 citirt und auf 847 nicht Bezug nimmt, ist ganz unerfindlich.

[5]) Für alle genannten Ansprüche sind die Gewerbegerichte zuständig, soweit solche nach dem Ges. v. 29. Juli 1890 errichtet sind. S. das. § 3; 2.

[6]) GB. 621 und 623; GO. 122. (GO. 123: 8 ist durch GB. 324 modifizirt.)

Neu ist gegenüber den meisten seitherigen Rechten die scharfe Betonung, daß es in erster Linie auf Wiederherstellung des früheren Zustandes abgesehen sein soll;[1]) nur bei Verletzung einer Person oder bei Beschädigung einer Sache kann von vornherein Ersatz in Geld gefordert werden.[2]) In allen Fällen kann der Gläubiger eine angemessene Frist bestimmen und nach dieser Ersatz in Geld fordern; den Anspruch auf Wiederherstellung schließt er dann aber immer aus.[3]) Umgekehrt besteht nicht nur eine Pflicht des Haftenden auf Geldersatz, wenn die Herstellung nicht möglich oder zur Schadloshaltung des Gläubigers nicht genügend ist, sondern auch ein Recht jenes auf bloße Geldzahlung, wenn die Reparatur für ihn unverhältnißmäßig theuer sein würde.[4])

Schwierigkeiten haben in dieser Lehre allezeit zwei Fragen bereitet: Die nach dem Kausalzusammenhang und nach dem Quantum des Ersatzes.

Die letztere kann man auch einfach als die Frage nach dem Begriffe des Schadens bezeichnen.

Das GB. hat versucht, wenigstens den Begriff des entgangenen Gewinnes dem Richter näher zu bringen;[5]) die Ausrechnung hat sonst wie seither zu erfolgen. Gesetzliche Beschränkungen des Quantums wie die des römischen Rechtes, das in manchen[6]) Fällen nicht über das Doppelte des Werthes eines Leistungsgegenstandes zu gehen erlaubt, kommen im GBe. nicht vor. Von der Möglichkeit, die Höhe des Schadensersatzes im einzelnen Falle nach dem Grade des Verschuldens abzustufen, ist in unserem Rechte kein Gebrauch gemacht.[7])

---

[1]) GB. 249. (Vgl. GB. 12: „Beseitigung der Beeinträchtigung".)

[2]) GB. 249; vgl. 842 ff.

[3]) GB. 250. Diese Möglichkeit eines privatrechtlichen Ultimatums kommt im GBe. häufig vor. Aber die Ausdrucksweise, die in diesen Paragraphen beliebt ist, erscheint merkwürdig. Es heißt regelmäßig: Nach dem Ablaufe der Frist tritt die und die Folge ein, „wenn nicht der Schuldner rechtzeitig bewirkt, wählt, vornimmt ꝛc." Dieses Präsens ist mißverständlich. Es soll heißen „. . . bewirkt hat ꝛc." Vgl. 264 a. E.; 283; 325; 326; u. A. m.

[4]) GB. 251.

[5]) GB. 252. Besonderheit: GB. 340, 2/1. — Quellen und Literatur des römischen Rechtes bei Vangerow, Lehrbuch der Pandekten III § 571 (7. Aufl. S. 41 fg.).

[6]) Sehr bestrittenen Fällen. L. un. C. de sententiis quae pro eo quod interest proferuntur (7, 47); — Material bei Windscheid, Pandekten § 258 N. 9.

[7]) Nach CPO. 260 ist dieses, wie die herrschende Meinung mit Fug annimmt, nicht möglich.

Ebenso verbleibt die Schwierigkeit mit der Kausalität des Schadens. Freilich will es scheinen, als ob man sich hier seither oftmals zuviel Schwierigkeiten selbst gemacht habe.

Man wird nicht bezweifeln, daß die Kategorie der Kausalität weiter nichts ist, als eine grundlegend einheitliche Art und Weise, Erscheinungen in nothwendiger Weise zu ordnen. In diesem Sinne fällt jede menschliche Handlung, für sich als ein Naturakt genommen, ebenso unter jene Aufgabe, wie alle anderen Thatsachen, die dem jetzigen schädigenden Erfolge vorausgegangen sind; und daß diese Ursachenreihe keinen endlichen Abschluß nach rückwärts zu besitzt, ist selbstverständlich. Hiernach geht die mit Ermittelung der unvermeidlichen Ursachen betraute Aufgabe dahin, exakt festzustellen, daß eine gewisse Reihenfolge wahrgenommener Erscheinungen nothwendig in dieser oder jener Art zu ordnen sei, wenn anders dem Gedanken eines unbedingt einheitlichen Zusammenhanges aller denkbaren Erscheinungen Genüge geschehen soll, welcher Gedanke eine unentbehrliche Unterlage für alles wissenschaftliche Begreifen der Naturvorgänge ist. Aber diese exakte Feststellung stößt in ihrer praktischen Durchführung stets auf viele, fast immer sehr große, oft kaum überwindliche Schwierigkeiten; die Naturforscher wissen zu berichten, wie wenig ihnen in genügender Exaktheit festzustellen bis jetzt gelungen ist. Für die unzähligen Komplikationen, die bei der Erfassung des menschlichen Thuns und Treibens und Eingreifens sich einstellen, gilt dies in noch ganz anderer Weise. Hier giebt es keine Möglichkeiten, den kausalen Zusammenhang zwischen menschlichen Handlungen und eingetretenen schädigenden Ereignissen auf Grund allgemeiner Gesetze mit bestimmtem Inhalte (wie z. B. das Gesetz der Schwere eines ist) zu begreifen. Es verbleibt nichts, als sich in jedem besonderen Falle mit allgemeineren Erfahrungen und taktvoll empfundenen Erwägungen zu helfen, um ein einigermaßen haltbares Urtheil über nothwendige Kausalität der schädigenden Umstände auszusprechen.

Damit wird nicht, wie man wohl gesagt hat, ein „neuer Begriff" von Kausalität für die Zwecke der Jurisprudenz eingeführt: Der Begriff der Kausalität, wie wir ihn oben wiederholten, bleibt stetig der gleiche; nur seine praktische Anwendung und Durchführung kann mit mehr oder weniger Begründetheit im einzelnen Falle gelingen. Und es soll durchaus nicht eine grundsätzliche Suspension seiner erfolgen, etwa deßhalb, weil Handeln von Menschen hier im Spiele wäre. Aber man kann nicht im Falle der Krankheit darauf warten, bis die Kausalität der Schmerzentstehung exakt nachgewiesen ist; und es geht nicht an, wenn das soziale Leben in Ordnung gehalten werden soll, für solche technische Aufgabe nur dann ein Eingreifen zuzulassen, wenn der Kausalzusammenhang wissenschaftlich begriffen ist.[1])

Ob man mit letzterem in Zukunft weiter kommen wird, steht dahin; wir wollen es hoffen und erwarten. In unseren Verhältnissen verbleibt für die Lösung der unaufhörlich wiederkehrenden Frage von der Kausalität schädigender Ereignisse nur das Eine: Selbstbescheidung!

Eine besonders verwickelte Gestaltung hat das eben entrollte Problem bekanntermaßen dann gefunden, wenn auf der Seite des Schädigers, wie des Beschädigten gleichzeitig irgend welche Verschuldung in Betracht zu ziehen war; namentlich in Fällen, in denen es sich um eine Unterlassung möglicher Abwendung des eingetretenen Schadens seitens des jetzt Beschuldigten handelt. Während das römische Recht im Allgemeinen eine sogenannte compensatio culpae zuließ und nur bei dolus des Schädigers eine Berufung auf Fahrlässigkeit des Beschädigten nicht zuließ,[2]) greift nun GB. 254 Platz.[3]) Liest man die Bestimmung, so zeigt sich wiederum, daß auch hier die Feststellung gemäß dem oben Gesagten zur quaestio facti wird, für welche die theoretische Betrachtung in sich, da ihre eigentliche Meinung: Aufstellung eines Gesetzes im Sinne allgemeiner geltender Naturgesetze hier nicht zu erreichen ist, eine weitere Lehre nicht zu geben vermag. Es ist Sache der gemeinen Erfahrung und des praktischen Taktes.[4])

In der Lehre vom Schadensersatz spielt schließlich die Frage eine bedeutende Rolle: Wie es mit einem Schaden, der nicht Vermögensschaden ist, rechtlich zu halten sei? — GB. 253 ordnet es dahin, daß der Anspruch auf Herstellung des früheren Zustandes auch hier in regelmäßiger Art Platz greift, daß aber ein Ersatz in Geld nur in den durch das Gesetz bestimmten Fällen gefordert werden kann. Diese Ausnahmsfälle finden sich in der Lehre von den Privatdelikten, im Falle

---

[1]) Darum thut das GB. 252 ganz Recht, wenn es denjenigen entgangenen Gewinn einrechnen will, „der nach dem gewöhnlichen Laufe der Dinge ... mit Wahrscheinlichkeit erwartet werden konnte."

[2]) Vgl. Windscheid, Pandekten § 258 N. 17, 18. Außer den dort Citirten s. bes. noch Brinz, Pandekten, 2. Aufl., § 281 b, S. 353.

[3]) Vgl. GB. 846.

[4]) Interessante Rechtsfälle: Seuff. Arch. 12, Nr. 255; 9, Nr. 273; auch 11, Nr. 130. Vgl. Stammler, Praktische Pandektenübungen § 54, Nr. 24—26; über den Kausalzusammenhang bei der Schadenszufügung überhaupt: Nr. 13—23.

der Verletzung des Körpers oder der Gesundheit, sodann der Freiheitsentziehung und bestimmter Vergehungen gegen die Frauenehre;[1]) sodann bei der Lösung eines Verlöbnisses, welche aus gewissen, gesetzlich näher bestimmten Gründen erfolgt ist, für eine Braut, die dem Verlobten Beiwohnung gestattet hatte.[2])

Hiernach läßt sich die Art der Leistung des Schadensersatzes in folgende Uebersicht bringen:

Schaden

- Vermögensschaden; die Herstellung des früheren Zustandes ist
  - möglich
    - Regel (249/1)
    - Ausnahmen:
      - Beschädigung v. Körper od. Sachen: Wahlrecht des Gläubigers (249/2)
      - Fristbestimmung durch den Gläubiger (250)
  - unmöglich, nicht genügend, zu theuer (251)
- anderer Schaden
  - Besondere gesetzliche Ausnahmen (253; — 847; 1300)
  - Regel (249/1)

(Ausnahmen, unmöglich usw., besondere gesetzliche Ausnahmen:) Entschädigung in Geld.

Wie aber ist in den zuletzt erwähnten Fällen eines Schadens, der nicht Vermögensschaden ist, überhaupt die zu ersetzende Geldsumme zu bemessen? Das Gesetz sagt nur, daß „eine billige Entschädigung" geleistet werden soll; — nach welchem Maßstabe hat das Gericht alsdann die angemessene Geldbuße zu bestimmen; und in welcher Art der Deduktion kann es seine Entscheidung objektiv begründen?

Zur rechten Antwort wird eine Erinnerung an die möglichen Fälle eines hier fraglichen Schadens nöthig sein.

Gemeinsam ist ihnen allen, daß der erlittene Verlust durch ein auf dem Markte erhältliches Aequivalent nicht ohne Weiteres wett gemacht werden kann. Dies kann aber aus zwei Gründen unmöglich sein: 1. Weil der eingetretene Schaden als solcher nur von dieser einen Person des Geschädigten empfunden wird. Das ist der Fall bei dem selbst bald todt gehetzten Beispiel von der getödteten Lieblingskatze ohne Geldeswerth. 2. Weil eine Verletzung der fremden Persönlichkeit als solcher vorliegt, insbesondere eine Beschädigung von Leib, Leben und

[1]) GB. 847.

[2]) GB. 1300.

Ehre, von Gütern, die nach unserem Recht auf dem Markte nicht gehandelt werden und einen legitimen Tauschwerth in Geld nicht besitzen.

Bei der ersten Gruppe handelt es sich um eine Werthschätzung von bloß subjektiver Bedeutung. Der Beschädigte muß sich bei der Angabe des Schadens auf seine Person allein zurückziehen; er kann gar nicht behaupten, daß beim Abzuge von allem denjenigen, was im Inhalte seiner Verlustempfindung bloß persönlich ist, noch etwas mehr an Schaden übrig bleibe, als der Bruch der Rechtsordnung überhaupt. Dieser Verlust, den die rechtliche Gemeinschaft erlitten, ist durch Strafe auszubessern, — die Einsetzung eines objektiv einschätzbaren Aequivalentes für einen nur subjektiv empfundenen Verlust wäre ein Unding; und wenn das Gesetz dieses dem Richter zumuthen wollte, was unser neues GB. nicht gethan hat, so würde es ihm Unerfüllbares ansinnen.

Anders steht es mit den Beschädigungen der oben angeführten zweiten Art, den Verletzungen fremder Persönlichkeit. Hier liegt ein Schaden vor, der als solcher objektiv empfunden werden kann. Er beschränkt sich nicht auf die Person desjenigen, der ihn erlitten, sondern würde sicherer Erfahrung zufolge von einem Jeden als Schaden erfaßt werden können, auch ganz abgesehen von der besonderen subjektiven Empfindung, die der Betreffende dem geschädigten Gute entgegentrug.[1])

Dabei darf dieses nicht irre machen, daß in der vorsätzlichen Verletzung oder Entwendung einer Sache von bloß subjektivem Gebrauchswerthe zu gleicher Zeit auch eine Verletzung der fremden Persönlichkeit gelegen sein kann. Wenn wir eine Uebersicht über die zu scheidenden Fälle geben, so setze ich jetzt natürlich auf die eine Seite nur solche Thatbestände, in denen die letztgenannte Möglichkeit sich nicht verwirklicht. Diese Scheidung aber macht keine Schwierigkeiten.

Darum ist das GB., als es noch Entwurf war, hier zu Unrecht angegriffen und getadelt worden. Es traf ganz das Richtige, als es bei den Fällen zweiter Art einen Schadenersatzanspruch in Geld zubilligte, bei der ersten Gruppe dagegen nur Ansprüche auf Wiederherstellung zuließ und Strafe.

---

[1]) Naheliegende Beispiele: Zufügung körperlicher Schmerzen, ohne daß die Erwerbsfähigkeit des Betroffenen beeinträchtigt wird; Entstellungen, Verunstaltungen, Defloration, Unzucht mit Frauenspersonen ohne Schwängerung u. A. m.

Aber es hat allerdings die zweite Gruppe nicht vollständig ausgebaut. Es nennt nicht jede Verletzung fremder Persönlichkeit, sondern nur die einzelnen Fälle, die ich vorhin citirte. Verletzungen nahe stehender Verwandter, Verführung von Kindern,[1]) üble Nachrede gegen Verstorbene und ähnliche Möglichkeiten sind gar nicht berücksichtigt; und die angeführten Fälle der Verletzung von Frauenehre auf gewisse, positiv umgrenzte Thatbestände eingeschränkt. Es dürfte nun in erster Linie von der Rechtsprechung abhängen, ob sie sich der einstweilen gesteckten kleineren Aufgabe derartig genügend entledigt, daß der vom Gesetze theilweise verwirklichte Gedanke eine volle Durchführung später erhalten kann. Dieses führt im Einzelnen zu der Beantwortung der oben gestellten Frage nach dem Maßstabe zurück, den das Gericht bei Bemessung eines Geldersatzes für einen Schaden ohne Vermögensinteresse anzuwenden hat. Wir brauchen aber eine Bestimmung hierüber. Die übliche Hinweisung auf „das richterliche Ermessen" genügt nicht, das könnte auch subjektives Meinen des gerade Urtheilenden sein, bloß persönliche Ansicht des zufällig als Richter Berufenen. Dem läßt sich nun durch folgenden Gedankengang ausweichen.

Es soll die objektiv begründete Unlust, welche die Schadenszufügung in dem Geschädigten hervorgerufen hat, durch eine Geldbuße des Delinquenten an Jenen in gegenständlich erwägender Weise ausgemerzt werden. Und nun ist bei der zahlenmäßigen Bemessung dieses Aequivalentes auf die konkret bedingte Lage der Beiden und auf ihre rechtlichen Verhältnisse des Genaueren zu sehen. Die Theorie vermag hier nicht mehr anzugeben, als wiederum darauf hinzuweisen, daß der objektiv urtheilende Richter die Entschädigung derartig zu bemessen hat, daß im Sinne des sozialen Ideales eine Ausgleichung der geschehenen Kränkung unter den betheiligten Privatpersonen (nicht gegenüber der Gesammtheit, wie bei der Strafe) thunlichst stattfinde. Der Richter hat also die Höhe der Ersatzsumme nach den besonderen Verhältnissen der Betheiligten derartig anzusetzen, daß der Ersatzpflichtige soweit benachtheiligt und der vormals Geschädigte bis dahin begünstigt wird, daß der Gedanke einer Gemeinschaft von Menschen, die sich in ihren objektiv berechtigten Zwecken gegenseitig und ebenmäßig achten, nach der früheren konkreten Mißachtung desselben jetzt wieder hergestellt erscheint.

---

[1]) Ist nach jetzigem gemeinen Rechte die actio de servo corrupto analog anwendbar? Vgl. Seuff. Arch. 44 Nr. 21.

An positiven Daten ist noch zu erwähnen, daß die Buße des StGBs. in Geltung bleibt und für die dortigen Fälle also wahlweise neben unserem Ersatzanspruche des GBs. dem Verletzten zur Verfügung steht.[1])

Eine Schätzung eines nicht vermögensrechtlichen Interesses, wie in den besprochenen Fällen des Schadensersatzes findet sich übrigens auch in anderem Zusammenhange. So bei der Vertragsstrafe 343, 1/2; beim Finderlohn 971.

36.

Eine Art von Lieblingslehre unseres GBs. ist die vom Rücktritte aus einem Vertragsverhältnisse. Der fünfte Titel des zweiten Abschnittes im Rechte der Schuldverhältnisse befaßt sich in nicht weniger als 16 Paragraphen mit jener Lehre;[2]) und zwar nur mit dem ergänzenden Rechte (oder auch Auslegungsvorschriften) für das vertragsmäßige Rücktrittsrecht.[3]) Wenn in sonstigen häufigen Thatbeständen ein Rücktritt gesetzlich zugebilligt wird, so sollen jene Sätze entsprechend Anwendung finden. Das ist nun in unserem Rechtsfalle, wie aus den Wahlmöglichkeiten des Käufers nach § 34 hervorgeht, durchzuführen.

Der Rücktritt erfolgt durch einseitige Erklärung des Rücktrittsberechtigten an seinen Gegner (349). Bei seiner Vornahme kommen die allgemeinen Sätze des GBs. 130 ff. in Betracht. — Besonderheiten gelten, wenn auf der einen Seite Mehrere betheiligt sind (356). — Der Rücktritt muß, um wirksam zu sein, innerhalb der vertragsmäßig festgesetzten Zeit erfolgen; besteht keine solche, so kann von dem Gegner die Innehaltung einer angemessenen Frist verlangt werden (355).

Ausgeschlossen wird ein an sich begründetes Rücktrittsrecht durch einen Untergang des Leistungsgegenstandes, sofern dies auf Schuld des Rücktrittsberechtigten zurückzuführen ist (351, 350); ferner durch Umgestaltung der geleisteten Sache seitens des Rücktrittsberechtigten (352);

---

[1]) E. I 721 bestimmte das ausdrücklich. Wurde später als selbstverständlich gestrichen; es folgt aus EG. 32 und 34.

[2]) Vgl. auch Ges., betr. die Abzahlungsgeschäfte v. 16. Mai 1894; und neues HGB. 375.

[3]) Eine Verleihung des Rücktrittsrechtes durch ergänzenden Rechtssatz findet sich in unserem Titel in 360. (Dagegen ist 361 Auslegungsvorschrift, — s. oben § 23 unter b). Vgl. GB. 455.)

oder durch eine von ihm vorgenommene Veräußerung oder Belastung jenes Gegenstandes (353).[1])

Die juristische Durchführung des Rücktrittsrechtes geschieht in der Art, daß durch Ausübung jenes ein neues Schuldverhältniß zwischen den Betheiligten entsteht. Dasselbe ist gegenseitig; ist Zug um Zug zu erfüllen und überhaupt nach der obigen Lehre von den gegenseitigen Verträgen rücksichtlich der Einrede des nicht erfüllten Vertrages zu behandeln.[2]) Im Falle dagegen dem einen Theile die Rückleistung [3]) unmöglich wird, können natürlich nicht die Wahlmöglichkeiten, wie beim gegenseitigen Vertrage, eintreten (oben § 34); wodurch sich ein immer neues Rücktrittsrecht in einem regressus in infinitum einschieben könnte. Es sollen vielmehr dann die Vorschriften Platz greifen, die nach GB. 987 ff. für das Verhältniß zwischen dem Eigenthümer und dem Besitzer einer Sache vom Eintritte der Rechtshängigkeit an gelten (347).[4])

Trotz dieser ausführlichen Regelung der Materie bleiben Zweifelsfragen übrig. Ich möchte hier im Anschluß an unseren Rechtsfall (§ 31) die Aufmerksamkeit des juristischen Publikums auf die Frage eines theilweisen Rücktrittsrechtes lenken.

Das GB. nennt ein solches nicht mit ausdrücklichen und deutlichen Worten; wie es z. B. das (seitherige) HGB. 359 that. Aber es drängt in 325, 1/2 seinem ganzen Sinne nach auf die Zubilligung eines solchen. Denn wenn dem dort wahlberechtigten Theile freigestellt wird, wenn die noch theilweise mögliche Erfüllung für ihn kein Interesse hat, von dem ganzen Vertrage zurückzutreten, so ist kein Grund ersichtlich, für den Fall jenes Interesses an der möglichen Theilleistung ihm das Rücktrittsrecht ganz zu versagen. Zu dieser Streichung der Erwägung des Rücktrittsrechtes wird man um so weniger neigen, als dadurch die nach obiger Tabelle (oben § 34) in unserem Falle dem geschädigten Gläubiger jeweils zustehenden vier Wahlmöglichkeiten ohne alle Noth

---

[1]) Unwirksam ist der Rücktritt, wenn er von der fehlenden Leistung des Gegners abhängig, sobald dieser zwar nicht geleistet hat, aber hätte aufrechnen können und dies nun nach dem Rücktritt unverzüglich vornimmt (357).

[2]) GB. 348. — GB. 321 und die Frage von der clausula rebus sic stantibus bleibt hier natürlich außer Betracht.

[3]) Sie bestimmt sich an sich nach den geschehenen Leistungen. Bei geleisteten Diensten oder Ueberlassung des Gebrauches einer Sache ist der Werth zu vergüten (346).

[4]) Kommt der eine Theil mit der Rückgewähr in Verzug, so gilt GB. 354 (erst in E. III 348 neu eingesetzt).

durchbrochen und für den Fall nur theilweiser Unmöglichkeiten der Leistung ungleichartig geordnet sein würden.[1])

In der That ermangelt aber auch das theilweise Rücktrittsrecht vom Vertrage durchaus nicht einer nützlichen Funktion bei der Auseinandersetzung der Privatinteressen unseres Falles.

Bei dem Rücktrittsrechte im Ganzen ist der Gegensatz zu der einfachen Verweigerung der Gegenleistung in sich klar, da ja bei ihm, wie bemerkt, ein neues Schuldverhältniß zwischen den Betheiligten entsteht. Ein theilweises Rücktrittsrecht wird nun in entsprechender Weise nicht dadurch überflüssig, daß in unserem Falle dem Berechtigten die Minderungsklage bereits zusteht. Auch hier würde durch einen theilweisen Rücktritt vom Vertrage ein neues Schuldverhältniß begründet werden, das nach den oben angeführten Regeln in Voraussetzungen und Wirkungen zu behandeln ist. Und auch hier können für den praktischen Erfolg sehr verschiedene Konsequenzen für die Kontrahenten sich ergeben.

Das letztere schon in einfachen Zahlen. Setzen wir, daß das verkaufte Objekt 100 werth war (und auch im Kaufvertrage so bewerthet worden war;[2]) es ist ein Theil der Waaren im Werthe von 20 verbrannt, so kann es sein, daß der Käufer ein objektiv begründbares Interesse an einer Restlieferung im Werthe von 60 hat, während er mit den dazwischen liegenden 20 nichts anfangen kann. Versagt man das theilweise Rücktrittsrecht, so bleibt nur Minderungsmöglichkeit um 20. Diese Erwägung wird nun bestätigen, wie wenig es im Gesammtsinne des GBs. und besonders seiner Lehre von den gegenseitigen Verträgen liegen würde, durch Abschneidung der Möglichkeit, von dem Vertrage theilweise zurückzutreten, ein Mittel zu einer rechten objektiven Auseinandersetzung dieser Privatrechtsverhältnisse in grundsätzlicher Verneinung bei Seite liegen zu lassen.

37.

Wenn eine bestimmte Sache herauszugeben ist, von dieser aber vorher ein gewisser Vortheil noch erlangt wurde, so fragt es sich: Wem dieses „commodum“ gebühre?

[1]) Wie sehr ein theilweises Rücktrittsrecht unentbehrlich sein kann, darüber s. unten § 41 S. 143, N. 4.

[2]) Letzteres, um die Komplikationen der Berechnung einer Minderungsklage nach 472 hier außer Betracht lassen zu können.

Die gemeinrechtliche Doktrin besitzt hier eine ausgeführte Lehre, welche sich ursprünglich allgemein an den Satz anlehnte „commodum eius esse debet, cuius periculum est“. Seit den überzeugenden Erörterungen Mommsens[1]) dürfte allgemein anerkannt sein, daß der Satz im gemeinen Rechte mit Fug nur für das stellvertretende Commodum Bedeutung besitzt, für das accessorische dagegen nicht in Betracht kommt.

Das GB. hat keine allgemeine Bezugnahme auf die Eingangs aufgeworfene Frage aufzuweisen; vielmehr finden sich nur einzelne und vereinzelte Bestimmungen darüber hin und wieder zerstreut. Demnach mag es am Platze sein, eine Uebersicht der hierdurch gegebenen Regelung zu liefern.[2])

Selbstverständlich ist es, daß die hier zu entwickelnden Rechtssätze nur den Charakter von ergänzenden Normen haben. Die Begriffe und Scheidungen der gemeinrechtlichen Lehre werden dabei mit Nutzen verwendet werden können.

1. Accessorisches Commodum, — Vortheile, die zu dem geschuldeten Gegenstande hinzutreten.

Es ist zu unterscheiden: Der wesentliche Zuwachs, welcher der geschuldeten Spezies zu Theil geworden ist, z. B. Anschwemmung, angeschmiedete Sachen 2c.; — und die selbständigen Vortheile, die zu einer Hauptsache hinzutreten, wie getrennte Früchte, Schatz, Wild von einem Jagdgrundstücke, ein mit einer ausgestellten Sache errungener Preis 2c. Das GB. nimmt im Anschlusse an neuere Gesetzgebungen für letztere den Namen der Nutzungen auf.[3])

Der wesentliche Zuwachs ist immer mit herauszugeben. Dies folgt aus der allgemeinen Tendenz von GB. 93 ff.; und stimmt mit dem seitherigen gemeinen Rechte überein. Ob der zur Lieferung Verpflichtete einen Ersatz wegen Verwendungen hat, bestimmt sich nach den besonderen Regeln hierüber (z. B. 450).

Hinsichtlich der zwischen Eintritt der Verpflichtung und der Fälligkeit aufgekommenen Nutzungen sind zu unterscheiden:

---

[1]) Friedrich Mommsen, Erörterungen aus dem Obligationenrecht, 1. Heft (1859).

[2]) Ausgeschieden bleiben dabei die folgenden Fälle: a) der Verzug des Schuldners, s. 284 ff.; vgl. auch Gläubigerverzug in 302 und 379. b) Der Einfluß der Rechtshängigkeit: 292; — 987 ff., bes. 993; — 2020; 2023; — vgl. auch 347/2.

[3]) Von „Zuwachs“ sprach noch E. I an verschiedenen Stellen; vgl. dort 427; 478; 1878. Im GBe. kommt das Wort nicht mehr vor.

a) Kauf und gleichstehende Veräußerungsgeschäfte. Die Nutzungen gebühren dem Käufer von der Uebergabe an; bei Grundstücken von der Zeit der Auflassung an (446). Die Verschiebung der Gefahrtragung beim Transporte verkaufter Sachen[1]) (447) ist ohne Einfluß, der Käufer hat die Nutzungen doch erst von der Uebergabe an zu beanspruchen, sofern nicht der Transport durch seinen Beauftragten geschah, und er dadurch zum mittelbaren Besitzer wurde.

Anders beim Erbschaftskaufe nach 2380.

b) Schenkungen. Das hier fragliche Commodum ist niemals herauszugeben. Geht aus 522 hervor.

c) Vermächtnisse: 2184.

d) Rückgabe der Miethsache (556), der Pachtsache (591, bes. 593); der geliehenen Sache (604). — Hier ist gar nichts bestimmt. Es ist nach Treu und Glauben zu entscheiden. Dabei wird der alte Unterschied der Pandektenlehre vom commodum ex re und ex negotiatione gelegentlich zutreffend beobachtet werden können, so daß im Zweifel jenes mit zu restituiren ist, das Letztere aber regelmäßig nicht.

e) Wiederauflösung eines Rechtsgeschäftes. Es kommt in Betracht das Rücktrittsrecht nach 347/2; die Wandlungsklage nach 487 (wogegen 498 nur von Zubehör spricht); Herausgabe der Erbschaft vom Vorerben an den Nacherben (2130).

f) Ansprüche wegen ungerechtfertigter Bereicherung 818 (beide Arten des Commodum sind herauszugeben); vgl. 988.

2. Stellvertretendes Commodum. Der geschuldete Gegenstand geht unter, gerade durch den Untergang ist aber ein Vermögensvortheil errungen worden, besonders ein Ersatzanspruch gegen Dritte; so im Falle schuldhafter Beschädigung des Leistungsgegenstandes durch einen Fremden oder bei Versicherungsansprüchen. Hier billigt das GB. 281 dem Gläubiger allgemein den Anspruch auf den für den geschuldeten Gegenstand erlangten Ersatz oder Ersatzanspruch zu. 323, in Verbindung damit 325 wenden es nur, wie unsere Tabelle gelehrt hat, auf gegenseitige Verträge an; die Berechnung, die 323, 2 vorschreibt, kann sich rechnerisch, aber nicht juristisch, verwickelt gestalten.

Dazu ist GB. 255 zu bemerken, wonach ein jeder zum Schadensersatz Verpflichtete nur gegen Leistung des, in Ansprüchen gegen Dritte bestehenden stellvertretenden Commodums zur Leistung verpflichtet ist.

---

[1]) Vgl. Mot. 2, 324 (Beispiel: Die Kuh wirft unterwegs ein Kalb).

38.

Durch die verschiedenen Wahlmöglichkeiten, welche das neue Recht in den besprochenen Fällen der Unmöglichkeit bereit gestellt hat, wird für uns eine Rechtseinrichtung in ihrer Wichtigkeit dem früheren, besonders dem römischen Rechte gegenüber[1]) sehr gehoben: Die alternative Obligation.

Das GB. hat die Lehre im Sinne der herrschenden Pandektendoktrin aufgenommen: Es liegt ein einiges Schuldverhältniß vor, der Leistungs**inhalt** ist alternativ bestimmt. Ich sage nichts Neues, wenn ich darauf aufmerksam mache, daß man im praktischen Leben gewöhnlich an den Fall denkt, wo der Leistungs**gegenstand** alternativ bestimmt ist; daß dieses aber nicht der einzig mögliche Fall ist, und die richtige Definition vielmehr lauten muß: Es ist ein Schuldverhältniß, das zum Ziele eine Leistung dieses oder jenes Inhaltes hat.

In einer neueren ausführlichen Monographie über diese Materie[2]) wird die Ansicht vertreten, daß es im heutigen gemeinen Rechte ein einheitliches Institut der alternativen Obligation überhaupt nicht gebe, sondern daß die gewöhnlich hierher gezogenen, äußerlich einander ähnlichen Rechtsverhältnisse in drei, ihrer juristischen Struktur nach ganz verschiedene Gruppen zu scheiden seien. Zunächst könne die Wahl unter den mehreren Leistungsgegenständen, die an sich nicht Bedingung der sog. alternativen Obligation sei, durch den sie in das Leben rufenden Willen dazu erhoben werden; in diesen Fällen sei einfach die Theorie der bedingten Obligationen maßgebend. In den Fällen dagegen, in welchen die Wahl nicht als Bedingung fungire, sei zu unterscheiden, ob der Schuldner oder der Gläubiger das Wahlrecht habe; im ersteren Falle liege Eine Obligation mit alternativ bestimmtem Inhalte vor, im letzteren mehrere Forderungsrechte, von denen die Geltendmachung eines einzelnen die übrigen Fälle ausschließe.

Nach dem GBe. kann wohl kein Zweifel darüber obwalten, daß zwar Bedingungen einspielen **können**, daß aber an und für sich alternativ ausgebaute Schuldverhältnisse in ihrer Besonderheit einheitlich bestehen und

---

[1]) Im römischen Rechte scheint sie keine besonders hervorragende Rolle gespielt zu haben; das vielfach für sich besonders behandelte legatum alternativum kam vielleicht noch am meisten vor. — Ueber das Wahlvermächtniß ist jetzt zu vgl. GB. 2154. Bei Vertragsschulden kommen im heutigen Verkehrsleben alternative Bestimmungen häufiger mit Rücksicht auf den Ort, auch auf die Zeit der Leistung vor.

[2]) **Pescatore**, Die sogenannte alternative Obligation (1880). Für das römische Recht auch künftighin durch wohlgelungene Quelleninterpretationen von Interesse.

in ihrer Eigenart gleichmäßig aufzufassen sind. Ein Blick auf GB. 262, der einfach sagt, daß im Zweifel der Schuldner das Wahlrecht haben solle, muß dies bestätigen.

Danach ist kein Grund ersichtlich, aus dem die in den vorigen Paragraphen besprochenen Ausgestaltungen gegenseitiger Schuldverhältnisse von dem Begriffe der alternativen Obligation auszunehmen seien, wie neuerdings gelegentlich behauptet worden ist. Durch die Unmöglichkeit der Leistung wandelt sich in der näher besprochenen Weise das Schuldverhältniß in ein solches um,[1]) das auf eine Leistung dieses oder jenes Inhaltes geht; wobei hier dem Gläubiger das Wahlrecht zuzusprechen ist.

Die bedeutsamste Einzelfrage[2]) bei dem alternativen Schuldverhältniß ist diejenige nach seiner Konzentration auf die eine Leistung.[3]) Das GB. hebt zunächst ausdrücklich zwei Fälle hervor: Bestimmung des Wahlberechtigten und Unmöglichwerden der einen Leistung. Letzteres mit der Modifikation, daß bei Verschulden des nicht wahlberechtigten Theils eine „Beschränkung" nicht eintritt,[4]) mithin der wahlberechtigte Schuldner alsdann frei wird,[5]) der wahlberechtigte Gläubiger dagegen nach seiner Wahl immer noch anstatt der übriggebliebenen Leistung den Werth der unmöglich gewordenen verlangen kann.[6])

---

[1]) Ueber die zutreffende Auffassung dieses rechtlichen Vorganges überhaupt s. Windscheid, Pandekten § 264 N. 7.

[2]) Ueber die ursprüngliche Unmöglichkeit einer der wahlweise versprochenen Leistungen gilt GB. 307, 2 (Verpflichtung zum negativen Vertragsinteresse).

[3]) Konzentration bei Gattungsschulden: GB. 243, 2.

[4]) Verschulden des nicht wahlberechtigten Schuldners wird praktisch der Hauptfall sein. Es kann aber auch beim wahlberechtigten Gläubiger vorkommen, z. B. er erhält eine alternativ geschuldete Sache zur Probe und Auswahl und beschädigt sie schuldhaft.

[5]) Nach der Ausdrucksweise von GB. 265/2 könnte man denken, daß der Schuldner jetzt nach seiner Wahl die zweite Leistung oder den Werth der ersten leisten sollte. Nach 275 verbleibt nur die im Texte angegebene Möglichkeit; obgleich es merkwürdig genug ist, die schärfere Wirkung — daß das Schuldverhältniß vollständig untergehen solle — dadurch auszudrücken, daß man sagt: Es soll die geringere Wirkung nicht eintreten. Vgl. auch Mot. 2, 8 ff. (Nach Windscheid, Pandekten § 255 N. 13 wandelt sich die alternative Obligation in unserem Falle in eine einfache mit facultas alternativa.)

[6]) Dagegen sind die positiven Besonderheiten des römischen Rechtes, mit denen es den Fall der Unmöglichkeit bei der alternativen Obligation ausgestattet hatte, nicht aufgenommen worden. S. darüber Windscheid, Pandekten § 255 N. 12–14.

Hinsichtlich der Bestimmung des Wahlberechtigten hat auch hier das GB. — m. E. wiederum in sehr glücklicher Weise — nicht den Vertrag, sondern die einseitige Erklärung des Wählenden als maßgeblich eingeführt.[1]) Wenn dagegen der Wahlberechtigte dem andern Theile gegenüber auf sein Wahlrecht verzichten und dem letzteren das Auswählen überlassen will, so ist zunächst vertragsmäßige Einigung über diesen Uebergang des Wahlrechts erforderlich.[2])

Dagegen halte ich es nicht für zutreffend, wenn vielfach gelehrt worden ist, daß eine Konzentration durch die vollzogene Leistung geschehe. „Beschränkung" heißt im alternativen Schuldverhältniß: Feststellung derjenigen Leistung, die vorgenommen werden soll. Die Begründung dieses Satzes liegt darin, daß es sich um eine Eigenthümlichkeit handelt, die durch den alternativen Charakter der Leistungsbestimmung hervorgerufen wird. Um überhaupt etwas mit diesem Schuldverhältniß anfangen zu können, muß eine juristische Thatsache sich dazwischen schieben, durch welche die eine der beiden Leistungen in bevorzugter Weise als die rechte festgestellt wird. Diese Thatsache ist immer zu bemerken, mag auch ihr Eintritt zeitlich vielleicht mit der Ausführung schon zusammenfallen; und darum liegt in der Erfüllung einer alternativen Obligation bloß deßhalb und nur insoweit eine Konzentration, als in der Vornahme und Annahme der Leistung zugleich die entsprechende Beschränkungserklärung des wahlberechtigten Theiles gelegen ist.[3])

Dies ist im Besonderen für das Verständniß von GB. 264 von Interesse, wodurch der richtigen juristischen Behandlung einige Schwierigkeiten entgegengebracht worden sind. Ich setze den Wortlaut voraus und nehme zuerst den zweiten Absatz vor.

Hier ist die Rede von dem Annahmeverzug des wahlberechtigten

---

[1]) Durchzuführen nach der sog. Empfangstheorie (GB. 130). E. I 209, 1 und II 220 hatten die Unwiderruflichkeit der getroffenen Wahl ausdrücklich versprochen; in E. III und GB. ist das gestrichen und als selbstverständlich angenommen.

[2]) In Ermangelung besonderer Bestimmung hat GB. 305 Platz zu greifen.

[3]) Eine entsprechende ausdrückliche Bestimmung hatte E. I 207, 2. — Daß alsdann eine Konzentration eingetreten und die andere Leistung ganz ausgeschieden ist, kann von gelegentlichen praktischen Einzelfolgen sein; so z. B. bei hinterher erscheinender Mangelhaftigkeit der geleisteten Sache. — Wenn aber der Schuldner etwa bei der Leistung erklärt hätte, daß er sich vorbehalte, die andere Sache noch zu geben, falls jene sich als fehlerhaft herausstellen würde, so läge nur ein besonderes Abkommen über die Art der Gewähr für Mängel vor.

Gläubigers. Ob jener vorliegt, ist nach GB. 295 zu bestimmen. Dabei kann Schwierigkeiten gerade der Fall der gegenseitigen Obligationen bereiten, in dem eine Verpflichtung des Schuldners vorliegt, dem wahlberechtigten Gläubiger Zug um Zug zu erfüllen; während nun der Letztere sich nicht rührt und die Wahl nicht vornimmt.

Ein Rechtsfall als Beispiel: Eine Firma war durch rechtskräftiges Urtheil schuldig erkannt worden, dem klagenden Handlungshause den Kaufpreis für eine Quantität Soda gegen Lieferung derselben durch Wechselaccept zu bezahlen, und zwar im Betrage von 4 oder 5 Mark für den Centner, je nachdem sie, die Beklagte, die Lieferung in Newcastle oder in Hamburg verlange.

Die praktische Durchführung eines solchen Falles wäre diese: Der Käufer der Soda ist zur Erklärung aufzufordern, wohin er die Waare haben wolle; diese Aufforderung steht nach 295/2 der reellen Offerte allgemein gleich, so daß ein Unterlassen rechtzeitiger Antwort den Empfangsberechtigten in Verzug setzt. Darauf hat nach 264, 2 der Verkäufer zum zweiten Male eine Aufforderung zur Vornahme der Wahl zu erlassen, dieses Mal mit der Möglichkeit der Bestimmung einer Frist. Nach deren fruchtlosem Ablaufe geht das Wahlrecht auf den zur Lieferung Verpflichteten über. Dieser hat nun nach 263 zu wählen; und es treten jetzt bezüglich der gewählten Leistung einfach alle Folgen des Gläubigerverzuges ein; — also keine Befreiung des Schuldners, und natürlicher Weise auch keine unmittelbare Möglichkeit einer Zwangsvollstreckung (s. unten § 44).

Während nun der zweite Absatz von 264 sich danach überall klar erfassen und durchführen läßt, ist es mit dem vorausgehenden Abs. 1 nicht in gleicher Weise so bestellt. Jene Gesetzesbestimmung bezieht sich auf den Verzug des Gläubigers allgemein, die andere nur auf die mögliche Zwangsvollstreckung. Dadurch könnte die verschiedene Ausdrucksweise sich genügend erklären, wonach in Abs. 2 mit dem Ablaufe der Frist „das Wahlrecht auf den Schuldner übergeht", — dagegen nach den Normen von Abs. 1 „der Gläubiger die Zwangsvollstreckung nach seiner Wahl auf die eine oder die andere Leistung richten kann". Aber die Mot. sagen ausdrücklich,[1]) daß in dem von 264, 1 genannten Falle dem Schuldner das Wahlrecht nicht genommen werden soll. Dies muß uns jedoch in Verlegenheit setzen.

---

[1]) Zu Entw. I, 210.

„Wahlrecht" kann bei der alternativen Obligation nichts Anderes heißen, als rechtliche Möglichkeit, die eine der Leistungen als die vorzunehmende zu bestimmen. Wenn nun das Gesetz dem Gläubiger die rechtliche Möglichkeit giebt, die Zwangsvollstreckung in der Art einzuleiten, daß er die eine der Leistungen als die zu erzwingende bestimmt, also daß die Vollzugsorgane sich danach maßgeblich zu richten haben, so hat eben jetzt er, der Gläubiger, jenes „Wahlrecht". Das Streiten darüber müßte sich nothwendig in terminologische Kontroversen verlieren. Nun fügt aber das Gesetz weiter hinzu, daß der Schuldner sich so lange noch durch eine der übrigen Leistungen, die von dem Gläubiger nicht bestimmt waren, befreien kann, als der Gläubiger „die gewählte Leistung" ganz oder zum Theil noch nicht empfangen hat. Da nun nach dem eben Ausgeführten der Gläubiger mit dem Beginne der Zwangsvollstreckung das Recht hat, eine Leistung zu wählen, so würde man, falls die von den Motiven mitgetheilte Meinung wirklich einzusetzen wäre, zu einem alternativen Schuldverhältniß gelangen, in welchem sowohl der Gläubiger, als auch der Schuldner das Wahlrecht hätten; — was ein verdrehter Gedanke wäre.

Wie aber läßt sich nun der sachliche Inhalt des ersten Theiles von GB. 264, der dem Gläubiger das Wahlrecht in erwähnter Weise verleiht, mit der zweiten Hälfte vereinigen, wonach der Schuldner sich zunächst immer noch durch eine der übrigen Leistungen befreien kann? Offenbar nur so, daß dieses Letzte nicht mehr ein Wahlrecht im Sinne einer alternativen Obligation ist, sondern im Sinne einer einfachen Obligation mit facultas alternativa.

Man erinnert sich, daß das römische Recht eine solche im Falle der laesio enormis zubilligt, sie auch in der noxae deditio bei den actiones noxales zur Anwendung brachte, und bei dem solutionis causa adiectus verwandte. Die ersten beiden jener Hauptfälle sind im GBe. geschwunden; es hat aber in einigen Fällen des Erbrechtes den genannten Begriff eingesetzt.[1]) Hier ist nun in unserem Falle davon Gebrauch gemacht.

Das Ergebniß ist für den Inhalt von 264, 1 demnach das folgende: In dem Augenblicke, da nach den Sätzen der CPO. die Zwangsvollstreckung von dem Gläubiger begonnen wird, geht das Wahlrecht auf ihn über; durch die von ihm getroffene Wahl kon-

---

[1]) GB. 1973, 2; 1992; 2329, 2. S. auch 528, 1/2.

zentrirt sich das Schuldverhältniß;[1] der Schuldner hat neben diesem die alternative Ermächtigung, sich noch durch eine der übrigen Leistungen zu befreien.

[1]) Man könnte zweifeln, ob das nicht in dem Falle zu ungewollten Härten gegen den Gläubiger führen muß, da etwa die „vom Gläubiger gewählte Leistung" während der Zwangsvollstreckung kasuell unmöglich wird. Aber man muß sich erinnern, daß der Schuldner jetzt im Verzuge ist (284) und nun für zufälligen Schaden auch verantwortlich ist (vgl. 287).

Sechster Abschnitt.

Vom Verzuge.

39.

Zweite Veränderung des Rechtsfalles.

In § 2 unseres Verkaufsvertrages (oben § 25) heißt es: „Die Uebergabe des Hauses und Geschäftes geschieht am nächsten Michaelistermin, frei von jeglichem Besitz.“

Da das obere Stockwerk des Hauses an X. vermiethet war, so kündigt diesem der Verkäufer auf Michaelis. Beide kommen aber in einen weitläufigen Prozeß, in Folge dessen die Räumung erst einige Zeit nach dem genannten Termine durch gerichtlichen Zwang bewirkt wird.

Dem Käufer, der sich inzwischen nicht gerührt hatte, wird nun vom Verkäufer die Uebernahme des erkauften Geschäftes angesonnen. Er weigert sich jedoch. Die Sache, erklärt er, habe jetzt für ihn keinen Werth und er wolle nichts mehr damit zu thun haben. Zum Mindesten müsse ihn der Andere schadlos halten.

Der Verkäufer will darauf nicht eingehen, sondern verlangt jetzt die volle Ausführung des Kaufvertrages.

Ein Jeder fragt nun bei seinem Anwalte an: Welches die rechtliche Lage nach dem GBe. sei; und was für Rechtsbehelfe ihnen danach gegen einander zukämen?

40.

Der Anwalt des Käufers wird zunächst zusehen, wie es mit der rechten Zeit der Erfüllung stehe. Maßgeblich ist GB. 271. In unserem Falle ist der richtige Lieferungstag vertragsmäßig[1]) bestimmt;

---

[1]) Wichtige gesetzliche Bestimmungen: 551; 604; 609; 695; — alle nicht zwingenden Charakters.

festgesetzt ist ein bestimmter Kalendertag. Die partikulare Auslegungsvorschrift,[1]) daß unter „Michaelis" der 1. Oktober zu verstehen sei, bezog sich regelmäßig nur auf Anfang oder Ende bei Miethsverträgen, ist aber auch hier vom GBe. nicht aufgenommen worden. — Auch können in einem Rechtsfalle, wie dem unsrigen, die beiden Bestimmungen von 271 nicht in Betracht kommen: daß die rechte Zeit nöthigenfalls „aus den Umständen" zu entnehmen ist, und daß „im Zweifel" der Schuldner auch vor dem festgesetzten Leistungstermine erfüllen kann; die nöthige Bestimmtheit liegt im obigen Thatbestande vertragsmäßig gegeben.

Hätte es geheißen „gegen Ende September", so hätte man zweifeln können, ob nicht spätestens am 30. September geliefert werden mußte. In Anwendung des vom GBe. beibehaltenen Satzes, daß der Richter durch Auslegung nach Treu und Glauben aus den Umständen es jeweils feststellen müsse, finden sich Entscheidungen, daß in einer solchen Parteibestimmung an und für sich nicht eine Lieferung auf den Tag verstanden zu werden brauche, daß vielmehr mangels anderer Gründe der Empfänger auch noch eine im ersten Anfang des Oktober erfolgende Lieferung übernehmen müsse.[2]) Des Genaueren ist es natürlich eine quaestio facti,[3]) die nach dem von der Theorie mitgetheilten Maßstabe jeweils besonders zu lösen ist.[4])

In gleichem Sinne würde dann auch bei der (praktisch häufigen) Streitfrage zu verfahren sein: wenn der Verkäufer in unserem Falle am 29. September in einer späten Abendstunde erschiene, um nun die Uebergabe des verkauften Gegenstandes zu bewirken. Das kann noch genügend die rechte Zeit der Leistung wahren; man denke z. B. an den

---

[1]) S. oben § 16 a. E.

[2]) So Seuff. Arch. 4 Nr. 108.

[3]) „Nam difficilis est huius rei definitio. Divus quoque Pius Tullio Balbo rescripsit, an mora facta intelligatur, neque constitutione ulla, neque iuris auctorum quaestione decidi posse, quum sit magis facti quam iuris." L. 32 pr. D. de usuris etc. (22, 1).

[4]) Einiges Material aus der Praxis: die Lieferung und insbesondere Geldzahlung sollte erfolgen: „nach Gelegenheit", Seuff. Arch. 15 Nr. 7; — „sobald der Schuldner dazu in der Lage sei", Seuff. Arch. 15 Nr. 218; 20 Nr. 111; Bolze, Entsch. des Reichsgerichts 4 Nr. 472; vgl. Gruchot's Beiträge 1 S. 64; — „auf Verlangen des Gläubigers", Arch. f. prakt. Rechtsw. N. F. 10 S. 83; — „in beliebigen Jahreszielen", Seuff. Arch. 3 Nr. 151; 20 Nr. 112; — „nach und nach", Seuff. Arch. 12 Nr. 233; — „baldthunlichst", Seuff. Arch. 23 Nr. 116, vgl. 217; — u. v. A. m.

gesteigerten Verkehr in der Weihnachtszeit und an die Möglichkeit, daß die Post oder der Spediteur erst am späten Abend die Sendung abliefert. Es ist je nach den besonderen Umständen, und so in unserem Falle, erforderlich, daß an dem bestimmten Tage selbst wieder eine enger begrenzte Zeit der Leistung als die richtige erscheint. Auch hier ist das Richtmaß das oft erwähnte: Treu und Glauben.

Ist über die rechte Zeit der Leistung gar nichts bestimmt, so übernimmt das GB. die alte Regel praesenti die debetur.[1])

Ueber die Rechtslage, da dem Schuldner die Zeit der Leistung in ganz freies Belieben gestellt ist, s. oben § 21.

41.

Nach dem GBe. gilt der bekannte Satz: Dies interpellat pro homine.[2]) Nach den seitherigen Erörterungen hat er in unserem Falle Anwendung zu finden; es ist eine besondere Mahnung des Gläubigers nach eingetretener Fälligkeit (ersetzbar durch Klage oder Zahlungsbefehl) nicht mehr erforderlich.[3])

Dagegen hat der Schuldner, in unserer Frage also der Verkäufer, die Möglichkeit, sich zu entschuldigen.

„Der Schuldner kommt nicht in Verzug, solange die Leistung in Folge eines Umstandes unterbleibt, den er nicht zu vertreten hat.“ (285).

Für die Frage, was er zu vertreten, ist oben § 33 nachzusehen. Hinsichtlich der Beweislast ist 282 analog anzuwenden, dem Schuldner mithin der Beweis aufzubürden. Das Gericht wird aber häufig in der Lage sein, ohne Erlaß eines Beweisbeschlusses sofort zur Urtheilsfällung übergehen zu können, weil es aus dem Vorbringen der Partei selbst die Ueberzeugung gewinnt, daß ein Verzug des Schuldners nach den angegebenen Voraussetzungen vorliege. Und dies wird in unserem Thatbestande namentlich dann der Fall sein, wenn zwischen Vertrag und Ueberlieferung ein längerer Zeitraum gelegen ist und der Verkäufer mehrere Kündigungstermine seinem Miether gegenüber zur Verfügung hatte, von dem letzten Termin aber erst Gebrauch gemacht hat. Eine gute Anleitung zur rechten Behandlung derartiger Fragen kann man

---

1) L. 14 D. de R. J. (50, 17). Vgl. Windscheid, Pandekten § 273, bes. N. 3.

2) GB. 284, 2.

3) GB. 284, 1.

in einem Fragmente der Digesten finden, das von solchen Fällen sagt: „. . haec recedunt ab impedimento naturali et respiciunt ad facultatem dandi. Est autem facultas personae commodum incommodumque, non rerum, quae promittuntur; . . . et generaliter causa difficultatis ad incommodum promissoris, non ad impedimentum stipulatoris pertinet, ne incipiat dici, eum quoque dare non posse, qui alienum servum, quem dominus non vendat, dare promiserit.“ [1])

Hiernach gehen wir zunächst von der Annahme aus, daß Verzug des Verkäufers vorliege; und werden später (§ 43) die Möglichkeit betrachten, daß ihm der Beweis seines schuldlosen Unvermögens zur rechtzeitigen Lieferung gelingt.

Im ersten Falle ist auf folgende Scheidung Acht zu geben: Es kommt darauf an, ob die nachträgliche Leistung für den Käufer des Hauses und Geschäftes noch Interesse hat oder nicht. Es ist selbstredend, daß auch hier nur objektiv berechtigtes Interesse in Frage kommt und in seinem Dasein oder Fehlen nachgewiesen werden muß; — so daß die bei der Unmöglichkeit der Leistung hierüber gegebenen Erörterungen einfach an diese Stelle zu beziehen sind.[2])

Hat die verspätete Leistung noch objektives Interesse für den Käufer, so kann er in unserem Falle die nachträgliche Erfüllung mit Schadensersatz verlangen;[3]) aber auch dem Verkäufer noch eine „angemessene" Frist (also auch nach der Methode von Treu und Glauben zu bestimmen) mit der Erklärung ansetzen, daß er nach fruchtlosem Ablaufe der Frist vom Vertrage zurücktreten werde. War dann die Frist wirklich ohne Erfolg verstrichen,[4]) so kann der Käufer immer noch statt des Rücktrittes Schadensersatz überhaupt fordern; dagegen nicht mehr die nachträgliche Erfüllung verlangen.[5])

Kommt dagegen der Berather des Käufers aus dessen Instruktion zu dem berechtigten Schlusse, daß die nachträgliche Lieferung des im Verzuge befindlichen Verkäufers für den Käufer gar kein Interesse mehr

---

[1]) L. 137 § 4 D. de V. O. (45, 1).

[2]) S. oben § 34.

[3]) GB. 286, 1.

[4]) Hatte während der Frist der Verkäufer zu leisten begonnen, aber es nicht zu Ende geführt, so wird am Ende der Frist wiederum das Interesse des Käufers geprüft: Hat er am Ganzen gar kein Interesse — volles Rücktrittsrecht oder Ersatz im Ganzen; in allen anderen Fällen — theilweises Rücktrittsrecht oder partiellen Ersatz. (Vgl. unten S. 144 zu N. 4.)

[5]) GB. 286, 2.

besitze, so steht Schadensersatz wegen der ausgebliebenen Lieferung[1]) mit *sofortigem* Rücktrittsrechte zur Wahl;[2]) selbstverständlich mit der Möglichkeit, auch jetzt noch, trotz des fehlenden Interesses, freiwillig die nachträgliche Erfüllung mit entsprechendem Schadensersatz anzunehmen.[3])

Wäre ein Theil des verkauften Hauses dem Käufer schon eingeräumt gewesen, die Ueberlieferung des anderen Theiles aber in der im Thatbestande geschilderten Art zu spät und zwar *im Verzuge* des Verkäufers erfolgt, so würde wiederum zunächst die Frage aufgeworfen werden müssen, ob die nachträgliche Erfüllung überhaupt noch ein berechtigtes Interesse für den Käufer besitzt. Käme man dabei zu dem Ergebnisse, daß nunmehr jene Frage zu verneinen ist, so ist es nach den Regeln des vorigen Absatzes zu behandeln. Hat dagegen die Restlieferung noch objektives Interesse für den Käufer, so kann er nachträgliche Erfüllung mit Schadensersatz fordern; aber auch dem Verkäufer eine angemessene Frist setzen, mit der Erklärung, daß er nach deren fruchtlosem Ablaufe unter Ablehnung der Restlieferung Schadensersatz wegen des ausgebliebenen Theiles der Leistung des Verkäufers fordern oder von dem Vertrage, soweit er noch nicht ausgeführt ist, *theilweise zurücktrete*.[4]) Lag endlich die Sache so, daß der Käufer zwar ein berechtigtes Interesse daran hat, den schon ausgeführten Theil des Vertrages so aufrecht zu erhalten, während die vorzugsweise verspätete Ergänzung desselben jetzt kein Interesse mehr für ihn bietet, so kann er die in meinem letzten Satze angegebene Wahl: Schadensersatz wegen des ausgebliebenen Theiles oder theilweises Rücktrittsrecht auch ohne

---

[1]) GB. 286, 2. Der zweite Satz dieses Absatzes erscheint in der vom GBe. gewählten Redaktion etwas angedrängt und kann auf den ersten Blick Schwierigkeiten machen. Es dürfte an die im nächsten Absatze des Textes folgenden Fälle gedacht sein: Es war dem Gläubiger schon ein Theil geleistet worden, der Schuldner kommt mit der Lieferung des Restes in Verzug.

[2]) GB. 326, 2.

[3]) GB. 286, 2: „Der Gläubiger *kann* unter Ablehnung der Leistung ꝛc." Der Schluß von 326, 1/2, der das Recht auf nachträgliche Erfüllung ausschließt, tritt also in unserem Falle, da ein Interesse des Gläubigers an der nachträglichen Lieferung fehlt, *erst mit der Ausübung des Rücktrittsrechtes* durch Erklärung des Käufers (349) in Kraft.

[4]) Vgl. dazu oben § 36 S. 131.

Ansetzung einer Frist dem Verkäufer gegenüber durch sofortige einfache Erklärung ausüben.[1])

Ich bemerke, daß alles dieses auch bei Unterlassungen so vorkommen kann.

Ein Schriftsteller schloß mit einem benachbarten Schlossermeister einen Vertrag ab, wonach Letzterer, wenn Jener ihm 500 Mark gebe, sich verpflichtete, zu bestimmten Stunden in seinem Hofe sein Gewerbe nicht zu betreiben. Das Geld wurde bezahlt; nach einiger Zeit hämmerte es drüben doch wieder, gerade wie vordem. — Die herrschende Lehre des gemeinen Rechtes billigte da dem Zahlenden nur Anspruch auf Erfüllung und auf das Interesse zu; welches letztere möglicherweise gerade so hoch angesetzt und dargelegt werden konnte, als die hingegebene Summe war. Dagegen sollte er nicht ohne Weiteres das Recht haben, wegen Ausbleibens der Gegenleistung seine Vorleistung zurückzufordern.[2])

Mit neuzeitlicher Rechtsentwickelung, besonders auf dem Gebiete des Handelsrechtes, steht das nicht mehr in Einklang. Nach dem GBe. wäre so zu verfahren: Der Schlosser ist zu mahnen, vertragsmäßig zu unterlassen, mit der Ansetzung einer Frist, wie oben angegeben wurde. Verläuft sie fruchtlos, so ist Rücktritt möglich; und überhaupt die Sache im Einklange mit den oben dargelegten Regeln zu behandeln.[3])

Von allen seinen Verpflichtungen wird der im Verzuge befindliche Schuldner durch nachträgliche Unmöglichkeit nicht frei, auch wenn diese

---

[1]) Alles dieses ist nach 326, 2 zu schließen.

Tabelle:

Die nachträgliche verspätete Lieferung hat für den Käufer

Interesse	kein Interesse
a) Erfüllung mit Schadensersatz;	c) Schadensersatz wegen des Ganzen;
b) Fristbestimmung mit Rücktrittsrecht. (S. dazu ob. S. 143 zu N. 5.)	d) Rücktrittsrecht ohne Weiteres.

Bei theilweisem Verzuge:

1. Interesse an der Restlieferung — die Folgen a) und b), jeweils mit Rücksicht auf den Theil;
2. Interesse bloß an der geschehenen Theilleistung — die Folgen c) und d), wie soeben unter 1.;
3. gar kein Interesse am Ganzen — die Folgen c) und d), wie in obiger Tabelle.

[2]) Windscheid, Pandekten § 321, Ziff. 2).

[3]) Vgl. hierzu GB. 339/2; aus dessen abweichender Bestimmung hervorgeht, daß es im Falle des Verzuges bei den allgemeinen Regeln bleiben muß.

durch Zufall sich ereignet; es sei denn, daß er beweisen kann, daß der Schaden auch bei rechtzeitiger Leistung eingetreten sein würde.[1]) Nun kann aber gerade das letzte innerhalb der Frist geschehen, welche der Gläubiger dem im Verzuge befindlichen Schuldner mit der Erklärung gesetzt hatte, daß er nach deren fruchtlosem Ablaufe die nachträgliche Erfüllung ablehnen würde. Auf diesen Fall ist, soviel ich sehe, GB. 327/2 gemünzt: Wonach der Schuldner nunmehr nur noch nach den Grundsätzen der Herausgabe einer ungerechtfertigten Bereicherung haften soll.[2])

Daß der Verzug des Schuldners späterhin geheilt werden kann, ist im GBe. nicht ausdrücklich gesagt, aber als selbstverständlich angenommen.[3]) Es kann dieses geschehen durch nachträgliche Erfüllung mit den zufolge des Verzuges zu machenden besonderen Leistungen; durch Vertrag der Betheiligten; durch Annahmeverzug des Gläubigers.

42.

Einige Besonderheiten treten ein, wenn als der im Verzuge befindliche Theil nicht, wie in unserem Falle der Verkäufer,[4]) sondern der Käufer auftritt.

Hier ist vor Allem GB. 448 zu erwähnen. Der Käufer, dem der Kaufpreis gestundet worden ist, kann, wenn er mit der Zahlung des Geldes in Verzug geräth, nur auf Schadensersatz belangt werden; ein Rücktrittsrecht des Verkäufers ist nicht zulässig.[5])

Sodann kommt hier namentlich die Möglichkeit von Verzugszinsen in Betracht.

Der Begriff der Zinsen ist im GBe. nicht näher präzisirt. Vergleicht man aber die verschiedenen Einzelfälle, in denen es eine Verpflichtung zur Zinsenzahlung aufstellt, so findet sich, daß diese gesetz-

[1]) GB. 287.

[2]) Im E. I findet sich der angeführte Satz nicht. E. II 279, III 321 stimmen aber mit dem jetzigen GB. 327 überein. Motive und Denkschrift deuten nicht an, welcher Fall mit GB. 327/2 gemeint sein könnte.

[3]) E. I 253 hatte eine hier einschlägige Bestimmung.

[4]) GB. 440, 1.

[5]) GB. 454 ist erst in E. II als 393 (E. III 448) aufgestellt worden. Nach 515 gilt er für den Tausch; s. auch 651. — Besondere Verzugsfolgen, die bei anderen Vertragsarten im besonderen Theile festgesetzt sind: Sachmiethe 538 (wird dem Miether die Sache nicht rechtzeitig eingeräumt: 542, geschah es durch Verzug des Vermiethers, so gelten die im Texte entwickelten Sätze); — Werkvertrag: 633, 3 (dagegen 636, 1/2); — S. noch 1613, anders 1711.

lichen Zinsverbindlichkeiten immer nur auf Geldzinsen sich beziehen.[1]) Andererseits wird in vielen Stellen des GBs. von Zinsen soweit allgemein gesprochen, daß daraus ersichtlich ist, daß der Begriff nicht nur bei Geld, sondern bei allen vertretbaren Sachen (91) Anwendung finden kann.[2]) Ein gerichtliches Urtheil, wie es gelegentlich bekannt geworden ist, wonach eine Gemeinde verurtheilt wurde, alljährlich Leistungen an Hammeln und Ebern „mit Verzugszinsen" vorzunehmen, ist danach nicht begründet; es ist in solchen Fällen nur für Schadensersatzforderungen Raum. Der Begriff des Kapitales im Rechtssinne bestimmt sich somit einfach als ein gewisser Inbegriff vertretbarer Sachen.[3]) Und Zinsen sind hiernach periodische, quotenmäßig festgesetzte Leistungen für gewährten oder vorenthaltenen Genuß eines Kapitales. Die jenes Wort gebrauchenden Rechtssätze haben dadurch ihre abgegrenzte Bedeutung.

Die herrschende Lehre des gemeinen Rechtes nahm an, daß zwischen den Zinsen aus Rechtsgeschäft und denjenigen nach Gesetz zu unterscheiden, und die beiden Arten juristisch verschieden zu konstruiren seien:[4]) Jene erstern stellten neue Zweigobligationen dar, mit selbständigem Bestande und eigenen Schicksalen, wenngleich gelegentlich von ihrem Ursprunge her noch bedingt; die gesetzlichen Zinsen aber bedeuteten nur eine quantitative Vermehrung der Hauptschuld. Man kann den Gegensatz kurz mit demjenigen der fructus separati und coniuncti vergleichen.

---

[1]) GB. 288; 290; 291; 301; 347/3; 452; 641, 2; 668; 698; 849; 1806; 1834.

[2]) Vgl. GB. 101: 2; 197; 223, 3; 246; 248; 367; 379; 396, 2; 608; 820, 2; 1088, 1; 1386, 1; 2379. — S auch Mot. 2, 15.

[3]) Die Nationalökonomie hat es versucht, das Wort Kapital in besonderem Sinne zur Verwendung im Dienste der ihr eigenen Aufgaben auszuprägen; aber ohne vollen Erfolg. Bald versteht man dort darunter einfach jedes Produktionsmittel, jede Sache, die zur Hervorbringung anderer nothwendiger, nützlicher, angenehmer Sachen verwendet wird, — verfällt also in eine bloß technologische Betrachtung und liefert einen Begriff, der an sich ohne soziale Funktion ist; bald meint man (nach dem Vorgange von Marx) damit Privatvermögen, das zur planmäßigen Produktion von Waarenmassen bestimmt ist („kapitalistische Produktionsweise" der Manufakturepoche und besonders des Zeitalters der Dampfmaschine). Für die Rechtslehre kommt es darauf an, durch solche Nebenbedeutungen des genannten Ausdruckes sich nicht irre machen zu lassen.

[4]) Material bei Windscheid, Pandekten § 259 N. 10. Die Lehre ist bes. von Carus, Die selbständige Klagbarkeit der gesetzlichen Zinsen (1876) in interessanter Weise, aber ohne besonderen Erfolg bekämpft worden.

Nach dem GBe. ist dazu kein Anlaß. Die Zinsforderung ist nach ihrer Entstehung als ein neues Forderungsrecht zu behandeln, das für sich durchzuführen ist, selbständig eingeklagt werden kann, und das namentlich einer eigenen Verjährung unterliegt (197; — 224 steht damit nicht im Widerspruch).

Der angeführte Gegensatz ist auch keineswegs erforderlich, um diejenigen Fälle befriedigend zu erledigen, in denen für eine Hauptschuld Sicherheit geleistet ist und es sich nun fragt, ob diese Sicherheit auch für die Zinsen hafte? Das GB. ist auf diese Frage an vier Stellen eingegangen.[1])

1. Der Bürge haftet für „den jeweiligen Bestand der Hauptverbindlichkeit"; also auch für alle Zinsen, die er nicht besonders bei der Verbürgung ausgenommen hat. Daß er für nachträgliche Vertragszinsen nicht ohne Weiteres haftet, folgt nicht aus einer besonderen juristischen Natur dieser, sondern aus der Stellung des Bürgen.[2])

2. Kraft einer Hypothek haftet das Grundstück und kraft des Pfandrechtes an einem in das Schiffsregister eingetragenen Schiffe haftet das Letztere für die bedungenen und die gesetzlichen Zinsen gleichmäßig; und auch für Zinsen aus nachträglichen Rechtsgeschäften bis fünf vom Hundert.[3])

3. Ein Faustpfand haftet für alle Zinsen zur Zeit der Verpfändung; und auch für die späterhin kontrahirten Zinsen, falls der persönliche Schuldner der Eigenthümer des Pfandes ist.[4])

Was endlich die sog. Zinsbeschränkungen anlangt, so ist der durch die neuere Gesetzgebung eingeschlagene Weg im Allgemeinen nicht verlassen worden.[5]) Er charakterisirt sich bekanntlich dadurch, daß nicht nur der Zinsbegriff, wie er oben festgestellt worden ist, hier in Betracht kommt, sondern namentlich auch Konventionalstrafe und Vergütungen

---

[1]) Ueber das Recht des Nießbrauchers einer Forderung auf die Zinsen s. für das römische Recht: Stammler, Nießbrauch an Forderungen (1880) S. 158 ff.; — GB. 1076 ff. — Erstreckung des pignus nominis auf die Zinsen: GB. 1289; vgl. 1296.

[2]) GB. 767.

[3]) GB. 1123; 1264.

[4]) GB. 1210.

[5]) Ueber die rechte Höhe der gesetzlichen Zinsen, ob fünf oder vier Prozent, ist in den Vorverhandlungen viel gestritten worden. S. darüber Conrad in Jahrb. f. Nationalökonomie Bd. 65 S. 906 ff. — GB. 246 und 288.

irgend welcher Art; daß fernerhin der Wucher in erster Linie als strafbares Delikt auftritt und sein Vorhandensein durch die Momente der Ausbeutung und der Unverhältnißmäßigkeit nach Maßgabe des einzelnen Falles bestimmt wird.[1]) Das GB. hebt das Bundesgesetz vom 14. November 1867 auf;[2]) aber es hat die Bestimmung übernommen, daß bei höheren Zinsen, als sechs vom Hundert, ein außerordentliches (auf Inhaberpapiere nicht erstrecktes) Kündigungsrecht stattfindet.[3]) Zinseszinsen sind unzulässig[4]) hinsichtlich der Sparkassen, Kreditanstalten, Bankhäuser gilt eine Ausnahme.[5]) Das römischrechtliche Verbot ne ultra alterum tantum[6]) ist in den neueren Reichsgesetzen nicht erwähnt, woraus für die jetzige Zeit folgt, daß es noch weiter besteht, für die Zeit nach der Einführung des GBs. aber, daß es gefallen ist.

Neu ist nach dem GBe. der Ausschluß des Rechtes auf Zwischenzinsen, falls eine befristete Forderung vor der Fälligkeit bezahlt wird; weder Abzug bei der Zahlung, noch hinterherige condictio indebiti ist gestattet.[7])

43.

Ich komme zu der zweiten oben angegebenen Möglichkeit: Es gelingt in unserem Falle dem Verkäufer, darzuthun, daß er an dem Ausbleiben der rechtzeitigen Ueberlieferung des verkauften Hauses

---

[1]) Vgl. EG. 47. Eingesetzt von der Reichstagskommission. Drucksachen des Reichstages, 9. Legislatur-Per. IV. Session Nr. 440 S. 47. — Vgl. GB. 138.

[2]) EG. 39.

[3]) GB. 247. Die Vorschrift ist zwingend.

[4]) GB. 248; 289.

[5]) Das Gesetz v. 1867 hatte bestimmt, daß wegen des Anatozismus es beim seitherigen Rechte verbleibe. Es blieben also die partikularen Verbote, und ebenso die für Sparkassen und gleichstehende Anstalten wohl überall davon gemachten Ausnahmen.

[6]) Quellen und Litteraturangaben bei Windscheid, Pandekten § 261 N. 3. — Zweifelhaft ist der gesetzgeberische Gedanke: Ob es überwiegend als Strafe gegen den säumigen Gläubiger oder mehr als Schutz des Schuldners zu erachten ist, der über die Höhe seiner aufgelaufenen Schuld nicht genügend unterrichtet war. Das konnte von praktischer Bedeutung sein; so in dem Falle, da der Gläubiger den Schuldner auf die Zinsen verklagt hatte; der Prozeß war aber hingezogen worden und wegen Vergleichsverhandlungen liegen geblieben, — inzwischen hatten die rückständigen Zinsen die Höhe des Kapitales erreicht (Seuff. Arch. 18 Nr. 26). Jedenfalls ist der letztgenannte Gedanke durch die neue Reichsgesetzgebung aufgenommen worden: Reichsgesetz v. 19. Juni 1893, II Art. 4.

[7]) GB. 272; 813, 2. — Anders l. 10 D. de cond. indeb. (12, 6), cf. l. 16 eod.

schuldlos ist, daß er die Verspätung der Leistung bei der besonderen Sachlage nicht zu vertreten hat. Dieser Fall ist vom GBe. nicht mit besonderen Sätzen geregelt worden. Wir werden allgemeinere Normen zu übertragen und auf ihn anzuwenden haben.[1])

Danach ist nun zunächst das Rücktrittsrecht des Käufers auszuschließen. Denn dieses wird unter der Voraussetzung des Verzuges vom GBe. mit dem Charakter einer eigenartigen Berechtigung gewährt. Seine Hervorhebung für den Fall der mora debitoris hätte keinen Sinn, wenn es bei jeder Verspätung in Frage kommen sollte. Eine Modifikation gilt nur beim Fixgeschäft, einem Vertrage, in dem (nach dem Ausdrucke des GBs.) vereinbart ist, „daß die Leistung des einen Theiles genau zu einer festbestimmten Zeit oder innerhalb einer festbestimmten Frist bewirkt werden soll".[2]) Hier gilt die Auslegungsvorschrift [oben § 23 b)], daß Mangels anderweitiger Gründe ein Rücktrittsrecht vertragsmäßig bestimmt sei.

Davon abgesehen kann in dem jetzt gesetzten Falle nur die Zurückweisung der verspätet angebotenen Lieferung in Betracht kommen. Der Nachweis eines objektiv berechtigten Interesses des Gläubigers ist natürlich nicht nöthig; die verspätet angebotene Erfüllung ist eben in sich durchaus in Unordnung. Und zwar ist die Weigerung des Käufers, die nachträgliche Leistung anzunehmen, nicht als exceptio non rite adimpleti contractus zu erachten, — wobei man leicht auf die Nothwendigkeit einer Verurtheilung des Käufers dem säumigen Verkäufer gegenüber „Zug um Zug" gelangen würde (s. oben § 29 a. E.), sondern es ist nach Analogie von 323 zu behandeln (oben § 34): Der Verkäufer verliert den Anspruch auf die Gegenleistung, der Käufer braucht nicht mehr abzunehmen.[3])

Hatte der Käufer seinerseits schon das Kaufgeld ganz oder theilweise bezahlt, so hat er ein Rückforderungsrecht, das als ein Anspruch auf Herausgabe ungerechtfertigter Bereicherung zu erachten ist.[4])

---

[1]) In besonderer Lage sind diejenigen Fälle, in denen Rechtshängigkeit eintritt: 291; — 292. Bei rechtskräftiger Verurtheilung: 283.

[2]) GB. 361. (Das „genau" wird von Manchem nicht ohne Grund als merkwürdiger Zusatz empfunden werden.)

[3]) Minderungsklage kommt dabei nicht in Frage, weil der Käufer auch eine nur theilweise verspätete Leistung überhaupt nicht anzunehmen braucht, eine solche als Ganzes nicht in Ordnung ist; GB. 266.

[4]) Nach Analogie von GB. 323, 3.

Dabei kann es sein, daß von beiden Seiten schon etwas geleistet worden war.

Man nehme folgenden Fall. Ein Fabrikant hat von einem Produzenten ein größeres Quantum von Rohmaterialien gekauft, lieferbar „auf Anruf", zahlbar einen Monat nach jeweils erhaltener Lieferung. Das erste Mal erledigt sich die Ausführung des Geschäftes in Ordnung; beim zweiten Male verzögert sich die Lieferung ohne Schuld des Verkäufers, durch plötzlichen Streik der Hafenarbeiter, Schneeverwehungen, Ueberschwemmung u. dgl. Hier braucht der Fabrikant die verspätete Lieferung gleichfalls nicht anzunehmen, und wenn er für diese schon bezahlt hatte, fordert er mit condictio sine causa zurück. Hinsichtlich der früheren Lieferung kann man zweifeln. Das Richtige wird sein, jenen Theil für erledigt zu erachten. Andernfalls müßte man zu zwei gegen einander gehenden condictiones sine causa gelangen, deren Austragung schwierig sein würde; da man doch auch nicht gut das Zurückbehaltungsrecht (oben § 30; — GB. 273: „.. aus demselben rechtlichen Verhältniß", — zwei condictiones sine causa „ex eadem causa"!) in Szene setzen kann.

Daß bei einer Verspätung, die der Schuldner nicht zu vertreten hat, der Anspruch auf Schadensersatz ausgeschlossen ist, ergiebt sich aus Früherem (s. bes. oben § 33).

44.

Wir schließen diese Erörterungen mit der Erwägung des Falles, daß nicht der Verkäufer mit der Lieferung, sondern der Käufer des Hauses und Garderobegeschäftes mit der Annahme im Verzuge ist. Das GB. widmet dem den 2. Titel des 1. Abschnittes (293—304).[1])

[1]) Die Kritik hat diese Eintheilung des 1. Abschnittes, welche E. II eingeführt hatte, als unsystematisch getadelt. Aber daß die Gegenüberstellung: Verpflichtung zur Leistung und Verpflichtung zur Annahme unlogisch sei, kann nicht zugegeben werden. Daß jener erste Titel nicht gerade übersichtlich ist, steht richtig; ob er es durch weitere Unterabtheilungen mit besonderen Ueberschriften mehr geworden wäre, bleibt zweifelhaft. Wenigstens lehrt kein anderes bürgerliches Gesetzbuch das Gegentheil. Gedrängte Knappheit und leichte Uebersichtlichkeit dürften gerade bei den allgemeinen Lehren von der schuldnerischen Leistung immer nur unvollkommen zu vereinigen sein.

Die bedeutendste Abweichung der Voraussetzungen des Gläubigerverzuges von demjenigen des Schuldners liegt darin, daß der Gläubiger, der nicht rechtzeitig annimmt, keine Möglichkeit hat, sich deßhalb rechtlich zu entschuldigen. Es ist nur nöthig, daß dem Gläubiger die richtige Leistung ordnungsgemäß angeboten worden ist.[1] Sehr einfach und sachgemäß ist die Bestimmung, daß im Falle einer Erklärung des Gläubigers, daß er nicht annehmen werde, dem Schuldner die reelle Offerte nicht zugemuthet wird. War die Leistung von der Art, daß der Gläubiger mitzuwirken hat, so genügt gleichfalls wörtliches Angebot;[2]) einen solchen Fall hatten wir oben bei der alternativen Obligation mit Wahlrecht des Gläubigers kennen gelernt (oben § 38 S. 137).

Was heißt nun „anbieten"? Muß das Angebot zur Kenntniß des Gläubigers gekommen sein; oder wie hat sich der Schuldner bei Abwesenheit des Gläubigers zu verhalten?

Das GB. spricht davon, daß der Gläubiger vorübergehend an der Annahme verhindert ist und läßt ihn alsdann nicht in Verzug kommen, wenn eine Leistungszeit gar nicht bestimmt ist, oder der Schuldner Befugniß hat, vor der bestimmten Zeit zu leisten.[3]) Da unser Fall hierunter nicht zu subsumiren ist, so wird bei dem Ausnahmecharakter jener Bestimmung anzunehmen sein, daß diese ausnahmsweise Entschuldigungsmöglichkeit des Gläubigers in den von uns aufgeworfenen Fragen nicht einzusetzen ist. Daher ist eine Verständigung zwischen Schuldner und Gläubiger über das Angebot nicht erforderlich; es kommt nur darauf an, daß das Angebot des Schuldners an und für sich in Ordnung war und zur Annahme richtiger Weise hätte führen müssen, wenn der Gläubiger zur Stelle gewesen wäre.[4])

Hatte nun der Verkäufer die reelle Lieferung des verkauften Geschäftes angeboten oder vergebens den Käufer zur Theilnahme an der

---

[1]) GB. 293; 294. Bei gegenseitigen Verträgen genügt es, um den Verzug des Gläubigers zu bewirken, daß dieser zwar zur Annahme, nicht aber zur Gegenleistung bereit ist, 298.

[2]) GB. 295. Besonderheit in 296.

[3]) GB. 299. Auch bei Verhinderung des Schuldners zur rechtzeitigen Leistung tritt Verzug des Gläubigers nicht ein: 297.

[4]) Ein guter Ausdruck für diese Sachlage kann aus GB. 243, 2 herübergenommen werden: „Hat der Schuldner das zur Leistung einer Sache seinerseits Erforderliche gethan, . ."

Auflassung des Grundstückes aufgefordert, so hat er die Möglichkeit, nunmehr den Kaufpreis einzuklagen. Antrag und Urtheil haben zu lauten: „auf Leistung des Käufers nach Empfang der Gegenleistung".[1])

Liegt zu einer solchen Klage kein Anlaß vor, so kann der Schuldner jedenfalls Anspruch auf Ersatz der durch den Verzug des Gläubigers ihm verursachten Aufwendungen erheben.[2])

In unserem Rechtsfalle kann er auch geradezu den Besitz des verkauften Hauses aufgeben.[3]) Nach römischem Rechte war dies nicht zweifellos normirt. Bekannt sind die merkwürdigen Wendungen, zu denen Ulpian gebracht wurde, als ein Weinverkäufer, dem sein Gegner den verkauften Wein nicht abnahm, bei dem Juristen anfragte, ob er die Fässer, die er dringend gebrauche, nicht einfach auslaufen lassen könne.[4]) Nunmehr steht es so, daß bei einer der Gattung nach geschuldeten Sache die Gefahr zwar auf den Gläubiger von dem Eintritte der mora creditoris an übergeht;[5]) ein Preisgeben aber nur in dem angezogenen Falle einer Verpflichtung zur Herausgabe eines Grundstückes zuläßig ist. Der Schuldner hat dabei die beabsichtigte Preisgabe dem Gläubiger anzuzeigen, „es sei denn, daß die Androhung unthunlich ist."[6])

Zum Schlusse noch die kurze Bemerkung, daß eine vollständige Befreiung des Schuldners durch den Verzug des Gläubigers an und für sich nicht eintritt. Nur wird jener, entgegen einer weit verbreiteten

---

[1]) GB. 322, 2. S. oben § 29.

[2]) GB. 304.

[3]) GB. 303. — Ueber Aufgabe des Eigenthumes an einem Grundstücke s. GB. 928.

[4]) L. 1 § 3 D. de periculo et commodo etc. (18, 6): „Licet autem venditori vel effundere vinum, si diem ad metiendum praestituit nec intra diem admensum est; effundere autem non statim poterit, priusquam testando denuntiet emtori, ut aut tollat vinum, aut sciat futurum, ut vinum effunderetur; si tamen quum posset effundere, non effudit, laudandus est potius (!) . . ."

[5]) GB. 300, 2. Bei einer Spezies zieht sich die Verantwortlichkeit des Schuldners auf Haftung für lata culpa zurück: 300, 1.

[6]) GB. 303/2. Natürlich nur eine andere Wendung für Verfahren nach Treu und Glauben. Die gleiche Wendung „wenn unthunlich" in: 1128, 1/3; 1218, 2; 1220, 3; 1234; 1237; 1241; — vgl. 2360, 3; — ferner 1996, 3; und 2227, 2.

Auffassung des gemeinen Rechtes, von der Zahlung von Zinsen während des Annahmeverzuges des Gläubigers frei.[1])

Die Möglichkeit der Hinterlegung (372 ff.) wird unten § 61 berührt werden.[2])

---

[1]) GB. 301. Eine Haftung für Nutzungen wird in dieser Zeit auf die wirklich gezogenen beschränkt: 302.

[2]) Verzug des Gläubigers bei alternativen Obligationen s. oben § 38. Bei Gesammtgläubigern s. unten § 64. — An Besonderheiten aus dem speziellen Theile des Obligationenrechtes sind zu citiren: GB. 615 und 642, Annahmeverzug beim Dienstvertrag und Werkvertrag.

Siebenter Abschnitt.

Besonders gearteter Leistungsinhalt.

45.

Zweiter Rechtsfall.

Ein Handwerksmeister, der regelmäßig nur wenige Arbeiter beschäftigt, miethet zwei Gesellen; den einen gegen 19 Mark Wochenlohn und freie Schlafstelle, mit Beköstigung im Hause des Meisters; den zweiten, einen Böhmen, gegen 10 Gulden österreichischer Währung, sonst ebenso wie jenen. Die Betheiligten hatten dabei einen Vertrag unterschrieben, den der Dienstherr nach dem Muster einer älteren Fabrikordnung übernommen hatte. Darin hieß es: § 4. „Der Meister hat das Recht, Vergehen der Gehülfen durch Abzüge von deren Lohn zu bestrafen und haben sich die betreffenden Gesellen den gegen sie nach Maßgabe nachstehender Bestimmungen erkannten Strafen unweigerlich zu unterwerfen." § 11. „Vergehen, die in diesem Reglement nicht vorgesehen sind, werden nach Ermessen des Meisters oder des ihn vertretenden Obergesellen mit einem Lohnabzuge bestraft." § 12. „Die eingegangenen Strafgelder werden von dem Meister verwaltet und zu Weihnachten jedes Jahres unter die gerade im Dienste befindlichen Gesellen gleichmäßig vertheilt."

Die Gesellen traten den Dienst an. Nach der ersten Woche wurde der Lohn bezahlt; an den Böhmen unter Befolgung von GB. 244.[1])

---

[1]) Näher zu bestimmen nach den durch das GB. nicht berührten Reichsgesetzen v. 9. Juli 1873 (Reichs-Münzgesetz); 4. Dezember 1871 (Ausprägung von Goldmünzen); 30. April 1874 bes. § 5 (kein Papiergeld mit Zwangskurs); 21. Dezember 1874 und 14. März 1875, §§ 2, 19, 44 (Banknoten). — Für Zahlung in Münzsorten, die in der Zwischenzeit außer Umlauf gekommen sind, gilt nun GB. 245

Einige Tage darauf entsteht aber Streit. Der Meister will wegen Zuwiderhandlung gegen den Arbeitsvertrag jedem Gesellen einen Tagelohn zurückhalten.

Was ist Rechtens?

46.

Es handelt sich um die Frage der Unbestimmtheit einer Leistung und um den Einfluß dieses Umstandes auf die Gültigkeit und die Art der Durchführung des Vertrages. Daß es sich hier um Unbestimmtheit einer Vertragsstrafe dreht, hat auf die allgemeine Erwägung zunächst keinen Einfluß; die Besonderheiten dieser Nebenleistung sollen deßhalb nachher (§ 47) für sich angegeben werden.

Der der Praxis entnommene Fall war lange Zeit hindurch in Fabrikbetrieben häufig zu beobachten. Die GO. hat seinem Vorkommen dortselbst ein Ende gesetzt, indem für jede Fabrik, in welcher in der Regel mindestens 20 Arbeiter beschäftigt werden, nach genaueren Einzelvorschriften eine Fabrikordnung entworfen werden muß, bei der namentlich auch solche unbestimmte Strafandrohungen nicht mehr zulässig sind.[1]) Auf unseren Rechtsfall haben nur die allgemeinen Vorschriften des bürgerlichen Rechtes Anwendung zu finden. Dieses weist in seiner geschichtlichen Entwickelung ziemliche Mannigfaltigkeit auf.

Das römische Recht war Obligationen mit unbestimmtem Leistungsinhalt nicht günstig. Bei condictiones konnte eine Unbestimmtheit der hier fraglichen Art nicht in Betracht kommen;[2]) bei den bonae fidei actiones nur in dem Falle, da die Bestimmung auf die Entscheidung eines Dritten gestellt war, — wofür sich schon dort die richtige Konstruktion als bedingte Obligation findet.[3]) In sonstigen Fällen einer unbestimmt gelassenen Leistung wurde eine gültige Obligation regelmäßig nicht angenommen;[4]) mit einigen besonderen und positiv auftretenden Ausnahmen.[5])

---

[1]) GO. (Ges. v. 1. Juni 1891) 134a—h; 148 Nr. 1 Ziff. 11. — Litteratur: Landmann, Kommentar zur GO.; Rehm in Hirth's Annalen 1894 S. 132; vgl. Seydel, bayr. Staatsr. V S. 712. — Speziell über die Ordnungsstrafen auch Rosin, Recht der Arbeiterversicherung I S. 810.

[2]) Vgl. Savigny, System V, S. 609 ff.

[3]) § 1 J. emt. vend. (3, 23); l. 75 D. pro socio (17, 2); l. 25 pr. D. loc. (19, 2); l. 43; 44 D. de V. O. (45, 1).

[4]) Zusammenstellung von Belegstellen bei Windscheid, Pandekten § 254 N. 3.

[5]) L. 6 D. pro socio (17, 2); l. 76 eod. Ferner unter Umständen actio praescriptis verbis, cf. l. 22 h. t. (19, 5).

Im usus modernus pandectarum ging man in der Zulassung unbestimmt versprochener Leistungen etwas weiter, indem namentlich die Gleichgültigkeit von unbestimmt gebliebenen Nebenpunkten schärfer betont wurde, und die Möglichkeit, durch objektives richterliches Ermessen die Ungewißheit aufzuheben, stetig mehr in Benutzung kam.

Das ALR. ist dabei stehen geblieben,[1]) und die heutige gemeinrechtliche Praxis nicht viel darüber hinausgegangen.[2])

Das GB. hat dieses in 315—319 jetzt sachgemäß abgeschlossen.[3])

Es spricht nur von einer solchen Unbestimmtheit der Leistung, die gehoben werden kann. Ist sie gar nicht verbesserlich, so fehlt die Unterlage eines gültigen Schuldverhältnisses überhaupt.[4]) Die Beseitigung der Unbestimmtheit kann aber geschehen durch einen Kontrahenten oder durch einen Dritten.[5]) Angestellte, Gehülfen und Stellvertreter des einen Vertragschließenden gehören nicht zu den zuletzt genannten Personen; ihr etwa vorgesehener Eingriff ist nach allgemeinen Grundsätzen demjenigen des von ihnen Unterstützten oder Vertretenen gleichzustellen.

Fernerhin wird überall unterschieden zwischen einer Bestimmung nach freiem Belieben und nach billigem Ermessen. Die Grenze kennen wir. Es ist die von subjektiver Willkür und von objektiver Berechtigung nach Treu und Glauben. Danach bestimmen sich nun die verschiedenen Folgen.

Hat ein Vertragschließender nach freiem Belieben zu bestimmen, so wird man unterscheiden müssen, ob für dieses subjektive Ermessen überhaupt noch erkennbare Grenzen gesteckt sind oder nicht. Im letzten Falle ist niemals ein gültiges Schuldverhältniß zu Stande gekommen: Hat der Schuldner solche schrankenlose Bestimmung, so

---

[1]) ALR. I, 5 § 71; vgl. I, 4 § 108.

[2]) Vgl. Windscheid, a. a. O. (§ 254, N. 3).

[3]) Diese Lehre bezieht sich aber nur auf Verträge. Für letztwillige Verfügungen s. GB. 2065; — 2156; vgl. 2151—2155.

[4]) Ganz unverbesserlich unbestimmt ist es, wenn die Gründer einer Aktiengesellschaft sich vorbehalten haben, das Statut überhaupt erst zu entwerfen: Entsch. d. ROHG. 11 S. 375. Verbesserbar ist es, wenn ein Verkäufer sich vorbehält, bei steigender Konjunktur den Preis zu erhöhen. S. auch oben über die rechte Zeit der Leistung § 40.

[5]) Gleichmäßig erfolgt alsdann die Entscheidung nach dem GBe. durch Erklärung entweder an den anderen Theil (315, 2) oder, bei Bestimmung durch den Dritten, durch Erklärung an einen der Vertragschließenden; im zweiten Falle kann nur einer der Letzteren wegen Mängel der getroffenen Bestimmung anfechten (318).

ist er nicht gebunden; das „si voluerim“ ist für eine rechtliche Verpflichtung ein Spiel mit Worten; — sollte umgekehrt dem Gläubiger eine unbegrenzte Verfügung danach zustehen, so würde es wiederum nicht gültig sein, weil es außerhalb der Grenzen der Vertragsfreiheit fiele. Denn es würde alsdann der Schuldner sich so ganz und gar in die Hand des Andern geben, daß dieses mit dem grundsätzlichen Standpunkte unseres heutigen Rechtes, welches solche völlige Abhängigkeitsverhältnisse verwirft, nicht vereinbar sein könnte. Ein solches Aufheben sicherer Hauptsätze unserer Rechtsordnung für die einzelnen Privatpersonen durch Sondervertrag dieser mit einem anderen Privaten ist contra ius und deßhalb nichtig. Die Grenze kann freilich im einzelnen Falle schwierig zu finden sein. Beispiel: Ein Verkäufer soll einen Preis von 20—22 Mark nach freiem Belieben fordern dürfen; man wird deßhalb unmöglich den Kaufpreis im Ganzen als außerhalb der Grenzen der Vertragsfreiheit erachten dürfen.

Das GB. läßt nun gegen die Bestimmung nach freiem Belieben die Vermuthung sprechen. Es stellt die Auslegungsvorschrift auf, daß im Zweifel eine Bestimmung nach billigem Ermessen gemeint sei. Hier hat nach dem schon citirten Maßstabe des sozialen Ideales der Disponent zu bestimmen, und seine Entscheidung unterliegt auf Verlangen des Gegners der Revision durch das Gericht, welches nach dem gleichen Richtmaße, das wir nannten, zu urtheilen hat.[1])

War die Bestimmung der Leistung einem Dritten überlassen, so gilt, im Falle dessen billiges Ermessen einsetzen soll, das Gleiche, wie im letzten Absatze.[2]) Und es ist auch hier die vorhin genannte Auslegungsvorschrift anzuwenden.[3])

Soll der Dritte nach freiem Belieben entscheiden, so wird man zunächst wieder den Fall ausscheiden müssen, in dem Jemand über die Grenzen der Vertragsfreiheit hinaus sich ganz in die Willkür eines Andern gegeben hat. Häufig wird dies in unseren sozialen Verhältnissen nicht sein. Liegt kein solcher Thatbestand vor, so ist, wie oben schon nach römischem Rechte bemerkt wurde, ein bedingtes Schuldverhältniß gegeben. Verweigert oder verzögert der Dritte die Entscheidung, so gilt nach ergänzendem Rechtssatze die Bedingung als ausgefallen; ebenso wenn Jener zur Bestimmung unfähig ist.[4])

---

[1]) GB. 315. Für gegenseitige Verträge gilt 316.

[2]) GB. 317.

[3]) GB. 319, 1.

[4]) GB. 319, 2.

Ich bringe dieses in nachstehende Tabelle; und mache nur kurz darauf aufmerksam, daß unser obiger Rechtsfall selbstverständlich unter die Rubrik einer Unbestimmtheit zu bringen ist, die durch Entscheidung eines Vertragschließenden nach völlig freiem Belieben zu bringen ist. Diese Paragraphen des Arbeitsvertrages waren mithin nichtig.[1])

Wesentliche Unbestimmtheit der Leistung:

- unverbesserlich A.
- verbesserlich
  - durch einen Vertragschließenden
    - nach freiem Belieben
      - schrankenlos A.
      - in bestimmten Grenzen B.
    - nach billigem Ermessen C.
  - durch einen Dritten
    - nach billigem Ermessen C.
    - nach freiem Belieben
      - in bestimmten Grenzen D.
      - schrankenlos A.

A. ungültig;
B. gültig, nach der Bestimmung des Privaten;
C. gültig, nöthigenfalls gerichtliche Festsetzung;
D. bedingtes Schuldverhältniß.

47.

Ich setze nun den Fall, daß die Vertragsstrafe gültig versprochen worden ist.

Die Lehre von der Konventionalstrafe ist vom GB. dem seitherigen Rechte gegenüber revidirt, im Einzelnen verbessert, an einem wichtigen Punkte (Höhe der Vertragsstrafe) einschneidend geändert worden. Vor Allem sind die schwankenden Sätze, welche die Pandektendoktrin nach dem corpus iuris als „Auslegungsregeln“ hinstellte, nunmehr gefestigt und zu ergänzenden Rechtssätzen erklärt worden.

Der Begriff der Vertragsstrafe ist der gleiche geblieben, wie im römischen Rechte: Versprechen des Schuldners, seinem Gläubiger noch eine besondere Leistung zu machen, für den Fall, daß er seine Verbindlichkeit nicht oder in nicht gehöriger Weise erfüllt.[2]) Das GB. spricht zunächst von dem praktisch wichtigsten Falle einer Vertragsstrafe in

[1]) Nicht aber der ganze Vertrag; s. GB. 139.

[2]) GB. 339; 342.

Geld; und reiht dem eine Konventionalstrafe auf eine andere Leistung entsprechend und nur wenig modifizirt an.

Die Feststellung des Vorhandenseins einer Vertragsstrafe kann im besonderen Falle in näherer Erwägung erst sich vollziehen, indem noch zwei andere Möglichkeiten in Konkurrenz treten. Man nehme an: Es verpflichtet sich Jemand zur Zahlung einer bestimmten Geldsumme für den Fall, daß er eine gewisse Sache nicht geben sollte. — Es ist dreierlei möglich: Bedingtes Versprechen der Geldsumme; alternative Obligation mit Wahlrecht des Gläubigers; Versprechen einer Vertragsstrafe in Geld, wenn nach der Absicht des Vertrages die Sache als der eigentlich geschuldete Gegenstand zu betrachten ist.[1]) Wofür man sich zu entscheiden hat, kann erst aus den besonderen Thatumständen der konkreten Sachlage entnommen werden. Sollte wirklich einmal daraus gar kein Anhalt für die eine oder die andere jener drei Möglichkeiten gewonnen werden können, so bliebe freilich nichts übrig, als den Schuldner in der ihn am mindesten bindenden Weise, also im Sinne der an der ersten Stelle genannten Möglichkeit, haften zu lassen.

Die Funktion der Vertragsstrafe ist eine doppelte: Sie kann einen im Voraus bemessenen Schadensersatz darstellen, vor Allem aber ein Zwangsmittel sein, um den Schuldner zu ordentlicher Erfüllung anzuhalten.[2]) In jedem Falle bedarf es zur Gültigkeit einer Vertragsstrafe nothwendig einer anderweiten, durch sie zu bestärkenden Hauptschuld; und sie erscheint immer als ein accessorisches, von einer Hauptobligation abhängiges Geschäft, welches mit der Unwirksamkeit des Hauptvertrages von selbst auch fallen muß.[3])

---

[1]) In einem Verlagsvertrage war bestimmt, daß der Autor das Manuskript des zweiten Bandes des betreffenden Werkes ein Jahr nach Erscheinen des ersten Bandes druckfertig abzuliefern habe, unter der Verpflichtung, bei späterer Ablieferung auf die Hälfte des Honorars zu verzichten. Da der zweite Band nicht geliefert wurde, so klagte die Verlagshandlung auf Ansetzung einer richterlich zu bestimmenden Frist zur Lieferung des Manuskripts. Der Beklagte entgegnete, daß gegen Uebernahme des Verlustes des halben Honorars die Lieferung des Manuskripts in sein Belieben gestellt sei.

[2]) Darum ist sie auch unzulässig bei Verlöbnissen: GB. 1297, 2.

[3]) „Quum principalis causa non consistat, plerumque ne ea quidem, quae sequuntur, locum habent," l. 178 D. de R. J. (50, 17). — Die gemeinrechtliche Praxis schwankte zuweilen, ob diese Regel auf die Konventionalstrafe unbedingt anzuwenden sei; es dürfte sich daraus erklären, daß die oben im Texte angegebenen drei Möglichkeiten hier einschlägiger, äußerlich einander ähnlicher Vertragsberedungen nicht geschieden wurden. Nach GB. 344 ist die im Texte gegebene Lehre jetzt außer

Dabei kann selbstverständlich die Vertragsstrafe insoweit auf selbstständigem Grunde ihrerseits beruhen, daß gerade ihr Versprechen an einem eigenen Mangel laboriren und für sich ungültig sein kann, während die Hauptverbindlichkeit als solche rechtlich wirksam ist.

Der accessorische Charakter der Vertragsstrafe muß nun aber konsequenter Weise auch dazu führen, daß sie die Schicksale, die Wandlungen und die Endigung der Hauptschuld in Abhängigkeit mitmacht. Steht der Letzteren eine Einrede entgegen, etwa wegen Mängel der verkauften Sache, so kann dieselbe auch der Klage auf Konventionalstrafe entgegengesetzt werden. Im Falle die Hauptschuld eine Aenderung erfährt, so bleibt die Haftung auf die Vertragsstrafe unverändert und es muß beispielsweise in den Fällen, da wegen Unmöglichkeit der Leistung bei gegenseitigen Verträgen die oben (§ 34) erörterten Wahlbefugnisse des Gläubigers eintreten, die Konventionalstrafe für diese auch haften. Endlich aber muß jeder Endigungsgrund der Hauptschuld die Konventionalstrafe gleichfalls zum Untergange bringen. Das GB. erwähnt die beiden ersten Möglichkeiten gar nicht; von der Letzteren spricht es nur rücksichtlich der Erfüllung der Hauptverbindlichkeit, und auch das bloß in dem Zusammenhange, daß die Beweislast für seine Befreiung dem Schuldner, um allen Zweifeln zuvorzukommen, ausdrücklich auferlegt wird.[1]) Nach der energischen Betonung der accessorischen Natur der Vertragsstrafe durch den vorhin angezogenen Satz von GB. 344 erscheinen mir die genannten Konsequenzen eines durchgängigen Abhängigkeitsverhältnisses nicht vermeidlich. Daß es sich dabei nur um ergänzende Rechtssätze handelt, ist selbstverständlich.

War durch mutuus dissensus der Hauptvertrag aufgehoben worden und demnach, wie wir sagten, die festgesetzte Vertragsstrafe gleichfalls erledigt, so lebt diese ohne Weiteres nicht wieder auf, falls späterhin durch einen Vertrag die alte Hauptverbindlichkeit wieder hergestellt wird.

Die Verwaltung der Böllberger Mühle hatte mehrere Müllerburschen gemaßregelt und war von der sozialdemokratischen Partei in Verruf gethan worden. Die Letztere sammelte Unterschriften von etwa 90 Bäckermeistern der Stadt H., wodurch sich diese unter Beifügung einer Vertragsstrafe verpflichteten, von jener Mühle kein Mehl mehr

Zweifel. (Wenn sie von Kritikern des Es. getadelt worden ist, so war dabei regelmäßig übersehen, daß das Gebiet gültiger Hauptobligationen durch die oben § 1 besprochene Möglichkeit eines Schuldverhältnisses ohne Geldeswerth erweitert worden ist. A. M. Hartmann, in Arch. f. civ. Pr. 73 S. 375 ff.)

[1]) GB. 345.

zu beziehen. Die Sache zerfiel, da schon nach einigen Tagen die Meister ihre Unterschrift „zurückzogen". — Die Vertragsstrafe dürfte nach GB. 344 nicht einklagbar sein. Ich will es dahingestellt sein lassen, ob ein „Boykott" überhaupt contra bonos mores ist; nehme aber an, daß unser Hauptvertrag contra ius ist, da er die durch die GO. grundsätzlich gewährte Freiheit des beliebigen Einkaufes von Waaren durch Privatvertrag in wesentlicher Art wieder beseitigen würde. Damit fällt dann die Vertragsstrafe gleichfalls als ungültig weg.

Beim Lesen von GB. 344 wird jedem Juristen auffallen, daß das GB. den Ausdruck „unwirksam" gebraucht. Es kommen also nicht nur die Fälle der Ungültigkeit in Betracht, sondern auch solche naturales obligationes, bei denen nur ganz vereinzelte Rechtswirkungen nach positiver Satzung bestimmt sind (s. oben § 6 ff.).[1])

Indem ich im Vorbeigehen darauf aufmerksam mache, daß für die Zeit des Verfalles der Vertragsstrafe nach GB. 339 zwischen Obligationen auf Thun und auf Unterlassen unterschieden wird, komme ich zu der Frage nach der Durchführung einer verfallenen Konventionalstrafe, wie sie in GB. 340, 341 und 342 normirt ist. Der Inhalt dieser Gesetzesbestimmungen geht aus folgender Uebersicht hervor:

	Vertragsstrafe in Geld:	Vertragsstrafe auf andere Leistung:
für den Fall der Nichterfüllung:	Strafe (und weiterer Schadensersatz) oder: Erfüllung (und Strafe mit weiterem Schadensersatz)	Strafe oder: Erfüllung (und Schadensersatz)
für den Fall nicht gehöriger Erfüllung:	Strafe und Erfüllung (und weiterer Schadensersatz)	Strafe und Erfüllung oder: Erfüllung (und Schadensersatz)

Im Zusammenhange damit ist auch die Kontroverse des gemeinen Rechtes: Ob der Anspruch auf Konventionalstrafe durch vorbehaltlose Annahme der Hauptleistung erlischt? — vom GBe. entschieden worden. Die Frage kann jetzt nur noch für den Fall aufgeworfen werden, wo von vornherein die Strafe wegen einer nicht gehörigen, besonders

[1]) Dazu überhaupt die Lehre des allgemeinen Theiles über Ungültigkeit und Unwirksamkeit von Schuldverhältnissen. — Eine interessante Besonderheit des neuen Rechtes s. unten in § 49, sub 2, a) a. E.

einer verspäteten Lieferung versprochen wurde;[1]) da bei einer Vertragsstrafe für Nichtlieferung überhaupt[2]) nur Wahl zwischen Strafe und doch noch vorzunehmender Erfüllung besteht. Jener erste Fall ist im praktischen Leben ganz besonders wichtig; ich setze ein Beispiel hierher.

A. sollte dem B. vertragsmäßig das Balkengerüst seines Stallgebäudes liefern; die Anlieferung des fertig bearbeiteten Bauholzes hatte spätestens am 31. August zu geschehen, und waren bei verzögerter Lieferung für jeden Tag 10 M. Strafe zu zahlen. — Als nun A. späterhin Zahlung seiner Forderung verlangte, entgegnete B., daß die Lieferung sich um 80 Tage verzögert habe und daher vom Kläger 800 Mark verwirkt seien, so daß die klägerische Forderung durch Kompensation getilgt werde. A. entgegnet, daß B. den Bau trotz der verspäteten Leistung ja angenommen habe.

Das römische Recht gab keine klare Entscheidung;[3]) die Jurisprudenz nahm regelmäßig an, daß es eine Auslegungsfrage des einzelnen Falles sei. Gab die Auslegung kein Ergebniß, so wurde ein Verzicht des Gläubigers zumeist nicht unterstellt.[4]) Nach GB. 341, 2 erlischt der Anspruch des Gläubigers, der die Erfüllung vom Schuldner annimmt, ohne sich das Recht auf die Strafe besonders vorzubehalten.

Ich schließe die Erörterung dieser Materie mit dem Hinweise auf die viel besprochene Bestimmung von GB. 343. Eine nähere Ausführung über diese eindringliche neue Norm[5]) ist an jetziger Stelle nicht mehr angezeigt, da sich der Sinn der Rechtsregel und die rechte Methode ihrer Behandlung aus unserer früheren Darlegung ergiebt. (S. 2. Abschnitt über Treu und Glauben; vgl. auch § 35 a. E.)

48.

Von der Vertragsstrafe ist das Reugeld zu scheiden. Sein allgemeiner Begriff geht dahin, daß Jemand nur gegen Zahlung einer bestimmten Geldsumme (seltener gegen eine andere Leistung) von einem Vertrage soll zurücktreten dürfen. Seine Anwendung findet es in

---

[1]) So Konventionalstrafen bei Ausführung von Bauten, bei wucherischen Darlehen 2c.

[2]) Konventionalstrafen von Künstlern wegen etwaigen Vertragsbruches 2c.

[3]) S. die zutreffende Erörterung in Seuff. Arch. 33 Nr. 215.

[4]) Vgl. Seuff. Arch. 21 Nr. 226; Entsch. des ROHG. 24 S. 16.

[5]) Sie ist erst im E. II 332 aufgestellt. — Danach ist analog GB. 655 in der Reichstags-Kommission beschlossen worden.

zweierlei, der Art nach geschiedenen Fällen; in denen auch seine rechtliche Konstruktion jeweils verschieden ist.

1. Jemand erhält ein vertragsmäßiges Rücktrittsrecht gegen Reugeld.

Hier sind im Uebrigen die Sätze über dieses Rücktrittsrecht (oben § 36) zu übernehmen; nur muß nach besonderer Bestimmung des GBs. das Reugeld spätestens mit der Rücktrittserklärung bezahlt werden, widrigenfalls der Gegner die Erklärung als unwirksam zurückweisen kann. Heilung des Mangels durch unverzügliche Nachzahlung des Reugeldes ist vorbehalten.[1])

Von dieser Klasse bildet die sogenannte arrha poenitentialis nur eine Unterabtheilung.

Die Draufgabe ist an sich ein Bestärkungsmittel des Vertrages, von dessen Abschluß sie ein sicheres Zeichen geben soll;[2]) als Miethgeld, Handgeld, Heuer wird davon ein bekannter häufiger Gebrauch gemacht. Nach dem GBe. ist sie im Zweifel auf die Leistung des Hingebenden anzurechnen.[3]) Nun kann die Draufgabe als Reugeld in doppelter Richtung vorkommen: Entweder für den Hingebenden, der sonst die Anrechnung verlangen konnte, nun aber gegen Verzicht auf Rückzahlung der Draufgabe von dem Vertrage soll zurücktreten dürfen; oder für den Empfänger, in einem Falle, wo er die erhaltene Draufgabe nach besonderer Parteibestimmung sich nicht hätte anrechnen lassen müssen, — während er nun die Draufgabe zurückerstattet und dadurch das Schuldverhältniß löst.[4]) Nach dieser Richtung hin ist unsere Frage namentlich bei den Gesindemiethverträgen oft behandelt, das Rücktrittsrecht der geschilderten Art allerdings regelmäßig verneint worden.[5])

---

[1]) GB. 359.

[2]) GB. 336.

[3]) GB. 337. Ein ergänzender Rechtssatz und nicht bloß eine Auslegungsvorschrift, s. oben § 23, d). (Geht auch aus der Gleichwerthigkeit v. 337 Absatz 1 und Absatz 2 hervor.)

[4]) Nach GB. 336, 2 gilt die Auslegungsvorschrift [s. oben § 23, a)], daß eine Funktion der Draufgabe als Reugeld im Zweifel nicht anzunehmen ist. Da die Vorschrift nur negativ ist, so fällt der wichtigste Gegensatz zu dem ergänzenden Rechte (oben § 19) hier weg.

[5]) Kähler, Gesindewesen und Gesinderecht in Deutschland (1896) S. 140. Die daselbst bearbeiteten Rechtsquellen bleiben in Geltung: EG. 95. — Für sonstige Dienstverträge hat im Besonderen auch GB. 338 Bedeutung.

2. Es soll ein Vertragschließender von einem gesetzlichen Kündigungsrechte nur gegen Zahlung eines Reugeldes Gebrauch machen dürfen.

Dies findet seine Hauptanwendung beim Miethvertrage;[1] kann aber ebenso bei der Leihe,[2] dann bei dem Darlehn[3]) und anderen Verträgen vorkommen.[4]

Die Konstruktion dieses Falles könnte Schwierigkeiten bereiten. Man hat es in der Praxis als Konventionalstrafe (Wandelpön) aufgefaßt;[5] aber das ist eine unhaltbare Meinung. Es besteht nicht eine Hauptverbindlichkeit, beispielsweise des Vermiethers, die dahin ginge, daß er nicht kündigen werde; so daß die Erfüllung dieser Hauptverbindlichkeit durch eine Vertragsstrafe bestärkt werden könnte. Sondern es liegt ein Verzicht auf das gesetzliche Kündigungsrecht vor; aber ein Verzicht unter der auflösenden Bedingung, daß er nicht das bedungene Reugeld dem andern Theile zahle.

Die Anwendung von GB. 359 auf die unter 2. besprochene Gruppe von Fällen scheint mir zweifellos geboten, da das GB. diese letzteren Fälle überhaupt niemals erwähnt.

49.

Nach der letzten Klausel des in unserem § 45 angeführten Arbeitsvertrages sollten die einlaufenden Strafgelder in eine vom Meister verwaltete Kasse fließen und zu Weihnachten jedes Jahres unter die gerade im Dienste befindlichen Gesellen gleichmäßig vertheilt werden.

Indem wir nun annehmen, daß im besonderen Falle das Versprechen der Vertragsstrafen gültig und von voller rechtlicher Wirksamkeit war, so ist es klar, daß es sich nun um einen Zusatz handelt, der einen Vertrag zu Gunsten Dritter oder, wie das GB. sagt: ein Versprechen auf Leistung an einen Dritten darstellt.

Den seitherigen Stand von Quellen und Litteratur gestatte ich mir, im Allgemeinen als bekannt vorauszusetzen. Man weiß, daß das römische Recht diese Einrichtung nur in einzelnen Ausnahmefällen in einer der heutigen Bedeutung entsprechenden Art zuließ; wer sich in rechtlich

---

[1]) GB. 564 ff. Auch möglich bei besonderen Kündigungsrechten nach 542 ff. oder 553 ff. — Pacht: GB. 595 fg.

[2]) GB. 605.

[3]) GB. 609.

[4]) Dienstvertrag: GB. 620 ff.; Gesellschaft: GB. 723 ff.

[5]) Seuff. Arch. 30 Nr. 133; vgl. Seuff. Arch. 3 Nr. 42, 43.

bindender Meinung versprechen ließ, daß der Promittent einem Dritten Etwas leiste, erwarb zwar selbst nach den gewöhnlichen Sätzen einen Anspruch gegen Jenen,[1]) — der Dritte aber konnte selbständig in der Regel nicht klagen. Die einzelnen Ansätze zu einer Umkehrung dieses Verhältnisses, die sich in den Quellen finden,[2]) sind nach der Rezeption des römischen Rechtes in Deutschland durch die Gerichtspraxis in weitem Maße analog angewandt worden, ohne daß jedoch über die Grenze, bis zu welcher rechtsähnliche Fälle nach allgemeinerem Merkmale anzunehmen seien, ein Einverständniß erzielt worden wäre. Auch blieb die Eigenthümlichkeit dieses Vertragsschlusses, insbesondere sein Unterschied von der nun sich einbürgernden direkten Stellvertretung meistens unklar.

Das ALR. billigt dem Dritten ein Klagerecht nur dann zu, wenn er dem zu seinen Gunsten geschlossenen Vertrage beigetreten ist.[3]) Die preußische Gerichtspraxis hat zwei Ausnahmen zugelassen, in denen der Dritte unmittelbar ein Recht erhält: bei Gutsübergabsverträgen, falls der Uebergeber zu Gunsten seiner Abkömmlinge oder seines Ehegatten von dem Uebernehmenden sich versprechen läßt, und sodann bei der Lebensversicherung zu Gunsten Dritter.[4])

Endlich hat die Entwickelung des gemeinen Rechtes im 19. Jahrhundert zwar den Fortschritt gezeitigt, daß man sich des Gegensatzes bewußt wurde, der im Vertrage zu Gunsten Dritter und in der unmittelbaren Stellvertretung liegt;[5]) aber hinsichtlich der weiteren Frage, unter welchen rechtlichen Bedingungen bei dem erstgenannten Vertragsschlusse der Dritte ein eigenes, selbständiges Recht gegen den Versprechenden erwerben sollte, gingen die Ansichten wohl noch mehr auseinander, als in früheren Zeiten.[6]) Man behalf sich damit, daß in den einzelnen Bundesstaaten durch konstante Gerichtspraxis allgemach die eine oder die andere Ansicht gewohnheitsmäßig eingesetzt wurde, so daß die Buntscheckigkeit und theoretische Unsicherheit unseres Rechtszustandes in dieser Lehre nachgerade einen verhängnißvoll hohen Grad erreicht hatte.

---

[1]) Manche meinen allerdings, daß der Stipulant noch ein besonderes Geldinteresse seinerseits hätte nachweisen müssen.

[2]) Zusammenstellung bei Windscheid, Pandekten § 316, Ziff. 2).

[3]) ALR. I, 5 § 75. — Vgl. CC. 1121. Sächs. GB. 83.

[4]) Dernburg, Preuß. Privatr. II § 20.

[5]) Eine genügende Formulirung der hierüber jetzt wohl allgemein herrschenden Ansicht bei Windscheid, Pandekten § 316a N. 1.

[6]) Aus der Praxis der neuesten Zeit ist zu bemerken: Seuff. Arch. 43 Nr. 264, mit vielen Nachweisungen früherer Rechtssprüche.

Das GB. bedeutet auch hier einen außerordentlichen Fortschritt, und es ermöglicht einen solchen weiterhin in der wissenschaftlichen Durcharbeitung dieser Lehre.

Die Frage nach den rechtlichen Bedingungen, unter denen bei einem Vertrage der jetzt fraglichen Art der Dritte unmittelbar das Recht erwerben soll, die Leistung selbst zu fordern, ist eine solche, die ausschließlich durch positiven Entscheid der Recht schaffenden Faktoren im Einzelnen erledigt werden muß. — Und daß alsdann die Gesetzgebung den unbedingten Vorzug verdient und das Medium einer langsam und ungleichmäßig und überall ungewiß wirkenden Gewohnheit ein technisch unvollkommenes Mittel zur Erreichung guter Rechtszustände ist, könnte allmählich außer Streit bleiben.

In der That hat die Erfahrung in unserer Frage ganz im Einzelnen gelehrt, daß eine Zurückhaltung der Gesetzgebung hier nicht am Platze ist. Wenn man es dem Juristen überläßt, aus allgemein gehaltenen Regeln über Schuldverhältnisse und deren Entstehung das für die jetzige besondere Frage Geltende erst aufzudecken und herauszuziehen, so hört die Ungewißheit über das nun wirklich positiv geltende Recht nicht mehr auf. Insbesondere mischt sich alsdann sehr leicht in die eine Erörterung: Was nach Rechtssätzen von relativ allgemeinem Charakter nun für die Sonderfrage des Vertrages auf Leistung an einen Dritten im Sinne von deren positiven Feststellungen zu schließen sei, — die zweite Erwägung: was auf der allgemeinen Grundlage unserer Rechtseinrichtungen in dieser besonderen Frage das objektiv Richtige sei? Das Erste ist die Frage nach dem positiven Einzelinhalte unseres Rechtes, der nun auch von der Rechtsquelle gar nicht expressis verbis ausgesprochen zu sein braucht, sondern erst juristisch-technisch zu deduziren ist; die zweite Erwägung geht auf Dasjenige, was nach Treu und Glauben, das ist im Sinne des sozialen Ideales, die gegenständlich begründete Anwendung jener allgemeiner aufgestellten Rechtssätze auf unseren besonderen Fall wäre. Beides braucht durchaus nicht zusammenzufallen, und thut es nur zu oft nicht. Denn in jenem Falle habe ich nur auszudenken, was der subjektiven Willensmeinung des Recht setzenden Faktors in Wirklichkeit entspricht; auf der anderen Seite aber ist dieses Ergebniß nun im Sinne von Treu und Glauben auf seine objektive Berechtigung hin nachzuprüfen, zu richten und zu ändern. Im Sinne der ersten Frage hatte nach gemeinem Rechte diejenige Ansicht wohl den Vorzug, welche ein unmittelbares Recht des Dritten nur dann annahm, wenn die an ihn zu machende Leistung sich als ein Aequivalent für Etwas darstellte, was der Versprechende von dem Versprechensempfänger erhalten hatte; — bei dem Urtheile nach Treu und Glauben, in dem früher von uns entwickelten Sinne, konnte man im besonderen Falle leicht zu einem entgegengesetzten Ergebnisse gelangen. Will nun die Gesetzgebung (wie in unseren Zuständen das allein Richtige ist) in festen Regeln die Bedingungen für das unmittelbare Recht des Dritten feststellen, so muß sie solche einmal in klaren, sicheren Sätzen genau bestimmen, zum Anderen aber zusehen, daß sie von der zweiten Möglichkeit einer objektiv richtigen Entscheidung im einzelnen Falle, soweit es sich nur immer voraussehen läßt, nicht allzuweit entferne. Dieser doppelten Aufgabe ist das GB. im Allgemeinen in trefflicher Weise gerecht geworden.

Es gewährt einfach die Möglichkeit, daß zwei Vertragschließende ihrem Geschäfte die besondere Richtung geben, daß die von dem Einen vorzunehmende Leistung an einen dritten, bei dem Vertragschlusse nicht Zugezogenen erfolgen soll. Die Stellung des Dritten wird dabei lediglich nach dem Inhalte des Vertrages bestimmt, ohne daß mehr Beschränkungen für die Kontrahenten vorhanden wären, als aus den Grenzen der Vertragsfreiheit sich selbstverständlich ergeben.[1]) Aus dem in dem Vertrage zu Gunsten Dritter streitenden Juristenparlamente hat das GB. damit die Ansicht — so zu sagen — der äußersten Linken herausgegriffen und zu der seinigen gemacht.

Es giebt nun folgende Möglichkeiten:

1. Es wird eine rechtliche Beredung derartig getroffen, daß eine Leistung an einen Dritten versprochen wird, der Dritte selbst aber kein Recht darauf erhalten soll.[2])

Dabei bleiben die Fälle außer Betracht, in denen überhaupt keine juristische Bindung gemeint war. Zu solchen würde das einem Andern gegebene Versprechen zählen, endlich einmal etwas für seine, des Versprechenden, arme Verwandte thun zu wollen; oder der Fall, da A. den B. bewegt, eine von B. geplante Bestellung von Waaren bei dem C. zu machen, um diesem den Verdienst aus dem Geschäfte zuzuwenden. Das Entgegengesetzte gilt für Thatbestände, wie beispielsweise den

[1]) GB. 328. — Abs. 2 sagt nichts Neues. Es ist nur eine Anweisung, nach der allgemeinen Regel von GB. 162 auszulegen. Man erwäge danach folgenden Fall: Jemand zahlt bei der städtischen Sparkasse auf den Namen seines Pathen eine Summe ein und erhält das darüber ausgestellte Sparkassenbuch eingehändigt.

[2]) Vgl. GB. 1940; auch 525.

folgenden: In einem Vertrage, durch welchen ein Grundeigenthümer sein sämmtliches unbewegliches Vermögen seinem Sohne abtrat, war bedungen worden, daß Letzterer des Ersteren Schulden tilgen sollte. — Wo nun die Grenze zwischen diesen beiden Klassen läuft, das ist in jedem Sonderfalle in allgemeiner Richtung dahin zu entscheiden: Es trifft die Beweislast dafür, daß eine Rechtsverbindlichkeit eingegangen werden sollte, den klagenden Versprechensempfänger.

2. Aus dem Vertrage soll der Dritte unmittelbar das Recht erwerben, die Leistung zu fordern.

Dies ist der Fall, an den zumeist gedacht wird, wenn von Vertrag zu Gunsten eines Dritten oder auf Leistung an einen Dritten gesprochen wird; der allgemeinere Begriff enthält aber den unter 1. mit, und der 3. Titel unseres 2. Abschnittes im 2. Buche umfaßt gleichfalls Beides.

Wofür spricht nun die Vermuthung, wenn aus dem Vertrage selbst sich nichts Besonderes ergiebt? — An und für sich zweifellos für die unter 1. angegebene Möglichkeit. Denn wenn nicht sicher ist, wie weit der Versprechende sich hat verpflichten wollen, so ist die geringere Belastung anzunehmen.[1]) Für den besonderen Fall, daß in einem Vertrage der eine Theil sich zur Befriedigung eines Gläubigers des anderen Theiles verpflichtet (ohne die Schuld zu übernehmen), hat das GB. den eben genannten allgemeinen Satz als besondere Auslegungsvorschrift erlassen.[2]) In den Fällen der Lebensversicherung und des Leibrentenvertrages für einen Dritten gilt umgekehrt die Auslegungsvorschrift, daß im Zweifel der Dritte unmittelbar das Recht erwerben solle, die Leistung zu fordern; ausgedehnt auf Vermögens-, insbesondere Gutsübergabeverträge.[3]) Es rechtfertigt sich dieses durch Beobachtung der bei solchen Verträgen durchgängig üblichen Meinung der Kontrahenten. Aber es bleibt eine Auslegungsvorschrift und ist kein ergän-

---

[1]) Vgl. dazu oben § 17 (S. 62 Abs. 2). — Aus dem gleichen Grunde ist bei vollständigem Zweifel darüber, ob Stellvertretung oder Versprechen der Leistung an einen Dritten in einem abgeschlossenen Vertrage zu sehen sei, für das Erste zu entscheiden: In dem zweiten würde eine feste Bindung des Versprechenden bereits gegeben sein, sei es dem Versprechensempfänger oder sogar unmittelbar dem Dritten gegenüber; in dem ersten an sich noch nicht. Man kann auch nicht sagen, daß im Zweifel ein jeder Kontrahent doch für sich handeln wolle, denn wir sprechen natürlich nur von solchen Fällen, in denen er eine Leistung an einen Anderen sich ausbedingt und es nun zweifelhaft ist, ob er das „als Stellvertreter" oder „zu Gunsten" des Andern thut.

[2]) GB. 329.

[3]) GB. 330.

zender Rechtssatz [oben § 23, b)]; sie gilt also nur, wenn in einem gegebenen Falle die wirkliche Absicht der Vertragschließenden zweifelhaft ist, fällt dagegen, sobald es sicher ist, daß Jene über diese Frage selbst nichts bestimmen, sondern den allgemeinen ergänzenden Rechtssätzen freien Lauf lassen wollten.

Ist nun im besonderen Falle anzunehmen, daß der Dritte unmittelbar das Recht erwerben soll, seinerseits selbst die Leistung zu fordern, so sind wiederum zwei Möglichkeiten zu unterscheiden: je nachdem neben dem Dritten auch der Versprechensempfänger befugt sein soll, die Leistung an den Dritten einzuklagen, oder aber der Dritte allein forderungsberechtigt ist.

a) Auch hier ist es der soeben zuerst erwähnte Fall, der regelmäßig als der Vertrag zu Gunsten Dritter seither gemeint gewesen ist. Was die Häufigkeit des Vorkommens anlangt, so ist es auch ganz gegründet. Hierher zählen fast alle die Einzelausnahmen, die das römische Recht in unserer Lehre zuließ; die oben erwähnten Lebensversicherungs-, Leibrenten-, Gutsübergabeverträge mit dem Bedingen von Leistungen an Dritte; Vereinssatzungen, in denen etwa bestimmt ist, daß auch Kinder von Vereinsmitgliedern gegen gewisse Gebühr an Gesellschaftseinrichtungen Theil nehmen dürfen; und v. A. m.

Hier tritt nun ein der aktiven Solidarobligation sehr ähnliches Verhältniß auf. Ja es würde sogar nach manchen Formulirungen des Begriffes der Gesammtgläubigerschaft unser Verhältniß unmittelbar unter jenen Begriff gebracht werden müssen. Dies gilt vor Allem von dem GBe. selbst, welches das angezogene Verhältniß dann als gegeben annimmt, „wenn Mehrere eine Leistung in der Weise zu fordern berechtigt sind, daß jeder die ganze Leistung fordern kann, der Schuldner aber die Leistung nur einmal zu bewirken verpflichtet ist“ (428/1, vgl. 420). Das liegt bei einem Vertrage auf Leistung an einen Dritten in dem Falle vor, wenn sowohl der Versprechensempfänger. als auch der Dritte die Leistung an den Dritten soll fordern dürfen.[1]) Andererseits erleidet es keinen Zweifel, daß dieses nur als lapsus calami erachtet werden kann; und daß die Rechtssätze über aktive Solidarobligationen

---

[1]) GB. 335 Anordnung und Fassung dieses Gesetzesparagraphen ist nicht glücklich. Nach seinem eigenen Sinne, wie nach dem des ganzen Titels giebt er den regelmäßigen Fall des Vertrages auf Leistung an einen Dritten wieder und hätte deßhalb nicht an das Ende des Titels gehört, sondern an dessen Anfang, woselbst er in E. I 412 sich auch befand. Zudem wurde nun eine gewundene Fassung nöthig, die bei der Voranstellung des Paragraphen leicht vermieden worden wäre.

vom GBe., wie vom seitherigen Rechte, bloß auf den Fall gemünzt sind, da ein Jeder der Berechtigten die Leistung an ihn selbst soll fordern können.[1]) Dies nehmen wir als Meinung des GBs. an; aber ich betone, daß das Gegentheil in der That auch auf Schwierigkeiten stoßen und die Sachlage verwickeln würde, weil nach den allgemeinen Grundauffassungen, von denen die Ordnung unseres Schuldrechtes ausgeht, man es mit zwei verschieden gestalteten Arten rechtlicher Beziehungen zu thun hat. Das ist für die Fälle des Vertrages auf Leistung an einen Dritten, in denen die erwähnte beiderseitige Berechtigung (des Versprechensempfängers und des Dritten) vorliegt, hier darzuthun.

Denkt man den angeführten juristischen Thatbestand näher aus, so könnte es scheinen, als ob dabei immer nur ein einziges Schuldverhältniß — zwischen dem Versprechenden und dem Versprechensempfänger — gegeben sei; von dem das selbständige Forderungsrecht des Dritten irgendwie abgezweigt wäre. Man würde in eigenartiger Richtung auf die berühmte Formel von der „Einheit der Obligation mit Mehrheit der subjektiven Beziehung" gelangen. Wie immer man nun die Konstruktionsfrage der Gesammtschuldverhältnisse anfassen mag,[2]) so ist die Nothwendigkeit, in unserem jetzigen Falle zwei geschiedene Schuldverhältnisse anzunehmen, nicht wohl zu umgehen. Das eine besteht zwischen dem Versprechenden und dem Versprechensempfänger, das zweite zwischen Jenem und dem Dritten. Das Erstgenannte gründet sich auf einen Vertrag, bei dem Zweiten liegt kein Vertrag vor, sondern wir müssen für seinen Entstehungsgrund nach anderer juristischer Thatsache uns umsehen. Und endlich kann jenes erste gegenseitig sein, während das Schuldverhältniß zwischen Versprechenden und Dritten immer nur einseitig ist, bloß den Letzteren berechtigt und den Anderen nur bindet.

Danach erhebt sich die weitere Frage: Welches dieser beiden Schuldverhältnisse ist nun in erster Linie maßgeblich zur juristischen Charakterisirung des jeweils fraglichen Thatbestandes? — Die Antwort muß lauten: Grundlegend ist das Vertragsverhältniß zwischen dem Versprechendem und dem Versprechensempfänger; angegliedert ist das einseitige Schuldverhältniß zwischen jenem Ersten und dem Dritten.

---

[1]) Es kann sich nun allerdings auch so stellen, daß zwei Gesammtgläubiger auf Leistung an einen Dritten vorhanden sind.

[2]) S. darüber unten § 64.

Das Versprechen der Leistung an einen Dritten ist ein Zusatz, der zu jeglichem irgendwelchen Vertragsverhältniß noch hinzutreten kann; es bewirkt ein zweites Schuldverhältniß zwischen dem einen Kontrahenten und dem Dritten, mit dem kein Vertrag geschlossen worden ist.

Andererseits wird man Bedenken tragen müssen, diese zweite einseitige Obligation als eine solche „ex lege" zu nehmen. Denn sie gründet sich geradezu auf die, in dem unterliegenden Vertrage abgegebene Willenserklärung des Versprechenden und leitet ihren ganzen Inhalt aus der Disposition des Promittenten her. Weder die Voraussetzungen, noch die Folgen des Rechtes eines Dritten, zu dessen Gunsten durch Vertragsschluß verfügt wurde, sind vom Gesetze ohne Weiteres bestimmt; sondern dieses eröffnet nur eine Möglichkeit zu dahin gehenden Willenserklärungen, die für die rechtliche Lage des Dritten allein maßgebend sind. Nun ist eine solche Willensäußerung rücksichtlich des Dritten, der aus ihr unmittelbar berechtigt werden soll, ein einseitiges Rechtsgeschäft, das hier ausnahmsweise (GB. 305) in besonders umgrenzter Art Rechtswirkung besitzt.

Daraus erhellt, wie ganz verschieden von dem jetzigen Versprechen der Leistung an einen Dritten der bekannte Nothbehelf des römischen Rechtes war, es gelegentlich mit Verwendung des Begriffes der negotiorum gestio zu versuchen.[1] Auch dort nahm zwar ein zwischen A. und C. neu entstehendes Schuldverhältniß seinen Anlaß aus einem zwischen A. und B. geschlossenen Vertrage, ohne selbst als obligatio ex contractu behandelt werden zu können; aber es erforderte Jenes erst noch die eigenartigen Voraussetzungen der negotiorum gestio, vor Allem das wirkliche Thätigwerden des A. im Interesse des C. Nach unserem neuzeitlichen Rechte basirt das zweite, einseitige Schuldverhältniß auf der Willenserklärung des Versprechenden als solcher. Sie wird zu gleicher Zeit als Erklärung eines Vertragschließenden und als einseitige Disposition abgegeben, und der ihr im Vertrage gegenüber Stehende ist einmal „Vertragschließender" und außerdem „Versprechensempfänger". Es kommt bezüglich der ordnungsmäßigen Wirkung auf ihre rechte Beschaffenheit an, und es genügt diese letztere auch für ihre Wirkung als einseitige Willenserklärung, ohne daß noch eine fernere juristische Thatsache hinzutritt.

Der Vertrag aber bildet dabei den grundlegenden That-

[1]) L. 5 § 4 [6 § 2] D. de N. G. (3, 5).

bestand: Die einseitige Willenserklärung zu Gunsten eines Dritten ist von ihm abhängig.

Würde dem Vertrage als solchem ein Mangel anhaften, während die Willenserklärung des Versprechenden an sich in Ordnung wäre, z. B. ein Einverständniß der Kontrahenten über wesentliche Punkte fehlen, so würde die Kraft der einseitigen Erklärung des Promittenten entsprechend beeinträchtigt und gelähmt sein.

Liefert die Auslegung des Vertrages ein besonderes Ergebniß, — wie wir wissen, kommt es bei ihr auf Bestimmung der Vertragspflichten nach Treu und Glauben an, bei der Auslegung einer Willenserklärung für sich dagegen nur auf ihren wirklich dagewesenen Sinn[1] —: so müßte diese Vertragsinterpretation für die einseitige Willenserklärung und deren Wirksamkeit von maßgeblicher Bedeutung sein.

Bei der näheren Durchführung dieses Verhältnisses des Vertrages und der einseitigen Willenserklärung ist in unserem Thatbestande Dreierlei möglich.

Einmal kann die Uebernahme einer Leistungspflicht an einen Dritten sich im Rahmen eines gegenseitigen Vertrages zwischen Promittenten und Versprechensempfänger darstellen; mithin als eine (vollständige oder theilweise) Gegenleistung Jenes an den Letzteren. Das kommt in einfacher Art besonders bei dem Lebensversicherungs- und Leibrentenvertrage zu Tage.

Zum Andern ist es möglich, daß Jenes eine Auflage ist, die einer einseitigen Zuwendung des Versprechensempfängers an den Versprechenden beigefügt wird. So besonders bei Vermögensübertragungen unter Lebenden, namentlich bei bäuerlichen Gutsübergabeverträgen, wobei den jüngeren Geschwistern Leistungen des Uebernehmers vorbehalten werden.

Es kann aber endlich auch sein, daß eine einseitige Leistung des Versprechenden an den Versprechensempfänger durch das Versprechen der Leistung an den Dritten gemeint ist. Es kann dem Zweiten von dem Erstgenannten eine Schenkung dadurch zufließen, wenn etwa der Versprechensempfänger dem Dritten verpflichtet war und nun dadurch befreit wird.[2]) Es ist auch denkbar, daß es ein einfaches Schuld-

---

[1]) Vgl. oben § 9 S. 37.

[2]) Eine Schenkung kann auch zwischen dem Promissar und dem Dritten vorliegen, niemals aber zwischen Promittenten und Dritten, da ja die Eigenthümlichkeit unseres Falles gerade darin besteht, daß zwischen diesen ein Vertrag nicht

versprechen des Promittenten an den Promissar darstellt, wie solches jetzt nach GB. 780 zu behandeln ist.

Nun liegt die Frage nahe: Was denn die Besinnung auf die nothwendige Annahme einer einseitigen Willenserklärung des Versprechenden zu Gunsten des Dritten für besondere praktische Folgen nach sich ziehe? — Es könnte ja scheinen, als ob die Bedeutung dieser unterliegenden einseitigen Willenserklärung auf Null herabsänke, weil für die Grundbestimmung des fraglichen Thatbestandes der abgeschlossene Vertrag maßgeblich sein soll. Aber dies trifft nicht völlig zu.

Das unmittelbare Recht des Dritten gründet sich auf das von dem Promittenten abgegebene Versprechen, welches Jenem gegenüber eine einseitige Willenserklärung ist. Diese muß nach dem GBe. allerdings innerhalb eines Vertrages mit einem Versprechensempfänger abgegeben werden; aber für die Durchführung des Schuldverhältnisses, das zwischen dem Versprechenden und dem Dritten entstanden ist, muß gerade auf jene einseitige Erklärung für sich gesehen werden. Denn das Forderungsrecht des Dritten geht niemals weiter, als das innerhalb des Vertrages abgegebene einseitige Versprechen des Promittenten für ihn reicht. Alles, was er selbst unmittelbar zu fordern berechtigt ist, muß auf jene Willenserklärung des Versprechenden zurückgeführt werden. Daher kommen ergänzende Rechtssätze, z. B. die über Tragung der Gefahr, über Währschaft wegen Mängel der Kaufsache 2c., zu Gunsten des Dritten, an den die verkaufte Sache geliefert werden soll, nur insoweit in Betracht, als sie vom Versprechenden gewollt dargethan werden können. Von vornherein ist das in jedem besonderen Falle eine offene Frage, und GB. 328 läßt, besonders in Abs. 2, hier den weitesten Spielraum für die Kontrahenten, bestätigt aber auch von seinem Platze aus, daß das dabei abgegebene Versprechen des Promittenten die alleinige Quelle der unmittelbaren Ansprüche des Dritten sein kann. Nun ist es also möglich, daß der Dritte im Sinne jenes Versprechens alle Rechte erhalten soll, die sonst dem Versprechensempfänger selbst zuständen; das wird beispielsweise bei Lebensversicherungs- und Leibrentenverträgen zu Gunsten Dritter leicht der Fall sein können; — es ist ebenso denkbar und praktisch genugsam erfahren worden, daß der Dritte nur ein ganz begrenztes Forderungsrecht erhalten soll, wie bei den Uebergabeverträgen, bei denen der Ueber-

bestehen soll. — Des Näheren brauchen die übrigen Möglichkeiten, in denen eine Zuwendung des Promissars an den Dritten durch Erwirkung eines Versprechens des Promittenten vorkommt, in diesem Zusammenhange nicht analysirt zu werden.

nehmer etwa an die jüngeren Geschwister gewisse Abfindungen zu zahlen verspricht. So kann das Versprechen des Promittenten die für den unterliegenden Vertrag geltenden ergänzenden Rechtssätze als seinen Inhalt aufnehmen, es aber auch vielleicht nur theilweise oder gar nicht thun. Mithin hat bei dem Versprechen auf Leistung an einen Dritten der Letztere immer die Beweislast dessen, wie weit das für ihn im Vertrage abgegebene Versprechen des Promittenten reiche; und da, wo dieses aufhört, setzt nicht zu Gunsten des Dritten das ergänzende Recht ein, das sonst für den unterliegenden Vertrag gilt, sondern es hört alles Recht des Dritten auf.

Neben dieser allgemeinen Folge kommen einige Besonderheiten des neuen Rechtes in Betracht. So giebt es nach dem GBe. drei Fälle, in denen zwar einseitige Willenserklärungen unwirksam sein sollen, Verträge dagegen nicht so unbedingt diesem Urtheile verfallen: Rechtsgeschäfte des Minderjährigen ohne Genehmigung des Vormundes,[1]) der Ehefrau über ihr eingebrachtes Vermögen ohne Zustimmung des Ehemannes,[2]) des Vormundes bei Verfügungen über Mündelvermögen, zu denen er der Genehmigung des Vormundschaftsgerichts bedarf.[3]) Wenn also eine dieser Personen einen Vertrag zu Gunsten eines Dritten abschließt, aus dem er dem Dritten gegenüber unmittelbar verpflichtet werden soll, so ist er seinem Kontrahenten unter den im GBe. näher angegebenen Voraussetzungen gebunden; dem Dritten gegenüber ist seine Erklärung gänzlich unwirksam.[4])

b) Bei dem Versprechen der Leistung an einen Dritten sind endlich die Fälle zu berücksichtigen, in welchem der Dritte allein ein Recht auf die geschuldete Leistung gewinnt.

Sie haben praktisch nicht die gleiche Bedeutung, wie die unter a) besprochenen Regelfälle; sind aber keineswegs völlige Seltenheiten. Man denke an den Fall des römischen Rechtes, daß der verkaufende Pfandgläubiger zu Gunsten des Eigenthümers der Pfandsache Wiederauflösung des Kaufvertrages für den Fall der Rückgabe des Kaufgeldes ausbedingt;[5]) oder an die Uebergabe der Sache an einen Boten, der auf

---

[1]) GB. 110; 111.

[2]) GB. 1396 fg.; 1398.

[3]) GB. 1829 fg.; 1831; — vgl. 1821 ff.

[4]) Das stimmt auch mit dem allgemeinen Gedanken überein, dem jene drei Sonderbestimmungen des GBs. entsprungen sind. S. die gute Begründung in Mot. 1, 133 fg.; übernommen in Mot. 4, 226 u. 1153.

[5]) L. 13 pr. D. pigner. act. (13, 7).

Gefahr und Kosten des Empfängers nach dessen näherer Anweisung von dem Absendenden bestellt wird. Und es gehört auch unser Rechtsfall und die hier zu erörternde Klausel des dortigen Arbeitsvertrages hierher; denn es wird, mangels anderen Materials, als Sinn der Vertragsstrafen angenommen werden dürfen, daß der Empfänger im vorliegenden Rechtsfalle zwar zur Leistung an die dort genannten Dritten sich verpflichtet, und diesen unter den im Vertrage genannten Bedingungen unmittelbar ein Forderungsrecht erwächst, daß aber die die Strafe Zahlenden ein besonderes Klagerecht auf Leistung an die Dritten nicht mehr haben sollen.

Freilich kann dieses im besonderen Falle höchst zweifelhaft sein. Die Auslegung wird, auch unter Benutzung zahlreicher Beobachtungen und Feststellungen nicht immer zu sicheren Ergebnissen zu gelangen im Stande sein. Wofür ist denn im Zweifel zu entscheiden? — Nach GB. 335 liegt es im Sinne unseres neuen Rechtes, alsdann den von uns unter a) erörterten Fall einzusetzen und das Recht, die Leistung an den Dritten zu fordern, sowohl dem Versprechensempfänger, als auch dem Dritten zuzugestehen.

Es gründet sich darauf, daß das GB. in grundsätzlicher Art den Vertrag zwischen Versprechenden und Promissar als nothwendige Unterlage des Versprechens der Leistung an den Dritten festhalten will. Erst nach dem Vertrage (im logischen Verhältnisse) kommt das Recht des Dritten in Frage. Daher ist die richtige Konstruktion des jetzt unter b) eingeführten Falles diese: daß der den Vertrag schließende Versprechensempfänger auf das ihm an und für sich zustehende Forderungsrecht verzichtet.

Es ist richtig, daß dieses als ein kleiner Umweg erscheinen kann. Es wäre auch möglich gewesen, daß das Gesetz die neue Rechtsfigur geschaffen hätte, daß man einfach jedem Beliebigen gegenüber, auch außerhalb jedes Vertragsschlusses mit Diesem, die rechtlich bindende Erklärung abgeben könnte, daß man einem gewissen Dritten eine Leistung machen werde. Aber unser GB. hat dieses nicht gethan. Es beginnt (328) ausdrücklich mit der Festsetzung: „Durch Vertrag kann eine Leistung an einen Dritten bedungen werden . . ;" und es drückt die Möglichkeit, daß der Versprechensempfänger selbst keine Klage auf Leistung an den Dritten haben soll, mit den Worten aus (335), daß alsdann „ein anderer Wille der Vertragschließenden" vorliegen müsse. Erinnert man sich, daß dieses in der hinter uns liegenden Rechtsentwickelung nur allmählich und zögernd zur Anerkennung gelangt ist, daß überhaupt ein Dritter auf Grund des zu seinen Gunsten geschlossenen Vertrages ein selbständiges Forderungsrecht gegen den Promittenten soll erwerben können; und hält man fest, daß das GB. nach dem gesammten Inhalte dieses Titels jene Rechtsentwicklung nur sachgemäß abschließen wollte: so ist bei dem angeführten klaren Wortlaute nicht davon abzukommen, daß das Erforderniß eines Vertragsschlusses bei dem Versprechen der Leistung an einen Dritten nach unserem künftigen Schuldrechte niemals fehlen darf. Die oben (2, a) a. E.) angeführten Folgen dieses grundlegenden Satzes sind also auch in unserem jetzigen Falle des alleinigen Forderungsrechtes des Dritten zu übertragen.

Allerdings könnte es scheinen, als ob es keinen Sinn hätte, einen Vertrag zu schließen, bei dem gleichzeitig auf die daraus entspringenden Rechte verzichtet wird. Aber dieses ist doch nicht unbedingt der Fall.

Dieser Vertrag hat eine ganz verständliche Bedeutung, sobald die Leistung an den Dritten Aequivalent für eine Leistung des Versprechensempfängers an den Versprechenden ist; da ja hier der Verzicht des Ersteren auf sein Recht die Nothwendigkeit seiner vertragsmäßig festzulegenden Pflicht nicht aufhebt. — Das Gleiche gilt, wenn das Versprechen zu Gunsten des Dritten als Auflage auftritt; auch hier bleibt die Nothwendigkeit eines Vertrages zwischen Promittenten und Promissar bestehen, und es erscheint der Verzicht des Letzteren auf das ihm an sich zustehende Forderungsrecht der Leistung an den Dritten, als eine Einzelmodifikation. — Aber auch in den Fällen, in welchen nur eine einseitige Leistung an den Promissar durch Versprechen der Leistung an einen Dritten vorgenommen wird, ist ein Vertrag mit sofortigem Verzichte des Versprechensempfängers nicht mehr sinnlos. Denn wenn die Willenserklärung des Versprechenden von einem Vertragschließenden entgegengenommen werden muß, so sind ihr damit besondere Vorschriften für ihre rechtlichen Voraussetzungen, wie hinsichtlich ihrer Durchführung gesetzt; so daß der Vertragsschluß auch hier noch eine eigene Bedeutung behält, auch wenn das ihm an sich entquellende Recht des Versprechensempfängers auf Vornahme der Leistung des Versprechenden durch Verzicht des Ersteren sofort wieder getilgt wird.

Wir kehren nun zu der Lösung unseres Rechtsfalles zurück.

Es war in ihm ein Versprechen der Leistung an einen Dritten gegeben, bei dem nach der Besonderheit des Falles anzunehmen ist, daß die unter 2b) besprochene Variante vorlag. Das ist nun rücksichtlich der Stellung des Dritten noch weiter zu führen. Als Dritte wurden die zu Weihnachten jeweils im Dienste befindlichen Gesellen genannt.

Es würde außerhalb des Rahmens unserer jetzigen Aufgabe liegen, die richtige Konstruktion des genannten Thatbestandes im Einzelnen zu verfolgen; es schlägt in die Lehre von den juristischen Personen. Ich erinnere nur an die drei Möglichkeiten: Selbständige Stiftung;[1]) Recht mit wechselndem Inhaber;[2]) Hingabe an eine bestimmte Person,[3]) mit der Auflage damit zu Gunsten gewisser Dritter zu verfahren. Letzteres liegt hier vor. Die Kasse ist Eigenthum des Meisters. Die zu Weihnachten gerade im Dienste befindlichen Gesellen sind die nun bestimmten Personen, welche alsbald mit ihrer Bestimmung, auf Grund des angeführten Arbeitsvertrages der früheren Gesellen und des Meisters und der darin gelegenen einseitigen Willenserklärung des Letzteren, gegen ihn ein Recht auf Ausschüttung und Vertheilung der vorhandenen Strafkasse haben.

Will einer dieser berechtigten Gesellen nichts haben, so gilt GB. 333. Es wächst den übrigen an.[4])

Wollen Alle nichts haben,[5]) so ist in erster Linie auf den Sinn des damaligen Vertrages zu sehen. Ergiebt dieser nichts, so ist der zur Leistung an den Dritten Verpflichtete im Falle einer nachfolgenden Unmöglichkeit, in Folge eines Umstandes, den er nicht zu vertreten hat. Er wird frei. Derjenige, welcher das Strafgeld nur unter der ge-

---

[1]) Nicht Korporation aller irgendwann einmal eintretenden Nachfolger; s. Savigny, System des röm. R. II S. 379.

[2]) S. z. B. den Rechtsfall bei Stammler, Praktische Pandektenübungen § 12 Nr. 5.

[3]) GB. 332 sieht die Möglichkeit vor, daß die Person, zu deren Gunsten eine Leistung versprochen worden ist, durch Bestimmung des Versprechensempfängers späterhin erst festgesetzt werden soll. Hierüber gilt alsdann (ohne daß die Konstruktion unseres jetzigen Thatbestandes davon grundsätzlich betroffen würde) Dasjenige, was oben in § 46 über nothwendige Bestimmtheit der Leistung ausgeführt wurde.

[4]) Die Analogie mit dem Anwachsungsrechte im Erbrechte darf freilich nicht zu sehr betont werden. Von vornherein könnte ja nur ein solches bei heredes necessarii oder bei einem Erbrechte nach altdeutscher Art, wie bei unserem GBe. hier in Frage kommen; und dann liegt auf der Hand, daß durch die dortigen strittigen Anschauungen, insbesondere durch die Auffassung des Accrescenzrechtes als eines Nichtabwachsungsrechtes unsere einfache Frage nur gestört und verwirrt werden könnte.

[5]) Oder: Es wird der Geschäftsbetrieb aufgelöst oder zeitweilig wegen Unglücksfalles unterbrochen.

nannten Auflage gegeben hat, würde den Meister wegen ungerechtfertigter Bereicherung belangen können.[1])

Endlich mache ich auf GB. 334 aufmerksam. Die Bestimmung erledigt eine unsichere gemeinrechtliche Kontroverse in sachgemäßer Weise. Das Abhängigkeitsverhältniß des einseitigen Forderungsrechtes des Dritten von dem Vertrage des Versprechenden und Versprechensempfängers kommt hier deutlich und folgerichtig zum Austrage. Die Durchführung der Regel, welche sich ausdrücklich auf „Einwendungen aus dem Vertrage" beschränkt, dürfte allgemeineren Schwierigkeiten kaum begegnen. Wenn man nach den Pandekten in ähnlich liegenden Verhältnissen solche Einreden noch in gewöhnliche und in „höchst persönliche" eingetheilt und für die letzteren als das gesetzliche Beispiel das beneficium competentiae angeführt hat,[2]) so erübrigt sich dieses nach dem GBe., da in dem einzigen Falle der Rechtswohlthat des Nothbedarfes aus einem Vertragsverhältnisse, nämlich bei der Schenkung (s. oben § 5 S. 25), die erwähnte Einwendung nicht als eine von bloß persönlicher Bedeutung eingesetzt ist. Liegt also in dem Versprechen der Leistung an den Dritten eine Schenkung des Versprechenden an den Versprechensempfänger, so kann unter der Voraussetzung von GB. 528 der Versprechende seine eingetretene Verarmung auch dem Dritten gegenüber mit Erfolg vorschützen.

---

[1]) Die analoge Anwendung von GB. 527, 2 ist ausgeschlossen, da diese letztere Bestimmung sich aus der unterliegenden Schenkung als freigebiger Zuwendung erklärt, was für unseren Fall der Zahlung einer Vertragsstrafe mit einem Vertrage zu Gunsten eines Dritten nicht zutrifft.

[2]) S. z. B. Windscheid, Pandekten § 477 N. 7.

Achter Abschnitt.

Uebertragung der Forderung und Schuldübernahme.

50.

Dritte Veränderung des ersten Falles.

Der Käufer (K.) hatte das Garderobengeschäft vom Verkäufer (V.) mit allen Aktivis und Passivis erworben. Als er hierauf die ausstehenden Forderungen einziehen will, stößt er auf verschiedene Schwierigkeiten.

1. Einige Schuldner sind zahlungsunfähig; — andere behaupten Mangelhaftigkeit der ihnen seiner Zeit von V. gelieferten Waaren und drohen dem K. mit Widerklagen auf Schadensersatz; — ein letzter leugnet seine Schuld ganz ab, wogegen V. angiebt, den Schuldschein verloren zu haben.

2. Als K. einige Schuldner zur Zahlung auffordert, so stellt sich heraus, daß V. inzwischen jene Forderungen schon eingezogen hat; — in einem besonderen Falle hatte es C. gethan, dem V. nach dem Verkaufe seines Geschäftes an K. die fragliche Forderung abgetreten hatte.

3. V. und K. haben in einem gemeinsamen Rundschreiben ihren Geschäftsfreunden, Gläubigern und Schuldnern die Uebernahme der Aktiva und Passiva durch K. angezeigt. Nachdem ficht V. die Uebertragung einer gegen T. noch schwebenden Forderung wegen Irrthums erfolgreich an.

4. Unter den Ausständen befand sich eine von dem X. an V. abgetretene Forderung an Z. In den Verhandlungen legt Z. dar, daß er längst vordem schon an X. bezahlt hat.

5. Bei der Abwickelung des Geschäftes macht V. den K. auf folgendes, neuerdings mehrfach angewandtes Verfahren aufmerksam.

Forderungen, die in ihrem Rechtsgrunde zweifelhaft und von dem Schuldner bestritten sind, werden von dem Fordernden an eine ganz arme Person cedirt, die nunmehr die streitige Schuld einklagt, nachdem sie sich das Armenrecht erwirkt hat. Wird der Prozeß gewonnen, so bekommt der Kläger eine kleine Entschädigung und liefert das Uebrige ab; verliert er, so hat er an Kosten Nichts zu zahlen, und der Gegner ist geprellt. — Als nun aber K. einmal derartig verfuhr, so bestritt der Anwalt des Beklagten die Rechtsgültigkeit der Uebertragung an den bettelarmen Kläger, weil dieser „ein mächtigerer Gläubiger" wäre.

L. 2 C. ne liceat potentioribus etc. (2, 13 [14]); cf. c. 2 X. de alienatione iudicii mutandi causa facta (1, 42).

51.

Ueber demjenigen Verkehre, in welchem sich die soziale Wirthschaft, der gemeinsame Kampf um das Dasein rechtlich verbundener Menschen unmittelbar abspielt, erhebt sich ein weiterer Austausch und Umsatz: derjenige mit Forderungen und Schulden. Er leitet sich mehr indirekt aus schon begründeten rechtlichen Sonderverbindungen ab, die zu gewissem sozialen Zusammenwirken eingegangen worden sind.

Dabei kommt es auf die Tendenz an, in welcher eine bestimmte Rechtsordnung im Kreislaufe der sozialen Entwickelung getrieben wird: Geht sie in ihrer Grundstimmung dahin, dem Einzelnen es anheimzustellen, seinen Antheil an der sozialen Wirthschaft in relativ freier Art und in persönlich gewählten Sonderverbindungen mit anderen einzelnen Rechtsangehörigen zu bestimmen und diesen auf der Basis des regelmäßigen Geldanschlages der Leistungen im freien Austausche zu liefern, so wird im Gefolge dieses Gedankens auch das Streben auftreten, dem Einzelnen rechtlich zu gestatten, seine aus jenen Sonderverbindungen erworbenen Rechte durch weiteres Rechtsgeschäft einem Dritten abzutreten, sie als eine Waare und selbständiges Austauschobjekt behandeln zu dürfen. Dieser Gesichtspunkt liefert auch den Schlüssel zu dem genetischen Begreifen der Entwickelung oder eigentlich der „Verwickelung" der römischen Cessionslehre.

Eduard Meyer hat uns vor Kurzem in überzeugender Weise daran erinnert, daß die Entwickelung der Mittelmeervölker bis jetzt in zwei parallel gehende Perioden verlaufen ist: Mit dem Untergange des Alterthums hebt die Entwickelung von Neuem an und kehrt wieder zu primitiven Zuständen zurück, die sie einmal schon längst überwunden hatte.[1]) Die Reihenfolge: Alterthum, Mittelalter, Neuzeit — ist nicht sowohl ein einziges Mal vorgekommen, so daß eine im Großen und Ganzen ununterbrochene Hebung und fortschreitende Entwickelung der Kultur zu beobachten wäre, sondern zweimal. Auch die Antike hat nach primitiven Zuständen ihr Mittelalter und dann ihre Neuzeit gehabt; welche letztere durch die kapitalistische Produktionsweise in ihren charakteristischen Eigenthümlichkeiten bestimmt worden ist und allerdings nicht mit dem 19. Jahrhundert und der Periode des Dampfes und der Elektrizität, aber doch in überraschender Parallele mit der Manufakturperiode vom Ende des 17. bis zu dem des 18. Jahrhunderts verglichen werden kann. Die Massenherstellung von Waaren zum möglichst ausgedehnten Umsatz fordert Frieden und Freiheit im bürgerlichen Verkehre, sie benöthigt thunlichster Durchführung der Geldwirthschaft und Zurückdrängung der Naturalwirthschaft, sie führt die mögliche Uebertragbarkeit und geradezu Handel und Verkehr mit Forderungsrechten nach sich.

Während des ganzen römischen Mittelalters, also während der längsten Zeit der römischen Republik, hat das römische Recht an der ausnahmslosen Unübertragbarkeit einmal begründeter Forderungen festgehalten; soweit nicht selbstverständlicher Weise für einen Verstorbenen ein Erbe als Gesammtnachfolger eintrat. Im Beginne der Neuzeit der römischen Sozialwirthschaft, nach den Gracchischen Unruhen half man sich in der immer mächtiger werdenden kapitalistischen Weise der Produktion und des Umsatzes zunächst mit häufigerer Verwendung der novatio, bei der das Gläubigerrecht dadurch unter Empfangsbekenntniß des Berechtigten getilgt wurde, daß ein neues Recht dem Empfänger der Forderung von dem Schuldner begründet wurde; sodann auch mit

[1]) Ed. Meyer, Die wirthschaftliche Entwickelung des Alterthums (1895, auch im Jahrb f. Nationalökon Bd. IX). — Den Anlaß zu dieser Abhandlung gab die unter Nationalökonomen verbreitete Meinung, daß die antike Wirthschaft als Oikenwirthschaft, d. h als autonome Wirthschaft des seine Bedürfnisse selbst befriedigenden Einzelhaushaltes zu bezeichnen sei (Rodbertus); — bes aber die von Bücher, Die Entstehung der Volkswirthschaft (1893) gegebene Lehre, daß alle seitherige wirthschaftliche Entwickelung in drei Prerioden verlaufen sei a) „geschlossene Hauswirthschaft" oder „tauschlose Hauswirthschaft", die von den ältesten Zeiten bis etwa in das 11. Jahrh. nach Chr. reiche; b) „Stadtwirthschaft", Periode des direkten Austausches vom Produzenten und Konsumenten; c) „Volkswirthschaft", seit etwa 1500, Periode des entwickelten Handels und Verkehrs. — Man darf annehmen, daß diese Schematisirung durch Meyer's überzeugende Ausführungen endgültig erledigt ist.

der Möglichkeit, denjenigen, den man später den Cessionar nannte, zum Prozeßvertreter des Gläubigers zu bestellen[1]) und ihn, der gegen den Schuldner nur ein mandatum ad agendum erhielt, im Verhältniß zu dem Gläubiger als procurator in rem suam zu behandeln. Bei der Durchführung dieser Rolle wurden die Sätze des römischen Civilprozeßrechtes, die den procurator mit der litis contestatio zum dominus litis machten, angewandt.[2])

Erst, als die moderne Zeit des vergangenen Roms ihren höchsten Stand erreicht hatte und die neuzeitliche Sozialwirthschaft zur vollen Entfaltung gebracht worden war, da wurde — seit der zweiten Hälfte des 2. Jahrh. nach Chr. — die rechtliche Möglichkeit der Uebertragung einer Forderung auf einen Andern anerkannt. Das byzantinische Reich hat sie dann aufrecht erhalten, auch nachdem die Kultur und gesammte Sozialwirthschaft des Reiches zerfallen und zur Naturalwirthschaft überwiegend wieder zurückgedrängt worden war. Nach der Eroberung der westlichen Provinzen durch die Barbaren verbleibt in der Justinianischen Kompilation auch das Institut der Cession von Forderungen bewahrt, um es am Ende des westeuropäischen Mittelalters, mit der Durchführung der neuen Geldwirthschaft dem Abendlande und nun vor Allem auch Deutschland zuzuleiten.

Aber freilich in technisch ganz ungenügender Weise. Vielleicht an keinem andern Punkte unseres privatrechtlichen Systems hat die „mera subtilitas Romana" so hemmend, störend, verwirrend in unser Rechtsleben hineingegriffen, als in der Lehre von der Cession.

Heute ist es jedem Rechtsgelehrten geläufig, daß die Cession im römischrechtlichen Sinne nichts war, als die Uebertragung der Befugniß, ein fremdes Forderungsrecht in eigenem Namen geltend zu machen. Dem Gläubiger verbleibt für immer die „obligatio"; der Cessionar hat „utilis actio", zu deren alleiniger Geltendmachung, mit Ausschluß des Gläubigers, er (gemäß der hierüber herrschenden Auffassung) nach ordnungsmäßig erfolgter denuntiatio an den Schuldner befugt war. Wir wissen ferner, daß diese utilis actio des Cessionars von Fall zu Fall in der oben genannten Periode der römischen Kaiserzeit erfolgt ist; daß noch Justinian im Falle der Schenkung einer Forderung sie besonders statuirt hat; und daß nun Quellenstellen

---

[1]) Gai. 2, 38 sq.

[2]) Material hierüber bei Keller, Der römische Civilprozeß, 6. Aufl. v. Wach hrsgeg. §§ 52 ff., bes. N. 621.

sowohl vom Standpunkte des alten mandatum actionis, als auch von demjenigen der utilis actio aus, im corpus iuris Aufnahme gefunden haben.

Jahrhunderte haben mit dieser eigenthümlichen, unabgeschlossenen Einrichtung nichts Rechtes anzufangen gewußt.[1]) Erst die Rechtshistoriker des 19. Jahrh. haben den geschichtlichen Sachverhalt aufgedeckt. Aber sie bereitet[e]ten dadurch unserem Rechtsleben das in solchen Fällen nur zu häufige Dilemma: Entweder erfaßt man die alten Rechtsquellen im Sinne und nach den Zwecken unserer heutigen Zeit, dann verfällt man ziemlich sicher der Gefahr, der geschichtlich gewesenen Wirklichkeit Zwang anzuthun; — oder aber man schält die Letztere leidlich zuverlässig heraus, so erscheint sie angefüllt mit Zufälligkeiten und kleinlichen Unverständlichkeiten und will zu unserer Zeit nicht stimmen.

Es ist das Verdienst Windscheid's, durch seine Erörterungen über die „Actio des römischen Civilrechtes vom Standpunkte des heutigen Rechtes" das zuletzt Gesagte gerade auch für die Cession klar gelegt zu haben. Indem er die Bedingtheit der utilis actio des Cessionars von vergangenen Rechts- und Gerichtsanschauungen der Römer aufwies, vernichtete er zugleich den Ausspruch, den die alte Generation unserer Juristen noch als angeblich ewig wahren Satz hat lernen müssen: daß die obligatio ein nothwendig unübertragbares Rechtsverhältniß sei, daß es ganz unmöglich sei, sie auf einen Andern vollständig übergehen zu lassen, ohne sie erst aufzuheben.[2]) Auch dieser Lehrsatz ist jedoch nur verständlich, wenn man das Wesen des Rechtes in der durch den Volksgeist vollzogenen Bildung einer gemeinsamen Ueberzeugung der Rechtsgenossen sieht; mit dem Falle dieser primitiven Rechtsphilosophie der Romantiker verliert der citirte Ausspruch derselben allen Sinn. Nun ist es offene Frage, ob nicht eine Sondernachfolge in Forderungen von der das Recht erst bildenden Menschensatzung anerkannt werde. Und da haben Windscheid und

---

[1]) Das hauptsächlichste Material, das eine Uebersicht über die Dogmengeschichte der Cessionslehre gewährt, findet sich zusammengestellt bei Stammler, Praktische Pandektenübungen § 5 Nr. 1.

[2]) „. . eine Forderung mit völliger Vernichtung seines Rechtes an derselben veräußern, heißt im Grunde nichts anderes, als: eine Sache zerstören, hinterher aber sie noch auf einen Andern übertragen zu wollen", Mühlenbruch, Die Lehre von der Cession der Forderungsrechte, 3. Aufl. (1836), § 3; 4; 18. Ebenso die Lehr- und Handbücher von Puchta, Sintenis, Vangerow, Arndts u. A.; von Monographien bes. die Schriften von Kuntze; — Citate a. a. O. (oben N. 1).

neben ihm besonders Bähr dargelegt, daß eine Bejahung dieser Frage im Sinne des heutigen römischen Rechtes allerdings gelegen sei.

Damit war jedoch eine Besserung des seitherigen unklaren Rechtszustandes mehr angebahnt, als durchgeführt. Obgleich es gelang, jener neuen Ansicht allgemach die Herrschaft in der deutschen Juristenwelt zu erwerben, so verblieben nicht nur einzelne Dissidenten, sondern innerhalb der herrschenden Lehre traten bei jeder Einzelfrage weitgehende Spaltungen und Streitigkeiten ein.[1]) Hier war ein Wandel zum Besseren, eine Erfüllung der staatlichen Aufgabe: vor Allem Gewißheit des Rechtes zu geben, wiederum nur durch die Kodifikation möglich.

Unser GB. hat auch an diesem Punkte jene Aufgabe gut erfüllt. Es erledigt den Zweifel daran, ob eine Sondernachfolge in eine Forderung möglich sei, durch klare und entschiedene Bejahung dieser Frage (398). Schließen Cedent und Cessionar den Vertrag auf Abtretung einer Forderung,[2]) so erhält der Letztere dadurch (nicht erst mit einer späteren Anzeige an den Schuldner) das seither dem Gläubiger zustehende Forderungsrecht als sein eigenes. Er, der Cessionar, ist mit dem Abtretungsvertrag Gläubiger des Drittschuldners geworden; der alte Gläubiger ist in jenem Augenblicke aus der Forderung ausgeschieden.[3])

Gegenstand der Abtretung ist eine Forderung, das ist die berechtigende Seite eines Schuldverhältnisses.[4]) Sofern nun ein Schuldverhältniß dem einen Theile ausschließlich eine Berechtigung gewährt, wie bei der Forderung aus Schenkungsvertrag oder bei Deliktsobligationen, so erledigt sich die Durchführung ohne Schwierigkeit. Eine kurze Erwägung verdient dagegen die Frage, wie es mit der Cession bei gegenseitigen Schuldverhältnissen stehe.[5])

---

[1]) Ueber die Partikularrechte s. Mot. 2, 118.

[2]) Ueber die gesetzliche Cession s. unten § 55.

[3]) GB. 398.

[4]) Die theoretische Konstruktion muß ich in dieser Frage innerhalb der heutigen Erörterung zum Theil auf Andeutungen beschränkt halten; andernfalls wäre die ganze Grundlehre von den Rechtsverhältnissen einzubeziehen. — Das GB. giebt selbst keine Formel. Anders bei dem Begriffe des Anspruches; s. GB. 194.

[5]) Gleichviel, ob von vornherein und nothwendig gegenseitige Schuldverhältnisse, oder ob einseitige mit möglicher Gegenseitigkeit in Frage stehen. — Aus der seitherigen Litteratur dieser Frage hebe ich hervor: Mühlenbruch, Cession § 27, 3. Aufl. S. 306 ff.; Puchta, Cession, in kleinen Schriften S. 464; Sintenis, Civilrecht § 128, III; Vangerow, Pandekten § 574 Anm. 5. — Aus der Praxis:

Bei einer Reihe von Schuldverhältnissen, welche gegenseitig Recht und Pflicht in enger Verbindung enthalten, steht es lediglich bei der einen Partei, die gegenseitige Forderung dadurch, daß sie ihrer Verpflichtung nachkommt, einer einseitigen entsprechend zu gestalten, wie dies regelmäßig der Fall sein wird, wenn die eine Partei zunächst nur zu einer einzelnen, in sich abgeschlossenen Leistung verpflichtet ist. Bei diesen ist dann Cession möglich,[1]) welche freilich erst von der gehörig geschehenen Erfüllung an den debitor cessus ihre Wirkung äußern kann; der Verkäufer kann seine Forderung auf den Kaufschilling, der Käufer die auf Lieferung der Sache einem Dritten abtreten, wenn sie diesen in den Stand setzen, die ihnen obliegende Verbindlichkeit zu erfüllen, welche Erfüllung auch von einem Dritten anzunehmen, der Gläubiger ja nicht weigern darf (GB. 267 — unten § 59). — Anders verhält es sich mit gegenseitigen Schuldverhältnissen, die auf eine von vornherein zusammengesetzte und in sich mehr verwickelte Leistung gehen.[2]) Hier bleibt das Schuldverhältniß zunächst ein gegenseitiges, und die Partei, welche die gegenseitig bedingte Leistung vorzunehmen hat, kann dies nicht einseitig ändern. Denn in unmittelbarer und innigster Verbindung mit dem Forderungsrecht steht die Verpflichtung, das Gebundensein des Berechtigten: Sein Schuldner ist nur verpflichtet, seine Verbindlichkeit zu erfüllen, wenn auch er, der Gläubiger, der seinigen nachkommt; er kann sein Recht von seiner Verpflichtung nicht ablösen, wem er das Erstere zuwenden will, dem muß nothwendig die Letztere auch zufallen. Soweit also hier die Gegenseitigkeit fest besteht, so ist die Uebertragung einer Forderung aus einem solchen Schuldverhältnisse nur unter denselben

---

Entsch. des ROHG. 9 S. 49; 12 S. 22; 21 S. 3; des Reichsgerichts in Civ.S. 13 Nr. 7; — Präj. d. preuß. OTrib. 1 S. 57; Entsch. des OTrib. 12 S. 11. Vgl. Seuff. Arch. 16 Nr. 209. — Ausdrückliche Bestimmungen (im Sinne unseres Textes) im Sächs. GB. 965. Vgl. Hess. Entw. Art. 265; Dresd. Entw. Art. 323.

[1]) So auch Seuff. Arch. 11 Nr. 32.

[2]) Dabei ist besonders die Möglichkeit zu bemerken, daß auf Grund einer Hauptobligation neue Forderungen (periodisch) gegen denselben Schuldner entstehen: Stamm- und Zweigobligationen, wie Regelsberger, Blätter für R.anwendung 36 S. 147 ff. es zu benennen sehr passend vorgeschlagen hat. — Hier sind Zweigobligationen stets frei übertragbar. Allein es dürfte nicht richtig sein, wenn Regelsberger a. a. O. S. 150 nur diese der Uebertragung für fähig hält: Nicht nur, daß solche Forderungen selbst wieder Stammobligationen werden können (cf. e. g. l. 10 § 3 praes. i. f. D. mand. (17, 1); l. 1 § 12; l. 58 § 1, 4 D. de adimvtr. et peric. etc [26, 7]), ohne dadurch etwas von ihrer Cessionsfähigkeit zu verlieren, so sind jedenfalls alle rein einseitigen Stammobligationen, z. B. zinsbares Darlehn, frei übertragbar.

Voraussetzungen möglich, unter denen auch die Uebernahme einer fremden Schuld zulässig ist (unten § 56). Ist das aber in concreto der Fall, dann geht andererseits Recht und Pflicht auf den dritten Uebernehmenden über; dieser wird dem anderen Vertragschließenden gegenüber nach jeder Richtung hin so berechtigt und verpflichtet, wie es sein Vorgänger war,[1]) und es liegt dann auch kein Grund vor, nicht zu sagen, er werde z. B. Gesellschafter 2c.[2])

Im gleichen Sinne sind aber auch an und für sich Cessionen von Forderungen aus pacta de contrahendo abzulehnen und nur unter derselben Maßgabe zuzulassen, unter der Schuldübernahmen möglich sind. Das gilt namentlich auch von dem Kreditvertrag (pactum de mutuo dando; denn hier würde der Versprechende bei einer Cession der Forderung auf Darlehnshingabe einen neuen Schuldner im Darlehn erhalten.[3]) Und da dieser Vorvertrag nur im Hinblicke auf den abzuschließenden Darlehnsvertrag Sinn und Bedeutung hat, so kann die ihm entspringende Forderung nicht wie die aus einem einseitigen Schuldverhältnisse behandelt werden.[4])

Im Anschlusse hieran ist GB. 413 zu beachten. Der Satz trifft alle Ansprüche aus Ausschließungsrechten.[5]) Darunter sind von besonderer Wichtigkeit die dinglichen Ansprüche und unter diesen die Ansprüche eines Eigenthümers auf Herausgabe seiner Sache. Die Möglichkeit, solche abzutreten, findet sich im römischen Rechte anerkannt, war aber bis in die neuere Zeit wenig beachtet worden.[6]) Das ALR. hat keine besondere Bestimmung darüber;[7]) es hat sich aber Doktrin und

---

[1]) Allgemein vom Gesetze vorgesehen in 571; 1251, 2.

[2]) Vgl. zu Obigem Stammler, Nießbrauch an Forderungen S. 102 fg.

[3]) Danach ist die von Windscheid, Pandekten § 335 N. 5a dieser Frage zugewiesene systematische Stellung m. E. nicht zutreffend.

[4]) Aehnlich ist auch das Recht auf den Zuschlag zu behandeln, so lange dieser noch nicht ertheilt ist. Meist nur in partikularrechtlicher Litteratur und Praxis beachtet. Vgl. Koch, Uebergang der Forderungsrechte (1837) S. 44 ff.; Striethorst, Arch. 10 S. 88.

[5]) Die berechtigende Seite aus Familienverhältnissen fällt hier unter GB. 399; — s. d. folg. § 52.

[6]) Quellen und Litteratur bei Windscheid, Pandekten § 337; — zu beachten auch die Darstellung von Unger, Oesterreich. Privatr. § 61 N. 43.

[7]) Vgl. aber Revid. Landrecht des Herzogthums Preußen von 1685 (verbessertes Landrecht des Königreichs Preußen von 1721) Buch IV Tit. VI Art. V § 3: „Da auch jemands zu einem Zusprüche, Action oder Klage hätte, sie seyn zu eines Person, oder auff Güter: So mag er dieselben wo einem andern übergeben, cedieren und verkauffen . . .“

Praxis des preußischen Rechtes für die Zulässigkeit der Cession dinglicher Ansprüche im Sinne des römischen Rechtes entschieden.[1]) Das Sächs. GB. 967 stimmt dem gleichfalls bei. — Daß nun die Abtretung eines dinglichen Anspruches das gesammte dingliche Rechtsverhältniß nicht überträgt, ist an sich selbstverständlich; es hat aber jetzt unser GB. die Neuerung getroffen, daß das Erforderniß der Tradition zum Eigenthumserwerb an beweglichen Sachen dadurch erfüllt werden kann, daß der Eigenthümer dem Erwerber den Anspruch auf Herausgabe der Sache gegen einen im Besitze befindlichen Dritten abtritt.[2]) Bei Grundstücken kann die Uebertragung des Eigenthumsanspruches als solche auch künftighin immer noch ihre besondere Rolle spielen. Ich führe einige Beispiele aus der Praxis an: Ein Gutsbesitzer hatte beim Verkaufe seines Gutes bis zur völligen Abtragung des Kaufpreises sich das Eigenthum vorbehalten. Nachdem der Käufer die Hälfte des Kaufpreises ratenweise bezahlt hatte, cedirte Jener sein Forderungsrecht an einen Dritten und übertrug demselben zugleich die aus dem Eigenthumsvorbehalte zustehenden Rechte. — Zwischen M. und N. kommt der Verkauf eines Gutes zu Stande, wobei M., der mit dem Gutsnachbar O. über das Eigenthum eines Ackers seit einiger Zeit in Streit lebt, seine, allerdings bestrittenen, Ansprüche auf besagten Acker dem N. mit zuweist.

52.

Im vorigen Paragraphen legten wir dar, wie die Zulässigkeit der Forderungsabtretung eine kaum vermeidliche Konsequenz eines regelmäßig freien Austauschverkehres im Rahmen einer vorherrschenden Geldwirthschaft ist. Durch die Einsetzung eines allgemeinen Werth-

---

[1]) Striethorst Arch. 8 S. 80. Dernburg, Preuß. Privatr. II § 83.

[2]) GB. 931. — Wenn ich recht berichtet worden bin, so soll dieses in den Vereinigten Staaten von Amerika vor der Aufhebung der Sklaverei für die Eigenthumsübertragung an entlaufenen Sklaven ein verbreiteter Modus gewesen sein; auch bei Hausthieren, die sich im Urwalde verlaufen haben, noch heute unter den Farmern vorkommen. Dagegen haben unsere Rechtsordnungen, soweit sie am Erforderniß der Tradition zum Eigenthumserwerb festhielten, die Vindikationscession als Ersatz der Tradition seither nicht anerkannt. — S. auch GB. 870. Aus der Praxis: A. hatte sein gesammtes Haus- und Wirthschaftsinventar dem B. verkauft und überliefert, von demselben es aber miethweise bis auf Weiteres überlassen erhalten. B. schließt mit C. einen Vertrag, der durch folgende, unter jenen Verkaufsvertrag gesetzte, Erklärung zum Ausdrucke kommt: „Vorstehenden Vertrag cedire ich mit allen Rechten und Klagen . . .“

messers werden die unmittelbaren Gleichstellungen von Sache gegen Sache zurückgedrängt, und die Austauschobjekte kommen fast nur noch in Betracht, soweit sie einen in Geld anschlagbaren Preis darstellen. Dann thun dieses aber auch die meisten Forderungen aus Schuldverhältnissen, wie die Ansprüche aus irgend welchen rechtlichen Beziehungen überhaupt. Auch sie repräsentiren nun regelmäßig ein Vermögensstück, das nicht nur in der besonderen zu erlangenden Leistung, namentlich einer zu liefernden Einzelsache, für den Berechtigten anzuschlagen wäre, sondern schon an sich eine Ansetzung in einem abstrakten Geldpreise verträgt, wie die vollendete Leistung selbst. Und da nun in einer Sozialwirthschaft, wie der Eingangs genannten, der Austauschverkehr allgemein auf Umsatz von Geldeswerth überhaupt sich zuspitzt, so erscheint die Hineinbeziehung der Forderungen als Gegenstand des Handels in selbstverständlicher Folge veranlaßt.

Dadurch rechtfertigt es sich auch, wenn unserer GB., bei seiner glatten Aufstellung des Institutes der Forderungsabtretung, die Beschränkungen, welche die senile Rechtsbildung der oströmischen Kaiser der Cession aufgezwungen hatte, nicht aufnahm. Hier hat besonders das Weglassen der lex Anastasiana zuweilen Widerspruch hervorgerufen,[1]) aber keinen überzeugend begründeten. Die Kritiker haben dabei ihre Einwürfe zu sehr vereinzelt und allzu sehr im kleinen Krieg gefochten. Sie übersahen, daß die freie Möglichkeit der Forderungsabtretung nur eine mindere und eigentlich selbstverständliche Folge einer entwickelten Geldwirthschaft ist, und daß die Gesetze der byzantinischen Kaiser in einer Periode eingriffen, die in der Entwickelung der sozialen Wirthschaft eine rückläufige Bewegung zeigt, während unsere Zeit von der Naturalwirthschaft immer weiter sich entfernt hat und noch entfernt. So lange aber im Allgemeinen die Geldwirthschaft herrscht, spricht die Vermuthung für die freie Möglichkeit der Forderungsabtretung; wer Beschränkungen als richtig behauptet, hat für seine Aufstellung die Beweislast zu tragen. Er hat dieses in unserer Frage um so mehr, als die lex Anastasiana zwar in den Pandektenlehrbüchern eine besondere Rolle spielt, in Wirklichkeit aber im weitaus größten Theile von Deutschland bereits abgeschafft war,[2]) es sich also jetzt beim GBe. nicht sowohl um

---

[1]) Das römische Verbot der Abtretung einer rechtshängigen Forderung hatte bereits durch CPO. 236 seine Erledigung gefunden. Vgl. GB. 407, 2.

[2]) ALR. 1, 11 § 390 fg.; Partikulargesetze, welche die lex Anastasiana aufheben: Weimar 26. 5. 26; Hessen 6. 1. 27; Württemberg 21. 5. 28; Frankfurt

eine Beseitigung, als vielmehr um eine Neueinführung jener gesetzlichen Vorschrift gehandelt hätte.

Der Beweis für die Richtigkeit einer derartigen Norm, wie die der lex Anastasiana, wird jedoch nicht schon dadurch erbracht, daß man auf die Gefahr des Mißbrauches der freien Cessionsmöglichkeit hinweist. „Gefährlich" kann im besonderen Falle einmal jedes Rechtsinstitut werden; — solange nicht nachgewiesen ist, daß mit unvermeidlicher Nothwendigkeit sich gleichheitliche Massenerscheinungen verwerflicher[1]) Rechtszustände herausstellen müssen, so ist der zu fordernde Beweis nicht erbracht.[2]) Jenes aber ist bezüglich des Verzichtes auf die Wiederbelebung des abgestorbenen lex Anastasiana, soviel ich sehe, nirgends geschehen.

Unser GB. kennt nun noch drei Fälle von Cessionsbeschränkungen.

1. Wenn die Abtretung durch Vereinbarung mit dem Schuldner ausgeschlossen ist.

Die Behandlung dieses Falles war im gemeinen Rechte streitig. Von der einen Seite wurde auf die Analogie des vertragsmäßigen Veräußerungsverbotes hingewiesen; wie bei diesem eine dagegen ver-

---

15. 12. 29; Sachsen 9. 1. 38; Kurhessen 20. 12. 40; Nassau 25. 12. 41; Bayern 22. 2. 55; Preußen 1. 2. 64 (für die gemeinrechtlichen Gebiete); Hannover 2. 7. 64, u. a.

[1]) Ueber den Maßstab s. oben §§ 10 fg.

[2]) Von dem gleichen Vorwurfe, wie der „Gefährlichkeitskritiker", wird auch der „kasuistische Kritiker" betroffen. Er formt, oft mit Scharfsinn, einen ersonnenen Rechtsfall, bei dem die Durchführung der vorgeschlagenen Gesetzesbestimmung nicht erfreulich erscheint. Aber das ist an sich eine irrelevante Deduktion, da dem durch kein Gesetz der Welt jemals wird abgeholfen werden können. Solange nicht das nothwendige Eintreffen gleichheitlicher Massenerscheinungen dargethan ist, welche gegen den Gedanken des sozialen Ideales gehen, hat das Schmieden eines Rechtsfalles, der in seinem besonderen Thatbestande vielleicht und zuweilen einmal vorkommen kann, für das endgültige Absprechen über eine Gesetzesbestimmung noch keinen Werth.

Allerdings muß ich des Einwandes gewärtig sein: Nach dem eben Gesagten wird es oftmals sehr schwierig sein, einen exakten Beweis von der objektiven Richtigkeit von Neuerungen auf dem Rechtsgebiete zu führen. Die Kritik müßte sich — wenn sie nicht bloß subjektiv gültiges Meinen und Vermuthen zur Stütze nehmen will — in der Sache sehr bescheiden und vorzugsweise die Aufgabe übernehmen, technische Mängel der Gesetzesentwürfe zu rügen und zu verbessern. Ueber den Inhalt neuen Rechtes würde aber mit Gründen, die den Werth exakter Wissenschaftlichkeit besäßen, regelmäßig gar nicht gestritten worden sein. — Ich erwidere darauf: Die eingewendete Bemerkung steht richtig.

stoßende Veräußerung nicht nichtig sei, sondern den Vertragsbrüchigen nur zu Schadensersatz verbinde, so müsse es auch in unserem Falle gehalten werden. Von anderen Autoren wurde mit mehr Recht betont, daß diese Analogie nicht genügend zutreffe, da nicht erst ein übertragbares Forderungsrecht geschaffen werde und alsdann ein Veräußerungsverbot selbständig hinzutrete, sondern in solchem Falle von vornherein eine Forderung mit ganz bestimmtem Inhalte bestehe. Das GB. hat der letzten Ansicht sich angeschlossen.[1]) Danach ist nicht nur ein, bei Begründung der Forderung alsbald vorgenommenes Cessionsverbot von durchgreifender Wirksamkeit, sondern auch eine später erst abgeschlossene Vereinbarung jenes Inhaltes von gleicher Bedeutung; im letzten Falle liegt dann gleichermaßen die Umwandlung der seitherigen Forderung in eine solche mit anders bestimmtem Inhalte vor. Dazu gilt dann eine Besonderheit für den Fall, daß der Schuldner eine Urkunde über die Schuld ausgestellt hat; wie im GB. 405 des Näheren angegeben ist.

2. Wenn die Leistung an einen Anderen, als den ursprünglichen Gläubiger nicht ohne Veränderung ihres Inhaltes erfolgen kann.

a) Bei manchen Ansprüchen setzt das GB. die Unübertragbarkeit zwingend fest.[2]) So: 717 (vgl. 719); 847; 1300, 2; 1427; 1585, 1; 1623/1; 1655 und 1656 (nach 1658, 2).

b) In zwei Fällen heißt es: Der Anspruch ist im Zweifel nicht übertragbar; nämlich in 613 und 664, 2. Es sind nicht bloß Auslegungsvorschriften, sondern ergänzende Rechtssätze; was hier im Besonderen dadurch bestärkt wird, daß in 514 für das Verkaufsrecht die Unübertragbarkeit im gleichen Sinne, wie in den zwei citirten Gesetzesstellen festgesetzt ist, aber mit dem Zusatze: „sofern nicht ein Anderes bestimmt ist".[3])

c) In einem besonderen Zusammenhange bestimmt das GB. den persönlichen Charakter eines gesammten Schuldverhältnisses derartig, daß die Unübertragbarkeit der daraus entspringenden Einzelforderungen von selbst nothwendig sich ergiebt. So 1092; 1408; 1658.

---

[1]) GB. 399; — als Modifikation von 137.

[2]) Besonderheit in GB. 1153, 2; anders beim Faustpfande: 1250. — Allgemein wird man die bestrittene Frage (Mühlenbruch, Cession § 28), ob Nebenrechte für sich selbständig abgetreten werden können, soweit bejahen müssen, als solche einen selbständigen Vermögenswerth und eigene Klagbarkeit aufweisen.

[3]) S. oben § 22, h); — § 23, f).

d) Endlich ist die angegebene allgemeine Regel von GB. 399 in allen Fällen anzuwenden, in denen es an einer besonderen Anleitung des GBs. auch mangeln sollte; das Forderungsrecht aber in der Leistung gerade an die Person dieses Gläubigers seinen wesentlichen Inhalt findet. In früheren Zeiten suchte man der Praxis einen allgemeinen Anhalt durch die Regel zu geben: Quod non sunt transmissibilia ad heredes, per cessionem non transeunt; oder auch noch gedrängter: Quod est transmissibile, id est cessibile.[1]) Die Regel ist nicht so unbedingt falsch, als vielfach ihr nachgeredet worden ist.[2]) Allerdings legt sie das Mißverständniß nahe, als ob alle Einzelansprüche aus einem unvererblichen Rechtsverhältnisse nicht übertragbar seien; während das mit fällig gewordenen Ratenforderungen aus einem Leibrentenvertrage, mit bestimmten Ansprüchen aus einem Mandate oder einem Nießbrauche sich anders verhält. Aber diese letztgenannten Einzelansprüche sind auch vererblich. Solange man also die genannte Regel überhaupt nur auf Einzelforderungen bezieht, trifft sie im Allgemeinen zu.

Aber sie hat gewisse Ausnahmen. Für das römische Recht hat Mühlenbruch darauf hingewiesen, daß die actio litigiosa zwar vererblich, aber nicht cessibel war, was heute bekanntlich nicht mehr gilt. Aber es giebt auch nach dem GBe. einige besondere Fälle, in denen Uebertragbarkeit und Vererblichkeit gewisser Sonderforderungen nicht gleichmäßig behandelt werden. So 514 (vgl. 2034); — 613; 664, 2; — 750.

Vor Allem ist jedoch die besprochene Regel in nur zu vielen Fällen unnütz und läßt den Recht Suchenden im Stiche. Sie sieht viel zu einseitig auf die Person des Empfangsberechtigten und berücksichtigt nicht, daß der Sinn der Beschränkung doch der sein soll, daß der Schuldner nicht ohne sein Zuthun zu einer Leistung anderer Art mittels einer Cession gebracht werde.[3]) Der Ausdruck unseres GBs. — „wenn die Leistung an einen anderen, als den ursprünglichen Gläubiger, nicht ohne Veränderung ihres Inhaltes erfolgen kann" (399) — ist demnach in dieser Hinsicht recht treffend. Dann

---

[1]) Mühlenbruch, Cession der Forderungsrechte § 23 S. 255.

[2]) Die Erörterungen gehören meist der älteren Jurisprudenz an. Vgl. die drastischen Ausführungen (mit vielen Citaten) bei Kreittmayr, Anmerkungen über den Cod. Bav. civ. II, 3 § 8 Nr. 3.

[3]) Aus diesem Grunde ist die Fassung von ALR. I, 11 § 382 nicht gut: „Alle Rechte, welche nicht an die Person des Inhabers gebunden sind, können Anderen abgetreten werden;" ähnlich Oesterr. GB. 1393. Besser Sächs. GB. 966.

verbleibt aber auch nichts, als in jedem Falle das Gegebensein dieses besonderen Momentes, unter scharfem Festhalten des angeführten Gesichtspunktes zu prüfen.

Hiernach kommt es bei Alimentenansprüchen darauf an, ob sie als feste Geldforderungen schon sich darstellen oder als noch nicht fixirte Ansprüche auf Unterhalt.[1]) Nicht übertragbar würden Forderungen sein, welche Jemand nur als Mitglied einer bestimmten Familie oder Körperschaft verfolgen kann. Erwägenswerth sind fernerhin Forderungen, deren Geltendmachung von dem persönlichen Entscheide des Berechtigten abhängig ist;[2]) hier ist mit Rücksicht auf das früher über die Bestimmtheit der Leistung Gesagte (oben § 46) zu unterscheiden: Soll es objektiv bestimmt werden und muß die Bestimmung der Billigkeit entsprechen, so wird die Forderung dann übertragbar sein können, wenn nicht die gesammte Leistung als solche dadurch einen anderen Charakter erhält; steht die Bestimmung der Leistung ganz im freien Belieben des Berechtigten, so ist von Uebertragbarkeit keine Rede.

3. Wenn die Forderung der Pfändung nicht unterworfen ist.

Dies zielt zunächst auf CPO. 749 und 749a.[3]) Es gehen aber parallel eine Anzahl von Cessions- (und Pfändungs-) Verboten, welche durch eine Reihe neuerer Reichsgesetze erlassen worden sind.[4]) Dazu GB. 377 (Recht zur Rücknahme bei der öffentlichen Hinterlegung). Vgl. EG. 81.

53.

Ich komme zu der Besprechung des oben (§ 50) unter Nr. 5 angeführten Rechtsfalles.

Den angeblichen Einwand, den der Anwalt des Beklagten erhoben haben soll — daß es eine Cession „in potentiorem“ sei — können wir

[1]) Vgl. GB. 1610; 1611.

[2]) Beispiel: Bei einer Gutsübergabe hatte sich der übernehmende Sohn unter Anderem verpflichtet, seinen Eltern „auf deren Verlangen“ wöchentlich 8 Mark Taschengeld zu geben. Diese Forderung wurde von einem Gläubiger des Vaters mit Beschlag belegt; der Sohn aber widerspricht der Berechtigung dieses und verlangt Aufhebung der Pfändung.

[3]) Denkschrift zum Entwurfe, in Drucksachen des Reichstages zu Nr. 87 S. 329, in Guttentags Ausg. S. 347.

[4]) Sie finden sich zusammengestellt u. A. bei Windscheid, Pandekten § 335 N. 9a; Ausgabe des GBs. v. Fischer-Henle N. 1 zu 394.

wohl auf sich beruhen lassen. Es führt uns aber dieser Fall zu dem heute häufigen Vorkommnisse der fiduziarischen Abtretungen.

Oft treten diese der gewöhnlichen Cession in den Privatabmachungen deutlich gegenüber, wie in den zahlreich zu beobachtenden Ankündigungen, etwa dieses Inhaltes:

Dubiose Forderungen auf Rußland und Polen werden gekauft oder zum Inkasso angenommen. Letzteres erfolgt kostenfrei; nur wird vom eingezogenen Betrage eine übliche kleine Provision berechnet. J. Kalina, Warschau.

Nicht selten sind sie erst bei näherem Zusehen in ihrer Eigenthümlichkeit zu erkennen, beispielsweise in folgendem Falle: Einer Handlung, welche schwer eintreibbare Außenstände zur Einziehung übernimmt, wurde eine Forderung cedirt. Sie hatte in ihren Bedingungen zuvor erklärt: „Wir zahlen Ihnen von den Eingängen 50 Prozent nach Eingang, die weiteren 50 Prozent sind unser Eigenthum," — und sodann einen Revers ausgestellt, daß Cedent solange Eigenthümer der Forderung bleibe, bis er die ihm zukommenden 50 Prozent erhalten habe; falls die Forderung binnen zwei Jahren durch Zahlung oder Vergleich nicht erledigt sei, wolle sie dieselbe zurückcediren.[1])

Die fiduziarischen Geschäfte haben sich erst im neueren Verkehre entwickelt. Man ist darüber einig, daß sie von den simulirten Geschäften völlig zu trennen sind. So wird bei der fiduziarischen Cession nicht eine Scheinabtretung der Forderung vorgenommen, sondern die Kontrahenten erklären (besonders durch den Zusatz „zur Einziehung" oder „zum Inkasso" 2c.), daß die Abtretung nur zu einem bestimmten Zwecke geschehen soll, nicht aber als unbeschränkte Cession zu gelten habe.

Um dieses deutlich zu machen und das Geschäft in einheitlichem Zusammenhange mit den bestehenden Rechtseinrichtungen wissenschaftlich zu erfassen, hat man gemeint, daß bei ihm das Verhältniß „nach außen"

[1]) Anders stand es in diesem Rechtsfalle: S. hatte dem G., einem seiner Gläubiger, eine ihm, dem S., zugehörige Schuldverschreibung, in welcher ihm Erbrechte verpfändet waren, übergeben: „Aus derselben sollen Ihnen nunmehr dieselben Rechte zustehen, welche mir aus diesem Dokumente zustehen, für etwaige Forderungen, welche Sie an mich haben sollten . . . Sie sind berechtigt, dieses Dokument anderweit zu hinterlegen . . . nach Begleichung meiner Schuld geben Sie mir meine Sicherheit zurück." — Hier ist Forderung und Pfandrecht abgetreten. Fällt S. in Konkurs, so gehört zur Konkursmasse nur der Anspruch auf Rückgabe nach Tilgung der dem G. gegen den Gemeinschuldner S. zustehenden Forderungen. S. Bolze, Praxis des Reichsgerichts 4, 570.

und „nach innen“ verschieden sei. „Wir geben hierbei dem Fiduziar nach außen hin die Stellung des Eigenthümers unserer Sache oder des Gläubigers einer uns zustehenden Forderung und verschaffen ihm hierdurch die volle Legitimation zur Geltendmachung unseres Rechtes. Nach innen bleibt aber der Fiduziar bloßer Bevollmächtigter; die Sache, beziehungsweise die Forderung ist für ihn im Verhältniß zum Vollmachtgeber eine fremde.“[1]) Daraus folgert Dernburg unter Anderem, daß beim Konkurse des Fiduziars der Vollmachtgeber das fiduziarisch weggegebene Aktivum aus der Konkursmasse vindiziren könne.

Dieser Konstruktionsversuch scheint mir nicht gelungen zu sein. Wenn Jemand als Aussonderungsberechtigter auftritt, so macht er eben das ihm zustehende Recht „nach außen“ hin geltend. Es ist nicht ein Austrag des zwischen ihm und dem Kridar intern bestehenden Rechtsverhältnisses, sondern er behauptet ein von den Konkursgläubigern zu respektirendes Ausschließungsrecht. Hat er wirklich „nach außen“ das Eigenthum weggegeben, so ist auch nicht einzusehen, wie er noch als Vindikant aufzutreten in der Lage sein soll.

Ich möchte aber überhaupt bezweifeln, daß durch die Gegenüberstellung „nach außen“ und „nach innen“ bei einem und demselben rechtlich geordneten Verhältnisse eine klare Bestimmung desselben möglich ist. „Nach außen“ — kann doch nur heißen: Ein Rechtsverhältniß zu dritten Personen. Wenn sich nun die Art dieses Rechtsverhältnisses in Gemäßheit eines besonderen Vertragsverhältnisses bestimmen soll, so müssen auch die beiden rechtlichen Verhältnisse im Einklange und nicht in gegensätzlicher Verschiedenheit unter einander durchgeführt werden. Wenn also eine fiduziarische Cession einen selbständigen Sinn haben soll, so könnte es nur folgendes Geschäft sein: Der Fiduziar bekommt das Recht des Gläubigers zur selbständig berechtigten Einziehung überlassen.

Das wäre dann ein eigenartiges Rechtsinstitut, das zwischen einer einfachen Cession und einer bloßen Bevollmächtigung in der Mitte stände, das sich der utilis actio des Cessionars nach römischem Rechte annäherte, ohne doch, wie deutlich sein wird, mit dieser identisch zu sein. Nun will ich es dahingestellt sein lassen, ob im gemeinen Rechte sich dieses merkwürdige Institut gewohnheitsrechtlich wirklich ausgebildet und durch die letztgenannte Rechtsquelle in seiner Eigenart anerkannt

---

[1]) Dernburg, Pandekten I § 100. Bei Windscheid, Pandekten, ist die Frage gar nicht erwähnt.

worden ist: **Nach dem GBe. ist eine solche fiduziarische Cession nicht zulässig.**

Die hier maßgebliche Gesetzesstelle ist 409.[1]) Sie giebt die Regel für die Behandlung einer angeblich, thatsächlich aber nicht erfolgten oder einer nicht wirksamen Abtretung an; während eine gültige und voll wirksame Cession nach 398/2 durchzuführen ist. Prüft man nun GB. 409, so zeigt sich, daß es den Schuldner sichern und ihn bei der Abtretung schützen will. Der Schuldner hat das Recht, unter den in 409 genannten näheren Modalitäten, an die ihm als neuer Gläubiger vorgestellte Person zu zahlen; — nicht aber die Pflicht dazu. Soll der Schuldner verpflichtet sein, an einen neuen Gläubiger zu zahlen, so muß eine wirksame Abtretung der Forderung nach GB. 398 stattfinden.[2])

Hiernach ergiebt sich, daß ein Gläubiger nur die Wahl hat, entweder eine gültige und wirksame Abtretung der Forderung vorzunehmen oder einen Anderen als bloßen Bevollmächtigten zu bestellen. Wählen die Betheiligten aber das Mittelding einer sogenannten fiduziarischen Cession, die an sich nach der Meinung der Vertragschließenden nicht als eine Abtretung der Forderung voll wirksam wäre, so greift GB. 409, wie besprochen, Platz: Der Schuldner hat das Recht, sich auf die fiduziarische Cession ebenso zu berufen, als wenn es völlig wirksame, regelmäßige Abtretung wäre; aber er ist nicht verpflichtet, sich mit einem dritten angeblichen Forderungsberechtigten einzulassen, der weder in unbeschränkter Weise sein neuer Gläubiger geworden ist, noch auch bloß als Stellvertreter des alten Gläubigers auftritt.

Daß in Fällen, in welchen eine fiduziarische Cession versucht wird, der Cedent bei einem etwaigen Konkurse des „zur Einziehung" Be-

---

[1]) Nach ihr entscheidet sich auch Frage 3 des Rechtsfalles in § 50.

[2]) Anders steht es mit dem fiduziarischen Indossement — „für mich zur Einziehung an die Ordre . . ." Gegen dieses dürfte nach der WO. kein Bedenken obwalten. Die Besonderheit, daß alsdann der Wechselschuldner gegen einen solchen Indossatar auch Einreden aus der Person des Indossanten hat, ist vielfach beobachtet und durchgeführt worden. Das Aussonderungsrecht eines derartigen Indossanten im Konkurse des fiduziarischen Indossatars wird auch hier das Richtige treffen; vgl. die folg. Note.

stellten ein Aussonderungsrecht hat, unterliegt allerdings keinem Zweifel.[1])

Werfen wir danach noch einmal einen Blick auf die Nr. 5 unseres in § 50 angegebenen Rechtsfalles, so erscheint der dort angegebene „Tric" der modernen Geschäftswelt nicht mehr so bedenklich. Der Drittschuldner kann verlangen, daß der eingeschobene Bettler vollständig und uneingeschränkt als neuer Gläubiger auftrete. Geschieht dieses, und es stellt sich heraus, daß die Cession nur zu dem Zwecke geschehen ist, um die Gefahr der Gerichtskosten dem Drittschuldner aufzubürden, so hat dieser nach GB. 826 gegen den böswilligen Cedenten einen zweifellosen Ersatzanspruch.[2])

54.

Es war kein glücklicher Gedanke, wenn E. I in 298 allgemein bestimmte: „Wer sich durch Vertrag zur Abtretung einer Forderung verpflichtet, haftet dem neuen Gläubiger nur für den rechtlichen Bestand der Forderung." Ohne Noth vermischte er die durch die verschiedenartige causa cessionis unterschiedenen Rechtsverhältnisse zwischen Cedenten und Cessionar, die man sich besonders seit Schliemann's Schrift auseinanderzuhalten gewöhnt hatte.[3]) E. II übernahm die Bestimmung für den Verkauf einer Forderung und so ist sie in das GB. übergegangen.[4]) Nach GB. 445 und 518 hat sie gleichermaßen bei allen entgeltlichen Verträgen und dem Tausche Anwendung zu finden. Im Uebrigen kommen überall die Rechtsfolgen aus den einzelnen Vertragsverhältnissen in Betracht, ohne daß das GB. dortselbst auf die Abtretung einer Forderung auf Grund des betreffenden Rechtsverhältnisses jeweils besonders aufmerksam gemacht hätte.[5])

Danach gehört es auch nicht mehr in die Lehre von der Cession als solcher, wenn der Cessionar auf den alten Gläubiger seinen Rückgriff nehmen will, dieser ihm jedoch vorwirft, daß der Cessionar an dem Ausfalle selbst Schuld sei.[6]) — Zu einem sogenannten springenden

[1]) KO. 35 bezieht sich auch auf auszusondernde Forderungsrechte. Ausführung mit Beispielen bei Völderndorff, Kommentar zur KO. 35, a) II Nr. 3.

[2]) Vgl. hierzu Mot. 2, 755.

[3]) Schliemann, Die Haftung des Cedenten (1848).

[4]) GB. 437; vgl. 438. Danach beantwortet sich im Rechtsfalle in § 50 Satz 1 der ersten Frage.

[5]) Es sind anzuwenden: Z. B. bei der Schenkung 521 ff. 2c.

[6]) Vgl. die Rechtsfälle in Seuff. Arch. 5 Nr. 149; 13 Nr. 20; Blätter f. Ranwend. Erg. Bd. 8 S. 161.

Regreß (wie er in Frage 4 des Rechtsfalles § 50 zur Erwägung käme), also einem Rückgriffe auf den Cedenten seines Cedenten ist an sich kein Grund vorhanden.[1])

Ferner ist zwar in Gemäßheit moderner Rechtsanschauungen und Verkehrssitten in jedem Falle der Abtretung einer Forderung dem Cedenten es zur Pflicht gemacht worden, dem neuen Gläubiger auf dessen Verlangen und unter Kostentragung desselben eine öffentlich beglaubigte Urkunde über die Abtretung auszustellen;[2]) und fernerhin ihm auferlegt worden, dem Cessionar jede erforderliche Auskunft zu ertheilen und die in seinem, des Cedenten, Besitz befindlichen Beweisurkunden auszuhändigen;[3]) — wozu jedoch durch die Versäumung der Erfüllung dieser Verbindlichkeiten der alte Gläubiger dem neuen gegenüber verpflichtet wird, ist nun wiederum der besonderen causa cessionis zu entnehmen.

Endlich steht es nicht anders in dem Falle, da nach einer geschehenen Abtretung der Schuldner dem alten Gläubiger oder einem zweiten Cessionar desselben Zahlung leistet. Die schlimmen Streitfragen des gemeinen Rechtes über diese Punkte konnten schon deßhalb einfach erledigt werden, weil jetzt mit dem Abtretungsvertrage der neue Gläubiger an die Stelle des alten tritt; dieser ist nicht mehr berechtigt, weder selbst die Forderung einzuziehen, noch auch hat er die Möglichkeit, einen Andern durch nochmalige Cession zum Forderungsberechtigten zu machen. Leistet aber der Schuldner in Unkenntniß von der geschehenen Abtretung an den alten Gläubiger oder den zweiten Cessionar, so soll er frei werden. Der erste Cessionar hat sich in diesem Falle also an die Empfänger der Leistung zu halten.[4]) Er kann gegen seinen

[1]) Das Material bei Windscheid, Pandekten § 336 N. 3 a. E.

[2]) GB. 403. — Der Cessionsvertrag bedarf an sich keiner Form. Ausnahme: 1154 (vgl dazu aber wieder 1190; — 1159).

[3]) GB. 402. (S. Fall 3 der ersten Frage in § 50.)

[4]) GB. 407; 408. — Ueber die Leistung, die zum Zwecke der Erfüllung an einen Dritten geschieht, gilt 362, 2. Dieser verweist auf 185, wonach die Verfügung, die ein Nichtberechtigter über „einen Gegenstand" trifft, wirksam ist, wenn sie mit Einwilligung des Berechtigten erfolgt. Folglich haben wir in GB. 407 u. 408 eine gesetzlich erzwungene Einwilligung des Cessionars; nicht unähnlich der Beschaffung einer Willenserklärung nach CPO. 779. — Die so hergestellte Einwilligung des Cessionars hat aber nur den beschränkten Inhalt, daß der Drittschuldner durch seine Zahlung befreit wird; vorbehaltlich des Rückgriffes auf den Cedenten oder den zweiten Cessionar. — GB. 406—408 finden keine Anwendung im Falle von 1156.

Cedenten wohl in den meisten Fällen mit dem Anspruche aus dem unter ihnen bestehenden Vertragsverhältnisse vorgehen; zur Noth steht ihm jedoch ein Anspruch wegen ungerechtfertigter Bereicherung nach 812 des GBs. zu; der dann auch gegen den zweiten Cessionar von ihm mit Erfolg durchgesetzt zu werden vermag.

Die weiteren Regeln des GBs. über die Abtretung von Forderungen scheinen mir für das Eindringen in den Geist des neuen Rechtes keiner besonderen Erörterung zu bedürfen. Ich gebe nur eine Uebersicht.

Der Schuldner ist zur Leistung an den neuen Gläubiger nur verpflichtet, wenn entweder der alte Gläubiger ihm die Abtretung schriftlich anzeigt, oder der neue Gläubiger ihm die Abtretung durch Vorlage einer vom alten Gläubiger ausgestellten Urkunde beweist. Ohne das Letztere kommt er dem neuen Gläubiger gegenüber auch nicht in Verzug.[1])

Die Forderung geht auf den Cessionar über, wie sie bei dem alten Gläubiger war. Der Erwerber hat die Nebenrechte;[2]) und es stehen ihm die Einreden gegen den alten Gläubiger entgegen, [3]) wobei der Fall einer möglichen Aufrechnung mit einer Forderung, die der Schuldner gegen den alten Gläubiger hat, besondere Ausführung im GBe. mit sachlicher Folgerichtigkeit erfahren hat.[4])

In den Zusammenhang dieser Lehre hat GB. 405 eine juristisch nicht uninteressante Einzelfrage eingestellt, die sich auf die Cession simulirter Forderungen bezieht. Eine Forderung, die sich auf ein Scheingeschäft gründet, ist nichtig und kann an sich mit Rechtswirkung gegen den angeblichen Schuldner nicht abgetreten werden (GB. 117). Nun ist es aber eine legislativ nicht ganz einfache Frage: Wie es mit dem gutgläubigen Erwerber eines Rechtes stehe, das nur ein Scheingeschäft zur Unterlage hat? Daß der in gutem Glauben vorgenommene Erwerb Schutz verdienen kann, steht im Einklang mit einer bekannten Richtung der neuzeitlichen Rechtsentwickelung. Aber man hat bei der Ausarbeitung des GBs. im allgemeinen Theil keine Vorschrift überhaupt aufgestellt, sondern die Auseinandersetzung den besonderen Lehren der einzelnen Rechtsverhältnisse überlassen. Damit ergab sich, daß bei dem weitgehenden Schutze des gutgläubigen Erwerbers einer Sache, der

---

[1]) GB. 410; — Besonderheit in 411.

[2]) GB. 401;

[3]) GB. 404.

[4]) GB. 406. Von einer Widerklage (Fall 2 der ersten Frage in § 50) kann natürlich keine Rede sein. Vgl. oben § 52.

diese zu Eigenthum haben wollte,[1]) ebenso bei demjenigen, der vom Nichteigenthümer gutgläubig einen Nießbrauch oder ein Pfandrecht erhielt,[2]) unerfreulichen Konsequenzen der Nichtigkeit eines zum Scheine vorgenommenen Rechtsgeschäftes für wichtige Fälle eines gutgläubigen Erwerbes vorgebeugt wurde. Die Abtretung einer simulirten Forderung an einen gutgläubigen Cessionar befand sich aber nicht hierunter. E. I beruhigte sich dabei.[3]) Die jetzige Bestimmung von GB. 405 (E. II 348; III 399) ist dem Schweizerischen Rechte nachgebildet.[4])

55.

Die Pandektenlehre kannte einen Uebergang von Forderungen in sog. fingirter Cession. Welche Fälle dahin zu zählen seien, war aber niemals ganz sicher; und bis zuletzt herrschte Streit darüber, ob ein gesetzlicher Uebergang von Forderungen nur in bestimmten Einzelfällen angenommen werden darf, oder vielmehr allgemein da zu behaupten sei, wo Jemand zur Abtretung einer Forderung an einen Anderen aus besonderem Grunde verpflichtet sei.[5])

Nach dem GBe. ist die zuletzt genannte Alternative zweifellos unrichtig.[6]) Es unterscheidet den Uebergang einer Forderung kraft Gesetzes und die Abtretung jener auf Grund einer gesetzlichen Verpflichtung.[7]) Letzteres kommt in verschiedenen, von uns schon besprochenen Fällen in Betracht; so beim Rücktrittsrecht, insbesondere bei gegenseitigen Verträgen (oben § 36), beim Kommodum (oben § 37, 2.) u. A. m. Es ist auf Abschluß eines Cessionsvertrages zu klagen; und je nachdem die Willenserklärung des Cedenten formlos oder schriftlich

---

[1]) GB. 932; 933.

[2]) GB. 1032; vgl. 1058; — 1207; 1208.

[3]) Mot. 1, 193 (zu E. I 96).

[4]) Schweizer. Obligationenr. 16, 2: „Dem gutgläubigen Dritten, welcher ein schriftliches Schuldbekenntniß besitzt, kann der Schuldner nicht die Einrede der Simulation entgegensetzen;" — ebenda 189, 2. Vgl. CC. 1321.

[5]) Windscheid, Pandekten § 330 Nr. 3. Eine Reihe problematischer Fälle aus der gemeinrechtlichen Praxis finden sich bei Stammler, Praktische Pandektenübungen § 61 Nr. 3 zusammengestellt.

[6]) Der Normalfall, den das GB. bei der Abtretung der Forderung im Auge hat, ist Vertrag zwischen dem alten und dem neuen Gläubiger. Ueber Vermächtniß einer Forderung s. GB. 2173. Pfändung einer Forderung und Ueberweisung zur Einziehung bestimmt sich auch weiterhin nach der CPO. 736 fg.; 745.

[7]) Ausdrücklich zuweilen geschieden; z. B. 1251, 2 a. E.

abzugeben ist,[1]) die Zwangsvollstreckung zu betreiben. Hier soll nun der Uebergang einer Forderung kraft Gesetzes etwas näher betrachtet werden.

Es sind im Ganzen neun Fälle in Betracht zu ziehen, die sich in zwei Klassen theilen:[2])

1. Zweimal wird ein gesetzlicher Uebergang einer Forderung zufolge des ehelichen Güterrechts erwähnt, bei der allgemeinen und bei der Errungenschaftsgemeinschaft.[3]) Die nähere Ausführung ist den dortigen Lehren zu entnehmen.

2. In den übrigen Fällen, die hier im Besonderen interessiren, handelt es sich darum, daß ein Dritter den Gläubiger befriedigt. Hier gebraucht das GB. stereotyp die Wendung: „Soweit der (Zahlende) den Gläubiger befriedigt, geht die Forderung auf ihn über"; — „der Uebergang kann nicht zum Nachtheile des Gläubigers geltend gemacht werden".

Die hierher gehörigen Fälle kommen wieder in zwei Unterabtheilungen vor.

a) Ein Gesammtschuldner, der den Gläubiger bezahlt und von dem Mitschuldner Ausgleichung verlangen kann,[4]) — in entsprechender Weise der Bürge.[5])

Der Eigenthümer eines verpfändeten Grundstückes, der nicht der persönliche Schuldner ist, aber den Gläubiger bezahlt;[6]) — ebenso der Verpfänder eines Faustpfandes, welcher nicht persönlicher Schuldner ist.[7])

Endlich allgemein ein Dritter, welcher durch Zwangsvollstreckung des Gläubigers in einen dem Schuldner gehörigen Gegenstand an diesem Letzteren Rechte zu verlieren Gefahr läuft und in Folge dessen den Gläubiger befriedigt.[8])

---

[1]) S. oben S. 198 N. 2.

[2]) Einen eigenartigen Sonderfall giebt noch GB. 382: Wenn der Gläubiger bei öffentlicher Hinterlegung des Schuldners der Hinterlegungsstelle die Annahme erklärt hat, sein Recht verjährt aber, so geht es nach 30 Jahren gesetzlich auf den hinterlegenden Schuldner über. (Abänderbar durch die Landesgesetzgebung: EG. 146.) — S. unten § 61.

[3]) GB. 1438, 2; 1519, 2.

[4]) GB. 426.

[5]) GB. 774.

[6]) GB. 1143.

[7]) GB. 1225.

[8]) GB. 268.

b) Wenn an Stelle eines zur Alimentation gesetzlich Verpflichteten gewisse Personen dem Berechtigten den Unterhalt gewähren.[1])

Hiernach erheben sich die beiden Fragen: Einmal, wie diese rechtlichen Beziehungen näher zu denken sind und was für Folgen in ihrer praktischen Behandlung daraus gezogen werden müssen; zweitens aber im Besonderen, was der erwähnte Zusatz, daß der Uebergang nicht zum Nachtheile des Gläubigers geltend gemacht werden darf, für sich besagen will?

In der ersten Richtung unserer Frage kann es auffallend erscheinen, daß Jemand die Schuld eines Anderen erfüllt, sie also tilgt und dann die also untergegangene Forderung des Gläubigers doch noch abgetreten erhalten soll. Bekanntlich hat in entsprechenden Fällen dies auch den römischen Juristen zu schaffen gemacht. Sie suchten sich dadurch zu helfen, daß sie meinten: Der in solchen Fällen Zahlende kaufe die Forderung dem Gläubiger ab.[2]) Aber das ist kein glücklicher Gedanke; jedenfalls hat er nach dem Rechte des GBs. keinen Sinn: Denn weder in den Voraussetzungen, noch in den Wirkungen wird die Lehre vom Kaufvertrage wirklich verwendet. In jenen nicht, weil eine vertragsmäßige Abgabe der Forderung in den oben angeführten Fällen gar nicht in Frage kommt; auch wenn der Gläubiger die Forderung gar nicht abgeben will, so soll dennoch „der Uebergang" stattfinden, und der Gläubiger nur durch den citirten, gleich zu besprechenden Zusatz geschützt werden. Wer die angegebenen Thatbestände nachprüft, wird nicht im Zweifel darüber bleiben, daß es sich um gesetzlich bestimmte Voraussetzungen eines Ersatzanspruches handelt und nicht um vertragsmäßige oder gar ganz speziell um solche aus einem Kaufvertrage. Was aber die Wirkungen anlangt, so ist nirgends im GBe. nur eine Andeutung zu finden, daß zwischen dem Zahlenden und dem durch ihn abgefundenen Gläubiger die Rechte und Pflichten von Käufer und Verkäufer bestehen sollen.

---

[1]) GB. 1607; 1709.

[2]) L. 36 D. de fideiussoribus (46, 1); cf. l. 76 D. de solut. (46, 3). — Hartmann, Die Obligation (1875) S. 51 fg. meint, daß in diesen Fällen „die Obligation nur relativ und beziehungsweise getilgt" werde, weil trotz der vollen obligationsmäßigen Leistung doch „der Obligationszweck nur relativ erreicht sein kann". Ich vermag nicht zu finden, daß durch den Begriff einer „beziehungsweisen Tilgung" die vom Gesetze für unseren Fall bestimmte Folge genügend klar gestellt ist.

In der That erscheinen diese Behelfe eines entgeltlichen Erwerbes der Gläubiger durch den dem Gläubiger bezahlenden Dritten gar nicht veranlaßt. Die angebliche Verlegenheit bereitet man sich dadurch selbst, daß man das Bild von der „Sondernachfolge" preßt und die Cession allzu sehr an die Tradition körperlicher Sachen in Gedanken anlehnt. Die Sondernachfolge kann in keinem Falle etwas Anderes heißen, als: Untergang des Rechtes bei dem seither Berechtigten und Entstehen eines Rechtes mit ganz gleichem Inhalte bei dem neuen Berechtigten.[1]) Auch bei der Sondernachfolge in das Eigenthum ist es nicht anders. Wenn diese vom Gesetze beispielsweise daran geknüpft wird, daß eine bewegliche Sache tradirt werde, so ist das eine äußerliche Besonderheit, die auf die Sondernachfolge in Forderungen nicht übertragen werden darf. Diese hat mit derjenigen in das Eigenthum nur den allgemeinen Begriff der Rechtsnachfolge, wie ich sie soeben angab, gemeinsam. Und dem widerspricht es gar nicht, daß eine Forderung mit durchaus gleichem Inhalte bei dem zahlenden Dritten (Gesammtschuldner, Bürge, Verpfänder ꝛc.) entsteht, wie sie bei dem Hauptgläubiger bestanden hatte; — ob der Letztere durch Vertrag mit dem neuen Gläubiger ausscheidet oder durch eine von dem Letzteren vorgenommene Zahlung, nöthigt zu einer verschiedenen formalen Art und Weise, die rechtlich geordneten Beziehungen unter den Betheiligten sich einheitlich vorzustellen, ganz und gar nicht.

Hiernach gelange ich zu dem Ergebnisse, daß die Fassung des GBs. in den oben unter b) zusammengestellten sieben Fällen nur ein kurzer Ausdruck dafür ist: um gesetzliche Ersatzansprüche sowohl in ihrem Inhalte,[2]) als in ihrer möglichen Durchsetzung mit einem Worte zu kennzeichnen. Würden die besprochenen besonderen Bestimmungen im GBe. fehlen, so könnte man nur entweder auf das zwischen dem Zahlenden und dem Hauptschuldner etwa schon bestehende Rechtsverhältniß zurückgehen oder die Lehre von der Geschäftsführung ohne Auftrag heranziehen. Das Letztere würde jedoch in vielen Fällen der hier fraglichen Art wegen GB. 683 und 679 zur Begründung eines Ersatzanspruches nicht genügen. Besteht aber in unseren besprochenen Thatbeständen zwischen dem Zahlenden und dem Hauptschuldner irgend

[1]) Durch das betonte Moment des durchaus gleichen Inhaltes grenzt sich die Cession genügend von dem ihr entsprechenden Falle der novatio ab.

[2]) Insbesondere bezieht sich dies natürlich auf Nebenrechte, welche der neue Gläubiger nun auch erhält, wie das Hauptrecht. Hierbei ist aber GB. 1151 zu beachten.

ein anderes Rechtsverhältniß, z. B. Gesellschaft (705 ff.) oder Gemeinschaft (741 ff.), so wird dieses durch die Neubegründung eines gesetzlichen Ersatzanspruches der genannten Art nicht aufgehoben, sondern kann ja im Einzelnen von beiden Seiten noch hinzugezogen werden, — von dem zahlenden Dritten zur quantitativen oder qualitativen Verstärkung und Ergänzung seines Ersatzanspruches, von dem Hauptschuldner zwecks Begründung von Einwendungen gegenüber dem Dritten. Allerdings ist es auffällig, daß dieses an drei Stellen des GBs. (774; [1]) vgl. 1143; 1225) ausdrücklich statuirt ist, in den übrigen hierher gehörigen Fällen nicht. Die einzelnen Gesetzesstellen finden sich jedoch zu sehr zerstreut und in ganz anderem Zusammenhange aufgestellt, als daß aus einer verschiedenen Redaktion an sich schon ein argumentum e contrario gezogen werden könnte. Der Grundgedanke einer kraft Gesetzes übergehenden Forderung ist aber sachlich derselbe. Aus diesem folgt für alle Fälle gleichmäßig, daß ein zwischen dem zahlenden Dritten und dem Hauptschuldner früher schon bestandenes Rechtsverhältniß durch diesen gesetzlichen Uebergang der besprochenen Art nicht berührt wird. Ist das an einigen Stellen beiläufig expressis verbis ausgesprochen, so ist es eine, vielleicht nicht unbedingt nöthige Vorsorge zur Abschneidung jedes denkbaren Zweifels in diesem besonderen Falle; für diejenigen Lehren, in denen der gleiche Satz aus der gesammten sachlichen Regelung der betreffenden Materie folgt, ohne mit ausdrücklichen Worten dort gefaßt zu sein, bleibt es eben bei der Folgerung, daß die gesetzlich übertragene Ersatzforderung neben ein etwaiges sonstiges Rechtsverhältniß zwischen Dritten und Schuldner hinzutritt, und nun beide Schuldverhältnisse durchgeführt werden können, soweit nicht die des einen dem zweiten nothwendig präjudizirt.

Aus dieser besonderen Rechtsstellung, die hiernach dem zahlenden Dritten zukommt, bestimmt sich nun auch der Satz des GBs., daß der Dritte seinen Ersatzanspruch nicht „zum Nachtheil des Gläubigers" geltend machen dürfe.

Einmal wird damit jede Haftung des Gläubigers dem zahlenden Dritten gegenüber abgeschnitten. Der Gläubiger ist diesem in der Sache zu nichts verpflichtet; auch nicht zur Abtretung der Forderung,

---

[1]) In E. I 676, 2 fand sich der Zusatz vollständig so ausgedrückt: „Dem Hauptschuldner bleiben die Einwendungen aus dem zwischen ihm und dem Bürgen bestehenden besonderen Rechtsverhältnisse, dem Bürgen die Ansprüche aus einem solchen besonderen Rechtsverhältnisse vorbehalten".

welche der zahlende Dritte vielmehr durch seine Leistung an den Gläubiger von Gesetzes wegen erhält. Der Gläubiger haftet darum weder für bonitas noch für veritas nominis; es liegt eine causa cessionis, aus der sich eine Regreßpflicht des bezahlten Gläubigers ergeben könnte, überhaupt nicht vor.

Sodann hat der Gläubiger, der nach GB. 412 in allen unseren Fällen nach Art eines vertragsmäßigen Cedenten in der formalen Behandlung des Ueberganges der Forderung auf den zahlenden Dritten angesehen werden soll, in unseren sieben Fällen (oben unter b) gegen die aus GB. 402 und 403 von dem Erwerber gegen den befriedigten Gläubiger etwa erhobenen Ansprüche die Einwendung, daß dieses ihm, dem Gläubiger, zum Nachtheil gereichen könnte und gegen ein berechtigtes Interesse seiner verstieße. Wenn also der Gläubiger an dem Zurückbehalten von Beweisdokumenten und Anderem in gerechtfertigter Weise Interesse hat, so kann er deren Herausgabe je nach der Sachlage weigern; entsprechend wird er zur Verweigerung der von GB. 402 genannten Auskunft über die von dem Dritten bezahlte Schuld des Hauptschuldners befugt sein, wenn der zahlende Dritte dadurch etwa in Geschäftsgeheimnisse des Gläubigers eindringen würde; und es braucht der Gläubiger eine erhaltene Sicherheit dem neuen Gläubiger nicht eher herauszugeben, bis er vollständig abgefunden ist.

Endlich aber wird gerade für diesen letzten Fall, daß der Dritte nämlich nur einen Theil der Hauptschuld zahlt, und der Gläubiger den andern Theil noch für sich behält, eine gesetzliche Rangordnung für die Reihenfolge der Befriedigung jener Beiden, des Gläubigers und des Dritten, festgestellt. Ueber die Folgen einer Mißachtung des Vorrechtes des alten Gläubigers ist im GBe. nichts angegeben. Es wird nicht zweifelhaft sein, daß der Dritte, der ohne Rücksicht auf das bessere Recht des alten Gläubigers seine Forderung von dem Schuldner eingezogen und diesen dadurch in Zahlungsunfähigkeit versetzt oder sonstwie dem Gläubiger dessen Befriedigung vereitelt oder erschwert hat, auf Schadensersatz dem Gläubiger haftet; und zwar entweder unmittelbar aus GB. 823 („. . oder ein anderes Recht . .“), oder bei mangelnder Schuld doch wegen ungerechtfertigter Bereicherung (812).

56.

Im vorgesetzten Falle hatte der Käufer des Hauses und Geschäftes auch die Passiva des Verkäufers in Anrechnung auf den Kaufpreis übernommen. Ich benutze es, um einen Blick auf die Regelung der Schuldübernahme durch das GB. zu werfen.

Auch in dieser Frage war der Rechtszustand, den das GB. vorfand, ein unabgeschlossener und unvollkommener. Da das römische Recht noch nicht einmal ein Surrogat für die Uebernahme der Schuld eines Andern etwa in der Art eingeschoben hatte, wie es solches bei der Cession von Forderungen gethan, so war man gemeinrechtlich auf ein, erst spät aufgedecktes und in Bestand, wie Einzelausführung unsicheres Gewohnheitsrecht angewiesen, während die partikularen Gesetzbücher in verschiedener, aber nirgends durchgreifender Art eine Schuldübernahme neben der novatio mit Wechsel des Schuldners in das Auge gefaßt hatten.[1])

Das GB. unterscheidet zwei verschiedene Möglichkeiten, durch die eine Sondernachfolge in die Verbindlichkeit eines Schuldners eingeführt werden kann: Vertrag mit dem Gläubiger und Vereinbarung mit dem seitherigen Schuldner.

1. In dem ersten Falle braucht der Schuldner nicht zugezogen zu werden, überhaupt gar nichts davon zu wissen, daß eine Schuldübernahme geschehen ist.[2]) Wird in dieser Weise eine Schuld übernommen, so spricht GB. 414 nur von der sog. privativen Schuldübernahme, nicht von der sog. kumulativen: Es stellt die Möglichkeit auf, daß durch die Uebernahme der alte Schuldner ausscheidet, der neue an seine Stelle tritt, übergeht aber den Fall eines Eintretens für eine fremde Schuld als ein Solidarschuldner durchaus. Andererseits unterliegt es natürlich keinem Zweifel, daß ein Vertrag der letztgenannten Richtung unbeanstandet möglich und wirksam ist; ihn nach dem GB. für nichtig zu erklären, liegt nicht der geringste Grund vor. Sonach kann es sich nur fragen: Wofür in Ermangelung eines klaren Sinnes einer Schuldübernahme durch Vertrag mit dem Gläubiger die Vermuthung spricht? — Da das GB. ausschließlich den Fall eines Ausscheidens des alten Schuldners

---

[1]) Vgl. Mot. 2, 142.

[2]) Andererseits kann der Anstoß zu dem Vertrage des Gläubigers und des neuen Schuldners sehr wohl von dem alten Schuldner ausgehen. Eine besondere Möglichkeit dieser Art liegt in der Anweisung, der GB. 783 ff. nähere und eigenartige Regelung hat zu Theil werden lassen.

erwähnt, so liegt es nahe, diesen für den Regelfall zu erklären, der überall für die Schuldübernahme einzusetzen wäre, wo nicht ganz besondere Gründe des einzelnen Thatbestandes zu dem entgegengesetzten Ergebnisse drängten. Ich glaube jedoch nicht, daß dieses das Richtige träfe. Die ausdrückliche Hervorhebung der Möglichkeit einer privativen Schuldübernahme durch das GB. erklärt sich genügend aus der Nothwendigkeit, dem seitherigen zerfahrenen und unsicheren Rechtszustande gegenüber eine zweifelsfreie Gewißheit über die Zulässigkeit jener Uebernahme zu schaffen. Die ausdrückliche Anerkennung und Regelung dieser besonderen Möglichkeit durch das GB. war unerläßlich, da ohne diese besondere Normirung die Sache nach wie vor unsicher geblieben wäre. Dagegen lag für eine besondere Feststellung dessen, daß man sich einem Gläubiger durch Vertrag neben dem Schuldner in solidarischer Haftung verpflichten könne, kein Anlaß vor, da diese Möglichkeit nach den allgemein geltenden Satzungen des neuen Schuldrechtes so wie so feststand.

Sonach stehen die beiden Möglichkeiten der Schuldübernahme zunächst gleichmäßig neben einander; und aus der Fassung des GBs. kann an und für sich kein Primat der einen oder der anderen hergeleitet werden. Alsdann aber muß man sich im Zweifelsfalle für die Annahme der sog. kumulativen Schuldübernahme entscheiden.[1]) Dies ergiebt sich aus dem Grundsatze, daß bei Unsicherheit über den Inhalt eines Vertrages dasjenige anzunehmen ist, was am wenigsten Belastung und Beschränkung für den durch den Vertrag Beschwerten mit sich führt. Der neue Schuldner haftet nun aber geringer, falls er bloß als Gesammtschuldner eintritt, als wenn er nunmehr ganz allein verpflichtet wäre; und der Gläubiger wiederum giebt durch die letztere Art der Schuldübernahme viel mehr auf, als durch lediglich Hereinnahme eines Gesammtschuldners neben seinem weiter haftenden alten Schuldner. So muß man von beiden Seiten aus dazu gelangen, im Zweifelsfalle bei der Schuldübernahme nur das Eintreten eines Gesammtschuldners zu sehen, ohne völliges Ausscheiden des alten Schuldners.

Es ist sogar zuzugeben, daß der Fall einer privativen Schuldübernahme durch Vertrag mit dem Gläubiger, ohne Einwilligung des alten Schuldners, nicht unauffällig ist. In dieser scharfen Art war

[1]) Mit der Wirkung, daß der neue Schuldner als regelmäßiger Gesammtschuldner eintritt. Sollen die Normen für die Bürgschaft Anwendung finden (GB. 765 ff.), so ist besondere Bezugnahme in dem Vertrage, ausdrücklich oder stillschweigend, erforderlich.

es seither kaum beobachtet worden. Wahrscheinlich wird es auch künftighin nicht allzu häufig sein und gegenüber der nachher unter 2. zu erwähnenden Möglichkeit — Schuldübernahme durch Vertrag des alten Schuldners mit dem neuen Schuldner — an praktischer Bedeutung zurücktreten.

Aber die Möglichkeit ist nun da, daß jeder Gläubiger seinen Schuldner ohne dessen Zustimmung entfernen und ihn auch gegen dessen Willen von der Schuld befreien kann. Dadurch wird beispielsweise die Vorschrift des GBs. 397, 1 illusorisch gemacht, die für den Erlaß einer Schuld Vertrag des Gläubigers und des Schuldners fordert. Denn wenn der Gläubiger auf die Geltendmachung seiner Forderung aus irgend welchen Gründen verzichten, der Schuldner dies aber nicht annehmen will, und ein Erlaßvertrag also nicht zu Stande kommt, — so kann der Gläubiger sein Ziel nun einfach dadurch erreichen: Er läßt von einer, ihm gefällig stehenden Person die Schuld des Schuldners übernehmen, setzt in dem Vertrage fest, daß der alte Schuldner ausscheiden und der Uebernehmende an seine Stelle treten soll und erläßt nun durch Vertrag mit dem neuen Schuldner diesem die alte Schuld.[1])

Ob man sich solcher Konsequenzen bei dem Entwerfen des GBs. überall bewußt war, läßt sich aus den Materialien mit Sicherheit nicht entnehmen, die auch hier — zum Glücke! — sehr wenig Wegeleitung bieten. Die Motive sprechen weitläufig in fataler Phraseologie von „den Bedürfnissen des Verkehrs", welche eine Festsetzung, wie jetzt GB. 414 erheischten, verbreiten sich über die sachliche Bedeutung der Gesetzesstelle aber weiter nicht. Sucht man dieses nun auszufüllen, so kommt man allerdings zu dem Ergebnisse, daß jene Regelung sich nicht allzu widerspruchsvoll in das Ganze unseres Rechtssystems einfügt. Zwar giebt sie dem Gläubiger geradezu die Möglichkeit, das Vermögen des Schuldners zu verändern und so etwa diesem die Möglichkeit zu nehmen, die Konkurseröffnung zu beantragen; er braucht ja nur, wenn diese droht und ihm nicht genehm ist, die Schuld des Schuldners von einem Dritten mit Ausscheiden des alten Schuldners übernehmen zu lassen. Aber diese Veränderung des schuldnerischen Vermögens ohne seine Zustimmung ist auch nach GB. 267 möglich, und war es im

[1]) Dagegen kann durch Quittungsvertrag mit einem Dritten, der nach GB. 267 für den Schuldner leisten könnte, gegen den Willen des Schuldners nicht einfach die Schuld aufgehoben werden; da 397, 2 ausdrücklich „Vertrag mit dem Schuldner" hier vorschreibt.

seitherigen Rechte schon. Und man kann auch nicht ohne Grund fragen, ob ein solcher Eingriff in die Vermögenssphäre des Schuldners nicht gerade objektiv gerechtfertigt zu sein vermag?

Bedenklicher wäre es, wenn jeder Dritte durch Uebernahme der Schuld eines Verpflichteten sich nunmehr einen Regreßanspruch gegen den alten Schuldner als dessen negotiorum gestor verschaffen könnte. Allein auch dies würde nicht als sachliche Anomalie dastehen, weil ja die rechtliche Möglichkeit des unmittelbaren Ankaufes der Forderung zweifellos feststeht; außerdem aber GB. 679 (vgl. 681) die actio negotiorum gestorum contraria in so weitem Umfange, wie die heutige gemeinrechtliche Praxis nicht mehr anerkennt.

2. Der gewöhnlichere Fall der Schuldübernahme, der auch in dem Thatbestande unseres Rechtsstreites vorliegt, wird der sein: daß durch Vertrag des neuen Schuldners mit dem seitherigen Verpflichteten des Letzteren Schuld von Jenem übernommen wird.[1])

In der gemeinrechtlichen Doktrin griff man zu der Erklärung dieses Vorganges vielfach auf die Analogie der Veräußerung einer fremden Sache ohne Bevollmächtigung zurück. Wenn alsdann der Eigenthümer der Sache nachträglich genehmigt, so ist die Veräußerung in Ordnung; — so sollte auch in unserem Falle die nachträgliche Genehmigung des Gläubigers es gut machen, daß man versucht hätte, über sein Vermögen zu disponiren.

In der That hinkt der angebrachte Vergleich doch allzu stark. In der Pandektenlehre bedurfte man seiner, um überhaupt erst den Rechtssatz, der die Möglichkeit einer solchen Schuldübernahme zuließ, seiner Geltung und seinem positiven Inhalte nach beweisen zu können. Nachdem das GB. uns diese elementare Aufgabe, wie billig, abgenommen hat, ist das Zurückgehen auf jene hergeholte Analogie nicht mehr von Nöthen; sie könnte jetzt nur noch gefährlich sein und dazu verleiten, Rechtsregeln, die für die Eigenthumsübertragung gelten, in unangebrachter Weise für die Schuldübernahme herüberzunehmen.

Zum juristischen Verständnisse von GB. 415 genügt es vollständig, wenn man festhält, daß der Vertrag zwischen den beiden Schuldnern zu seiner rechtlichen Wirksamkeit der Zustimmung des Gläubigers bedarf, die nach GB. 182 und 184 vorzunehmen ist. Daß das Gesetz dieses fordert, steht jetzt außer Zweifel und braucht nicht erst durch mittelbare

[1]) Eine übersichtliche Zusammenstellung reicher Praxis und Litteratur s. bei Gareis, Das deutsche Handelsrecht, 5. Aufl. (1896) § 13 N. 13—17.

Schlußfolgerungen erhärtet zu werden, und daß jene Forderung sachlich begründet ist, folgt aus dem eigensten Sinne dieser Schuldübernahme selbst und bedarf keiner Stütze auf andere Rechtsregeln, die in ähnlicher Lage etwas Aehnliches fordern.

Schließen nun zwei Privatpersonen einen Vertrag, dessen Inhalt darauf geht, daß die eine die Schuld der andern zu tilgen sich verpflichtet, so kann dieses dreifach verschiedenen Sinn haben:

a) Es ist nur ein inneres Verhältniß unter ihnen; der Gläubiger soll kein Recht gegen den für die fremde Schuld Eintretenden erhalten.[1]) Möglicherweise ist es der Sinn des Vertrages, daß die Vertragschließenden es in das Auge fassen, mit dem Gläubiger in Verhandlungen zu treten und diesen zu bewegen, den neuen Schuldner in solidarischer Haftung aufzunehmen; vielleicht verpflichtet sich der Letztere in jenem ersten Vertrage dazu, dem Gläubiger unmittelbar ein derartiges Angebot zu unterbreiten; — immer aber sind es nur Modalitäten des ausschließlich zwischen den beiden Kontrahenten eingeführten und nun sich abwickelnden Schuldverhältnisses.[2])

b) Es liegt ein Vertrag auf Leistung an einen Dritten, nämlich ein Vertrag zu Gunsten des Gläubigers, vor. Dieser Vertrag zwischen den beiden Schuldnern bestimmt sich dann ausschließlich nach den für die genannte Einrichtung geltenden Regeln.[3]) Auch hier ist eine Modifikation dahin zuläßig, daß das Recht des Gläubigers, von

---

[1]) E. I 318 gebrauchte hierfür den Ausdruck „Erfüllungsübernahme". — Beispiel: V. vermiethet an M. ein Haus mit Garten, und Letzterer verspricht, die Grund- und Gebäudesteuer zu tragen; — ein zweifelhafter Fall ähnlicher Art lag dem Reichsgerichte vor: Die Provinzialverwaltung der Rheinprovinz hatte einer Gasgesellschaft die Benutzung einer früheren Staatsstraße zu Gasleitungen gestattet. Bei der jüngsten Vergrößerung des Weichbildes der Stadt Köln hat die Provinzialverwaltung der Stadt die Verwaltung jener Straße übertragen und dabei die Bedingung gestellt, daß die zu Recht bestehenden Gebrauchs- und Nutzungsrechte zu achten seien und die Stadt in die Rechte und Pflichten der früheren Verwaltung einzutreten habe. (Bolze, Entsch. des Reichsgerichts 5, 524.)

[2]) Davon verschieden ist ein Garantievertrag, der in ähnlichem Interesse, wie dem im Texte genannten, abgeschlossen wird. Z. B. ein Gutsinspektor wird von X. zu einem Viehhandel mit Y. bewogen, indem X. erklärt, daß er bei berechtigten Regreßansprüchen der Gutsherrschaft an den Inspektor diesen Nachtheil aus seiner Tasche bestreiten werde. — Ueber die juristische Natur und zutreffende Behandlung solcher Verträge s. Stammler, Der Garantievertrag in Arch. f. d. civ. Prax. 69 S. 1 ff.

[3]) Ein eigenthümlicher Fall einer gesetzlichen Schuldübernahme ist im GB. 556, 3 enthalten; vgl. 571, 1. — S. auch GB. 1251, 2 (oben § 51 g. E.).

dem neuen Schuldner unmittelbar fordern zu dürfen, erst noch von der Genehmigung des Gläubigers abhängig gemacht wird; dies bestimmt sich dann nach dem früher erörterten GB. 328, 2. In allen Fällen zielt aber auch diese Richtung des Vertragsschlusses auf Herstellung einer Gesammtschuld.

c) Endlich kann jener Vertrag eine Schuldübernahme darstellen, die nach GB. 415 zu behandeln ist.

Ist der Sinn des Vertrages nicht ganz deutlich, so spricht die Vermuthung zunächst für das unter a) als das die Vertragschließenden am wenigsten belastende. Geht dagegen aus dem Vertrage hervor, daß der Gläubiger des alten Schuldners gegen den neuen Schuldner durch den Vertrag ein Forderungsrecht erlangen soll, ist jedoch nicht ganz sicher, in welcher Art dieses bestimmt ist, so hat das unter b) vor dem unter c) den Vorzug. Allerdings bekommt bei dem ersten, dem Vertrage zu Gunsten des Gläubigers, dieser unmittelbar das Forderungsrecht gegen den neuen Schuldner, bei der Schuldübernahme erst mit seiner Genehmigung. Allein jenes ist auch nicht zwingend; wie vorhin bemerkt, steht es im Belieben der Parteien, dem Gläubiger das Forderungsrecht gegen den Dritten auch bei dem zu seinen Gunsten abgeschlossenen Vertrage erst mit seiner Genehmigung oder unter sonstigen Modalitäten einzuräumen (oben § 49). In jedem Falle aber muß die Erwägung den Ausschlag geben, daß bei dem Versprechen der Leistung an den Gläubiger der Versprechende nur als Gesammtschuldner verpflichtet wird, während er bei der Schuldübernahme als alleiniger Schuldner eintreten würde. Ist also der Sinn des Vertrages, durch den der neue Schuldner sich dem Gläubiger gegenüber verhaften will, zweifelhaft, so muß in Ermangelung besonderer Gründe man für das Erstere, als für das Leichtere, sich entscheiden. Den letzten Zweifel hieran muß auch der Wortlaut des hier maßgeblichen Satzes im GB. 329 beseitigen. Diese Gesetzesbestimmung birgt die drei soeben entwickelten Möglichkeiten in sich. Und sie ordnet sie dahin, daß sie die Schuldübernahme als das Schärfere und nicht zu Vermuthende hinstellt gegenüber dem sonst möglichen Sinne des entsprechenden Vertrages, und dann werden diese letzteren Möglichkeiten wieder in zwei Klassen getheilt: Bloß interne Beredung oder Vertrag zu Gunsten des Gläubigers, wobei die erste Möglichkeit im Zweifelsfalle selbstredend vorgeht.

Endlich ist zu bemerken, daß, falls wirklich eine Schuldübernahme des eben besprochenen Sinnes vorliegt, der Gläubiger aber die Genehmigung verzögert oder verweigert, die Schuldübernahme im Zweifel doch als im Sinne des unter a) vorhin angegebenen Vertrages wirken soll.[1]) Sie enthält in sich die weitergehende Verpflichtung des neuen Schuldners; kann diese in ihrer Eigenart nicht zum Austrage gebracht werden, so soll alsdann die geringere Wirkung dem alten Schuldner gegenüber doch aufrecht erhalten bleiben; sofern dieses nicht von dem neuen Schuldner ausbedungen wurde, daß es sich jetzt nur um die zwei Möglichkeiten handeln solle: entweder Schuldübernahme oder gar kein Rechtsverhältniß.

Besondere Vorschriften über die Genehmigung des Gläubigers hat GB. 416 für den Fall geschaffen, daß der Erwerber eines Grundstücks durch Vertrag mit dem Veräußerer eine Schuld des Letzteren übernimmt, für die eine Hypothek an dem Grundstücke besteht.[2])

Uebernimmt Jemand durch Vertrag unter Lebenden das Vermögen eines Anderen, so beläßt es GB. 419 zwar dabei, daß keine Gesammtnachfolge, sondern eine Summe von Sondernachfolgen eintritt; aber die Letzteren werden der Art und Weise, in welcher der Erbe für Schulden der Erbschaft haftet, in Einzelheiten, und zwar zwingend (419, 3) genähert.

Wie bei der Cession, so hat sich heute auch bei der Schuldübernahme die Anwendung des Begriffes der Sondernachfolge allgemach die volle Herrschaft erobert. Die Verpflichtung des Uebernehmers ist von demselben Inhalte, wie die Verpflichtung des Schuldners war; sie ist ihrem objektiven Bestande nach identisch mit der Schuld des alten und ausscheidenden Schuldners.[3]) Indem das GB. diese Grundauffassung von der Bedeutung der Schuldübernahme anerkennt, so hat es die seitherige Zweifelsfrage erledigt: Ob der Uebernehmer

---

[1]) GB. 415, 3.

[2]) Die sonstigen Modalitäten, die bei einer Schuldübernahme im Einzelnen vorkommen können, überläßt das GB. der Beurtheilung nach anderweitigen, namentlich im allgemeinen Theile aufgestellten Rechtsgrundsätzen So beispielsweise die Frage: Ob eine Schuldübernahme auch vor der Entstehung der zu übernehmenden Schuld stattfinden kann; was natürlich einfach aus der Lehre von den Bedingungen zu entscheiden ist; — oder: Mit welchem Zeitpunkte die Genehmigung des Gläubigers wirke; worüber jetzt GB. 184 gilt; — ferner: Ob eine rechtlich unsichere oder in ihrem Quantum noch nicht genau bestimmte Schuld übernommen werden kann, was an sich zulässig ist, im Einzelnen aber nach dem besonderen Schuldverhältniß behandelt werden muß (Bolze, Entsch. des RGer. 3, 570; aus der Litteratur s. bes. den Aufsatz von Bähr im Jahrb. für Dogm. Bd. 6 S. 170 ff.).

[3]) Gut ausgeführt bei Gürgens im Jahrb. f. Dogm. Bd. 8 S. 297 ff.

dem Gläubiger die Einreden entgegensetzen kann, welche sich aus dem Rechtsverhältnisse zwischen dem Gläubiger und dem bisherigen Schuldner ergeben? Nach dem Vorbemerkten war die Bejahung selbstverständlich;[1]) ebenso die Zubilligung der Einreden aus dem mit dem Gläubiger nach GB. 414 geschlossenen Vertrage, und das Abschneiden von Einwendungen aus dem unter den beiden Schuldnern eingegangenen Vertragsverhältnisse.[2])

Da die Lehre von der Schuldübernahme seither im gemeinen Recht keine gesetzgeberische Feststellung zur Unterlage besaß, sondern sich gewohnheitsmäßig entwickelt und ausgebildet hatte, so war namentlich auch die Frage nach der Haftung des Bürgen und der Pfänder nicht zweifelsfrei geblieben.[3]) Je mehr die Lehre von der Sondernachfolge in die Schuld nach Analogie der Cession auf der Gläubigerseite durchdrang, um so mehr neigte man in Doktrin und Praxis dazu, das Weiterbestehen der Haftung auch für den neuen Schuldner aufzustellen; und nur für den Bürgen ausnahmsweise Befreiung anzunehmen, wenn die ursprünglich gegebene Verbürgung den Sinn eines persönlichen Eintretens gerade für den alten Schuldner aufweisen konnte. Dem gegenüber wird es die vorherrschende Privatintention von Verfügenden in unserer Frage mehr treffen, wenn das GB. Pfänder und Bürgen durch die Schuldübernahme befreit werden läßt, sofern nicht die andernfalls Haftenden in die Schuldübernahme einwilligen.[4]) Natürlicherweise kann dies auch im Voraus geschehen, so daß es Aufgabe des Richters bleiben wird, zuzusehen, ob etwa die Absicht der Verbürgung seiner Zeit so beschaffen war, daß sie eine Einwilligung in die spätere Schuldübernahme bereits in sich schloß.

---

[1]) GB. 417. Der Ausschluß der Aufrechnung in 417, 1/2 ist nicht inkonsequent, mußte jedoch begründetermaßen ausdrücklich hervorgehoben werden.

[2]) Vgl. GB. 417, 2.

[3]) S. den Rechtsfall bei Stammler, Praktische Pandektenübungen § 62 Nr. 9.

[4]) GB. 418. Die Besonderheit für die Hypothek in 418, 1/2 und für das Vorzugsrecht im Konkurse in 418, 2 kann ich hier nur nebenbei anführen. — Selbstverständlich ist es, daß GB. 418 nur von dem Falle spricht, da ein Anderer die Schuld übernimmt, als der Erwerber des Pfandgrundstückes; von dem Letzteren handelt GB. 416 ausschließend.

Neunter Abschnitt.

Endigung von Forderungen und Schulden.

57.

Vierte Veränderung des Rechtsfalles.

In Gemäßheit des abgeschlossenen Kaufvertrages hatte der Käufer einen Theil des Kaufpreises theils in Gold, theils in Banknoten gezahlt; bezüglich einer weiteren Summe aber ausgemacht, daß er zweimal im Jahre dem Verkäufer Kleidungsstücke in näher angegebenem Werthe und von genau bestimmter Beschaffenheit zu liefern habe. — Dabei ereignete es sich, daß die letzte danach vom Schuldner ausgeführte Sendung Kleider als nicht angenommen mit dem Vermerk zurückkam, daß der Gläubiger auf diese noch ausstehende Lieferung verzichte.

Zugleich kündigte er eine Klage wegen des noch nicht bezahlten Restes Kaufgeld im Betrage von 2500 Mark an, wovon er aber nach einiger Zeit fruchtlosen Wartens, vermuthlich um Gerichtskosten zu sparen, zunächst nur 500 Mark wirklich einklagte. Der Käufer machte geltend, daß ihm vor Kurzem von einem Gläubiger des jetzigen Klägers eine Forderung von 800 Mark abgetreten worden sei, mit der er gegen die eingeklagte Forderung aufrechne.

58.

Das GB. beginnt die Lehre vom „Erlöschen der Schuldverhältnisse" mit dem ersten Titel „Erfüllung", und in diesem mit 362: „Das Schuldverhältniß erlischt, wenn die geschuldete Leistung an den Gläubiger bewirkt wird".

Im Allgemeinen wird dieses der herkömmlichen Darstellung unserer Jurisprudenz entsprechen. Dernburg und andere neuere Rechtslehrer haben den lateinischen Ausdruck beibehalten und sprechen von Tilgung „der Obligation" durch Zahlung; Windscheid hat dieses mit „Forderungsrecht" übersetzt, meint aber offensichtlich sachlich das Gleiche, was mit „obligatio" im römischen Rechte wiedergegeben wurde.

Ich habe Zweifel, ob damit das Sachverhältniß juristisch richtig getroffen wird, und meine dem gegenüber, daß Dasjenige, was durch eine Leistung aus der Welt geschafft wird, nicht sowohl das Schuldverhältniß als solches ist, als vielmehr die einzelne, ihm entspringende Forderung.

Ein Schuldverhältniß trägt nicht immer die Bestimmung in sich, durch eine vom Schuldner vorzunehmende Handlung getilgt, durch eine Leistung, auf die es geht, irgendwann einmal vernichtet zu werden.[1]) Nach römischem Rechte kam hier mehr vereinzelt der Fall der Emphyteusis in Betracht, wobei zwischen Eigenthümer und Emphyteuta ein besonderes obligatorisches Rechtsverhältniß bestand, dem zufolge Letzterer nicht verschlechtern darf, den Kanon zahlen muß 2c.; dieses Schuldverhältniß ist aber ebenso wenig, wie die Emphyteusis selbst, auf bestimmte Zeit berechnet und soll jedenfalls nicht durch eine Handlung des Schuldners, welche durch die Obligation zu erzielen war, untergehen. Im altdeutschen Rechte hat dieses durch die verschiedenen Möglichkeiten von dauernden Rentenberechtigungen bekanntlich eine besondere Erweiterung erfahren.[2])

Wenn jedoch eine Hauptleistung in einem Schuldverhältnisse in das Auge gefaßt ist, so können daneben aus diesem heraus Einzelansprüche entspringen, die ihrerseits jeweils durch besondere Leistungen getilgt sein wollen: „Juristische Früchte", welche als Nebenforderungen aus einem Schuldverhältnisse (periodisch) sich absondern,[3]) und auf die

---

[1]) Thon, Rechtsnorm und subjektives Recht (1878) S. 193 ff.; s. auch Hartmann, Die Obligation (1875) S. 33 ff.; 118.

[2]) Gerber, Vermischte Abhandlungen Bd. 2 S. 213 ff.; 245 ff.

[3]) Das GB. hat bei der Begriffsbestimmung der juristischen Früchte sich an die seither herrschende Formulirung angeschlossen; s. GB. 99, bes. Abs. 3: „Früchte sind auch die Erträge, welche eine Sache oder ein Recht vermöge eines Rechtsverhältnisses gewährt". Diese Fassung ist nicht genau, gemessen an den eigenen Bestimmungen des GBs. Wie eine körperliche Sache, so müßte man danach meinen, unter Umständen kraft natürlicher Beschaffenheit Früchte hervorbringen kann, so soll ihr hier durch ein besonderes Rechtsverhältniß eine Eigenschaft beigelegt werden, kraft deren ihr fructus entspringen. In der That ist es aber in den Fällen, welche

nun jedesmal gesondert das oben citirte Wort des GBs. paßt, daß sie erlöschen, wenn die nach ihnen vorzunehmende Leistung an den Gläubiger bewirkt wird.

Auch wo der Fruchtbegriff für Einzelforderungen aus einem Schuldverhältnisse nicht paßt, so zerlegt sich doch regelmäßig das von dem einen oder dem anderen Theile zu Leistende in mögliche Sonderleistungen, auf die jeweils besondere Einzelforderungen gehen.[1]) Bei dauernden Schuldverhältnissen, wie Miethe und Pacht, Gesellschaft ꝛc. zeigt es sich auf den ersten Blick. Der Miether hat die Ansprüche auf pünktliche Ueberlieferung der Miethsache unter besonderen Bedingungen auf Schadensersatz wegen schlechter Beschaffenheit jener auf Ersatz nothwendiger Verwendungen ꝛc.; auf jede dieser von dem Vermiether auf Grund des Miethverhältnisses geschuldeten Leistungen geht ein besonders einklagbarer Anspruch, der durch Erfüllung für sich zu tilgen ist, ohne daß das Miethverhältniß im Ganzen in seinem Bestande dadurch berührt würde. Das Erlöschen dieses steht an sich unter eigenen Regeln. Und in ganz gleicher Art ist dieses auch bei dem Kaufe und Tausche und Schenkungsvertrage und anderen Schuldverhältnissen, die mehr als vorübergehende Mittel zu Zwecken des sozialen Verkehrs auftreten, zu behandeln.[2])

Allerdings hat man auch auf Schuldverhältnisse aufmerksam gemacht, bei denen eine „einfache" Leistung vorliegen soll, so daß das kraft des Schuldverhältnisses zu fordernde Verhalten des Verpflichteten auf einen einigen Erfolg gerichtet sei. Eine einfache Leistung dieser Art wäre die negative Leistung und das Geben.[3]) Aber dieser Hinweis scheint nicht geeignet, unsere Auffassung der Sachlage zu erschüttern.

---

man hierher zählt, nicht die durch ein Rechtsverhältniß besonders qualifizirte Sache, auch nicht die Sache in koordinirter Mitwirkung des Rechtsverhältnisses, welche die juristischen Früchte hervorbringt, sondern lediglich dieses Rechtsverhältniß. Den Beweis hierfür s. bei Stammler, Nießbrauch an Forderungen S. 64 ff.

[1]) Man kann diesen Fall, im Gegensatze zu dem vorhergehenden Absatze, der Abzweigung irgend welcher Theile einer Hauptsache gegenüber derjenigen von Früchten der letzteren vergleichen.

[2]) Wonach sich die Schuldverhältnisse gegen einander abgrenzen, in welcher Synthesis sie also zu einheitlichen Rechtsbegriffen zusammengezogen werden, ist eine schwierige und noch nicht gelöste Frage, die im Rahmen der vorliegenden Erörterungen nicht zum Austrage gebracht werden kann. In der seitherigen Litteratur giebt m. E. das Beste hierüber Thöl, Einleitung in das deutsche Privatrecht (1851). — Vgl. oben S. 102.

[3]) Windscheid, Pandekten § 252 Nr. 3.

Hat Jemand sich zu einer Unterlassung, z. B. derjenigen einer geräuschvollen Hantirung im Nachbargrundstücke in bestimmter Art verpflichtet, so geht das also eingegangene Schuldverhältniß dadurch, daß er die geschuldete Leistung vornimmt und wirklich das Geräusch unterläßt, gerade nicht unter. Wollte man aber sagen, daß die Leistung erst vorliege, wenn die im Vertrage vorgesehene Zeit erfüllt sei, und daß alsdann das Schuldverhältniß endige, so ist zu sagen, daß beides zusammentreffen kann, aber nicht zusammentreffen muß. Mit dem Erreichen des auflösenden Termines endigt das Schuldverhältniß so wie so, ganz gleichviel, ob die nach ihm vorzunehmende negative Leistung wirklich vorgenommen worden ist oder nicht; das dauernde Unterlassen kann als vollständige Leistung dazu kommen, ist aber dann zufällig und in sich unnöthig, — und nicht durch die Vornahme der Leistung erlischt hier das Schuldverhältniß, sondern durch den erwähnten Ablauf der Zeit.

Wenn aber „das Geben" als „einfache" Leistung angeführt wird, so scheint nicht ausreichend beachtet, daß es bei dieser letzteren sich immer um Verschaffen einer bestimmten rechtlichen Stellung handeln kann. Zwar hat man wohl auch gefragt, ob es hier nicht vielmehr auf einen „wirthschaftlichen" Zweck ankomme? Aber das ist nicht klar gedacht. Die Sozialwirthschaft, das ist das auf Bedürfnißbefriedigung gerichtete Zusammenwirken, birgt als Gegenstand eigener Betrachtung es nothwendig in sich, daß sie unter inhaltlich bestimmten menschlichen Satzungen stehe, — soviel wir geschichtlich wissen, grundsätzlich unter rechtlichen Regeln. Eine „wirthschaftliche" Erwägung des sozialen Verkehrs kann immer nur als konkrete Ausführung einer bestimmten sozialen Regelung auftreten, wenn sie als sozialwissenschaftliche Untersuchung Werth haben und nicht bloß eine technologische Erörterung bleiben soll.[1]) Daraus ergiebt sich, daß es ungereimt ist, von „dem wirthschaftlichen Zweck" eines bestimmten Rechtsgeschäftes zu reden, so daß damit eine eigenartige und selbständige Richtung der Zielsetzung im sozialen Verkehr angegeben wurde, die der Art nach von der Erlangung einer bestimmten rechtlichen Stellung unabhängig wäre. Eine solche selbständige „wirthschaftliche" Zwecksetzung giebt es für die soziale Betrachtung nicht. Man überlege beispielsweise den Art. I des Gesetzes vom 19. Juni 1893, betreffend Ergänzung der Bestimmungen über den

---

[1]) Stammler, Wirthschaft und Recht § 34 S. 188 ff.

Wucher: „. . mit Bezug auf ein Darlehn oder auf die Stundung einer Geldforderung oder auf ein anderes zweiseitiges Geschäft, welches denselben wirthschaftlichen Zwecken dienen soll;" — und versuche es, anzugeben, unter was für einen gemeinsamen Oberbegriff diese Geschäfte zusammengefaßt werden sollen? Es wird sich zeigen, daß es Geschäfte sein sollen, denen zufolge Jemandem auf Kosten eines Andern vertretbare Sachen zur rechtlichen Verfügung gestellt werden sollen, unter der obligatorischen Verpflichtung der Rückgewähr entsprechender Quantitäten. Dann aber hätte man auch einfach sagen können: „Geschäfte, welche ähnlichen Zwecken dienen sollen;" und hätte das Kriterium der Aehnlichkeit eben den sich annähernden rechtlichen Verpflichtungen zu entnehmen.[1]) Dem entrinnt man auch nicht durch Einschiebung eines Gegensatzes von thatsächlichem und von rechtlichem Erfolge. Denn dieser Gegensatz hat einen klaren Sinn nur dahin, daß Letzteres die Vorstellung von einem Geschehniß bedeutet, welche nur unter der Bedingung einer bestimmten rechtlichen Regelung Sinn hat; daß dagegen der „thatsächliche" Vorgang auch außerhalb der rechtlichen Erwägung gedacht werden kann. Dann kommt aber für unsere Betrachtung nur der rechtliche Erfolg in Frage. Das „Geben", — wovon wir oben ausgingen — ist als Naturvorgang für den Begriff der Erfüllung eines rechtlichen Schuldverhältnisses noch ganz ohne Bedeutung; es kommt darauf an, in welche rechtliche Stellung der Empfänger dadurch nach dem Spruche unserer Rechtsordnung gebracht werden kann und soll. Und da muß man bezweifeln, daß eine schuldnerische Verpflichtung zu diesem Letzteren derartig als ein einiger Erfolg aufgefaßt werden kann, daß dem Schuldverhältniß (wenigstens auf der einen Seite) nur eine einzige Einzelforderung auf Leistung entspringe. Vielmehr wird das Verschaffen einer rechtlichen Stellung, als welches das „Geben" nach dem Gesagten allein in Betracht kommt, wohl in allen Fällen sehr verschiedene Anforderungen stellen und nur als zusammengesetzte Leistung erachtet werden können.

Gesetzt aber, es würde in einem besonderen Falle dieses sich wirklich herausstellen, daß mit einer einzigen und „einfachen" Leistung alle

---

[1]) In GB. 21 heißt „wirthschaftlicher Geschäftsbetrieb" einfach: ein auf Gelderwerb gerichteter Betrieb; — in GB. 97 und 98 ist „wirthschaftlicher Zweck" ganz farblos und bedeutet weiter nichts, als: übliche Verwerthung der Sache in unserer Sozialwirthschaft, nach dem soeben im Texte angegebenen Begriffe der letzteren.

denkbaren Folgen dieses Schuldverhältnisses beseitigt wären, so würde das gegenüber den seither besprochenen Regelfällen nur etwas Aeußerliches und Zufälliges bedeuten, Es wäre ein quantitativer Unterschied, indem statt einer Anzahl von Einzelforderungen auf Leistungen nunmehr bloß eine einzige durch die entsprechende Erfüllung getilgt würde. Daß sich damit das Schuldverhältniß als solches überall erledigen kann, ist ja ganz gewiß. Aber es ist etwas Anderes, wenn durch den Untergang sämmtlicher Einzelforderungen aus einem Schuldverhältnisse dieses Letztere nun ebenfalls hinsinkt, etwas Anderes dagegen, daß unter gewissen Thatbeständen das Rechtsverhältniß als solches erlischt.

Hiernach stelle ich die Lehre von der Erfüllung in der angezogenen Parallele neben diejenige von der Verjährung. Wie die Letztere sich zunächst bloß auf die Einzelansprüche bezieht, das Rechtsverhältniß aber an sich unberührt läßt, so tilgt eine Leistung immer nur eine sie heischende Einzelforderung.[1])

Es sind also allgemein zu unterscheiden: Endigungsgründe von Schuldverhältnissen und Tilgungen von Einzelforderungen aus ihnen. Zu jenen gehört eine besondere juristische Thatsache, die zur Endigung von Rechtsverhältnissen vom Gesetze für tauglich erklärt worden ist: also entweder ein die Endigung verfügendes Rechtsgeschäft der dazu legitimirten Betheiligten — sei es ein im Voraus mit auflösendem Inhalte abgeschlossenes Geschäft oder eine erst nachträglich auf Lösung des Schuldverhältnisses dem Bande nach gerichtete Privatdisposition;[2]) — oder eine besondere „gesetzliche" Thatsache, welche die rechtliche Beziehung im Ganzen erlöschen läßt. Unter diesen Letzteren findet sich der Sache nach die Vornahme von Leistungen, die kraft des Schuldverhältnisses gefordert werden können, an und für sich noch nicht.[3])

---

[1]) Der Vergleich soll es nur erläutern. Die weiteren Verschiedenheiten in der Wirkung zwischen beiden Endigungsmöglichkeiten der Einzelansprüche sind klar: Die Erfüllung tilgt die Forderung ihrem Bestande nach und verleiht nicht nur dem Schuldner ein Gegenrecht (auf das besonders verzichtet werden könnte, so daß jener Anspruch nun wieder frei wirksam würde), und es kann von dem Verbleiben einer unvollkommenen Verbindlichkeit, wie bei der Verjährung (s. oben § 6), hier natürlich keine Rede sein.

[2]) Die Römer hatten hier ganz das Richtige gefunden, wenn sie jedesmal das dem Begründungsakte Entgegengesetzte einbrachten: Nexum — solutio per aes et libram; Litteralobligationen — Löschung im Buche; stipulatio — acceptilatio; Konsensualkontrakte — contrarius consensus; u. s. w.

[3]) Ebensowenig die später zu besprechenden sog. Erfüllungssurrogate.

Darum ist ein Zurückgreifen auf das Ganze des Schuldverhältnisses mit allen Konsequenzen immer noch möglich, auch wenn der Gläubiger wegen einer geschehenen Leistung vom Schuldner in einem Prozesse siegreich zurückgeschlagen worden war. Dieses Zurückgreifen kann an und für sich so lange geschehen, als nicht ein besonderer Endigungsgrund für das Verhältniß im Ganzen im Streite der Parteien rechtskräftig festgestellt ist. Solange aber der Beklagte nichts anführen kann, als geschehene Leistung, so muß er einer neuen Einzelforderung gegenüber immer wieder die Vertheidigung in der Sache aufnehmen; und darthun, daß gerade die jetzt klagend geltend gemachte Forderung durch Zahlung getilgt ist. Und andererseits kann er bloß mit der Einrede der Erfüllung nicht mit Fug beantragen, daß eine endgültige Erledigung der zwischen ihm und dem Kläger streitig gewordenen Rechtsbeziehung erfolge: Dazu ist ein Endigungsgrund erforderlich, der das Schuldverhältniß im Ganzen zum Erlöschen bringt.

Zu eng ist deßhalb auch GB. 366 gefaßt. Es nimmt für den Fall mehrfacher Schulden, auf die nur eine einzige, für die mehreren gleichmäßig passende Leistung erfolgt, ergänzende Rechtssätze auf, die im Allgemeinen mit den Tendenzen des seitherigen Rechtes übereinstimmen, freilich in sich etwas im Zickzack schwanken.[1]) Nun spricht die Gesetzesstelle nur von Verpflichtungen aus mehreren Schuldverhältnissen zu gleichartigen Leistungen; liegt der Fall so, daß etwa ein Pächter noch mehrere Pachtziele aus demselben Pachtverhältnisse schuldig ist, und er eine Summe Geldes einschickt, die nur zur Begleichung des einen Postens ausreicht, so wird eine analoge Anwendung zweifellos sein. Die ungenaue Fassung des GBs. ist jedoch um so weniger angebracht, als GB. 367 den Fall von Zinsen und Kosten neben der Hauptleistung, doch aus diesem einen Schuldverhältniß, ausdrücklich vorsieht und besonders regelt.

---

[1]) Berücksichtigt wird zuerst: Die Bestimmung des Schuldners; zweitens: die Fälligkeit, — objektive Ergänzung; drittens: geringere Sicherheit des Gläubigers; viertens: größere Lästigkeit für den Schuldner; fünftens: das Alter, zu Gunsten des Gläubigers; sechstens: gleichmäßige Vertheilung, — objektive Ergänzung. — Was ist eine „dem Schuldner lästige Schuld"? — Ausgabe Fischer-Henle führt an: Schulden, für die Pfänder oder Bürgen bestellt, oder Vertragsstrafen bestimmt sind; Judikatsschulden; — aber das sind alles Schulden, die „dem Gläubiger größere Sicherheit bieten". Man wird an Besonderheiten im Orte der Leistung u. dgl. zu denken haben.

Gleichgültig ist unsere Darlegung für das vom GBe. neu geordnete Quittungswesen. Der Schuldner hat ein Recht, gegen Zahlung Zug um Zug eine Quittung zu verlangen. Wird sie ihm verweigert, so kann er die Leistung zurückbehalten, ohne in Verzug zu kommen; hatte er schon geleistet, so kann er nachträglich auf Quittung klagen.[1]) Der Satz 2 von GB. 368 bezieht sich auf das Grundbuchrecht; aus dem GBe. auf 1144 (Tilgung einer Hypothek, — nach 1192 auf die Grundschuld anzuwenden).

Neben der Quittung hat der Gläubiger einen vom Schuldner über die Forderung[2]) ausgestellten Schuldschein zurückzuerstatten.

Ueber die Beweiskraft einer Quittung oder eines Schuldscheines bleibt EG. z. CPO. 17 (Altes HGB. 295). GB. 370 ist wörtlich dem alten HGB. 296 entnommen.

59.

Die Leistung des Schuldners, durch die eine Forderung getilgt werden soll, ist zuweilen unter dem Gesichtspunkte des Vertrages betrachtet und behandelt worden. Ich halte das nicht für zutreffend. Das GB. stellt in 305 das allgemeine Erforderniß des Vertragsschlusses nur für Begründung oder Aenderung eines Schuldverhältnisses auf, ohne die Tilgung von Forderungen zu erwähnen. Wollte man bei dieser Letzteren den Vertragsbegriff einführen, so käme man auch zu merkwürdig gehäuften und sich überstürzenden Vertragsschlüssen.[3]) In der That giebt es Leistungen genug, bei denen es in sich deutlich ist, daß ihre Vornahme lediglich Sache des Schuldners ist, von dem sie einseitig durchgeführt wird, ohne die Möglichkeit, einen

---

[1]) GB. 368/1. Ueber die Kosten: GB. 369.

[2]) Diese richtige Fassung (und nicht etwa: über das Schuldverhältniß) gebraucht GB. 371. — Ebenso heißt es richtig in GB. 378, daß der Schuldner „von seiner Verbindlichkeit" befreit werde, gleichwie wenn er geleistet hätte.

[3]) Man bestellt eine Waare und erhält sie zugesagt (erster Vertrag); die Sache wird übergeben (zweiter Vertrag); der Käufer zählt das Geld auf (dritter Vertrag). Und wie erst bei Dienstmiethe und Werkverdingung! Man denke an die Abwickelung gewöhnlicher Geschäfte des täglichen Verkehrs: Beförderung mit der Straßenbahn, Leistung des Barbiers 2c., und versuche es, die Erfüllung der Kontrakte unter den Begriff eines Vertragsschlusses zu bringen. Paßt aber diese Kategorie nicht, so hat es auch keinen Grund, sie für den besonderen Fall einer Geldzahlung zu behaupten

besonderen und erneuten Vertragsschluß mit dem Gläubiger dabei zu behaupten. So die Leistung des Mandatars oder eines sonstigen zur Führung fremder Geschäfte verpflichteten Schuldners.

In zahlreichen, vielleicht den meisten Fällen ist nun eine Mitwirkung des Gläubigers nöthig. Aber diese ergiebt sich dann aus der Art der geschuldeten Leistung und erklärt sich nicht daraus, daß nun wiederum ein Vertrag abzuschließen sei. Annahme der schuldnerischen Leistung und Annahme eines Vertragsangebotes sind zu trennen.[1]) Wie wenig der letztgenannte Begriff hierbei, namentlich auch bei der Zahlung einer Geldschuld, in Betracht kommt, zeigt der in dem vorangegangenen Paragraphen erörterte Satz von GB. 366, wonach die einseitige Bestimmung des Schuldners darüber entscheidet, wie eine mehrfach verwendbare Leistung im konkreten Falle angerechnet werden soll. Daß der minderjährige Gläubiger nicht nur nach römischem Rechte, sondern auch im Sinne des GBs. von seinem Schuldner nicht ohne Weiteres wirksam eine Zahlung annehmen kann,[2]) erklärt sich aus der erwähnten, vielfach nothwendigen Mitwirkung des Gläubigers bei einer ordentlichen Leistung genügend.

Hiernach ist auf die schuldnerische Leistung nicht die Lehre vom Vertrage, nach Voraussetzungen und Wirkungen, anzuwenden, sondern es ist die Leistung als eine einseitige Handlung des Schuldners zu erachten, die freilich in manchen Fällen der Mitwirkung des Gläubigers zu ihrer Vollziehung bedarf.

Was nun zu einer ordnungsmäßigen Leistung gehört, findet sich im GBe. im ersten Abschnitte des Rechtes der Schuldverhältnisse in der Hauptsache bereits angegeben. Ich erinnere namentlich an die Lehre vom rechten Erfüllungsort (oben § 27 a. E.), von der rechten Zeit der Leistung (oben § 40); ferner daran, daß der Schuldner zu Theilleistungen regelmäßig nicht befugt ist;[3]) an die Regeln über die Erledigung von Geldschulden (oben § 45) und die aus dem Handelsrechte herübergenommene Norm, daß bei Gattungsschulden im Zweifels-

---

[1]) Das GB. unterscheidet denn auch sehr wohl zwischen einer Leistung, bei der eine Annahme des Gläubigers stattzufinden hat und zwischen einer solchen, zu welcher eine Handlung jenes erforderlich ist; vgl. z. B. 295.

[2]) GB. 107.

[3]) GB. 266. Unberührt bleiben: WO. 38; Abzahlungen im Konkurse; Möglichkeit einer Aufrechnung mit einem Theile der Forderung (unten § 62). Die Rechtswohlthat der Theilung bei Mitbürgen giebt es nach dem GBe. nicht; s. GB 769.

falle eine Sache von mittlerer Art und Güte zu leisten hat (243); endlich an die Besonderheiten bei Verpflichtung zu einer Rechnungslegung und zur Leistung des Offenbarungseides (oben § 27 S. 87).

Hier sind noch die zwei unregelmäßigen Tilgungsmöglichkeiten einer Forderung zu erwähnen, die darin sich zeigen können, daß entweder an eine andere Person, als den Gläubiger mit rechtlicher Wirksamkeit geleistet wird, oder von einem Andern, als dem Schuldner selbst.

1. Für das Erste kommt nach dem GBe. als einzige Besonderheit die im vorigen Abschnitt besprochene Norm in 407 bei der Abtretung einer Forderung in Betracht.[1]) Im Uebrigen bestimmt sich die Beurtheilung der Leistung an eine andere Person, als den Gläubiger, lediglich nach den Sätzen des allgemeinen Theiles über Stellvertretung und Genehmigung.[2]) Dies gilt auch von dem im römischen Rechte ausgezeichneten Fall des solutionis causa adiectus. Er ist nach dem GBe. als ein zur Empfangnahme der Leistung Bevollmächtigter zu behandeln, dem eine Einforderungs- und Klagebefugniß gegen den Schuldner nicht zusteht.[3]) Das Verhältniß zu diesem bestimmt sich nach dem Umfange der ertheilten Vollmacht; das zu dem Gläubiger nach dem besonderen Rechtsgrunde, aus dem die Vollmacht ertheilt wurde.[4]) Einen weiteren Parallelfall giebt auch die Anweisung ab, welche das GB. im 21. Titel des 7. Abschnittes des Schuldrechtes besonders behandelt.[5])

2. Für den Schuldner kann jeder Dritte leisten, sofern überhaupt die Leistung eine solche ist, bei der es auf die Person des Erfüllenden

---

[1]) An den Gläubiger seines Gläubigers kann man mit befreiender Wirkung in keinem gesetzlich bestimmten Falle mehr zahlen; (auch nicht, wie im römischen Rechte, bei der sublocatio, s. GB. 556, vgl. 549).

[2]) GB. 362, 2; vgl. 164 ff.

[3]) Danach bestimmt sich auch im einzelnen Falle, ob durch die Empfangnahme seitens des Empfangsberechtigten sofort (mittelbarer) Besitz und Eigenthum auf den Gläubiger übergeht; — was bei uns im Zweifel anzunehmen ist, im römischen Rechte nicht so außer Bedenken stand; cf. l. 59 D. de solut. (46, 3)

[4]) Man könnte daran denken, GB. 328, 2 in Anwendung zu bringen: Versprechen der Leistung an einen Dritten, der aber nach dem Inhalte des besonderen Vertrages kein Recht auf Leistung erwerben soll; — aber der Fall des Textes ist von dem letztgenannten Thatbestande verschieden. Nach 328 soll immer die Leistung an einen Dritten erfolgen, der nur ausnahmsweise die an ihn zu machende Leistung nicht soll einklagen dürfen, bei dem solutionis causa adiectus wird nur an den Gläubiger geleistet, nicht aber an den zur Empfangnahme Bevollmächtigten, der bloß jenen vertritt.

[5]) Hierher gehörig 787, 1, in Verbindung mit 783 a. E. Vgl. ob. S. 206 N. 2.

nicht ankommt, wie es z. B. bei Dienstleistungen allerdings wohl zumeist der Fall sein wird.[1])

Der Satz hat kein Bedenken, sobald der dritte Leistende als Gehülfe oder als Stellvertreter des Schuldners vorgeht. Aber der eigentliche Fall der Zahlung fremder Schulden hat hiervon abzusehen;[2]) und dann kann sich der angeführte Satz etwas merkwürdig da ausnehmen, wo die Zahlung durch einen Dritten gegen den Willen des Schuldners geschieht.[3]) Das römische Recht ließ dieses aber ohne weitere Beschränkung, als durch die Art der Leistung geboten sind, zu;[4]) so daß die überwiegende gemeinrechtliche Lehre und Praxis auch im Verhältniß des Zahlenden zum Schuldner unter allen Umständen einen Ersatzanspruch zuließ: entweder aus einem besonderen Vertragsverhältnisse, oder aus der negotiorum gestio, und im Falle die Zahlung gegen den Willen des Schuldners geschehen war, eine condictio sine causa, nach Manchen actio negotiorum gestorum contraria utilis.

Das GB. hat hier zwei mildernde Abweichungen aufgestellt. Einmal braucht der Gläubiger eine gegen den Willen des Schuldners von einem Dritten angebotene Zahlung nicht anzunehmen; er setzt sich also durch Weigerung der Annahme der Gefahr des Verzuges nicht aus.[5]) Sodann erhält der gegen den Willen des Schuldners Leistende keinen Ersatzanspruch nach der Lehre von der Geschäftsführung ohne Auftrag.[6])

Hiervon gilt eine Ausnahme dann, wenn die Zahlung durch den Dritten deßhalb erfolgt, weil er sich gegen Nachtheile schützen will, die durch die Zwangsvollstreckung des Gläubigers gegen den Schuldner ihm, dem Dritten, drohen. Es fällt alsdann die Befugniß des Gläubigers weg, das gegen den Willen des Schuldners geschehene

---

[1]) GB. 267, 1. Man vgl. damit die Cessionsbeschränkungen (oben § 52): Dort kam es auf die besondere Charakterisirung der Forderung durch die Person des Gläubigers an, hier auf die persönliche Leistung des Schuldners. — Ueber das Thema des Textes zu vergleichen Oertmann, Die Zahlung fremder Schulden, in Arch. f. civ. Pr. 82 S. 367 ff.

[2]) Mit Recht betont von Oertmann a. a. O. S. 368 ff. Auch die Zahlung des Gesammtschuldners gehört nicht hierher; vgl. auch oben § 55 S. 202.

[3]) Ueber die dabei möglichen Fälle: Oertmann, S. 397 ff.

[4]) Die Quellenstellen bei Oertmann, S. 385 ff., die Partikularrechte S. 503 ff.

[5]) GB. 267, 2.

[6]) GB. 683 und 679. — Andererseits ist ohne und gegen den Willen des Schuldners eine Schuldübernahme des Dritten durch Vertrag mit dem Gläubiger möglich. S. oben § 56.

Angebot der Leistung zurückzuweisen, und es findet zu Gunsten des Dritten eine gesetzliche Uebertragung der Forderung des Gläubigers auf ihn statt, worüber ich auf frühere Erörterungen verweise.[1])

In allen diesen Fällen war vorausgesetzt, daß der Dritte bezahlt, um die Schuld des Schuldners zu tilgen. Anders steht es, falls der Gläubiger die Leistung von einem Dritten erhält, der gar nicht die Absicht hat, auch jene Schuld des Andern zu leisten. Hier kennen die Pandekten eine kunstvolle Lehre, die seit Langem unter dem Namen des concursus duarum causarum lucrativarum geführt und wiederholt des Näheren erörtert worden ist. Wenn ich an die Grundzüge erinnern darf, so bestehen vier Möglichkeiten, je nachdem der Schuldner ex causa lucrativa oder onerosa schuldet und nunmehr der Gläubiger von einem Dritten entweder unentgeltlich oder gegen Entgelt erwarb. Nicht für alle vier Fälle giebt es ausdrückliche Bestimmungen der römischrechtlichen Quellen. Von dem Falle, der mit dem vorhin angeführten Stichworte jetzt gewöhnlich bezeichnet wird, berichten die Quellen: „traditum est duas lucrativas causas in eundem hominem et in eandem rem concurrere non posse";[2]) in der Lage aber, da der Gläubiger unentgeltlich zu fordern hatte, die Leistung jedoch von einem Andern mit Aufopferung sich verschaffte, wurde ihm eine Forderung auf „id quod ei abest" gegen den alten Schuldner erhalten; außerdem schweigen die Quellen.[3]) Unser GB. erwähnt diese Komplikationen gar nicht.

Wie „erklären sich" nun die getroffenen Quellenentscheidungen? Welches ist „der innere Grund" der erwähnten Behandlung jener Thatbestände seitens der römischen Juristen?

Sollen diese der modernen Rechtslitteratur eigenen Fragen gegenüber dem damit verbundenen Zweifel, ob jene Sätze nicht „**nur** auf positiver Bestimmung" beruhten, verständlichen Sinn haben, so können sie nur wissen wollen: Ob die für die angeführten Sonderfälle vom Gesetze positiv getroffenen Einzelbestimmungen mit der sonstigen Regelung des Schuldrechtes im harmonischen Einklange stehen, — so daß man auf sie auch gekommen wäre, wenn man nur die allgemeineren Lehren über Schuldverhältnisse gehabt hätte, ohne für unsere jetzigen einzelnen Thatbestände eine autoritative Anleitung zu erhalten? Diese Erwägung

[3]) GB. 268. Vgl. oben § 55.

[4]) § 6 J. de leg. (2, 20). Cf. l. 17 D. de O. et A. (44, 7): „Omnes debitores, qui speciem ex causa lucrativa debent, liberantur, cum ea species ex causa lucrativa ad creditores pervenisset".

[5]) Das Material bei **Windscheid**, Pandekten § 343a N. 5.

mag für das römische Recht weiterhin fortgeführt werden können; für das neue bürgerliche Recht hat sie alle Bedeutung verloren. Denn da dieses, wie erwähnt, jede ausdrückliche und besonders gefaßte Regelung der fraglichen Thatbestände unterlassen hat, so verbleibt von vornherein nichts weiter, als zu fragen, wie derartige Rechtsfälle im Sinne der allgemeinen Lehren des neuen Schuldrechtes zu behandeln und zu entscheiden sind.

Würde man nun das Wesen der rechtlichen Schuldforderungen darin finden, daß ein bestimmtes Interesse des Gläubigers in seinem objektiven Bestande befriedigt wird,[1]) so würde in unseren Fällen nur darauf zu sehen sein, was der Gläubiger erhalten hat, oder was er weniger oder anders bekommt, als die geschuldete Leistung betrug. Der Schuldner würde frei werden, wenn der Gläubiger von dritter Seite her die Leistung irgendwie erhalten hätte, und er müßte weiter haften, wenn dieses nur in unvollkommenem Maße geschehen wäre, — ganz ohne Rücksicht auf sein eigenes Verhalten und dessen Entschuldbarkeit.

Dies erscheint aber schon nach römischem Rechte nicht genügend nachweisbar; nach dem Systeme unseres bürgerlichen Rechtes ist es jedenfalls nicht zu halten. Das Schuldverhältniß bedeutet nicht nur ein Mittel zu den privaten Zwecken des Gläubigers, so daß es bei deren Befriedigung ohne Weiteres wegfiele und bestehen bliebe, so lange jenen in ihrem objektiven Bestande nicht völlig genügt wäre, sondern es ist eine rechtliche Sonderverbindung zwischen zwei Privaten, von denen bei der Durchführung jenes Verhältnisses nicht bloß die eine Partei in Betracht gezogen werden darf, sondern beide zur Berücksichtigung gelangen müssen.

Es ist richtig, daß in GB. 362 die Worte „durch den Schuldner" fehlen. Aber das erklärt sich genügend aus den oben erwogenen Möglichkeiten, daß Dritte für den Schuldner leisten können. Wird aber weder durch den Schuldner, noch für ihn auf das Forderungsrecht des Gläubigers geleistet, so ist nach der Lehre von der Erfüllung die Befugniß des Gläubigers, „kraft des Schuldverhältnisses von dem Schuldner eine Leistung zu fordern" in nichts erloschen. Man muß sich nach einem anderen Gesichtspunkte umsehen, um gemäß

[1]) So Hartmann, Die Obligation S. 37: „Der wesentliche Zweck der Obligation, in dessen Erreichung sie begriffsmäßig ihr eigenes Ende anstrebt, ist die Stellung eines bestimmt begrenzten, durch den Entstehungsgrund individualisirten, privaten Interesses einer Person".

dieser allgemeinen Stellung des Schuldverhältnisses unseren besprochenen Thatbeständen gerecht zu werden.

Dieser wird nun durch die Lehre von der Unmöglichkeit der Leistung gegeben.

Ich habe seither als bekannt vorausgesetzt, daß die Frage nach dem sogenannten concursus duarum causarum lucrativarum sich nur auf Forderungen spezieller Sachen bezieht. Hält man sich dieses in Erinnerung, so wird nach der gemachten Angabe eine weitere Ausführung kaum nöthig erscheinen. Wenn der Gläubiger die Spezies, die der Schuldner zu leisten hatte, von dritter Seite erhält und hat, so ist der Schuldner eben in der Unmöglichkeit der Erfüllung. Es werden also die hierüber geltenden Normen einfach anzuwenden sein, und man muß nicht nur fragen, ob der Gläubiger die Leistung ihrem objektiven Bestande nach richtig und vollkommen erhalten habe, sondern auch prüfen, ob der Schuldner die für ihn vorhandene Unmöglichkeit der Leistung zu vertreten hat oder nicht.[1]) Ob es sich dabei um einseitige oder gegenseitige Verpflichtungen handelt, kann nun bezüglich der Fragestellung keinen Einfluß mehr haben; für jene gilt GB. 275 ff., bes. 280, bei der zweiten Gruppe kommen GB. 323—325 zur Anwendung, — wofür ich daher des Näheren auf unseren obigen fünften Abschnitt verweise.

Verwandt mit der eben behandelten Frage ist der Fall, da Jemand Schadensersatz in Geld zu fordern hat und er von dritter Seite mit Rücksicht auf das schädigende Ereigniß bereits einigen Ersatz erhalten hat.

Beispiele. Ein Bauer wird auf Kaufgeld wegen verkaufter Schweine belangt. Er wendet ein, daß die Thiere Finnen gehabt hätten und will am Kaufpreis entsprechend kürzen, worauf der Kläger replizirt, daß der Bauer ja seinen ganzen Bestand an Schweinen gegen solche Unfälle versichert und von der Viehversicherungsgesellschaft den ihm erwachsenen Schaden bereits ersetzt erhalten habe. — Der Fiskus will der Wittwe eines bei der Eisenbahnfahrt getödteten Reisenden, die nach dem Haftpflichtgesetz eine jährliche Rente fordert, den Betrag abziehen, welcher der Klägerin als Pension von der Wittwenverpflegungsanstalt nun be-

[1]) Im Besonderen kann es dann natürlich nöthig sein, auf die Lehre vom Verzuge zurückzugreifen.

zahlt wird, in die der Ehemann sie eingekauft hatte.[1]) — Ein Baumeister wird von einer Gemeinde auf Schadensersatz belangt, weil er den ihm übertragenen Bau einer Kirche so mangelhaft ausgeführt, daß dieselbe eingestürzt sei. Der Beklagte erwidert, daß der entstandene Schaden durch freiwillige Sammlungen längst gedeckt sei.[2])

Diese Fragen lösen sich nicht so einfach auf, wie die vom concursus duarum causarum. Sie führen auf eine für die wissenschaftliche Rechtslehre interessante und für die gerichtliche Praxis wichtige Frage von der Einrede aus dem Rechte eines Dritten zurück. Ihre Verfolgung würde aus dem Rahmen unseres dermaligen Themas hinausführen; ich erlaube mir, die Aufmerksamkeit des juristischen Publikums auf die, in unserer Litteratur m. W. nicht genügend gewürdigte Thema zu lenken.[3])

---

[1]) Entsprechend auch in anderen Fällen, da eine Unterhaltspflicht für Jemanden begründet ist, während der zu Alimentirende nun von dritter Seite den Unterhalt bekommt; s. die Rechtsfälle bei Stammler, Praktische Pandektenübungen § 83 Nr. 10; 11.

[2]) Der Ersatz, den der Beschädigte sonst vorher erhalten hat, kann auch in anderer Art ihm zugeflossen sein, als durch Zahlung Dritter. So in folgendem Rechtsfalle: A. bestellte in der Fabrik B. eine größere Anzahl Eisenbahnwagen, die zu bestimmten Terminen zu liefern waren, widrigenfalls es dem A. freistehen sollte, die fehlenden Wagen „auf Gefahr und Kosten der B. um jeden Preis auf die ihm am geeignetsten scheinende Art anderweitig zu beschaffen". B. erfüllte den Vertrag nicht, und A. mußte deßhalb von C. Wagen miethen und von D. solche käuflich beziehen. Er fordert daraufhin von B. Ersatz der an C. gezahlten Miethpreise, während B. darauf hinweist, daß in Folge gefallener Eisenpreise A. von D. die Wagen um 25 % billiger bekommen habe, als er sie nach dem mit B. geschlossenen Vertrage erhalten haben würde.

[3]) Einiges Material für den ersten Anlauf wird man finden können bei Windscheid, Pandekten § 121 N. 10; 186 N. 16; 237 N. 22; 258 N. 4; 327 N. 12, c); 343 bes. N. 4; 389 N 8d; 410 N. 6; — Dernburg, Pandekten II § 45 N. 11; 49 N. 4. — Dazu folgenden Rechtsfall aus der Praxis: Die Eisenbahnverwaltung E. schließt mit den Kohlengruben A., B., C., D. Verträge ab, wonach E. den Letzteren Eisenbahnwagen zur Beförderung gewonnener Kohlen vermiethet; für solche Wagen, welche von einer Grube auch jeweils gewünscht, dann aber von ihr doch nicht in Gebrauch genommen worden wären, sollte für jeden Wagen eine Gebühr von 2 M. entrichtet werden. Am 15. März 1889 erbittet Grube A. 200 Wagen. Sie erhält sofort 74; am Nachmittag telegraphirt sie um schleunige Weiterbesorgung von 31 Wagen, die auch abgehen. Nach einiger Zeit verlangt E. 190 M. Gebühren für die nicht benutzten 95 Wagen. — A. entgegnet, daß E. von B. C. und D. bereits 410 M. erhalten habe, weil diese an demselben Tage 205 von ihm bestellte Wagen gleichfalls nicht abgenommen hätten. Es wären aber damals bei dem

60.

Im obigen Rechtsfalle (§ 57) kommt unmittelbar zunächst die Leistung an Erfüllungsstatt in Betracht; näher: eine Leistung an Erfüllungsstatt mit Forderungsrechten. Eine solche liegt schon in der Hingabe von Banknoten;[1]) dann in der Uebernahme der Verpflichtung, anstatt Geldes späterhin Kleider zu liefern.

In allen Fällen einer Leistung an Erfüllungsstatt handelt es sich um einen neuen, und zwar gegenseitigen Vertrag zwischen dem Gläubiger und dem Schuldner,[2]) der nach Art eines Kaufes zu behandeln ist; indem der Gläubiger die von dem Schuldner an Erfüllungsstatt angebotene Leistung gegen Aufgabe seiner Forderung erwirbt.[3]) Zu umständlich hat man das Verhältniß gelegentlich so auffassen wollen, daß der Gläubiger das an Erfüllungsstatt hingegebene Objekt wirklich kaufe und dann den daraus schuldig gewordenen Kaufpreis gegen seine alte Forderung aufrechne. Das führt in unnöthige Verwickelungen, die durch den Sinn des hier vorliegenden Geschäftes nicht geboten sind und noch weniger deßhalb sich rechtfertigen, weil die ergänzenden Rechtssätze zum Kaufvertrage auf die Haftung des an Zahlungsstatt Leistenden angewandt werden sollen.[4])

Für den Fall, daß ein Gläubiger durch Begründung einer neuen Verbindlichkeit abgefunden werden soll, sind nun einige Besonderheiten zu erwägen. Da es sich in unserem Falle um ein eigenes Rechtsgeschäft handelt, das zwischen Gläubiger und Schuldner abgeschlossen wird, so kann die rechtliche Bedeutung für das seither unter

---

überall herrschenden Wagenmangel zur Verfügung des E. nur 114 Wagen gewesen. — E. replizirt, daß dies zwar thatsächlich richtig stände, sich rechtlich aber als eine exceptio ex iure tertii erweise; für den A. seien Wagen genug dagewesen, und die Rechtsverhältnisse des E. zu B., C., D. gingen A. nichts an.

[1]) Zaun, Ueber Zahlung mit Bankscheinen, in Arch. f. prakt. Rwiss. N. F. 9 S. 277.

[2]) Das beneficium dationis in solutum (nov. 4 c. 3, nov. 120 c. 6 § 2) stammt aus der Zeit des Verfalls der Geldwirthschaft (s. oben § 51) und konnte darum in unser neuzeitliches Recht nicht passen. — Dagegen kann bei dem Pfandrecht an einer Forderung der zur Einziehung der Forderung berechtigte Pfandgläubiger verlangen, daß ihm die Forderung an Zahlungsstatt abgetreten werde: GB. 1282, 1/3.

[3]) „. . eiusmodi contractus vicem venditionis obtinet," l. 4 C. de evict. (8, 44).

[4]) GB. 365.

jenen bestandene Rechtsverhältniß verschieden sein. Und zwar in doppelter Hinsicht, mit jeweils zwei Möglichkeiten.

a) Es kann entweder die alte Forderung nach dem Sinne des neuen Vertrages aufgehoben werden (Leistung an Erfüllungsstatt), oder sie kann weiter bestehen bleiben, bis zufolge der neu eingegangenen Verbindlichkeit des Schuldners auch wirklich dem Gläubiger die neu versprochene Leistung zu Theil geworden ist. Es liegt im letzten Falle zunächst also nur ein Versuch vor, die alte Forderung zu tilgen; diese wird zu einer resolutiv bedingten gemacht und geht mit der Zahlung der neuen Forderung unter (Leistung Erfüllungshalber). Das GB. giebt die Auslegungsvorschrift, daß im Zweifel das Letzte anzunehmen ist;[1]) — was auch in unserem Falle bei dem Versprechen der Kleiderlieferung einzusetzen sein dürfte. Die Vorschrift selbst kann nur als eine der Vorsicht halber eingesetzte erachtet werden; an sich ist sie ganz entbehrlich, weil sachlich selbstverständlich; — denn wenn man darüber im Zweifel sein kann, wieviel der Gläubiger durch den neuen Vertrag von seinem alten Rechte aufgegeben hat, so ist eben die geringere Aufgabe anzunehmen.[2])

b) Es fragt sich, ob durch eine Leistung an Erfüllungsstatt (und zwar jetzt ganz allgemein, nicht bloß bei einer solchen mit einem Forderungsrecht) das ganze Schuldverhältniß ohne Weiteres beseitigt, oder nur eine bestimmte Einzelforderung aus demselben getilgt wird. Der Wortlaut des Gesetzes scheint auch hier für das erste, und zwar ausnahmslos zu sprechen.[3]) Es ist zu sagen, daß das hier der Fall sein kann, weil ja als Erlöschungsgrund ein aufhebender Vertrag vorliegt, was bei der lediglichen Vornahme der schuldnerischen Leistung an sich nicht gegeben ist; — aber andererseits ist jenes auch durchaus nicht nothwendig. Es kann auch sehr wohl sein, daß die Leistung an Erfüllungsstatt nur vorgenommen wird, um ein bestimmtes einzelnes Forderungsrecht zu tilgen, während das Schuldverhältniß im Ganzen noch bestehen bleibt.[4]) Und es wird auch hier zu sagen sein, daß im Zweifel nur jenes — die Tilgung der Einzelforderung — in concreto angenommen werden darf.

---

[1]) GB. 364, 2. S. oben § 17 S. 62.

[2]) Vgl. die entsprechenden Erwägungen im Falle der Schuldübernahme oben § 56.

[3]) GB. 364, 1. (Vgl. oben § 58).

[4]) So immer nach CPO. 736, 2.

Die in solutum datio mit einem Forderungsrecht war dem römischen Rechte nicht unbekannt.[1]) Aber sie war dort von der Einrichtung der novatio ganz zurückgedrängt. Umgekehrt erwähnt unser GB. eine Schuldverneuerung neben jener gar nicht.[2]) Für die Fälle, da nach der Absicht der Parteien ein neuer Gläubiger oder Schuldner eintreten soll, genügen die ausgebildeten Institute der Uebertragung einer Forderung, sowie der Schuldübernahme vollständig; gewünschte Sonderfolgen können durch Privatverfügung überall eingesetzt werden. Sofern es sich um die Ersetzung einer Forderung durch eine neue zwischen denselben Personen handelt, so sind die Sätze über Leistung an Erfüllungsstatt mit einem Forderungsrecht anzuwenden.

Damit ist nicht gesagt, daß nicht eine der novatio entsprechende Beredung durch genaue Parteiverfügung vorgenommen werden könnte. Außerhalb der Grenzen der Vertragsfreiheit würde ein derartiges Geschäft sicherlich nicht fallen. Aber es müßte dann sich dahin zusammensetzen, daß einmal ein Erlaßvertrag nach GB. 397 abgeschlossen und damit ein abstraktes Schuldversprechen im Sinne von GB. 780 verbunden würde. Ueberall da jedoch, wo durch das neue Schuldversprechen eine Tilgung der alten Schuld in engem, gegenseitigem Zusammenhange erfolgen soll, verbleibt jetzt nur die Lehre von der Leistung an Erfüllungsstatt mit einem Forderungsrechte.

Im römischen Rechte stand das anders wegen der hier nothwendigen Stipulationsform. Indem die stipulatio so abgeschlossen wurde, daß dadurch, daß sie eine neue obligatio begründete, die seitherige anfgehoben wurde, so bildete die römische Jurisprudenz allgemach eine Reihe von Regeln für die Behandlung dieser Stipulationsfälle aus, von denen man zweifeln kann, ob sie in Ermangelung sicherer Parteibestimmung mehr als Auslegungsregeln oder als ergänzende Rechtssätze oder als beides gemeint waren, die aber jedenfalls die sehr deutlich erkennbare Voraussetzung des Stipulationsgeschäftes hatten. Eine nicht in Stipulationsform abgeschlossene in solutum datio mit einem Forderungsrechte schied sich dabei von selbst.

---

[1]) Uebrigens betreffen die hierfür angeführten Fälle (Windscheid, Pandekten § 353 N. 2) ausschließlich die Abfindung eines Gläubigers dadurch, daß ihm der Schuldner eines Andern überwiesen wird. Der in GB. 364, 2 erwähnte Fall kommt im römischen Rechte nur als novatio vor.

[2]) GB. 1180 ist nicht von einer novatio zu verstehen, sondern von einer beliebigen, durch Parteiverfügung irgendwie begründeten hypothekarischen Succession.

Dagegen war es schon im jetzigen gemeinen Rechte nicht wohl möglich, zwei Klassen von Forderungstilgungen durch Begründung neuer Obligationen gleichwerthig neben einander zu stellen. Denn bei dem Satze von der Formlosigkeit der Verträge hatte man kein Kriterium mehr, wonach man diese zwei Klassen hätte unterscheiden sollen. Man hat zwar hier eine spitze Unterscheidung unternommen, welche die Bestimmung hatte, ein sachliches Merkmal zu geben, das von der Frage nach den formalen Voraussetzungen des Geschäftes unabhängig wäre. Bei der novatio, sagte man, sei das die alte Obligation Tilgende das Dasein der neuen Obligation; bei der Leistung an Erfüllungsstatt mit einem Forderungsrechte dagegen der Umstand, daß der Gläubiger die neue Forderung mit Erfüllungskraft begabe.[1]) Aber wenn in unserem Rechtsfalle der Käufer des Garderobengeschäftes dem Verkäufer Banknoten statt baaren Geldes hingiebt: unter welche von jenen beiden Möglichkeiten soll das fallen? Man müßte doch zusehen, welche von ihnen dem Willen der Betheiligten in dieser Sachlage am meisten entspräche. Und da muthet man der Klarlegung des Parteiwillens mehr zu, als im Regelfalle dadurch geleistet werden kann.

Gesetzt jedoch, daß es gelänge, für einen besonderen Fall darzuthun, von welcher Bedeutung die Wirksamkeit des neu begründeten Forderungsrechtes für die Aufhebung des alten nach dem konkreten Parteiwillen sei, so genügt es vollständig, diese speziellen Privatverfügungen vor die ergänzenden Rechtssätze unseres Institutes der Leistung an Erfüllungsstatt mit einer Forderung vorgehend einzusetzen. Für ein zweites Rechtsinstitut mit eigenen ergänzenden Rechtssätzen ist kein Raum mehr, am wenigsten für diejenigen Lehren, welche die Römer für ihr Formalgeschäft der novatio aufgestellt hatten, und die man in die formlosen Geschäfte des modernen Rechtes zu übernehmen sich unnöthig abgequält hat.[2])

Fassen wir das Ergebniß zusammen, so ist im Falle der Schuldner dem Gläubiger gegenüber in Tilgungsabsicht eine neue Verbindlichkeit eingeht, dreierlei möglich:

1. Leistung Erfüllungshalber; dies ist, wie besprochen, im Zweifel anzunehmen;

---

[1]) Windscheid, Pandekten § 353 N. 2.

[2]) Im Besonderen erinnere ich an die mißglückten Versuche, für das heutige gemeine Recht zwischen „reiner" und „titulirter" novatio unterscheiden zu wollen; Windscheid, Pandekten § 355.

2. Leistung an Erfüllungsstatt; in Anlehnung an die Lehre vom Kaufe zu behandeln;

3. Schulderneuerung durch Erlaßvertrag und abstraktes Schuldversprechen; nach den Regeln für diese beiden rechtlichen Möglichkeiten durchzuführen.

Ein besonderes Institut der novatio mit ihm eigenen Regeln und ergänzenden Rechtssätzen wird es künftig nicht mehr geben.

61.

Es wurde gelegentlich schon hervorgehoben, daß zum Verzichte auf ein Forderungsrecht ein Vertrag des Gläubigers und des Schuldners erforderlich ist.[1]) Die im zweiten Absatze unseres Rechtsfalles (§ 57) erwähnte Erklärung des forderungsberechtigten Verkäufers tilgt darum die Forderung auf Kleiderlieferung nicht; der Gläubiger kommt in unserem Thatbestande in Verzug der Annahme mit den oben (§ 44) dargestellten Folgen. Der Schuldner aber, in unserem Rechtsfalle der Käufer des Waarenlagers, der ein Interesse daran hat, befreit zu werden, kann nun von dem Mittel der öffentlichen Hinterlegung Gebrauch machen.

Diese für die praktische Durchführung der Schuldverhältnisse so wichtige Lehre befand sich seither in wenig befriedigendem Zustande. Theils mußte man auf die vielfach veralteten, oft unsicheren und nicht genügenden Bestimmungen des römischen Rechtes zurückgehen, oder es waren zersplitterte und inhaltlich verschiedenartige Partikulargesetze oder lokale Praxis als maßgebend zu nehmen. Das GB. hat das Letztere nicht ganz beseitigt. Aber indem es Abweichungen der Landesgesetzgebung gestattete und in mancher Hinsicht wegen der Verschiedenheit der Landesverwaltung nothgedrungen zulassen mußte, so hat es doch seinerseits auf alle wichtigen materiellen Fragen Auskunft ertheilt und nur freigelassen, daß in seinem Sinne durch die Landesgesetzgebung Ergänzungen hinzutreten dürfen.

Die Grundzüge dieser Regelung sind die folgenden:

1. Die Hinterlegung ist ausschließlich ein Recht des Schuldners.[2]) Es können zwar leicht Verwickelungen eintreten, die es dem

[1]) Gleichviel, ob es sich um Aufhebung des ganzen Schuldverhältnisses oder nur einer Einzelforderung handelt. GB. 397 spricht ausdrücklich nur von der ersten Möglichkeit, umfaßt aber zweifellos auch die zweite.

[2]) Möglicherweise eines Dritten, der für den Schuldner zahlen will; GB. 268; 1142.

Gläubiger wünschenswerth machen, auf Hinterlegung klagen zu können. So besonders, wenn seine Forderung gegen den Schuldner von dritter Seite her mit Beschlag belegt worden ist; er hofft, die Beschlagnahme abschütteln zu können, befürchtet jedoch, daß der Schuldner bis dahin zahlungsunfähig sein werde. Man hat daher gelegentlich auch schon Gesetze, welche dem Schuldner einer mit Arrest belegten Forderung das Recht der Hinterlegung gaben, ausdehnend dahin ausgelegt, daß auch dem Gläubiger das Recht, die Deposition zu verlangen, offen bleibe.[1]) Nach dem GBe. sehe ich keine Möglichkeit hierzu.

Es knüpft die Voraussetzungen der öffentlichen Hinterlegung an den Verzug des Gläubigers und verleiht dem Schuldner in Fällen, die für ihn, den Verpflichteten, ähnliche Rechtslagen nach sich ziehen können, die Befugniß zur Deposition.[2]) Es verpflichtet den Schuldner, von der geschehenen Hinterlegung dem Gläubiger Anzeige zu machen,[3]) und es behandelt in einer Lage, in der die Hinterlegung beweglicher Sachen nach dem GBe. nicht vorgesehen ist, das Recht des Schuldners auf Versteigerung gleichfalls nur als eine dem Schuldner zustehende Befugniß.

Eine wichtige Ausnahme bietet GB. 432, 1/2 (unten § 64).

Unberührt bleibt das Recht des Gläubigers, bei dem Abhandenkommen eines Wechsels nach WO. 73 öffentliche Deposition zu verlangen.

2. Gründe für die öffentliche Hinterlegung sind: Vor Allem Verzug des Gläubigers, womit, wie früher (§ 44) ausgeführt, jetzt alle Fälle gedeckt sind, in welchen der Gläubiger eine ordnungsmäßig angebotene Leistung zur rechten Zeit nicht annehmen will oder kann. Sodann Ungewißheit über die Person des Gläubigers, besonders bei Erbschaften, Verschollenheit 2c.[4]) Da es hier auf Zweifel und Unsicherheit ankommt, welche der Schuldner empfindet, so war man seither nicht einig darüber, wie weit eine mehr subjektive Aengstlichkeit oder juristische Unklarheit des Verpflichteten genügen solle; das GB. hat angemessener Weise als solche Grenze das Urtheil über etwaige

---

[1]) So preuß. OTrib. in Präj. Nr. 718 zu ALR. I, 16 § 216 (Präj. Samml. I S. 90).

[2]) GB. 372.

[3]) GB. 374.

[4]) Beim Nießbrauch an Forderungen GB. 1077.

Fahrlässigkeit des Schuldners bei nicht sicherem Wissen der Person des Gläubigers eingesetzt.[1])

3. Bezüglich des Leistungsgegenstandes sind drei Arten von Schuldverhältnissen zu unterscheiden: a) Forderungen auf Geld, Werthpapiere oder sonstige Urkunden, Kostbarkeiten; b) Forderungen auf andere bewegliche Sachen; c) Forderungen auf unbewegliche Sachen.

Zu a). Auf diese bezieht sich zunächst die durch das GB. 372 ff. vorgenommene Regelung des Hinterlegungswesens. Die Hinterlegungsstellen werden durch das Landesgesetz bestimmt.[2]) Ihre Zuständigkeit muß vom Schuldner berücksichtigt werden.[3]) Ueber die Art der Annahme durch die Hinterlegungsstellen gilt das Landesrecht, mit Ausnahme der Zusendung durch die Post (GB. 375).

Zu b). Andere bewegliche Sachen, als die bei a) angeführten, sind in der Regel öffentlich zu versteigern und ist der Erlös alsdann zu hinterlegen.[4]) Es kann aber durch Landesgesetz auch bestimmt werden, daß diese beweglichen Sachen von der Hinterlegungsstelle anzunehmen sind.[5]) Dies würde nach dem jetzigen Stande der Gesetzgebung in gemeinrechtlichen Gebieten ohne Partikulargesetz in Gemäßheit des römischen Rechtes zu geschehen haben;[6]) in den seitherigen Gesetzbüchern ist jene Deposition regelmäßig vorgesehen.[7]) Nun unterscheiden sich aber diese Landesgesetze von dem Standpunkte unseres GBs. theilweise insofern, als in den vom GBe. vorgesehenen Fällen die Hinterlegungsstellen zur Annahme verpflichtet sind, ohne die Begründetheit des Hinterlegungsbegehrens sachlich prüfen zu dürfen, während beispielsweise nach dem ALR. die Annahme bei dem Depositorium des Gerichtes

---

[1]) GB. 372.

[2]) EG. 144. Nach der preuß. Hinterlegungsordnung v. 14. März 1879 sind administrative Hinterlegungsstellen eingerichtet; nur in dringlichen Fällen kann eine vorläufige Verwahrung beim Amtsgericht geschehen.

[3]) GB. 374. Kommt bei der Behörde ein Irrthum über die Zuständigkeit vor (z. B. der Schuldner hatte sich an die zuständige Stelle gewandt, diese gab das Gesuch an eine unzuständige Behörde ab, Striethorst, Arch. 76 S. 214), so kann dies dem Schuldner nicht schaden.

[4]) GB. 383; 384. Bei Marktpreis: 385. Vgl. 457. Ueber die Kosten des Verfahrens: 386.

[5]) EG. 146. — Besonderer Fall des GBs. selbst: 1217, 1.

[6]) S. darüber Windscheid, Pandekten § 347.

[7]) ALR. I, 16 § 214—234; vgl. I, 14 § 92 ff. Ueber die gerichtliche Verwahrung „lebendiger, beweglicher Sachen“: ALR. I, 14 § 103. Durch die Hinterlegungsordnung von 1879 ist unsere Frage nicht alterirt worden. — Andere Citate in den Handausgaben zu EG. 146.

stets nur auf Grund einer richterlichen Verfügung erfolgte. Das Gericht hatte dabei eine summarische Prüfung des einzureichenden Depositionsgesuches vorzunehmen, den Gläubiger, wenn thunlich, darüber zu hören und danach das Gesuch entweder als begründet anzunehmen oder zurückzuweisen oder, in zweifelhaften Fällen, auf Gefahr und Kosten des Schuldners einstweilen zuzulassen. Es fragt sich, ob dieses nach dem GBe. noch gilt, da die preußische Hinterlegungsordnung für die Hinterlegung dieser zweiten Art von beweglichen Sachen keinen Wandel geschaffen hat? Ich glaube, jene Frage bejahen zu sollen. EG. 146 will die Vorschriften des GBs. 372—382 nur angewandt wissen, wenn durch Landesgesetz bestimmt ist, daß die Hinterlegungsstellen die hier fraglichen Sachen „anzunehmen haben". Die Landesgesetzgebung hat freie Hand, das GB. in diesem Punkte *zu ergänzen*, andere, als die von jenem vorgesehenen Fälle *hinzuzufügen*. Wie weit sie dabei gehen will, unterliegt keiner Begrenzung. Wenn sie gar keinen Gebrauch von jener Erlaubniß des EGs. zu machen genöthigt ist, so kann sie auch einen nur beschränkten Gebrauch vornehmen und ihrerseits bestimmen, *unter welchen rechtlichen Bedingungen* die Hinterlegungsstellen „anzunehmen haben". Erst nach Erledigung dieser Vorfrage treten die citirten Regeln des GBs. ein.

Zu c). Wenn zufolge des Schuldverhältnisses ein Grundstück zu leisten ist, so gilt im Falle des Gläubigerverzuges zunächst GB. 303; in den übrigen unter 2. angeführten Fällen ist diese Möglichkeit nicht vorgesehen. Dagegen besteht nun Zulässigkeit einer gerichtlichen Sequestration in Gemäßheit der Landesgesetze und in grundsätzlich gleicher Weise, wie eben unter b) ausgeführt worden ist.[1])

4. In sachlicher Hinsicht erheben sich nun drei Fragen: Verhältniß von Hinterlegendem und Hinterlegungsstelle; Rechtsfolgen zwischen dem Hinterlegenden und seinem Gläubiger; rechtliche Beziehung des Gläubigers zur Hinterlegungsstelle.

Für die erste Frage gilt nach dem GBe., daß durch die Hinterlegung der Hinterlegende einen Anspruch gegen die Hinterlegungsstelle

[1]) EG. 146. Vgl. ALR. I, 16 § 234; auch I, 14 §§ 104 ff. In den römischrechtlichen Quellen ist die Sequestrirung eines Grundstückes nicht vorgesehen und durch gemeinrechtliches Gewohnheitsrecht nicht eingeführt. Die Frage *Dernburg's*, Pandekten II § 61 N. 6 (vgl. preuß. Privatrecht II § 99 N. 2), *warum* dem Schuldner eines Grundstückes die Möglichkeit fehlen soll, sich durch Sequestration zu befreien, kann sich daher dem römischen Rechte gegenüber nur als eine kritische Frage de lege ferenda geben.

erwirbt, der der Pfändung nicht unterworfen ist, also auch durch Vertrag nicht abgetreten werden kann, und während des Konkurses des Schuldners dessen Ausübung nicht unterliegt.[1]) Dieser Anspruch kann zunächst, je nach den Thatumständen, dinglich sein; in jedem Falle aber ist er an sich nach Art eines solchen aus einem Verwahrungsvertrage (688 ff.) zu behandeln.[2])

Er kann aber durch Landesrecht besonders gestaltet werden.[3]) Das gilt nach preußischem Rechte für den praktisch wichtigsten Fall unserer Lehre, für die Hinterlegung von Geld; es geht in das Eigenthum des Staates über, der es inzwischen verzinst und es zurückzugeben obligatorisch verpflichtet ist. Die rechtliche Behandlung dieses Falles ist jedoch des Näheren nach dem GBe. vorzunehmen. Während nun die gewöhnliche Lehre jenes Verhältniß seither als sogenanntes depositum irregulare auffaßte und die ergänzenden Rechtssätze des privaten Depositums daran anknüpfte, läßt sich das jetzt nicht mehr halten; es ist vielmehr nach GB. 700 als Darlehn zu behandeln, mit Ausnahme von Ort und Zeit der Rückgabe. Auch an diesem Punkte waren die zwei Vertragskategorien, welche das römische Recht nebeneinander gestellt hatte, überflüssig und in ihrer Selbständigkeit undurchführbar geworden.[4]) Die Römer behandelten das mutuum als negotium stricti iuris, das depositum nach bona fides; daher waren beim Gelddarlehn keine Verzugszinsen einklagbar, und man mußte, wenn diese im besonderen Falle doch erwünscht erschienen, dazu greifen, das Geschäft als Depositum zu behandeln. Dies geschah um so leichter, als die römische Jurisprudenz nur in langsamer Entwickelung den alten und primitiven Standpunkt verließ, wonach zu einem Darlehn es erforderlich wäre, daß die hingegebenen Sachen aus dem Eigenthum des Gebers in dasjenige des Darlehnsschuldners kämen, es dagegen nicht genüge, wenn beispielsweise ein Geschäftsführer, der Geld für den Prinzipal eingenommen hatte,

---

[1]) GB. 377.

[2]) Auch bezüglich etwaiger Verpflichtungen des Hinterlegenden.

[3]) EG. 145.

[4]) Dies gilt m. E. auch von der „Verwahrung" des GBs. 688—700. Dieser Zwischenbegriff betrifft nur bewegliche Spezies; andererseits bei diesen auch entgeltliche Hinterlegung. Aber mit Auftrag, Miethe, Leihe waren alle hier sich meldenden Thatbestände genügend zu treffen; das Einschieben dieser vierten Vertragsart kann nur unnöthige Subsumtionsschwierigkeiten bereiten, wobei die Verschiedenheiten der ergänzenden Sätze doch von zu geringer Bedeutung sind. Am besten wären 688—699 zu streichen, 700 der Lehre vom Darlehn anzuhängen gewesen.

dieses als Darlehn behalten wollte.[1]) Nachdem dieser Standpunkt überwunden war, so verblieb schon im römischen Recht keine Möglichkeit mehr, im einzelnen Falle anzugeben, wann mutuum, wann depositum irregulare gegeben sein sollte. Die noch neuerdings zuweilen angegebenen Verschiedenheiten, daß bei dem Letzten Retention und Aufrechnung ausgeschlossen sei, bei dem Ersten nicht, und ähnliche Sätze, betreffen die Folgen, nicht aber das Merkmal, nach dem der Unterschied im besonderen Falle zu bestimmen wäre; der Hinweis entweder auf „das Interesse" des Empfängers oder des Hingebenden liefert überhaupt kein objektives Kriterium. Hiernach war das einfache Streichen der ungeeignet versuchten Unterscheidung durch 700 des GB. ganz am Platze.

Wenn der Schuldner bei der Hinterlegung auf die Rücknahme verzichtet, oder der Gläubiger der Hinterlegungsstelle die Annahme der Hinterlegung erklärt, oder endlich die Hinterlegung durch ein zwischen Gläubiger und Schuldner ergangenes rechtskräftiges Urtheil für rechtmäßig erklärt wird, so hat der Schuldner ein Recht auf Rücknahme gegen die Hinterlegungsstelle überhaupt nicht mehr.

5) Nach dem römischen Rechte und den meisten sonstigen uns interessirenden Gesetzgebungen trat mit der vollzogenen öffentlichen Deposition sofort die Tilgung der Verbindlichkeit des hinterlegenden Schuldners ein. Auch E. I befand sich auf diesem Standpunkte. Hierbei kommt man jedoch in Schwierigkeit mit der Frage, ob der Hinterlegende das Recht zur Zurücknahme des hinterlegten Gegenstandes nun niemals mehr haben solle, oder, wie es beim Zugeständniß desselben zu halten sei? Das GB. unterscheidet daher von vornherein die zwei Fälle, da der Hinterlegende das Recht der Rücknahme noch hat, oder da es aus den vorhin erwähnten Gründen ausgeschlossen ist.[2]) Im letzten Falle wird seine Schuld völlig getilgt.[3]) Im ersten Falle bleibt sie bestehen; „der Schuldner kann den Gläubiger auf die hinterlegte Sache verweisen". Von der Pflicht zu Zinsen und zum Ersatze nicht gezogener Nutzungen wird der Schuldner frei.[4]) Der Gläubiger trägt die Gefahr der hinterlegten Sache.[5]) Der Schuldner kann jeder Zeit zurücknehmen; und dadurch die geschehene Hinterlegung ganz wirkungslos

---

[1]) Aufführung der Quellenstellen bei Windscheid, Pandekten § 370 N. 10 fg.

[2]) Ueber Hinterlegung zur Sicherheitsleistung s. GB. 232 ff.

[3]) GB. 378.

[4]) GB. 379.

[5]) GB. 379, 2.

machen.[1]) Mit der Annahme durch den Gläubiger tritt die Tilgung der Forderung ein; wirkliche Abholung ist nach GB. 376 : 2), in Verbindung mit 378, nicht erforderlich.

6) Der Gläubiger des hinterlegenden Schuldners erlangt durch die Hinterlegung ein Recht auf Aushändigung des Hinterlegten gegen die Hinterlegungsstelle. Die rechtliche Konstruktion ist derjenigen des Versprechens auf Leistung an einen Dritten zur Seite zu stellen (oben § 49). Daß dabei der Schuldner das Recht der Rücknahme hat, wenn nicht gewisse Ausschließungsgründe dazu treten, wurde schon erwähnt; das würde von dem Vertrage zu Gunsten eines Dritten die Abweichung bedeuten, daß die Aufhebung des dem Dritten zustehenden Rechtes hier nicht durch Vertrag der beiden anderen Kontrahenten, sondern durch einseitige Erklärung des Schuldners geschehen kann. Andererseits tritt das Recht des Gläubigers gegen die Hinterlegungsstelle immer ein; es gründet sich mithin nicht auf eine einseitige Willenserklärung der Hinterlegungsstelle, wie bei dem Versprechen auf Leistung an einen Dritten der Fall ist, sondern unmittelbar auf gesetzliche Vorschrift. Durch Uebereinkommen des Schuldners mit der Hinterlegungsstelle kann es nicht weiter bedingt oder beschränkt werden; ausgenommen ist nur die Möglichkeit, daß das Recht des Gläubigers von einer Gegenleistung seinerseits abhängig gemacht wird.[2]) Dann finden die oben erörterten Lehren über gegenseitige Verträge entsprechende Anwendung.

Der hinterlegende Schuldner ist verpflichtet, dem Gläubiger die nöthige Bescheinigung auszustellen, deren der Letztere nach landesgesetzlicher Vorschrift bedarf, um sein Forderungsrecht gegen die Hinterlegungsstelle geltend zu machen.[3]) Die durch die Hinterlegung entstehenden Kosten hat der Gläubiger zu tragen;[4]) bis zu ihrer Berichtigung wird daher ein Zurückbehaltungsrecht der Hinterlegungsstelle Platz greifen (oben § 30).

Das Recht des Gläubigers verjährt in dreißig Jahren;[5]) gerechnet von dem Empfange der ihm gemachten Anzeige von der geschehenen

[1]) GB. 379, 3.

[2]) GB. 373.

[3]) GB. 380.

[4]) GB. 381.

[5]) Abänderbar durch die Landesgesetzgebung in genau bestimmten Grenzen: EG. 145. S. preuß. Hinterlegungsordnung §§ 58 ff.

Hinterlegung; die Verjährung wird durch seine Annahmeerklärung unterbrochen.[1]) Nach eingetretener Verjährung geht das Rückforderungsrecht kraft Gesetzes auf den Hinterleger über.[2])

62.

Wenn ich nun zu der Schlußfrage unseres Falles (§ 57) zurückkehre, so ist es offensichtlich, daß sich folgende Möglichkeiten ergeben:

a) Die Klage wird lediglich wegen der geschehenen Aufrechnung abgewiesen;

b) Klägerin holt aus ihrem Restguthaben soviel Hülfe, daß damit die Gegenforderung des Beklagten wieder eliminirt wird;

c) es findet eine replicatio compensationis in der Art statt, daß damit die ganze Restschuld jetzt in Aktion tritt und der Beklagte zu der Zahlung der Gesammtsumme, abzüglich seiner Gegenforderung, verurtheilt wird.

Eine ausdrückliche Einzelentscheidung findet sich im GBe. nicht vor. Es ist nöthig, auf die von ihm aufgenommenen Grundgedanken der Lehre von der Aufrechnung zurückzugehen.[3])

Das GB. fußt hierbei, mit allen neueren Rechtsordnungen, auf dem Grundgedanken möglicher Zwangsaufrechnung. Jeder Gläubiger muß sich in der Regel gefallen lassen, anstatt durch die eigentlich geschuldete Leistung mittels Aufrechnung mit einer dazu geeigneten Forderung des Schuldners gegen ihn abgefunden zu werden.[4])

---

[1]) Nach dem Wortlaute von GB. 382 könnte es scheinen, als ob durch die Meldung des Gläubigers bei der Hinterlegungsstelle für Forderungsrecht gegen dieselbe unverjährbar würde. Dies stände aber mit GB. 195 in Widerspruch; vgl. 217.

[2]) GB. 382; vgl. oben § 55. Die gesetzliche Cession ist natürlich nur nöthig, falls der Hinterlegende das Recht zur Rücknahme nach GB. 376, 2 verloren hatte. Entsprechende Vorschriften für Einzelfälle: GB. 1171; 1269.

[3]) Ueber das gemeine Recht s. die gute Dissertation von Kaiser, Die replicatio compensationis nach gemeinem Civilrecht (Halle 1894).

[4]) Die Voraussetzungen entsprechen im Wesentlichen dem seitherigen gemeinen Rechte (GB. 387; vgl 384). CPO. 136 und 274 (s. auch 491) bleiben in den Sachen; werden aber der hier zu besprechenden Neuregelung der Aufrechnungslehre angepaßt werden; Denkschrift S. 300; 303; Guttentags Ausgabe S. 317; 320.

Die Aufrechnung durch Vertrag wird im GBe. nicht erwähnt.[1]) Seine Zulässigkeit steht selbstverständlich außer Zweifel. Da jede besondere Wegeleitung durch das Gesetz fehlt, so ist die im Zweifelsfalle einzusetzende Konstruktion und ergänzende Rechtslehre aus der allgemeinen Regelung unseres Vertragsrechtes zu entnehmen. Danach kann eine freiwillige vertragsmäßige Aufrechnung stattfinden, für welche die gesetzlichen Voraussetzungen der Zwangsaufrechnung gar nicht gelten; die sich vielmehr durch Parteiverfügung derartig bestimmt, daß als allgemeiner und in unserer jetzigen Richtung wesentlicher Sinn des Geschäftes das Aufgeben der eigenen Forderung gegen ein entsprechendes Nachlassen von der anderen Seite erscheint. Es dürfte daher der richtige Gesichtspunkt nicht derjenige der Zahlung oder der Leistung an Erfüllungsstatt sein, sondern der des Erlaßvertrages.[2])

Alsdann genügt es aber auch nicht, den Aufrechnungsvertrag in zwei einseitige Erlaßverträge aufzulösen, deren jeder zum andern nur im Verhältnisse von dessen causa steht;[3]) sondern es entspricht an und für sich dem Sinne und Zwecke des ganzen Geschäftes, es als einen gegenseitigen Erlaßvertrag aufzufassen.[4]) Es soll der Erlaß der eigenen Forderung gegen denjenigen seiner Schuld ausgetauscht werden.

Die praktische Bedeutung des Gegensatzes liegt darin, daß im Falle der Ungültigkeit der einen Forderung nach der zuerst genannten Ansicht der Geschädigte nur nach den Sätzen über ungerechtfertigte Bereicherung von dem Andern etwas verlangen kann, während er bei

---

[1]) Auch in den Quellen des römischen Rechtes findet sich der Kompensationsvertrag wenig vor. Ein Beispiel bietet l. 4 D. qui potiores in pignore etc. (20, 4). Im heutigen Rechtsverkehre des Tages ist er überaus häufig. Besondere Anwendungen kommen im Kontokorrentverhältniß und bei der Skontration vor.

[2]) Den Gesichtspunkt der Zahlung haben namentlich angewandt: Krug Kompensation S. 87 („eine durch Vertrag vermittelte doppelte Selbstzahlung"); Brinz, Kompensation S. 138 („eine Art Zahlung"); Bähr, Anerkennung S. 161, 2. Aufl. S. 175 („fingirte beiderseitige Zahlung"; wobei in jeder Erklärung eine verpflichtende Anerkennung liege, die im Falle der Nichtexistenz der einen Forderung dem Gläubiger der bestehenden Forderung die Möglichkeit gebe, sein Forderungsrecht zu realisiren, indem sie ihn einer weiteren Begründung seiner Forderung enthebe).

[3]) So Römer, Abhandlungen I S. 92. Er hat besonders gut nachgewiesen, daß die Quellen ein sicheres Ergebniß nicht liefern; so daß eben nur auf den Sinn und Zweck des Geschäftes für den Zweifelsfall zurückgegangen werden muß. Vgl. auch Windscheid, Pandekten § 351 N. 2c.

[4]) Vgl. oben § 29 S. 101 N. 1.

der Annahme eines gegenseitigen Erlaßvertrages unter der angeführten Voraussetzung auf seine alte Forderung unmittelbar zurückgreifen kann.

Anders als diese juristische Thatsache ist die Zwangsaufrechnung zu behandeln.[1]) Sie ist ein Recht des Schuldners.[2]) Statt Baarzahlung zu leisten, kann er aufrechnen, wenn er will.[3]) Dies ist in der That eine Art von Zahlung.[4]) Während nun aber das römische Recht durch jene Möglichkeit die Hauptforderung mit einer Einrede behaftet sein ließ,[5]) die erst im Prozesse von Seiten eines Beklagten geltend gemacht werden konnte, und deren Durchführung — auch abgesehen von dem famösen Streit über das „ipso iure compensari" — mannigfache Schwierigkeiten bereitet hat: so hat das GB., partikularrechtlicher Entwickelung folgend, die Verwirklichung einer möglichen Aufrechnung einer einseitigen, beliebig abzugebenden Erklärung des einen Theiles dem andern gegenüber übertragen.[6]) Es erzielt dies den Vortheil, daß Prozesse gespart werden können und die Betheiligten, stärker, als seither nach gemeinem Rechte es der Fall war, auf die außergerichtliche Abrechnung und Erledigung ihrer schwebenden Schuldverhältnisse gewiesen werden; es ist aber auch darum in jener Einrichtung ein glücklicher Gedanke enthalten, weil die theoretische Uebersicht und die danach korrekte Erledigung einer Streitsache sich nun einfacher und sicherer stellt, als bei der exceptio compensationis.

Hat nämlich ein Schuldner durch seine Erklärung vor dem Beginne des Prozesses aufgerechnet, so ist dieses als rechtsvernichtende Thatsache zu erachten und in gleicher Art zu behandeln, als wenn es sich um eine vorgenommene Leistung handelte. Das Gericht hat nach geschehener

---

[1]) Die Besonderheit einer gesetzlichen Aufrechnung s. in GB. 1239, 1/2.

[2]) Unter Umständen: eines Dritten. So 268; 1142, 2; 1224; 1249. Befugniß des Ehemannes zur Aufrechnung von Forderungen seiner Frau 1376, 2. — Vgl. auch 575; — 719.

[3]) Wirkliche Leistung ist nöthig bei Forderungen aus vorsätzlichen Delikten und bei unpfändbaren Forderungen nach GB. 393 und 394. Besonderheit ferner im ehelichen Güterrecht: 1442. Aufgenommen die bekannte Bestimmung über die stationes fisci in GB. 395. Zulässigkeit dagegen: 391 u. 392; 390/2. Zu vgl. noch 1476; auch 417, 1/2. Bei der Ordnung der Erbschaft: 1977; 2040.

[4]) Die nach GB. 389 eintretende Rückwirkung steht damit nicht im Widerspruche. Vgl. auch GB. 352; 354, 2.

[5]) Bekanntlich unter den Romanisten nicht unbestritten. S. die Nachweisungen bei Windscheid, Pandekten § 349.

[6]) GB. 388.

Prüfung nur festzustellen, ob die Thatsache des Unterganges der eingeklagten Forderung richtig steht.[1])

Bringt der Schuldner erst jetzt im Prozesse, als Beklagter, seine Einwendung vor, so steht es nicht anders: Es ist ebenso, als wenn er nach Eintritt der Rechtshängigkeit die geschuldete Leistung bewirkt hätte.[2])

Danach ist eine Abänderung von CPO. 293, 2 nothwendig.[3]) In der vorgeschlagenen Fassung[4]) wird unterschieden zwischen einem Urtheile, das die zur Aufrechnung gebrachte Gegenforderung anerkennt und zwischen einem solchen, das sie verneint. Im ersten Falle ist kein Anlaß vorhanden, die Gegenforderung für rechtskräftig festgestellt zu erachten; denn durch die früher geschehene Aufrechnung ist auch sie untergegangen, und indem das Gericht jene Aufrechnung für rechtswirksam erklärt, ist eine weitere Entscheidung mit eigener Rechtskraft für die früher bestandene Gegenforderung ganz überflüssig.

Anders steht es dagegen, wenn die Entscheidung dahin geht, daß die zur Aufrechnung gebrachte Gegenforderung nicht besteht. Hier versteht sich die Rechtskraft des gerichtlichen Ausspruches für die Gegenforderung nicht so von selbst, wie im vorigen Falle. Aus dem maßgeblichen Satze von CPO. 293, 1 wäre es nicht zu folgern, da die Einwendung des Beklagten, daß der klägerische Anspruch durch Aufrechnung bereits getilgt sei, einen Antrag auf einen widerklagend erhobenen Anspruch nicht nothwendig involvirt.[5]) Die in der Denkschrift vorgeschlagene Aenderung von CPO. 293, 2 erscheint danach durchaus sachgemäß.

Fassen wir nun weiterhin die sachliche Durchführung der Aufrechnung nach dem GBe. in das Auge, so konnte dieses mit Fug auch in dem Falle, da ein Gläubiger mehrere Forderungen hatte, während der Schuldner nur eine einzige dagegen aufrechnen konnte, eine vom Schuldner geschehene Aufrechnung nach den für die Zahlung geltenden

---

[1]) Die civilprozessualische Behandlung kann dabei nicht unbedeutend von derjenigen anderer rechtsvernichtender Thatsachen abweichen; s. oben S. 240 N. 4.

[2]) Besonderheit: 357; — 554, 2.

[3]) Vgl. dazu Geib, Theorie der gerichtlichen Kompensation (1897) S. 328 ff. — Die besondere Lehre dieses Schriftstellers über die Kompensationseinrede nach Pandektenrecht muß hier unerörtert bleiben.

[4]) Denkschrift des Bundesrathes 304, Guttentag's Ausgabe S. 321.

[5]) A. M. Geib, a. a. O. S. 264 ff., 335 fg.

allgemeinen Sätzen behandeln.[1]) Von einer replicatio compensationis ist künftighin überhaupt keine Rede mehr. Da die Aufrechnungsmöglichkeit in keinem Falle mehr Behaftung einer Forderung mit einer Einrede bedeutet, so kann auch der Gläubiger, dem gegenüber aufgerechnet wird, nicht sagen, daß die aufgerechnete Forderung des Schuldners durch eine ihr von früher her anklebende exceptio compensationis gelähmt und zu einer freien und wirksamen Aufrechnung ungeeignet sei. Will der Gläubiger hier einem ihm nicht genehmen Ergebnisse aus dem Wege gehen, so hat er seinerseits mit einer der ihm zustehenden Forderungen die Gegenforderung des Schuldners aufzurechnen, um dann in frei getroffener Wahl eine noch ausstehende Forderung gegen den Schuldner einzuklagen.

Unser Rechtsfall kann nun nicht ohne Weiteres unter GB. 396 gebracht werden. Aber die Entscheidung wird diesem doch entsprechen.

Von vornherein wird klar sein, daß hier von einer replicatio compensationis schon nach gemeinem Rechte nicht wohl die Rede sein konnte, weil der Kläger ja immer auf die eine einheitliche Forderung greifen muß. Diese kann er durch seine Erklärung nicht trennen, so wie es beim gemeinrechtlichen Erbgange in theilbare Forderungen oder bei Theilcessionen geschehen mag. Der Beklagte braucht sich in unserem Falle eine solche Theilung nicht gefallen zu lassen. Es sind die gleichen Personen, und es ist dieselbe Forderung; der Beklagte hat jeder Zeit die Möglichkeit, durch Incidentfeststellungsklage ein Urtheil über die ganze Forderung zu erwirken.[2]) Wenn also der Kläger die Gegenforderung des Beklagten nicht schon durch Aufrechnung mit einem Theile seiner Hauptforderung abgethan hatte, so kann er jetzt, nachdem der Beklagte seinerseits aufgerechnet hat, nicht mit einem zurückgehaltenen Theile seiner Forderung replicando zwecks weiterer Aufrechnung kommen.[3])

---

[1]) GB. 396. — Ueber Aufrechnung zweier verzinslicher Forderungen gegen einander s. Entsch. des Reichsgerichts in Civ.S. 17 Nr. 34.

[2]) Das Reichsgericht ist in seiner Entscheidung (Civ.S. 7, Nr. 70) nicht konsequent; es spricht für unsere Frage bald von „Theilforderung", bald von „Theil der Forderung". Zu der dort versuchten Widerlegung der älteren Auffassung des Obertribunals ist aber die Theilung in mehrere selbständige Theilforderungen anzunehmen gar nicht nöthig. Der Gegenstand der Klage ist durch den Willen des Klägers quantitativ beschränkt, nicht aber ist eine Zerlegung in mehrere Forderungen eingetreten.

[3]) Es ist richtig, daß durch den Einwand des Beklagten, gegen die eingeklagten 500 Mark aufrechnen zu wollen, eine Spaltung und Theilung in die Sache hineingebracht wird; aber das ist dann auf den Kläger und dessen eigene Anordnung

Aus dieser Ungetheiltheit der Forderung folgt aber nicht, daß diese als Ganzes in den Prozeß gebracht worden ist. Bei der gegentheiligen Ansicht, nach der die Forderung auch bei der Einklagung nur eines Bruchtheiles doch in allen ihren Theilen Gegenstand der Klage geworden, ist der Grund des Anspruches mit dem Gegenstand der Klage verwechselt. Der letztere ist Dasjenige, was der Kläger jetzt gerade in diesem Prozesse beansprucht; bei einem Theilanspruche also nur dieser.[1])

Nun ist eine solche Beschränkung auf einen Theil der Forderung durch den klagenden Gläubiger gesetzlich zulässig. Aber wenn sie vorgenommen wird, so steht dann auch bloß der eingeklagte Theil betreffs der Befriedigung des Gläubigers in Frage. Hier trifft die Analogie wieder vollständig zu: Wenn der Beklagte nach dem Prozeßbeginne den eingeklagten Theilanspruch bezahlt, so kann der Kläger nicht einfach bestimmen, daß dieses auf den nicht eingeklagten Rest der klägerischen Forderung angerechnet werden soll; — mit der eingewandten Aufrechnung steht es aber genau ebenso. Der Kläger hätte also entweder die ganze Forderung geltend machen müssen, oder er mußte seinerseits zuvor die Gegenforderung des Beklagten durch Aufrechnung tilgen und dann weiterhin klagen. Thut er keines von beiden, sondern klagt bloß einen Theil seiner Forderung ein, so muß er sich auch gefallen lassen, daß er in der von ihm gewählten Beschränkung durch Aufrechnung mit der beklagtischen Gegenforderung abgefunden wird.[2])

Andererseits ist es in sich klar, daß bei einer etwaigen Widerklage des Beklagten mit dem in unserem Falle 500 M. übersteigenden Betrage der Kläger nach gewöhnlichen Regeln nun mit seiner Reserve vorgehen und gegen die Widerklage aufrechnen kann. Die Behandlung des Falles ist die gleiche, wie bei der ersten Aufrechnung des Beklagten gegen die eingeklagte Forderung seines Gläubigers.

---

zurückzuführen. Er erklärt: Ich habe 2500 Mark zu fordern und will einstweilen nur 500 Mark haben. Er hätte sagen müssen: Ich habe 2500 Mark zu fordern, rechne gegen Deine Gegenforderung, soweit nöthig, auf und klage von dem nun noch zu bezahlenden Reste zunächst nur 500 Mark ein.

[1]) Vgl. dazu Schollmeyer, im Arch. f. civ. Prax. 76 S. 439 ff.

[2]) Es giebt über unseren Fall zwei einander widersprechende Entscheidungen des Reichsgerichts: 7 Nr. 70 und 13 Nr. 43. Eine Plenarentscheidung ist nicht erfolgt, weil die Urtheile für verschiedene Rechtsgebiete (gemeines und preußisches Recht) ergingen, wobei allerdings die nach ALR. gefällte Entscheidung auf das gemeine Recht maßgeblich Bezug nahm, dies aber doch nur zur Feststellung des preußischen Rechtes that. — Vgl. auch Seuff. Arch. 36 Nr. 188; 40 Nr. 282.

Zehnter Abschnitt.

Gesammtschuldverhältnisse.

63.

Fünfte Veränderung des Rechtsfalles.

Haus und Garderobengeschäft waren von dem Verkäufer V. an zwei Käufer, K. und L., veräußert worden, welche in der Absicht eines gemeinsamen Geschäftsbetriebes (dessen rechtliche Form noch ausstand) gemeinschaftlich es erworben hatten. Der Kaufpreis war gestundet. Nach einigen Tagen stellt V. dem K. einen Schein aus, nach welchem er auf Grund einer Abrechnung aus früheren Geschäften her dem K. die Forderung gegen L. vertragsmäßig überträgt.

Wie ist die Rechtslage?

64.

Es steht zunächst zur Frage: Wie beschaffen die Haftung zweier Personen ist, die gemeinschaftlich eine Sache kaufen?

Die positive Einzelantwort findet sich in dem von der Kommission 2. Lesung eingeschobenen Satz in GB. 427 (II, 370; III, 421). Ihre systematische Einreihung in das Ganze der hier fraglichen Rechtseinrichtung und weiterhin in das Ganze unseres neuen Schuldrechtes überhaupt wird, wie ich denke, nicht mehr die Schwierigkeiten bieten, welche der Rechtslehre bei der wissenschaftlichen Bearbeitung der Korreal- und Solidarobligationen des römischen Rechtes und auch des ALRs. entstanden sind.

Zunächst ist soviel sicher, daß unser neues bürgerliches Recht einen Gegensatz zwischen einem Eintreten Mehrerer bei einem Schuldverhältnisse bloß entweder pro rata oder in solidum kennt; daß aber unter den Letzteren, den Gesammtschuldverhältnissen, wiederum zwei Klassen nicht zu unterscheiden sind. Das GB. behandelt in seiner Charakterisirung dieser Schuldverhältnisse (421; 428) sie grundsätzlich gleichmäßig und ohne weitere Scheidung von begrifflich verschiedenen Arten. Die bekannte gemeinrechtliche Streitfrage nach dem Unterschiede von Korrealobligationen einerseits und reinen oder eigentlichen Solidarobligationen zum andern Theile kann in dieser Weise nicht mehr aufrecht erhalten werden; und die Verschiedenheit, die das ALR. nach dem Entstehungsgrunde der solidarischen Obligationen hier einführte, ist im Sinne einer juristisch auseinander gehenden Konstruktion und einer Zertheilung der Gesammtschuldverhältnisse in zwei prinzipiell geschiedene Arten künftighin erledigt.

Es kann sich daher nur darum handeln: Wie dieser, im Ganzen einheitlich aufzunehmende Begriff der Gesammtschuldverhältnisse wissenschaftlich näher zu bestimmen ist; und ob eine oder die andere der seitherigen Auffassungen dabei verwerthet werden kann?

Diese Frage geht selbstredend auf den Grundbegriff der Schuldverhältnisse zurück. Hält man fest, daß diese ihrer Eigenart nach rechtliche Sonderverbindungen unter Privaten darstellen, nach denen Leistungen zur Befriedigung sozialer Bedürfnisse vorgenommen werden sollen, so erscheint als die zutreffende Auffassung eines Gesammtschuldverhältnisses diese, daß es ein einiges Rechtsverhältniß ist, aus dem mehrere selbständige Forderungen entstammen.

Der Begriff der Forderungen wird dabei in dem oben bei der Lehre von der Cession angegebenen Sinne genommen, gleich: obligatorischen Einzelansprüchen auf Leistungen, die ihren Grund in einem unterliegenden Schuldverhältnisse besitzen. Diese sind getrennt und vermögen für sich besondere Schicksale zu haben; sie können in verschiedener Art mit Bedingungen oder sonstigen Nebenberedungen versehen sein, verschiedentlich nach Ort und Zeit der Leistung ausgestaltet erscheinen, auch die eine völlig gültig und wirksam sein, während die Nachbarforderung gehemmt oder ungültig ist; — sie mögen vor Allem auch in ihrer Endigung verschiedene Schicksale erfahren und nur subjektiv für oder gegen die gerade bei ihnen betheiligten Personen wirken, während die sonstigen in demselben Schuldverhältnisse Befangenen, aber in anderen Forderungen und Schulden Stehenden vielleicht noch weiterhin haften.

Daß wir es mit einem einigen Schuldverhältnisse zu thun haben, verliert bei dieser Auffassung des Begriffes vom Schuldverhältnisse und der Trennung desjenigen von Einzelforderungen aus jenem die Befremdlichkeit, welche der Lehre von der „una obligatio“ so lange anhaften mußte, als obligatio und Forderungsrecht mehr oder weniger deutlich identifizirt wurden. Denn unsere Darlegung bietet in der formalen Konstruktion kein anderes Bild, als etwa der Gesellschaftsvertrag, bei dem gleichfalls ein einiges Rechtsverhältniß mit mannigfachen und verschiedenen Forderungsrechten als Einzelansprüchen der Gesellschafter gegen einander auftritt.

Es entspricht die dargelegte Konstruktion aber auch vollständig dem Wortlaute und dem nächstliegenden, nach diesem anzunehmenden Sinne des GBs. Ich mache auf folgende Wendungen aufmerksam: Der Erlaß soll für alle Schuldner wirken, wenn die Vertragschließenden „das ganze Schuldverhältniß“ aufheben wollen (423); subjektive Endigungsgründe — soweit sich nicht „aus dem Schuldverhältnisse ein Anderes ergiebt (425); der Gesammtgläubiger kann „seine Forderung auf einen Andern übertragen“ (429, 3), — so daß für die Rechtsstellung eines Gesammtgläubigers die Lage eines Cedenten einfach angewandt wird, der auch nicht ein Schuldverhältniß, sondern eine Einzelforderung aus einem solchen überträgt.

Allzuviel eindringliche Einzelwirkung darf man freilich von der besprochenen Konstruktionsfrage überhaupt nicht erwarten. Sie hat in ihrer Klärung zunächst nur die Bedeutung, vor einer nicht zutreffenden Auffassung und Behandlung unserer Rechtsverhältnisse zu warnen und zu hüten.

Insbesondere ist die Frage: ob durch den Prozeßbeginn gegen den einen Gesammtschuldner oder von dem einen Gesammtgläubiger die Rechtshängigkeit auch für die übrigen solidarisch Betheiligten eintrete — sowohl nach der Auffassung, daß mehrere Schuldverhältnisse vorlägen, als auch nach der unsrigen, daß ein einiges Schuldverhältniß mit mehreren Forderungen anzunehmen sei, gleichmäßig zu verneinen. GB. 425, 2 a. E. (vgl. 429, 3) liefert zu dieser Folgerung aus der Grundauffassung der Gesammtschuldverhältnisse noch einen im Besonderen stützenden Anhalt.

Andererseits beseitigt die oben gegebene Konstruktion der Gesammtschuldverhältnisse nicht nur jede gedankliche Schwierigkeit von der doppelten Möglichkeit einer bald objektiv, bald nur subjektiv eintretenden Endigung der dem Gesammtschuldverhältnisse entspringenden Forderungen und Schulden, sondern es erläutert unsere Lehre zugleich schon die allgemeine Regreßpflicht, welche das GB. in 426 und 430 für Gesammtschuldner und Gesammtgläubiger gesetzlich aufstellt.

Ueber diese Regreßpflicht bestanden für das römische Recht, an welches sich das GB. abändernd angeschlossen hat, drei verschiedene Ansichten. Die herrschende Lehre verneinte das Rückgriffsrecht des zahlenden Gesammtschuldners und des nicht empfangenden Gesammtgläubigers gegen seine Genossen für den Zweifelsfall; nur bei besonderen Rechtsverhältnissen, z. B. Gesellschaft, Miterbenstellung, sei jenes einzusetzen. Daneben stand eine zweite Gruppe, welche die jetzt vom GBe. aufgestellten Sätze schon im römischen Rechte finden wollte, dies aus den Quellen aber doch nicht sicher zu erweisen vermochte.[1]) Eine dritte Meinung bildete sich aus Anlaß verschiedener nicht günstiger Konsequenzen der herrschenden Lehre. Man vergleiche den folgenden Fall.[2])

A. und B. pachten gemeinschaftlich von einer Gemeinde eine Jagd auf 6 Jahre, unter solidarischer Haftbarkeit für das Pachtgeld. Jeder soll das von ihm erlegte Wild frei veräußern, und am Ende des Jahres soll dann gleichmäßig vertheilend abgerechnet werden. Nach einem Jahre stirbt A. und wird von seinem Sohne X. beerbt. Dieser ist zwar mit B. persönlich verfeindet, möchte aber doch die Jagd gerne fortsetzen und klagt daher auf Anerkennung seines Rechtes, als Erbe seines Vaters in die Jagdpachtverträge einzutreten. B. leugnet, daß es eine actio communi ineundo gebe, und will sich auf nichts einlassen, während X. noch beibringt, daß die Gemeinde bereits das fällige Pachtgeld voll eingetrieben habe, da ja die Verpflichtungen seines Vaters auf Zahlung durch dessen Tod natürlich nicht erloschen seien.

Hier haften in der That X. und B. der Gemeinde gegenüber solidarisch weiter. Ein Jeder von ihnen ist berechtigt, das Jagdrecht auszuüben und nöthigenfalls auf Anerkennung dieses Rechtes zu klagen, wobei bei Kollisionsfällen die Analogie einer „civiliter“ vorzunehmenden Ausübung herangezogen werden könnte. Dagegen macht nun das Verhältniß zwischen X. und B. nach römischem Rechte Schwierigkeiten, soweit sie sich in Ersatzpflicht auseinander zu setzen haben, weil eine

---

[1]) Die hierher zählenden Schriftsteller waren darüber wieder uneins, ob (um es hier kurz auszudrücken) nur die jetzt GB. 426 entsprechende gesetzliche Rückgriffsmöglichkeit anzunehmen sei, oder auch die in GB. 430 angegebene. Citate bei Windscheid, Pandekten § 294.

[2]) Seuff. Arch. 36 Nr. 196.

„communio incidens" in den Quellen des römischen Rechtes nur für dingliche Rechtsverhältnisse als möglich bezeugt ist.[1])

Windscheid wollte hier dadurch helfen, daß er für solche Fälle eine Regreßpflicht allgemein lehrte, in denen ein Solidarschuldner eine Schuld zahlte, welche „materiell" nicht ihn, sondern den Mitschuldner anginge; der Rückgriff wäre mit condictio sine causa zu nehmen.[2]) Aber das ist eine nicht sicher abgegrenzte Norm, die auf die von Windscheid angezogene l. 29 (30) D. de neg. gest. (3, 5) schwerlich gestützt werden kann.

Nach dem GBe. würde der erzählte Rechtsfall in der zuletzt erwähnten Richtung nach 426 sich einfach entscheiden.[3])

Die Bestimmung dieser Gesetzesstelle hat ergänzenden Charakter. Gesetzliche Abweichungen finden sich in GB. 840, 3; und 1833, 2.[4])

Zweifelhaft ist die Dauer des Rückgriffsrechtes nach 426 und 430, falls der eine, sonst Regreßpflichtige ausscheidet. Es wird zu unterscheiden sein: a) die Gesammtschuldner oder Gesammtgläubiger stehen in diesem besonderen Falle in einem Rechtsverhältnisse zu einander, sei es gesetzlich oder vertragsmäßig, z. B. als Miterben. Hier erledigt sich die aufgeworfene Frage selbstredend nach dieser besonderen rechtlichen Beziehung. b) Der Rückgriff kann nur auf 426 oder 430 gestützt werden. Wenn hier der Eine ausscheidet, bevor ein einzelner Rückgriffsanspruch durch geschehene Leistung schon entstanden ist, so erlischt damit auch alle Möglichkeit, ihn späterhin noch im Rückgriffe heranzuziehen.[5])

Ueber den 2. Abs. von 426 s. oben die Lehre von dem gesetzlichen Uebergang der Forderungen; insbes. § 55 a. E.

Welches ist nun aber die rechte Art und Weise, in der bei mehr als zwei Gesammtschuldnern das Rückgriffsrecht zum Austrage gebracht wird? Es giebt zwei Möglichkeiten: a) Die eigene Schuld des zahlenden Gesammtschuldners geht für den von ihm zu tragenden Antheil durch confusio unter; dagegen bleibt die Verbindlichkeit der Andern voll bestehen, so daß ein Jeder von diesen immer auf einen Weiteren

---

[1]) S. die Quellenstellen bei Windscheid, Pandekten § 449, bes. N. 1.

[2]) Windscheid, Pandekten § 422 N. 4, b.).

[3]) Vgl. GB. 755; 748.

[4]) Uebereinstimmend dagegen Haftung der Mitbürgen gegen einander: GB. 774, 2.

[5]) A. M. Fischer-Henle's Handausgabe, N. 1 zu GB. 426.

zurückgreifen und den Ersatz so, stets verkleinernd, abwälzen kann, bis man bei dem Letzten anlangt, der nun den noch übrigen, auf ihn entfallenden Bruchtheil trägt. b) Es erhält der Zahlende gegen jeden Gesammtschuldner nur einen verhältnißmäßigen Ersatzanspruch, der in normalen Zuständen einfach auf den betreffenden Bruchtheil geht, im Falle der Unmöglichkeit einer Beitreibung von dem einen Mitschuldner aber nach den Regeln über Gemeinschaft auf die Uebrigen weiterhin umzulegen ist. — Das Letztere nehme ich nach dem GBe. als richtig an. Es scheint ihm zwar entgegenzustehen, daß es in 426, 2 heißt, daß „die Forderung des Gläubigers auf den Zahlenden übergehe"; allein es wurde oben (§ 55 S. 203) dargelegt, daß dieses nur ein kurzer Ausdruck ist, um die Art und den Umfang des gesetzlich erlangten Ersatzanspruches des Zahlenden zu bezeichnen, ohne daß man den bildlichen Ausdruck von der „Uebertragung" allzu scharf betonen dürfte. Sachlich giebt den Ausschlag, daß GB. 426, 1 allgemein eine gesetzliche Gemeinschaft der mehreren Gesammtschuldner bestimmt, und daß diese danach von vornherein „im Verhältnisse unter einander zu gleichen Antheilen verpflichtet sind".[1])

65.

Den Gegensatz zu dem Gesammtschuldverhältnisse bildet die Haftung Mehrerer nach Antheilen. Bei diesen sind aber zwei Fälle zu unterscheiden.

Einmal ist es möglich, daß eine, im Quantum als Ganzes bestimmte, theilbare Leistung von mehreren Schuldnern aufgebracht werden soll, die in verschiedenen Schuldverhältnissen zu demselben Gläubiger stehen. Hier wird die Zusammengehörigkeit der mehreren Schuldverhältnisse und Leistungen durch einen außerhalb ihrer gelegenen Gesichtspunkt geliefert, sei es in persönlicher Zweckerwägung des Gläubigers, wie z. B. der Deckung des bei ihm erwachsenen Schadens durch mehrere Versicherungsgesellschaften, mit denen er selbständig kontrahirt

---

[1]) Vgl. zu der besprochenen Frage den Rechtsfall bei Stammler, Praktische Pandektenübungen § 86 Nr. 15. — Wenn A., B., C., D. ein Darlehn von 1200 M. als Gesammtschuldner aufnehmen und A. dem Gläubiger 600 M. zahlt, so würde er nun gegen Jeden der Mitschuldner Ersatzanspruch von je 150 M. haben, nicht aber auf 300 M., weil er im Ganzen 300 M. seinerseits beitragen muß. A. M. Handausgabe von Fischer-Henle N. 3 zu GB. 426.

hatte, — oder auch nur in geschichtlicher Betrachtung, wobei nach einer Zerlegung eines Schuldverhältnisses in mehrere selbständige Schuldverhältnisse die Zusammenwirkung der nach ihnen vorzunehmenden Leistungen zu einer Einheitlichkeit bloß durch Besinnung auf die historische Herkunft jener rechtlichen Beziehungen gegeben wird.

Zum Zweiten kann es aber auch sein, daß in einem und demselben Schuldverhältnisse die nach diesem vorzunehmende Leistung von Mehreren nach Antheilen vorgenommen werden soll. Und dieser Fall ist es, der in unseren jetzigen Zusammenhang hineingehört. Denn es fragt sich nun, wann bei einer Betheiligung Mehrerer in einem einigen Schuldverhältnisse Recht oder Pflicht nach Antheilen oder solidarisch einzutreten habe.

Es ist zu unterscheiden, ob es sich um eine theilbare oder untheilbare Leistung bei dem Schuldverhältnisse handelt.

Das Merkmal der Theilbarkeit wird für unsere Frage vom GBe. nicht gegeben. Es ist anzunehmen, daß es einfach die herrschende Lehre unserer Jurisprudenz hat aufnehmen wollen; so daß als theilbar eine Leistung angesehen werden muß, welche in solchen Theilen vorgenommen werden kann, die der Art nach gleich sind, — gemessen wiederum daran, daß die Theilleistung von der Gesammtleistung sich nur quantitativ unterscheidet, im Verhältniß zu ihr also zahlenmäßig, als ein Bruchtheil, angegeben zu werden vermag.

1. Ist nun dieses nicht gegeben, sondern die Leistung als eine untheilbare zu erachten, so tritt bei mehreren Schuldnern unter allen Umständen ein Gesammtschuldverhältniß ein, und es ist eine Besonderheit der Haftung weiter nicht vorgesehen (431); treten aber mehrere Gläubiger ein, so kommt es darauf an, ob sie zufolge eines besonderen Rechtsgrundes Gesammtgläubiger nach 428 sein sollen oder nicht. Regelmäßig wird es sich nach rechtsgeschäftlicher Bestimmung richten; es kommen aber auch allgemeine gesetzliche Regeln in Betracht.[1]) Liegt keine Gesammtgläubigerschaft vor, so wird das Rechtsverhältniß nach zwei Seiten hin besonders behandelt. Die Leistung darf nur an alle Gläubiger gemeinschaftlich gemacht werden, soll der Schuldner frei werden; und ein jeder Gläubiger kann zwar für sich auftreten, fordern und nöthigenfalls gerichtlich einklagen, aber nur: auf „Leistung an Alle" (432, 1). Dazu tritt die weitere Besonderheit, daß andere juristische Thatsachen, als eine schuldnerische Leistung mit einer eben

[1]) Vgl. GB. 1011.

beschriebenen Eigenschaft, in Aenderung oder Endigung nur subjektiv für denjenigen Gläubiger wirken sollen, in dessen Person sie eintreten (432, 2). Namentlich hat die Endigung durch Konfusion hier anders zu wirken, als nach GB. 429, 2 (s. unten § 66); ebenso ein Erlaß im Sinne von 423, vgl. 429, 3. Die objektive Wirkung des Annahmeverzuges nach 429, 1 kommt hier nicht in Betracht, da er nach 432, 1 in der Person bloß des einen Gläubigers gar nicht eintreten kann, weil jetzt die Leistung an Alle in Frage steht, also auch erst eine allen Gläubigern gemeinschaftlich angebotene Leistung eine genügende Voraussetzung des Gläubigerverzuges hier zu liefern vermag.[1])

2. Steht eine theilbare Leistung in einem Schuldverhältnisse mit mehreren Betheiligten in Frage, so ist zwischen Schuldverhältnissen aus Verträgen und aus anderen Rechtsgründen zu scheiden. Im letzten Falle tritt in der Regel[2]) Recht und Pflicht nach Antheilen ein;[3]) bei Verträgen kommt es darauf an, ob mehrere Gläubiger oder mehrere Schuldner in Frage stehen; die Ersteren treten nach Antheilen ein, die Letzteren haften im Zweifel als Gesammtschuldner.

Dabei ist immer vorausgesetzt, daß es sich um ein einiges Schuldverhältniß dreht. Indem man dieses übersehen hat, so hat man für den Fall, daß man sich wegen einer Leistung an Mehrere aus verschiedenen Schuldverhältnissen halten kann, unnöthige Schwierigkeiten bereitet. Wenn Jemandem ein Brandschaden schuldhaft zugefügt worden ist, wegen dessen er einen Anspruch gegen die Versicherungsgesellschaft hat, während auch der Brandstifter ihm haftet, so gehört dieses nicht hierher,

---

[1]) Einige Einzelheiten bespricht Hruza, Korrealobligation nach der 2. Les. (1895) S. 65 ff. Dazu S. 70 ff.: über „gesetzlich untheilbare gemeinschaftliche Rechte", — das Mehreren zustehende, vertragsmäßige oder gesetzliche Rücktrittsrecht (356); Vorkaufs- und Wiederkaufsrecht für Mehrere (502; 513); die zwischen dem Gläubiger und dem Nießbraucher oder Pfandgläubiger einer Forderung bestehende Gemeinschaft (1077 ff.; 1281 ff.; vgl. Mot. 3, 538).

[2]) GB 420 sagt „im Zweifel". Die Kritik hat das getadelt, weil das GB. damit selbst sage, daß es in manchen Fragen „zweifelhaft" verfügt habe. — Es ist übersehen, daß das „im Zweifel" zu einem technischen Ausdrucke geworden ist (vgl. oben § 23). Viel kommt nicht darauf an.

[3]) So z. B. auch im Falle von GB. 369, 2. — Ebenso kann die Haftung nach GB. 474 nun wohl nicht anders, denn als eine solche nach Antheilen genommen werden.

und es ist nicht richtig, daß dann wegen GB. 420 in Verbindung mit 427 Haftung nach Antheilen eintreten müßte. Der Thatbestand ist vielmehr dahin aufzufassen, daß alsdann zwei verschiedene Schuldverhältnisse gegeben sind, — eines aus dem Versicherungsvertrage, das andere auf Grund der unerlaubten Handlung des Brandstifters. Diese sind, ein Jedes für sich, besonders zu erledigen, und nur das könnte — wie früher gelegentlich erwähnt (oben § 59) — bei dem Austrage eines von ihnen zur Sprache kommen, ob der Fordernde einen Erwerb aus dem andern Schuldverhältnisse sich irgendwie anrechnen lassen müßte oder ob das eine Einrede aus dem Rechte eines Dritten darstellen würde. Unser jetziger 6. Abschnitt im 2. Buche des GBs. bezieht sich aber nach der hier vertretenen Auffassung nur auf die Fälle, in denen ein einiges Schuldverhältniß mit mehreren in Forderung oder Schuld Betheiligten gegeben ist und nun entweder diese Betheiligung nach Antheilen oder für das Ganze stattfindet. Das kann aber dann nicht vorliegen, sobald es sich um ganz verschiedene Begründungsakte, wie einerseits Vertrag und anderntheils Delikt, handelt.

Die erwähnte Regel, die GB. 427 für Verträge aufstellt, ist ein ergänzender Rechtssatz und nicht bloß eine Auslegungsvorschrift.[1]) Soll sie nicht zum Eingreifen kommen, so ist besondere anderweitige Vertragsbestimmung nöthig, wie in unserer allgemeinen Erörterung über diese Frage oben dargelegt ist.[2]) Dagegen hat 420 auch da außer Anwendung zu bleiben, wo das GB. selbst für besondere Berechtigung und Haftung Mehrerer in Schuldverhältnissen die Gesammtbetheiligung festgesetzt hat.

Dies ist in folgenden Gesetzesstellen geschehen: 42, 2 und 53; — 840, 1; vgl. 830; — 1108, 2; — 1388; 1459 ff., bes. 1473, 2; 1480; 1530, 2; — 1833, 2; 2219, 2; — 2058; 2151 ff.

66.

Jedem juristischen Leser des GBs. muß auf den ersten Blick auffallen, daß die Bedeutung des Unterganges von Forderungen durch confusio bei den Gesammtschuldverhältnissen in verschiedener Art aufgenommen worden ist: Bei mehreren Gesammtschuldnern soll die

---

[1]) S. oben S. 79, vgl. S. 78.

[2]) Ueber die Haftung von Mitbürgen: GB. 769.

Vereinigung von Gläubiger und Schuldner in einer und derselben Person nur subjektive Bedeutung haben, bei mehreren Gesammtgläubigern dagegen objektiv wirken.[1])

Dieser Unterschied ist erst von der Kommission 2. Lesung eingesetzt worden. E. I war in 333 bei der herrschenden Lehre des gemeinen Rechtes stehen geblieben, wonach in allen Fällen solidarischer Verbindlichkeiten das Zusammenfallen von Gläubiger und Schuldner nur für die davon betroffenen Personen und nicht objektiv für das ganze Schuldverhältniß wirken sollte.[2]) Die Kritik des ersten Entwurfes neigte häufig der jetzigen Normirung zu; eine volle Klärung und Einhelligkeit der Ansichten scheint aber noch nicht erzielt worden zu sein.[3]) Sie ist nicht nur von der Grundauffassung des Wesens der Gesammtschuldverhältnisse abhängig, sondern auch von derjenigen über den häufig besprochenen Vorgang bei dem Untergange der Forderungen durch confusio.

Auf diese Lehre wollen wir hier um so mehr etwas des Näheren eingehen, als die übrigen Fragen über Veränderung und Endigung von Forderungen und Schulden bei Gesammtschuldverhältnissen im GB. in leichter Uebersicht geregelt sind. Neu ist den meisten seitherigen Rechten gegenüber GB. 424 und 429, 1 — objektive Wirkung des Verzuges. Im Uebrigen steht das GB. im Allgemeinen auf dem Boden des gemeinen Rechtes rücksichtlich der Endigung reiner Solidarobligationen. Eine jede der verschiedenen Einzelforderungen aus dem Gesammtschuldverhältnisse ist durch die Erfüllung der anderen resolutiv bedingt, und die Erfüllungssurrogate in GB. 422, 1, vgl. 429, 3, stehen dem gleich. Eine Aufrechnung zwischen Forderungen von Gesammtgläubiger und Gesammtschuldner kann anderen Genossen gegenüber niemals mehr stattfinden (422, 1);[4]) obgleich, wie wir sahen, das Rückgriffsrecht allgemein zugebilligt worden ist. Die Wirkung des Erlasses endlich (423) richtet sich lediglich nach dem Inhalte des Erlaßvertrages, da die Be-

---

[1]) GB. 425, bes. Abs. 2; — 429.

[2]) Die Quellen des römischen Rechtes geben für den Fall der confusio bei der aktiven Korrealobligation keine ausdrückliche Auskunft. Ueber die herrschende Lehre der Pandekten s. Windscheid, Pandekten § 295 N. 2. Vgl. ALR. I, 16 § 492 fg.; CC. 1301, 1.

[3]) Vgl. bes. Gierke, Personengemeinschaften 2c. (18. Heft der Beiträge von Bekker-Fischer) S. 78 zu A. 92; Bähr, Gegenentwurf § 325; Jakubezky, Bemerkungen zu dem Entwurfe 2c. S. 74.

[4]) Vgl. Windscheid, Pandekten § 350 N. 19, 20.

deutung der römischen Formalitäten in acceptilatio und pactum de non petendo in unserem Rechte nicht mehr so vorliegt; ist über den Sinn eines solchen Erlasses ein Zweifel vorhanden, so wird auch hier für die geringere aufhebende Wirkung zu entscheiden sein.

Im Uebrigen wirken aufhebende Thatsachen in der Person des Einen nur subjektiv (425). Wird die Leistung durch Schuld des einen Gesammtschuldners oder Gesammtgläubigers unmöglich, so wird hierdurch der andere Genosse an sich nicht berührt; war es für ihn ein widriger Zufall, so wird er seinerseits im Regelfalle frei, während die Haftung des Andern sich nach den allgemeinen Sätzen bestimmt. So verbleibt einer näheren Erörterung zunächst nur die vorhin aufgeworfene Frage nach dem Einflusse der Vereinigung von Forderung und Schuld, bei der wir nun vor Allem den rechtlichen Vorgang genauer in das Auge zu fassen haben.

Das GB. giebt für diese Erwägung keine ausdrückliche und das Ganze der Frage umfassende Auskunft. E. I sagte freilich: „Das Schuldverhältniß erlischt, wenn Forderung und Verbindlichkeit in derselben Person sich vereinigen".[1]) Aber der Satz ist mit Recht gestrichen worden. Nicht sowohl aus dem Grunde, der wohl gelegentlich kritisch dagegen angeführt worden ist, daß es nicht Sache des Gesetzgebers sein könnte, „Lehrsätze" aufzustellen; denn oft genug ist die Klarheit des vom Gesetze gewollten Gedankens durch das ausdrückliche Aussprechen solcher Sätze seitens jenes bedingt, und gar nicht selten geschieht es auch in der That ganz unbeanstandet.[2]) Aber der citirte Satz des ersten Entwurfes unterlag gewichtigen sachlichen Bedenken. Der Entwurf war gar nicht gewillt, die genannte Regel allgemein durchzuführen; er behielt sich Ausnahmen von so weitgehender Tragweite vor, daß es offene Frage bleiben konnte, ob der gedachte Grundsatz sich in seiner allgemeinen Fassung überhaupt noch empfehlen würde. Sodann sprach er davon, daß „das Schuldverhältniß" durch Konfusion erlösche, während in Wirklichkeit nach seinem eigenen Sinne es nicht das Schuldverhältniß an und für sich war, sondern die aus ihm entspringenden Forderungen und Schulden, die hier untergingen. Und es lieferte endlich jene Fassung für die Zweifelsfrage nach dem rechtlichen Vorgange, in dem die Konfusionswirkung zu denken und konsequent durchzuführen ist, eigentlich

[1]) E. I, 291. Mot. 2, 116.

[2]) Man braucht aus unserer Lehre nur auf GB. 362, 1 oder auf 364, 1 hinzuweisen.

noch gar nichts. So war die Streichung dieses Paragraphen aus technischen Gründen durchaus gerechtfertigt.

Nicht so sicher dürfte dieses bei der Streichung verschiedener Paragraphen des besonderen Theiles sein, in denen der erste Entwurf eine ausdrückliche Regelung für den Eintritt einer confusio vorgenommen hatte, besonders beim Forderungsnießbrauch und Forderungspfandrecht.[1]) Das Material für die rechte Behandlung der Konfusionslehre ist dadurch ziemlich zusammengeschrumpft. Der rechtliche Vorgang ist nun in seiner allgemeinen Unterlage nicht so leicht und sicher festzustellen, und jene Fälle, die man „als selbstverständlich" gestrichen hat, müssen jetzt aus dem geringeren, gebliebenen Gesetzesstoff erst wieder in ihrer begründeten Auffassung und Behandlung herausgearbeitet werden, anstatt daß sie dazu helfen könnten, die richtige Konstruktion und dann die Einzelkonsequenzen dieser für andere, nicht vorgesehene Einzelfälle zu liefern.

Die besonderen Normen des GBs. über die Vereinigung von Forderung und Schuld in einer Person betreffen drei Arten von Rechtsverhältnissen,[2]) wovon die dritte in ihrer Eigenart hier näher betrachtet werden soll.

1. Bei der Erbfolge, wobei die Frage der Ausschlagung der Erbschaft durch den Erben in unserer Richtung der Betrachtung besondere Beachtung fordert. Dabei vier Sonderfälle: a) Eröffnung des Nachlaßkonkurses und Anordnung der Nachlaßverwaltung: 1976; 1991. b) Nacherbfolge: 2143. c) Vermächtniß einer Forderung des Erblassers gegen den Erben an einen Dritten: 2175. d) Confusio im Falle des Erbschaftskaufes: 2377.

2. Bei dem Nießbrauche an Forderungen und dem Pfandrechte an Forderungen. In beiden Fällen sind drei Möglichkeiten gegeben: a) Vereinigung von Nießbraucher oder Pfandgläubiger und Gläubiger in der unterworfenen Forderung: 1072; 1063; — 1273, 2; — 1256, 1. b) Vereinigung von Gläubiger und Schuldner in der dem Nießbrauche oder dem Pfandrechte unterworfenen Forderung. Vom GBe. nicht ausdrücklich geregelt; E. I ließ den Untergang „nicht gegen den Nießbraucher oder Pfandgläubiger wirken".[3]) Ob diese Entscheidung nach

---

[1]) E. I 1032; 1223.

[2]) Confusio bei dinglichen Rechten: GB. 889; 1063; 1163 (vgl. 1173, 1 a. E.); 1164, 2 (vgl. 1174, 1); 1178, auch 1177, — 1179; 1256, 1. Vgl. Mot. 3, 201 ff. Zu beachten auch 185, 2.

[3]) Stellen oben N. 1.

der Streichung der Gesetzesstellen „selbstverständlich" ist, wie die Kommission 2. Lesung annahm, ist mindestens zweifelhaft.[1]) c) Zusammenfallen von Nießbraucher oder Pfandgläubiger mit dem Schuldner in der unterliegenden Forderung. Es entsteht Nießbrauch oder Pfandrecht an einer Schuld.[2])

3. Bei den Gesammtschuldverhältnissen.

Bei dieser Sachlage hat die wissenschaftliche Bearbeitung des GBs. davon auszugehen, daß dieses den Grundgedanken, in dem wir die confusio wirkend vorzustellen haben, dem seitherigen Rechtszustande nur entnommen hat. Das ist um so mehr als Sinn des GBs. anzunehmen, als ja die allgemeinen Einrichtungen und Hauptsätze des Rechtes der Schuldverhältnisse, aus denen das Verständniß unseres besonderen Endigungsgrundes herzuleiten ist, dem bisherigen Rechte und dem GBe. gleichmäßig zu eigen sind.

Freilich ist nun die hier maßgebliche Grundauffassung des Wesens der confusio nach dem seitherigen Rechte keineswegs einheitlich und unbestritten angenommen gewesen. Sicher dürfte sein, daß in der Vereinigung von Forderung und Schuld ein selbständiger Erlöschungsgrund beider und nicht nur eine Anwendung der Lehre von der Unmöglichkeit der Leistung gelegen sein soll.[3]) Aber welche Auffassung nun positiv einzusetzen sei, darüber sind sehr verschiedene Vorschläge gemacht worden.

So findet sich die Meinung, als ob bei der confusio eine Zahlung gegeben sei, indem der Gläubiger, der etwa den Schuldner beerbe, sich aus der Erbschaft bezahlt mache.[4]) In der That ist aber der Untergang einer Forderung durch confusio der Zahlung stracks entgegengesetzt, da ja die vorzunehmende Leistung dort vereitelt

---

[1]) Confusio durch Uebertragung des Nießbrauches an den Gläubiger der jenem Rechte unterworfenen Forderung ist nicht möglich, nachdem GB. 1059 die Unübertragbarkeit des Nießbrauches gegen E. I 1016 wieder hergestellt hat. Vgl. auch GB. 1069, 2; 1274, 2.

[2]) Stammler, Nießbrauch an Forderungen § 10 S. 107 ff.; auch über das Ganze S. 169. — Mot. 3, 550.

[3]) Eine eingehende Widerlegung der letztgenannten Auffassung bei Fitting, Korrealobligation S. 105 ff.

[4]) So Girtanner, Bürgschaft (1850) S. 502; Kuntze, Die Obligation und die Singularsuccession (1857) § 51 S. 217 ff.; die Obligationen im römischen und heutigen Recht (1886) S. 164 ff.

erscheint; eine Uebertragung der für die Zahlung geltenden Sätze in sich also nicht veranlaßt sein kann.[1])

Die herrschende Lehre ist ganz genügend davon ausgegangen, daß ein rechtliches Forderungsrecht in sich keinen Sinn habe, wenn nicht zwei Personen einander gegenüberstehen. Hatte dieses aber vorgelegen und die Beiden sind, nach anderen Rechtssätzen, in einer und derselben Person jetzt vereinigt, so erledigt sich das Forderungsrecht, da Niemand gegen sich selbst Recht oder Pflicht im Rechtssinne haben kann. Sonach erlischt das seitherige Forderungsrecht, obgleich die schuldnerische Leistung nicht vorgenommen worden ist, weil umgekehrt der Gläubiger, der zugleich auch Schuldner geworden ist, seinerseits jene Leistung nicht durchzuführen hat.

Diese Grundauffassung ist nun auf die besonderen Rechtsfragen, die oben angeführt wurden, in Einzeldurchführung des Näheren anzuwenden; wir beschränken uns auf die hierdurch veranlaßte Erörterung der Gesammtschuldverhältnisse.[2])

Dabei zeigt sich, daß auch hier die von uns oben (§ 64) vorgeschlagene Konstruktion des Gesammtschuldverhältnisses als eines einigen Rechtsverhältnisses manchen Schwierigkeiten entgeht, die sonst auftauchen müssen; denn da GB. 429, 2 für den Fall der Gesammtgläubigerschaft der confusio eine objektive Wirkung ausdrücklich beigelegt hat, so würde man bei der Annahme mehrerer selbständiger Schuldverhältnisse schwer damit zurecht kommen, während bei dem Gedanken eines einheit-

[1]) Eine besondere Lehre findet sich bei Kretschmar, secum pensare (1886) S. 40 ff. Es handele sich bei der confusio um eine „Erwerbskompensation": Ein Erwerb, den Jemand mache, sei gegen einen Anspruch aufzurechnen, der ihm in anderer Eigenschaft zustand. Indem nun ein Gläubiger z. B. die Erbschaft seines Schuldners antritt, geht seine Forderung durch confusio unter; aber in seiner Eigenschaft als Erbe und Nachfolger des Schuldners werde er gleichzeitig von der Schuld befreit und diese Liberirung, die er in der einen Eigenschaft empfangen, habe er bei sich selbst aufzurechnen auf die Forderung, welche er in seiner anderen Eigenschaft als Gläubiger durch die confusio verliere.

[2]) Wenn mehrere Gläubiger eine untheilbare Leistung zu fordern haben, ohne Gesammtgläubiger zu sein (vgl. 432; z. B. mehrere Erben eines Deponenten), und nun der Eine von ihnen etwa den Schuldner beerbt, so ist nun freilich bei genauer Durchführung von 432, 2 der Erfolg zunächst der, daß er als Gläubiger ausscheidet, dagegen als Schuldner den verbleibenden Gläubigern voll verpflichtet gegenübersteht. Meistens wird er jedoch zu den Letzteren in einem besonderen rechtlichen Verhältnisse sich befinden, aus dem er Berücksichtigung verlangen kann; fehlt das, so kann unter den betreffenden Umständen ein Anspruch wegen ungerechtfertigter Bereicherung in Betracht kommen.

lichen Schuldverhältnisses mit mehreren daraus entspringenden Forderungen und Schulden die objektive Wirkung der Vereinigung von Forderung und Schuld nicht mehr auffällig ist, als irgend ein anderer objektiver Endigungsgrund überhaupt. (Vgl. oben § 66 Abs. 3.)

Freilich könnte man meinen, daß das GB. ohne Noth die Bedeutung der confusio bei Gesammtschuldverhältnissen in verschiedener Art und Weise eingesetzt habe. Aber ich glaube, daß dieser Anschein täuscht, und das GB. hier nicht mit Fug getadelt werden kann.

Stellt man nämlich die beiden Bestimmungen in GB. 425 und 429, 2 nebeneinander, so ergiebt sich dieses: Da der Gläubiger sich einen von seinen Gesammtschuldnern soll aussuchen dürfen, so soll sein Wahlrecht nicht dadurch erlöschen, daß das zufällige Ereigniß eintritt, daß der eine Schuldner durch confusio befreit wird; — da andererseits der Schuldner bei der gewöhnlichen Gesammtschuld (anders: GB. 432) das Recht hat, an den einen seiner Gesammtgläubiger zu zahlen, den er bestimmt, so läßt das GB. dieses Wahlrecht dadurch nicht wegfallen, daß eine Vereinigung von Forderung und Schuld stattfindet. Es führen also die anscheinend verschiedenen Gesetzesbestimmungen, die ich anführte, auf den gemeinsamen Gedanken zurück: Das Wahlrecht des alternativ Betheiligten soll nicht durch Vereinigung von Forderung und Schuld erlöschen.[1])

Es bedarf wohl kaum der Bemerkung, daß die besprochene Bestimmung nur ein ergänzender Rechtssatz ist und einen zwingenden Charakter ebensowenig besitzt, als die sonstigen, vom GBe. aufgestellten Regeln über Endigung von Forderungen und Schulden bei Gesammtschuldverhältnissen.

In unserem Rechtsfalle (§ 63) war nun die Besonderheit zu beobachten, daß der Gläubiger seine Forderung an den einen Gesammt-

---

[1]) Diese Auffassung ist für das gemeine Recht von Fitting, Korrealobligation S. 202 vertreten gewesen (vgl. auch Arndts in Weiske's Rechtslexikon 4 S. 17 ff.) Aber freilich lag dort kein sicherer Grund dafür vor. Vielmehr hat man mit Fug eingewandt, daß eine rechtlich relevante Wahl doch an sich nicht mehr möglich erscheine, wenn der Eine gar nicht mehr Gläubiger oder Schuldner sei. Aus der allgemeinen Behandlung unseres Obligationenrechtes und der solidarischen Rechtsverhältnisse ließ sich das Gegentheil in der That nicht schließen. Aber andererseits ist auch kein Grund ersichtlich, aus dem ein Gesetzbuch die Fortdauer des genannten Wahlrechtes nicht soll festsetzen können; irgendwelche technischen Schwierigkeiten und praktischen Verwickelungen entstehen durch die gleichmäßige Verfolgung des im Texte angegebenen einheitlichen Gedankens gar nicht.

schuldner cedirt.[1]) Tritt auch hier eine Vereinigung von Forderung und Schuld nach den eben erörterten Regeln ein?

Das GB. giebt keinen besonderen Aufschluß, und verweist uns danach stillschweigend auf Schlußfolgerungen aus der allgemeinen Auffassung des rechtlichen Vorganges bei der confusio, als Endigungsgrundes von Forderungen und Schulden. Gerade hier waren aber seither die Ansichten der Gelehrten getheilt.

Von der einen Seite wurde für solche Fälle die Unmöglichkeit der Cession behauptet. Es sei nicht zulässig, in die eigene Schuld als Rechtsnachfolger des Gläubigers einzutreten; wenn Jemand sein eigener Gläubiger und Schuldner nicht sein könne, so vermöge er es auch nicht zu werden. Forderung und Schuld gehen unter — meint man, — weil z. B. beim Tode des Gläubigers, den der Schuldner beerbt, in der That gar kein Rechtsnachfolger da sei.[2])

Dem gegenüber erscheint die Ansicht mehr zutreffend, nach der hier Forderung und Schuld einmal genau zusammenfallen und in ihrer Vereinigung gerade untergehen, — nicht aber bloß in ihrer Wirkung erledigt sind, da sie nicht an einander heranzukommen vermöchten. Für das römische Recht hat die Begründung dieser Ansicht aus l. 7 § 1 D. de stipulationibus servorum (45, 3) niemals recht erschüttert werden können.

Es handelt sich um einen dem A. und dem B. gemeinsamen Sklaven (S.). Was dieser durch Abschluß von Geschäften erwirbt, wird beiden Herren nach Eigenthumsantheilen erworben; — kann etwas dem einen Eigenthümer nicht erworben werden, so fällt es ganz dem andern zu; läßt sich beispielsweise S. von einem Dritten eine Sache per stipulationem versprechen, die dem A. gehört, so wird eine Forderung auf die Sache nur dem B. erworben.[3]) Nun wirft der Jurist die Frage auf, wie es stehe, wenn S. sich stipuliren läßt, daß von A. selbst 10 geleistet werden sollen? A. kann nicht sein eigener Gläubiger und Schuldner sein. Wäre der Grund hierfür darin zu suchen, daß die Forderung gar nicht an den A. herankommen kann, so würde B. Gläubiger auf die ganze Summe von 10 werden; — liegt es dagegen so, daß in einem Augenblicke der A. Gläubiger und Schuldner geworden ist, und in diesem Zusammentreffen Forderung und

---

[1]) Nicht zu verwechseln mit dem Falle, den GB. 429, 3/2 besonders vermerkt.

[2]) Baron, Gesammtschuldverhältnisse (1864) S. 30 ff.

[3]) Cf. l. 1 § 4 i. f. h. t. (D. 45, 3).

Schuld vernichtet werden, so wird der B. nur Gläubiger auf 5. Und dieses letztere Ergebniß wird in unserer Quellenstelle für das Richtige erklärt.[1])

Stimmt man nun unserer obigen Auffassung bei, daß das GB. die nach dem seitherigen Rechte berechtigte Grundauffassung von dem Rechtsvorgange bei der confusio hat übernehmen wollen — und nur die Pandektenlehre kann hierbei selbständig in Betracht kommen, — so ergiebt sich als richtige Entscheidung des angegebenen Rechtsfalles diese: daß die vorgenommene Cession von V. an K. rechtsgültig und wirksam ist. Allerdings tritt nach ihr nun Endigung der Schuld des K. wegen der Vereinigung von Forderung und Schuld in seiner Person ein; aber die Ausführung des Thatbestandes hat dahin zu gehen, daß er zufolge der Cession in einem Augenblicke zugleich als Gläubiger und Schuldner gedacht wird, und dabei gerade seine Schuld durch confusio sich erledigt. Da aber bei mehreren Gesammtschuldnern die Vereinigung von Forderung und Schuld nur in der Person desjenigen wirkt, bei dem sie eingetreten ist, so wird im unterliegenden Rechtsfalle K. Gläubiger des L., als ein Cessionar und Rechtsnachfolger des V.

Die Auseinandersetzung zwischen K. und L. hat selbstverständlich unter Berücksichtigung des unter ihnen bestehenden besonderen Vertragsverhältnisses zu erfolgen; und es ist nöthigenfalls GB. 426 heranzuziehen, so wie oben § 64 a. E. des Näheren dargelegt worden ist.

---

[1]) Uebereinstimmend Windscheid, Pandekten § 352 N. 5.

Druck von Dobrzynski & Walter in Berlin.

Kolibri 360 GmbH
Ferdinand-Jühlke-Straße 7
99095 Erfurt, Deutschland
produktsicherheit@kolibri360.de